W0300193

THEODOR HERZL
1860–1904

1. Auflage

Die graphische Gestaltung des Werkes und die Bildauswahl stammen von
Christian Brandstätter.
Das Lektorat besorgten Martina Paul und Barbara Sternthal, die Zitateauswahl erfolgte
durch Anna Mirfattahi und Barbara Sternthal, die technische Herstellung durch Franz Hanns.
Die Gesamtherstellung des Werkes einschließlich der Reproduktion der Photographien erfolgte bei
Grasl Druck & Neue Medien in Bad Vöslau.

Copyright © 1995 by Christian Brandstätter Verlagsgesellschaft m. b. H., Wien.
Copyright © 2004 by Melzer Verlag, Neu-Isenburg.
Alle Rechte, auch die des auszugsweisen Abdrucks oder der
Reproduktion einer Abbildung, sind vorbehalten. Das Werk einschließlich aller seiner Teile ist
urheberrechtlich geschützt. Jede Verwertung ist ohne Zustimmung des Verlages unzulässig. Dies gilt
insbesondere für Vervielfältigungen, Übersetzungen, Mikroverfilmungen und die Einspeicherung und
Verarbeitung in elektronischen Systemen.
ISBN 3-937389-36-9

Abraham Melzer Verlag, Rheinstraße 22
D-63263 Neu-Isenburg, Telephon +49-6102-306 452
E-Mail info@melzerverlag.de

Julius H. Schoeps

THEODOR HERZL
1860–1904

Wenn Ihr wollt, Ist es kein Märchen

Eine Text-Bild-Monographie

Mit 350 Abbildungen in duotone

Melzer Verlag · Neu-Isenburg

Im Andenken
an den Freund und Mentor
Alex Bein (1903–1988)

Wer in dreissig Jahren Recht
behalten will, muss in den ersten
drei Wochen seines Auftretens
für verrückt erklärt werden.

Mai 98 *Th. Herzl*

Der moderne Zionismus
entstand in Österreich, in Wien.
Ein österreichischer Journalist hat ihn begründet.
Kein anderer hätte ihn begründen können.
Joseph Roth

Inhaltsverzeichnis

Mit seiner im Februar 1896 veröffentlichten Broschüre *Der Judenstaat. Versuch einer modernen Lösung der Judenfrage* verfaßte der damals sechsunddreißigjährige Journalist und Bühnenschriftsteller Theodor Herzl (1860–1904) eine Art Gründungsmanifest der zionistischen Bewegung. Die Broschüre, in der Herzl die Vision einer unabhängigen Heimstätte aller Juden an einem noch unbestimmten Fleck der Erde beschwört, löste bei manchen Zeitgenossen geradezu emphatische Sympathiereaktionen aus. Saul Raphael Landau zum Beispiel, ein Zionist der ersten Stunde, ließ sich bei dem Erscheinen der Broschüre zu der Äußerung hinreißen: „Die Bombe ist geplatzt. Man wollte es verhüten – vergebens. Es mußte so kommen." (*Die jüdische Presse,* Nr. 9/ 1896)

Ohne die Anschauungen von Vorgängern wie Moses Hess, Leon Pinsker oder Isaak Rülf zu kennen, die bereits vor ihm nationaljüdische Ideen und Konzepte entwickelt hatten, vertrat Herzl in seiner *Judenstaat*-Broschüre die Überzeugung, die Emanzipation als Integrationsmaßnahme habe versagt und das Streben der Juden nach Akkulturation und Assimilation sei ein zum Scheitern verurteilter Irrweg. Es war ein langer Weg, den er zurücklegen mußte, bis er zu dieser Ansicht gelangte. In der Einleitung formulierte Herzl seine Erkenntnis in drastische Kürze: „Die Judenfrage besteht. Es wäre töricht, sie zu leugnen."

Theodor Herzl. Photographie von J. Löwy. Um 1900. Erinnerungsbild, nach dem Tod Herzls 1904 mit deutschem und hebräischem Text vom Verlag „Zion" veröffentlicht.

Theodor Herzl war der festen Ansicht, die „Judenfrage" könne nur durch die Wiedergewinnung der inneren und äußeren Freiheit gelöst werden. Der Prozeß der nationalen Selbstbesinnung und das von Herzl propagierte Programm, einen möglichst großen Teil der Juden in einem eigenen Land zu konzentrieren („wo wir krumme Nasen haben können, ohne schon darum verächtlich zu sein, wo wir als freie Männer auf eigener Scholle leben können, wo der Spottruf ‚Jude' zu einem Ehrenwort wird wie Deutscher, Engländer, Franzose ..."), führte zum Umdenken und leitete eine geradezu revolutionäre Entwicklung ein, an deren Ende eine Staatsgründung stehen sollte – die 1948 erfolgte Gründung des Staates Israel. In der neuzeitlichen Geschichte der Nationen und Staatenbildungen ist dieser Vorgang ohne Beispiel.

Bereits wenige Jahre nach Herzls Tod erschienen erste biographische Darstellungen, die sich Herzls Leben und Wirken annahmen. Häufig waren es Weggefährten oder zumindest Zeitgenossen wie Adolf Friedemann, Baruch Hagani, Leon Kellner, Ruben Brainin oder Adolf Böhm, die sich aufgrund persönlicher Bekanntschaft mit der Biographie Herzls befaßten. Den ersten Versuch, eine Lebensbeschreibung auf breiterer Quellengrundlage zu verfassen, unternahm der Londoner Journalist und Schriftsteller Jacob de Haas (1872–1937), der in den Jahren 1896–1900 Herausgeber des Wochenblattes *Jewish World* war und zu den ersten Helfern Herzls in England gehört hatte.

Die nach wie vor zuverlässigste, weil umfassendste und gründlichste Darstellung über Leben und Werk Herzls stammt aus der Feder des Historikers und Archivars Alex Bein, des langjährigen Direktors des Zionistischen Zentralarchivs. Ihm ist nicht nur der Aufbau des Herzl-Archivs zu verdanken, sein Verdienst war vor allem, die Herzl-Forschung dadurch vorangetrieben zu haben, daß er weltweit nach Herzl-Materialien fahndete, und wenn er fündig wurde, alles daransetzte, daß diese dem Archiv in Jerusalem überlassen wurden. Das führte dazu, daß im Laufe der Jahre eine umfassende Sammlung zustande gekommen ist. Kein Forscher, der sich mit Herzl und dem frühen Zionismus befaßt, kann an ihr vorbeigehen.

Alex Beins fast schon legendäre Herzl-Biographie ist bereits 1934 erschienen, und zwar in deutscher Sprache. Später erfolgten Übersetzungen ins Hebräische und Englische. Das Buch, das insbesondere in der Zeit des NS-Terrors viel gelesen wurde, eroberte sich sehr schnell seinen Platz als Standardwerk in der Historiographie über den modernen Zionismus. Bein war es, der es sich als erster zur Aufgabe gemacht hatte, aufgrund aller vorhandenen gedruckten und ungedruckten schriftlichen Quellen sowie mündlicher Erzählungen damals noch lebender Mitarbeiter und Zeitgenossen Herzls dessen Weg vom Wiener Journalisten und Bühnenschriftsteller zum allseits anerkannten Begründer und Führer der zionistischen Bewegung nachzuzeichnen.

Alle später erschienenen Biographien – so zum Beispiel diejenigen von Israel Cohen (1959), André Chouraqui (1960) oder Desmond Stewart (1974) – stützen sich mehr oder weniger auf die Vorarbeiten von Bein und seinen Mitarbeitern im Jerusalemer Zionistischen Zentralarchiv. Von den weiteren zahlreichen inzwischen erschienenen Arbeiten sei besonders noch die Herzl-Biographie von Amos Elon (1975) genannt, die sich gegenüber den anderen Biographien dadurch auszeichnet, daß sie mit großem Einfühlungsvermögen nicht nur die Persönlichkeit Herzls in seiner Zeit beschreibt, sondern darüber hinaus bemüht ist, vor dem Leser die Welt um 1900 in ihrem Glanz und in ihrer Pracht, aber auch in ihren Widersprüchlichkeiten erstehen zu lassen. Herzls Leben und Wirken ist durch diese, heute weitgehend entschwundene Welt nachhaltig geprägt worden.

Vieles, was Herzl in seinem Beruf als Journalist und Bühnenschriftsteller zu Papier brachte und was er später als zionistischer Politiker unternahm, ist nur dann verständlich, wenn man seine Herkunft und den Wiener Hintergrund seines Wirkens berücksichtigt. Das Theatralische seines Auftretens, seine Freude am Spiel und an der Inszenierung, das schon manchem seiner früheren Biographen auffiel, findet zweifellos seine Erklärung im Wiener Milieu jener Jahre. In dieser Welt lebte er, diese Welt hat ihn geprägt, und zwar unverwechselbar. Sein Stil, der als „echt wienerisch" bezeichnet wird, war derjenige der tonangebenden Schichten der Stadt. Diesen Stil hat er zeitlebens gepflegt.

Mit diesem „echt wienerischen" Stil ist eine gewisse spielerische Leichtigkeit gemeint, die Herzl nach Angaben von Zeitgenossen in vielerlei Hinsicht ausgezeichnet hat. Dazu gehörte auch die gewählte Art des Sprechens, sein sprichwörtliches Dandytum und die damit verbundenen großen Gesten. In diesem Zusammenhang muß wohl auch seine Bewunderung für die aristokratische Lebensform gesehen werden. Sie war ihm nicht nur Vorbild, sondern faszinierte ihn derart, daß er sogar von einer „jüdischen Aristokratie" in seinem zu errichtenden „Judenstaat" träumte. In seiner *Judenstaat*-Broschüre und in seinem Roman *Altneuland* finden sich zahlreiche Belege dafür. Es ist ganz offensichtlich, daß Herzl anfänglich keineswegs von der Notwendigkeit einer Demokratie überzeugt war.

Eine Lebensbeschreibung Herzls stellt den Biographen vor zwei nicht ganz leicht zu lösende Aufgaben. Einerseits muß er den Wiener Hintergrund des Fin de siècle berücksichtigen, der Herzls Persönlichkeit erst seine unverwechselbaren Konturen gibt; andererseits ist er gezwungen, die heutige Existenz des Staates Israel in die Darstellung miteinzubeziehen. Würde er eines von beiden unterlassen, wäre das Bild Herzls nicht nur blaß, sondern auch unvollständig. Seine historische Bedeutung würde nicht den Stellenwert erhalten, den sie im historischen Rückblick haben muß.

Der zweite Aspekt verdient aber auch noch aus einem anderen Grund Beachtung. Für den Interessierten ist nämlich auffallend, wie sehr Herzls politische und soziale Ideen den Aufbau des Staates Israel bestimmt haben. Das erschließt sich demjenigen besonders, der das heutige Israel auf den Spuren Herzls durchstreift. Er stößt nämlich nicht nur auf Orte und Straßen, die Herzls Namen tragen, er entdeckt auch Namen, die an Herzls zionistische Aktivitäten erinnern. Das können Krankenhäuser sein, Schulen und andere öffentliche Institutionen. Nicht selten sind sie nach Persönlichkeiten aus dem Umfeld Herzls benannt, die diesem nahegestanden oder in der Frühgeschichte des Zionismus eine Rolle gespielt haben.

Der Besucher, der heute offenen Auges Israel mit Herzls Roman *Altneuland* in der Hand bereist, kommt zu dem für ihn verblüffenden Ergebnis, daß Herzl manches visionär vorweggenommen hat, was heute wie selbstverständlich wirkt und von den Israelis gar nicht mehr mit Herzl in Verbindung gebracht wird. Das gilt zum Beispiel für genossenschaftliche Modelle wie die heute in Israel florierende Moschaw-Bewegung, aber auch für manche in den letzten Jahrzehnten umgesetzte städtebauliche Konzepte oder für wirtschaftliche und technische Neuerungen im Bereich der Wasser- und Landwirtschaft. Vergleicht man diese Modelle, Konzepte und Neuerungen mit Beschreibungen in Herzls Schriften und Tagebüchern, dann fällt auf, daß Herzls Träume und Visionen, die er in Entwürfen und Plänen skizzierte, so utopisch gar nicht waren, wie viele seiner Zeitgenossen glaubten. Herzl und das gegenwärtige Israel haben sehr viel mehr miteinander zu tun, als den meisten Israelis heute bewußt ist.

Der Text und manche Zitate der vorliegenden Bild-Text-Monographie, die anläßlich des hundertsten Jahrestages des Erscheinens von Herzls *Judenstaat* vorgelegt wird, stützen sich auf eine Studie (*Theodor Herzl. Wegbereiter des politischen Zionismus,* Göttingen 1975), die der Verfasser in den Anfängen seiner Beschäftigung mit der Geschichte des Frühzionismus vor mehr als zwanzig Jahren geschrieben hat, insbesondere aber auf die jetzt vollständig vorliegende siebenbändige Edition der *Briefe und Tagebücher* Theodor Herzls. Diese Edition, die Ende der siebziger Jahre mit der Unterstützung der Deutschen Forschungsgemeinschaft (DFG) in einer deutsch-israelischen Koproduktion begonnen und 1995 zum Abschluß gebracht wurde, enthält neben der vollständigen Fassung der *Tagebücher* die bisher rund 5.000 noch unveröffentlichten oder nur in schwer zugänglichen Schriften abgedruckten *Briefe.* Manches läßt sich durch diese Edition jetzt exakter belegen, anderes kann korrigiert werden oder wird für denjenigen, der an Herzl und der Frühgeschichte des Zionismus interessiert ist, in den Einzelheiten vielleicht etwas verständlicher.

Die Bilder des vorliegenden Werkes stammen hauptsächlich aus den Central Zionist Archives in Jerusalem. Yoram Mayorek, der Direktor des Archivs, und Reuven Koffler, der für Herzl zuständige Bildarchivar, haben Dr. Christian Brandstätter und dem Verfasser bei einem Jerusalemaufenthalt im Dezember 1994 bei ihren Recherchen sehr geholfen. Dank gilt aber auch weiteren Institutionen und Personen: dem Bildarchiv der Österreichischen Nationalbibliothek, dem Budapesti Tőrténeti Múzeum, dem Nahum Gidal-Bildarchiv des Salomon Ludwig Steinheim-Instituts für deutsch-jüdische Geschichte (Duisburg) und schließlich Tim N. Gidal selbst, die alle Bildmaterial für die Illustrierung des vorliegenden Bandes zur Verfügung stellten.

Zu guter Letzt möchte ich den Mitarbeitern des Christian Brandstätter Verlages danken, die das Projekt betreut und es durch ihren Einsatz ermöglicht haben, daß der vorliegende Band überhaupt erscheinen konnte. Dank gilt insbesondere Christian Brandstätter, mit dem mich eine längere Freundschaft verbindet. Mit ihm, der im übrigen den Schutzumschlag und das Layout erstellte, besprach ich das Projekt in zahlreichen Nachtsitzungen. Die Atmosphäre mancher Wiener Caféhäuser und Beiseln wirkte dabei nicht selten inspirierend. Anna Mirfattahi begann mit dem Lektorat und traf eine erste Literaturauswahl für die Zitate. Dr. Barbara Sternthal brachte das Lektorat zu Ende, stellte das Bildkonzept zusammen und zeichnete, unterstützt von Martina Paul, für die Zitateauswahl verantwortlich.

Julius H. Schoeps
Potsdam/Wien im Sommer 1995

Oben: Theodor Herzl im Alter von sieben Jahren. Photographie. 1867.

Gegenüberliegende Seite: Theodor und Pauline Herzl. Photographie. Um 1870.

Theodor Herzl kam am 2. Mai 1860 im ungarischen Pest zur Welt. Seine Vorfahren väterlicherseits stammten aus Böhmen, Mähren und Schlesien. Der Vater, Jacob Herzl (1835–1902), hatte sich erst 1856 in Pest niedergelassen, wo er sich über ein Speditions- und Kommissionsgeschäft zielstrebig hochzuarbeiten verstand. 1870 wird er auf dem Schulzeugnis seines Sohnes als Direktor der Hungaria-Bank bezeichnet. Die Mutter, Jeanette Herzl geb. Diamant (1837–1911), entstammte einer Familie, die vermutlich im 16. Jahrhundert aus Philippsburg (Baden) weggezogen, vorübergehend in Preßburg ansässig und seit ungefähr 1800 in Pest seßhaft war.

Die Kindheit Herzls fiel in eine Zeit, in der die Juden in Ungarn die rechtliche Gleichstellung durch die Verfassung von 1867 erlangten. Diese Gleichstellung wurde jüdischerseits begrüßt, war aber insofern problematisch, als mit ihr die Forderung beziehungsweise die Bedingung der nationalen Assimilation gekoppelt war, daß „wir die im Lande wohnenden Juden nicht als ein fremdes Volk, sondern als eine Religionsgemeinschaft, die ihres Glaubens wegen der bürgerlichen Rechte beraubt ist, ansehen ..."

Diese Forderung, die von den Juden zum einen die Aufgabe des Jude-Seins, zum anderen eine stärkere Bindung der Juden an das Magyarentum verlangte, löste zahlreiche Konflikte in den Familien sowie in den Gemeinden aus und leitete zu einem allmählichen Wandel des jüdischen Selbstverständnisses über. Denn in dem Maße, in dem den Juden in Ungarn und in anderen Ländern Europas die Teilnahme am gesellschaftlichen, politischen und kulturellen Leben ermöglicht wurde, begannen viele, sich als Bürger des Staates zu fühlen, in dem sie lebten, und ihr Jude-Sein nicht mehr als Zugehörigkeit zum jüdischen Volk zu begreifen.

Über seine Kindheits- und Jugenderlebnisse, deren Hintergrund von innerjüdischen Kämpfen um Emanzipation und Assimilation geprägt war, hat Theodor Herzl kaum etwas berichtet. In den wenigen überlieferten Briefen aus jener Zeit, die größtenteils ungarisch geschrieben sind, findet sich zumeist nur das, was ein sechs- beziehungsweise siebenjähriges Kind zu Papier bringt. Sie machen aber deutlich, wie sehr er an seinen Eltern gehangen hat, insbesondere an seinem Vater: „Lieber Papa! Weil ich mich gut benehme, gut lerne und Dich liebe, bitte ich, komm nach Hause, damit Dein lieber Sohn Dich umarmen kann." Unterschrieben ist dieser Brief aus dem Jahre 1867 mit „Tivadar Hercl", der ungarischen Schreibung des Namens Theodor Herzl.

Herzls Elternhaus war, wie es bei ungarisch-jüdischen beziehungsweise österreichisch-jüdischen Familien zu sein pflegte, in Fragen der Religion liberal eingestellt. Die religiösen Sitten und Bräuche wurden zwar eingehalten, auch besuchte Theodor Herzl mit seinem Vater regelmäßig am Freitagabend und Sabbatmorgen die Synagoge, doch andere Umstände haben auf den jungen Herzl noch wesentlich nachhaltiger gewirkt. Der Einfluß der Mutter ist dabei nicht zu unterschätzen. Er und seine bereits 1878 an Typhus verstorbene Schwester Pauline verdankten der mütterlichen Erziehung vieles. Sie führte ihre Kinder in das deutsche Kulturgut ein, dem sie sich, wie die meisten Pester Juden dieser Jahre, vorrangig verpflichtet fühlte. Von ihr erbte er auch Eigenschaften, die für sein späteres Leben bestimmend werden sollten. So vor allem, wie Herzls Biograph Alex Bein schilderte, „die dichterische und satirische Veranlagung, überhaupt das Ungewöhnliche, Nervös-Vibrierende, Sensible in seinem Wesen".

Ab Herbst 1866 besuchte Herzl die Pester Israelitische Normalhauptschule, eine von der Pester Kultusgemeinde geführte Volksschule. Durch besondere Leistungen ist er dort nicht aufgefallen. Seine Kenntnisse der ungarischen und der deutschen Sprache werden in den Zeugnissen gleichbleibend als ausgezeichnet angegeben. Die Benotung in anderen Fächern wie Religion, Rechnen, Schönschreiben und Zeichnen schwankte zwischen gut, sehr gut und ausgezeichnet. Wirklich bleibende Eindrücke scheint diese Schule beim jungen Herzl jedoch nicht hinterlassen zu haben. „Meine früheste Erinnerung an diese Schule", heißt es in der kurzen *Autobiographie* aus dem Jahre 1898, „besteht in den Prügeln, welche ich erhielt, weil ich die Einzelheiten des Auszugs der Juden aus Ägypten nicht wußte." Ob freilich diesem Kindheitserlebnis, von dem der ausgewachsene Mann am Anfang seiner Erinnerungen berichtet, irgendwelche symbolische Bedeutung zukommt, wie der Schriftsteller Ruben Brainin vermutet oder der Herzl-Biograph Alex Bein angedeutet hat, mag dahingestellt bleiben. Traumatische Schäden hat er sicherlich nicht davongetragen.

Bedeutsamer war in diesen frühen Jahren Herzls Interesse für technisch-industrielle Entwicklungen. Dampfmaschine, Eisenbahnbau und der Aufschwung des Schiffsverkehrs beflügelten seine Vorstellungskraft. Der Abschluß der Bauarbeiten am Suezkanal im Jahre 1869, der die Zeitgenossen in hohem Maße bewegte, erregte ihn derart, daß er es dem Erbauer des Kanals, Ferdinand Lesseps, gleichtun wollte. Seinem Vater vertraute er an, daß er, wenn erst einmal groß geworden, die Landenge von Panama durchstechen und den Panamakanal bauen wolle. Sein Lebensweg verlief bekanntlich anders. Doch in den Berichten, die er später als Korrespondent der *Neuen Freien Presse* in Paris über den Bau des Panamakanals schrieb, klingt noch jener Enthusiasmus nach, den dieser Plan damals bei dem kleinen Jungen entfacht hatte. Auch später, in seinen Feuilletons, spielten technische Fragen eine wesentliche Rolle. Vor allem in seiner berühmt gewordenen programmatischen Schrift *Der Judenstaat* und in seinem nicht weniger bekannten Roman *Altneuland* ließ er seiner technischen Phantasie freien Lauf – immer mit der Überzeugung, die Technik und der technische Fortschritt werden mit dazu beitragen, bisher ungelöste Probleme der Menschheit in einer befriedigenden Art und Weise zu lösen.

Vorerst besuchte er aber vom Herbst 1870 an die Pester Städtische Oberrealschule, an der er seiner technischen Neigung wegen angemeldet worden war. Seine tatsächlich vorhandenen Fähigkeiten sind dabei freilich von den Eltern überschätzt worden. Obgleich voller technischer Phantasie, ging ihm doch technisch-konstruktiver Sinn ab, das Denken in technischen Kategorien also. Das dokumentieren auch seine Schulzeugnisse dieser Jahre: Zwar wurde er in den sprachlichen Fächern (Deutsch und Ungarisch), in Geographie und Geschichte fast durchgehend mit gut bis ausgezeichnet bewertet , in den Fächern Geometrie, Technisches Zeichnen und Freihandzeichnen lag die Benotung jedoch nur zwischen gut, genügend und ungenügend. Das war wohl der Grund, warum ihm die Schule immer weniger Vergnügen bereitete. Hinzu kam, daß an der Pester Oberrealschule dieser Jahre eine latent antisemitische Stimmung herrschte, die Herzl rückblickend für seine schwindende Begeisterung verantwortlich gemacht hat.

Herzls Bericht über das judenfeindliche Klima an dieser Schule klingt glaubhaft, da der Antisemitismus im Ungarn jener Jahre tatsächlich zunahm. Die Juden wurden für den Börsenkrach von 1873 verantwortlich gemacht, von dem alle betroffen waren, nota bene also auch jüdische Geschäftsleute. Herzls Vater machte da keine Ausnahme. Das änderte aber nichts an den antijüdischen Vorbehalten, die zudem durch den erstarkenden magyarischen Nationalismus verschärft wurden. Die antijüdische Stimmung erreichte ihren Höhepunkt schließlich 1882 im sogenannten Ritualmordprozeß von Tisza-Eszlar, der europaweit Aufmerksamkeit erregte und dem eine Reihe ähnlicher Prozesse folgten.

Die Probleme der Juden, die Herzls zukünftiges Leben entscheidend bestimmen sollten, traten jedoch in diesen Jahren hinter seine literarischen Ambitionen zurück. Herzl las viel und versuchte sich in Aufführungen kleiner Theaterstücke im Familienkreis. Beeinflußt von Heinrich Heine und Nikolaus Lenau, machte Herzl seine ersten schriftstellerischen Gehversuche in Form von Gedichten und Erzählungen. Sie sind mit wenigen Ausnahmen in deutscher Sprache geschrieben, für die er sich damals, wohl hauptsächlich unter dem Einfluß der Mutter, endgültig entschieden hatte. Alex Bein, der Herzls Nachlaß als erster systematisch gesichtet hatte, war der Ansicht, daß die zahlreichen Gedichte in diesen Jahren entstanden sein müssen. Nicht gerade geprägt von außergewöhnlicher Originalität, sind sie lediglich von biographischem Interesse. „Verschmähte Liebe", so Bein, „wird in ihnen in sehr konventioneller Weise abgehandelt." Eindrücke des Alltags werden in knappen Skizzen verarbeitet, „an denen mehr Richtung und Wille als Können bemerkenswert sind."

Interessant und für den späteren Führer der zionistischen Bewegung bezeichnend ist jedoch die Art, wie er alsbald seine und seiner Freunde literarische Bestrebungen vereinte und organisierte. Unter dem Namen „Wir" gründete er Anfang 1874 einen Schülerverein, zu dessen Präsidenten er sich wählen ließ. „Wir bilden eine Gesellschaft", beginnen die von ihm entworfenen „Grundregeln", „in welcher wir unser Wissen bereichern, indem wir kleine Erzählungen, Märchen schreiben, wodurch wir unsere Sprache bilden." In den Sitzungen des Vereins, in dem die Mitglieder sich nicht mit dem vertraulichen „Du“, sondern mit dem feierlichen „Sie“ ansprachen, wurden hauptsächlich Arbeiten Herzls verlesen, die eine für sein jugendliches Alter sehr fortgeschrittene schriftstellerische Gewandtheit zeigen: Sagen *(Der Wenzelssohn)*, Märchen *(Amazin und der Genius, Die verzauberte Harfe)*, Novellen und Erzählungen *(Der Kampf ums Recht der Rache, Von Paris bis Lambessa)*, Humoresken *(Die Fremden, Die Nemesis)* und auch Gedichte *(Der sterbende Komödiant, Der Geist der neuen Zeit)*.

Die Schriftstellerei und die Beschäftigung mit Literatur wirkten sich verständlicherweise nicht gerade positiv auf die schulischen Leistungen aus. Diese ließen sogar erheblich zu wünschen übrig, vor allem in allen technisch-naturwissenschaftlichen Fächern. Es ist nicht exakt zu ermitteln, welcher Grund ausschlaggebend dafür war, daß er die Schule im Februar 1875 verließ. Jedenfalls ließen ihm seine Eltern ein Jahr lang Privatstunden in Griechisch, Latein, Englisch und Französisch geben, die ihn auf den Eintritt in das Evangelische Gymnasium vorbereiten sollten. Hebräisch befand sich jedoch nicht unter den klassischen Sprachen, die seine Eltern zur notwendigen Bildung zählten. Im Februar 1876 trat er schließlich in das Evangelische Gymnasium ein, in dem Schüler jüdischer Herkunft die Mehrzahl bildeten und deshalb eine judenfeindliche Einstellung der Mitschüler und Lehrer nicht zu erwarten war.

Auch während der Gymnasialzeit blieb Herzl seinen literarischen Ambitionen treu. Er beteiligte sich in Fortsetzung der „Wir“-Periode am „Deutschen Selbstbildungsverein“, einer schulischen Einrichtung, deren Zusammenkünfte am Gymnasium stattfanden. Bemerkenswert in diesem Zeitabschnitt ist sein erwachendes Interesse für historische und aktuell-politische Themen und Fragen. Ihren Niederschlag fanden sie zum Beispiel in einem Aufsatz über Savonarola *(Ein italienischer Reformator)* oder in einem Gedicht mit dem Titel *Nach Canossa gehen wir nicht:* „Es ist aus langer Nacht/ durch Luthers gewalt'ge Kraft/ der deutsche Geist erwacht/ Und der Freiheit goldenes Licht/ Bestrahlt der Erwachenden Angesicht/ Nach Canossa gehn wir nicht!“

Die engagierte Parteinahme Herzls in dem sich anbahnenden Kulturkampf spiegelt sich in Texten und Gedichten dieser Art. Sein Wunsch, in öffentlichen Angelegenheiten mitzureden, läßt sich auch an den Bemühungen ablesen, neben Feuilletons Buch- und Theaterkritiken unterzubringen, und zwar im *Pester Lloyd*, einer im Budapest jener Jahre vom deutschsprachigen Bürgertum viel gelesenen Zeitung. Überzeugt davon, mit anderen Autoren mithalten zu können, schrieb er einem Redakteur in Anlehnung an Franz Grillparzer: „Was ein Anderer kann auf Erden,/ Ei, bei Gott, das kann ich auch.“ Weniger mithalten konnte er dagegen in der Schule. Sie begann ihn zunehmend zu langweilen, wohl nicht zuletzt deshalb, weil seine literarischen Neigungen nicht mit den Lehrplänen des Gymnasiums in Einklang zu bringen waren. Die Reifeprüfung (1878) bestand er denn auch nur mit einem mittelmäßigen Ergebnis.

Herzl hatte zwar vor, von der Schriftstellerei zu leben, war aber klug genug, nach Ablegung der Reifeprüfung zunächst ein Brotstudium zu wählen. Im Herbst 1878 immatrikulierte er deshalb an der juristischen Fakultät der Universität Wien. Römisches Recht, das er bei Adolf Exner, Franz Hofmann und Friedrich Maassen hörte, scheint ihn – wie er wiederholt geäußert hat – bei seinen Studien am meisten beeindruckt zu haben. Spürbar wird das vor allem in seiner späteren Schrift *Der Judenstaat*, wo er im Prinzip eine römische Rechtsvorstellung verwendete. In ihr vertrat er die Auffassung, eine Minderheit habe durchaus das Recht, verantwortlich für ein ganzes Volk zu handeln, und zwar nach dem aus dem Römischen Recht stammenden Begriff der „Negotiorum gestio“, der „Geschäftsführung ohne Auftrag“.

An der Wiener Universität hörte Herzl außerdem Vorlesungen über Nationalökonomie und Rechtsphilosophie bei Anton Menger und Lorenz von Stein. Letzterer hat bekanntlich die Hegelsche Ansicht vertreten, der Volksgeist finde seine höchste Erfüllung im Staat. Aus diesen Vorlesungen mag er Anregungen mitgenommen haben, die ihn veranlaßten, sich später intensiv mit sozialen und ökonomischen Fragen zu beschäftigen. August Fournier schließlich führte Herzl in die neueste Geschichte Europas ein, und der Historiker Ottokar Lorenz machte ihn mit den Problemen und Fragen des Nationalstaates vertraut. Zu Recht schreibt deshalb Bein: „Wieviel von seinen späteren Ansichten mag in diesen Vorlesungen, ihm selbst unbewußt, die Grundlage erhalten haben!“

Nachhaltiger in Erinnerung blieb Herzl das Leben außerhalb der Hörsäle. „Ich selbst“, heißt es in einer Tagebucheintragung 1895, „war als Jüngling ein Spieler – gleich Lessing und Laube und vielen anderen, die später doch ordentliche Männer geworden sind, aber ich war es nur, weil mein Tatendrang keinen anderen Abfluß hatte.“ Und in der kurzen *Autobiographie* von 1898 bringt er zum Ausdruck, daß er an „allen Studententorheiten“ teilgenommen habe. Ob das nun der Besuch der Wiener Kaffeehäuser war, wie zum Beispiel des damals sehr beliebten Café Scheidl, in dem Herzl als Stammgast verkehrte, oder Literatenzirkel, in denen über alles und nichts geredet wurde. Zerstreuungen dieser Art fesselten Herzl jedenfalls mehr als die Seminare und Vorlesungen in der Universität.

Er trat in die „Akademische Lesehalle“ ein, deren Mitglieder hauptsächlich deutsche und slowenische, später auch ungarische Studenten waren. Die „Lesehalle“ vertrat eine liberale gesamtösterreichische Tendenz und stand in ihren Anfängen in unmittelbarem Gegensatz zum 1871 gegründeten „Leseverein der deutschen Studenten“, der eine aggressiv alldeutsche Richtung mit dem Ziel vertrat, „die Studenten für jenen Kampf vorzubereiten, den das deutsche Element in Österreich mit anderen Nationalitäten zu bestehen hat.“ Daß Herzl auf Seiten der Deutschnationalen stand, ist ein Gerücht, das sich bis heute hartnäckig hält. In Wirklichkeit bekannte sich Herzl ohne Wenn und Aber zum österreichisch-patriotischen Lager.

Der aufflammende Kampf zwischen Schwarz-Gelb und Schwarz-Rot-Gold im akademischen Milieu, den Herzl während seiner Studentenzeit hautnah miterlebte, war ein getreues Abbild der allgemeinen politischen Verhältnisse in der österreichisch-ungarischen Monarchie. Die slawischen, magyarischen und romanischen Regionen fühlten sich seit der Mitte des 19. Jahrhunderts immer weniger mit der Donaumonarchie verbunden und drängten auf kulturelle und partiell auch auf politische Autonomie. Das hatte zur Folge, daß sich die deutschen Minoritäten in diesen Landesteilen einem wachsenden Druck ausgesetzt fühlten. Hilfe bekamen sie dabei nicht. Im Gegenteil: Kaiser Franz Joseph glaubte ausgleichen zu können, indem er durch immer neue Konzessionen die zentrifugalen slawischen Kräfte stärker an das Reich zu binden versuchte. Das führte aber zu einem doppelten Mißerfolg. Die Slawen blieben staatsfeindlich, und die in den slawischen Landesteilen lebenden Deutschen glaubten sich übergangen und empfanden eine wachsende Isolation. Sie wechselten von ihrer bisherigen deutsch-liberalen Haltung zu einem scharfen deutsch-nationalen Kurs und zur Sympathie mit den Hohenzollern über. Nicht nur kulturell, sondern auch politisch begannen sie, sich dem Deutschen Kaiserreich zu nähern.

In dieser Atmosphäre entstanden in den achtziger Jahren landsmannschaftliche studentische Burschenschaften mit betont deutsch-nationaler Gesinnung. Dreiviertel von ihnen stammten aus deutsch-slawischen Grenzgebieten. Herzl, auf der Suche nach einem passenden Studentencorps, entschied sich unter diesen Bedingungen nicht für die „Danubia“ oder die „Amelungia“, die sonst von der Jeunesse dorée der Juden Wiens bevorzugt wurden und wo man vor allem auf Turf, Salon und Fechten Wert legte, sondern für die sich sehr deutsch-national gerierende „Albia“, die 1873 gegründet worden war und als ausgesprochen mensurfreudig galt. Er erhielt den Biernamen Tankred aus Torquato Tassos *La Gerusalemme liberata* (dt. *Das befreite Jerusalem*). Seine jüdische Herkunft war zu diesem Zeitpunkt noch kein Thema. Als deutsch galt in der „Albia“, wer sich selbst zum deutschen Kulturbereich rechnete. Noch fragte man nicht nach Konfession oder „Rasse“. Akzeptiert wurde, wer sich zum Deutschtum bekannte und bereit war, das Deutschtum gegen die Slawen zu behaupten.

Der Antisemitismus, der sich durch den massenhaften Zustrom der Ostjuden nach Wien in diesen Jahren entwickelte, sollte jedoch an den studentischen Korporationen nicht spurlos vorübergehen. Angeheizt wurde die judenfeindliche Stimmung in studentischen Kreisen vor allem durch die Reden des Abgeordneten Georg Ritter von Schönerer, der es in geschickter Weise verstand, großdeutsche Ideen mit antisemitischen Parolen zu verquicken und das unzufriedene Kleinbürgertum anzusprechen, das dann zu Beginn der neunziger Jahre den Aufstieg Karl Luegers zum Bürgermeister von Wien ermöglichte.

Zum Eklat sollte es schließlich bei einem Kommers des „Vereins der deutschen Studenten“ im März 1883 kommen. Bei dieser Versammlung, an der neben achthundertfünfzig Teilnehmern des Vereins auch Vertreter aller deutsch-nationalen Korporationen erschienen, hielt der spätere Schriftsteller Hermann Bahr, damals Fuchs der Verbindung „Albia“, eine Rede anläßlich des Todes von Richard Wagner, die sich zu einem großdeutsch-antisemitischen Glaubensbekenntnis auswuchs. Nicht nur seiner antihabsburgischen, sondern vor allem auch seiner antijüdischen Bemerkungen wegen wurde Bahr von den Teilnehmern frenetisch gefeiert. Die Versammlung wurde daraufhin von der Polizei abgebrochen.

Mit dem Auftritt Bahrs entschied sich die „Albia“ für eine Richtung, die ein Jude und bewußter Liberaler – schon aus Gründen der Selbstachtung – nicht mitmachen konnte. In einem im Ton scharf gehaltenen Brief erklärte Herzl seinen Austritt aus der Korporation. „Ich sagte“, äußerte er sich später spöttisch, „den edlen jungen Leuten Lebewohl.“ Ein jüdischer Albe, Paul von Portheim, fand nichts an der Tatsache auszusetzen, daß sich die Verbindung nicht von Bahr distanzierte, fand sogar, man müßte Herzl wegen der „unqualifizierten Form seines Austrittsgesuchs“ chassieren. Herzl wurde aber nur aus der Mitgliederliste gestrichen. 1885 wurde dann dem „Linzer Parteiprogramm“ (1882) die antisemitische Formel beigefügt. Von da an wurden keine Juden mehr in der „Albia“ aufgenommen.

Durch diese Vorgänge wurde Herzl zum ersten Mal mit der sogenannten „Judenfrage“ konfrontiert. Ob in diesem Zusammenhang oder nicht, er begann sich mit einschlägiger Literatur zu befassen, wie er in seinem *Jugendtagebuch* bekannte. So setzte er sich mit Wilhelm Jensens *Die Juden von Cölln* auseinander (8. Februar 1882), einer Episode, die sich in der Mitte des 14.

Jahrhunderts abspielte. Daß es dort im Zuge der Pest zu einer „Judenhatz" gekommen war, sah Herzl in der Ghettosituation der Juden als solcher begründet, von der er meinte, sie habe für das 19. Jahrhundert einen geradezu beispielhaften und prinzipiellen Charakter. Das Dilemma, so glaubte er, sei nur durch „generelle Verbesserungen des figürlichen und tatsächlichen Volksprofils" der Juden aufzuheben. Das sind Formulierungen, die in Ansätzen ein neues Denken erkennen lassen. Noch ist aber alleiniges Mittel zur Lösung der „Judenfrage" der Weg der Anpassung, die restlose Assimilation also. Herzl forderte deshalb: „Kreuzung der abendländischen Rassen mit der sogenannten morgenländischen auf der Basis der gemeinsamen Staatsreligion – das ist die wünschenswerte große Lösung!"

In dieselbe Zeit fiel auch die Lektüre von Eugen Dührings berühmt-berüchtigter Schrift *Die Judenfrage als Frage des Rassencharakters und seiner Schädlichkeit für Existenz und Kultur,* die den anwachsenden Antisemitismus „wissenschaftlich" zu begründen suchte. Herzl war empört über Dührings Forderung, den Einfluß der Juden in der Presse zu beseitigen, ihr Vermögen unter staatliche Kontrolle zu stellen, ihre Teilnahme am Staatsdienst mindestens im Verhältnis zur Bevölkerungszahl einzuschränken und Ehen mit ihnen ächten zu wollen. Zornig notierte er am 9. Februar 1882 in seinem Tagebuch: „Ein infames Buch. Und leider so gut geschrieben. – Wenn so viel geschulter und durchdringender Verstand, wie ihn Dühring unleugbar besitzt, in Gemeinschaft mit gelehrter und wirklich universeller Bildung also schreiben kann – was ist dann vom bildungsfessellosen Haufen zu erwarten?"

Herzl distanzierte sich in deutlichen Worten von Dühring, den er einen „chassirten Professor" nennt, der von „Rachsucht" und „ohnmächtigem Hass" hin- und hergerissen wäre und der mit seinen Übertreibungen und Lösungsversuchen auf einem ganz bornierten und mittelalterlichen Standpunkt stünde. Aus seiner Reaktion wird deutlich, daß ihn Dührings antisemitische „Rassenlehre" zwar abstieß, partiell aber durchaus auch beeindruckt hat. Bei aller „denunciatorischen Niedertracht", meinte er, fände sich im Buch so mancher originelle und vernünftiger Gedanke. Die Nachwirkungen dieser Lektüre sind jedenfalls noch Jahre später feststellbar. Im *Judenstaat* finden sich in einzelnen Passagen Formulierungen, die nicht nur an solche Dührings erinnern, sondern die auch die Erregung und Empörung spüren lassen, die den jungen Herzl einst bei der Lektüre von dessen *Judenfrage* gepackt und seitdem nicht mehr losgelassen hatten.

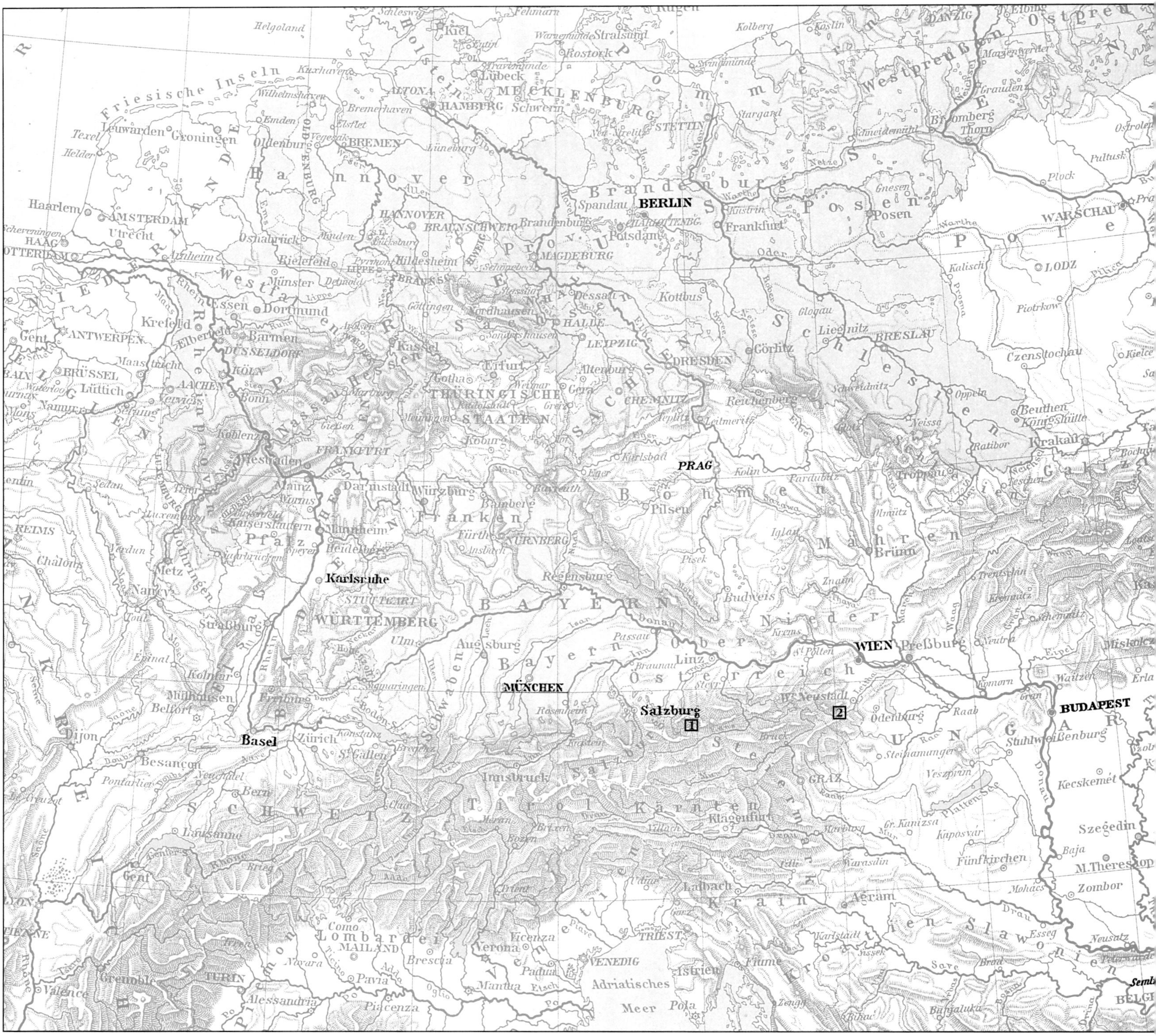

Oben: In der Karte von Mitteleuropa aus dem Jahr 1905 sind wesentliche Örtlichkeiten, die im Leben Theodor Herzls eine Rolle spielten, durch schwarzen Druck hervorgehoben: Semlin (Wohnort seiner väterlichen Vorfahren), Budapest (Geburtsort), Wien (Wohnort), Berlin und Prag (Orte seiner ersten Bühnenerfolge), Karlsruhe (Residenz seines ersten politischen Gönners, Großherzog Friedrich I. von Baden), Basel (Ort der ersten Zionisten-Kongresse). Die Nummer 1 bezeichnet die Lage seiner bevorzugten Sommerfrische-Aufenthalte in Altaussee im steirischen Salzkammergut, 2 die Lage seines Sterbeorts Edlach bei Reichenau an der Rax (in Reichenau fand auch Herzls Hochzeit statt).

Gegenüberliegende Seite oben links: Kaiser Franz Joseph I. und Kaiserin Elisabeth. Silberne Guß-Medaille von Josef Tautenhayn, anläßlich der silbernen Hochzeit des Kaiserpaars am 24. April 1879 gewidmet von der Gemeinde Wien. Gegenüberliegende Seite unten links: Das kleine gemeinsame Wappen der österreichisch-ungarischen Monarchie.

Rechts oben: Wien: Blick vom Turm des Rathauses über das Burgtheater auf die Innere Stadt, in der Bildmitte der Turm von St. Stephan. Photographie. Um 1900.
Rechts Mitte: Le cauchemar des Habsbourg. Zeichnung von Francois Kupka. 1901. Der „Alptraum" Kaiser Franz Josephs I. (als Büste, daran gelehnt der Thronfolger, Erzherzog Franz Ferdinand) wird durch die gierigen Hände seiner Nachbarn Rußland, Preußen und Italien symbolisiert, die sich um das Territorium des Vielvölkerstaats streiten.
Rechts unten: Budapest: Blick auf die Donau mit der Kettenbrücke, die die beiden Stadtteile Buda (links der Burgberg mit dem königlichen Schloß) und Pest verbindet, im Hintergrund die Margareteninsel. Photographie. Um 1900.

Es gereicht Mir zum Vergnügen, den Ausdruck der Gefühle treuer Ergebenheit und Anhänglichkeit entgegen zu nehmen, welche Sie Mir im Namen der israelitischen Gemeinde von Wien darbringen. Durch die Gleichberechtigung aller Völker und aller Stämme, welche die von Mir verliehene Verfassung zu einem grossen mächtigen Reiche vereinigt, wird, wie Ich fest vertraue, die Wohlfahrt und das Glück des Ganzen wie des Einzelnen dauernd begründet, und einer gedeihlichen Entwicklung zugeführt werden.
Kaiser Franz Joseph I.

Oben: Die neue Synagoge in der Tabakgasse (Dohány utcza) in Budapest. Photographie von György Klösz. Um 1890.
Sie wurde nach Plänen des Wiener Ringstraßenarchitekten Ludwig Förster erbaut und ein Jahr vor der Geburt Theodor Herzls, 1859, vollendet. Links von der Synagoge befindet sich Theodor Herzls Geburtshaus.
Links: Türschild an der Wohnungstür der Familie Herzl in der Tabakgasse.

Die Eltern Theodor Herzls waren aschkenasischer Abstammung (entgegen einer romantischen Überlieferung, die die Familie als sephardisch bezeichnet). Die Vorfahren väterlicherseits stammten aus Schlesien, Böhmen und Mähren und hatten sich im frühen 18. Jahrhundert in Belgrad niedergelassen. Der Name ist eine Übersetzung aus dem hebräischen „lev" = Herz. Jacob Herzl (1835–1902) wurde in Semlin, der Belgrad gegenüber-gelegenen, österreichischen Stadt an der Save, geboren und ließ sich 1856 in Pest nieder, wo er ein Speditions- und Kommissionsgeschäft hatte. 1870 wird er im Schulzeugnis seines Sohnes als Direktor der Hungaria-Bank bezeichnet. 1857 heiratete er Jeanette Diamant (1838–1911). Für die damalige Zeit ungewöhnlich, war es eine reine Liebesheirat.
Sie entstammte einer seit drei Generationen in Budapest ansässigen Kaufmannsfamilie. In der Familie Herzl war sie die dominierende Person, wobei vor allem ihr Einfluß auf Theodor nachhaltig war.

Oben links und rechts: Jeanette und Jacob Herzl. Carte-de-visite-Photographien von Otto Schmidt. 1876.

Rechts: Plan der königlichen Haupt- und Residenzstadt Budapest. 1908.

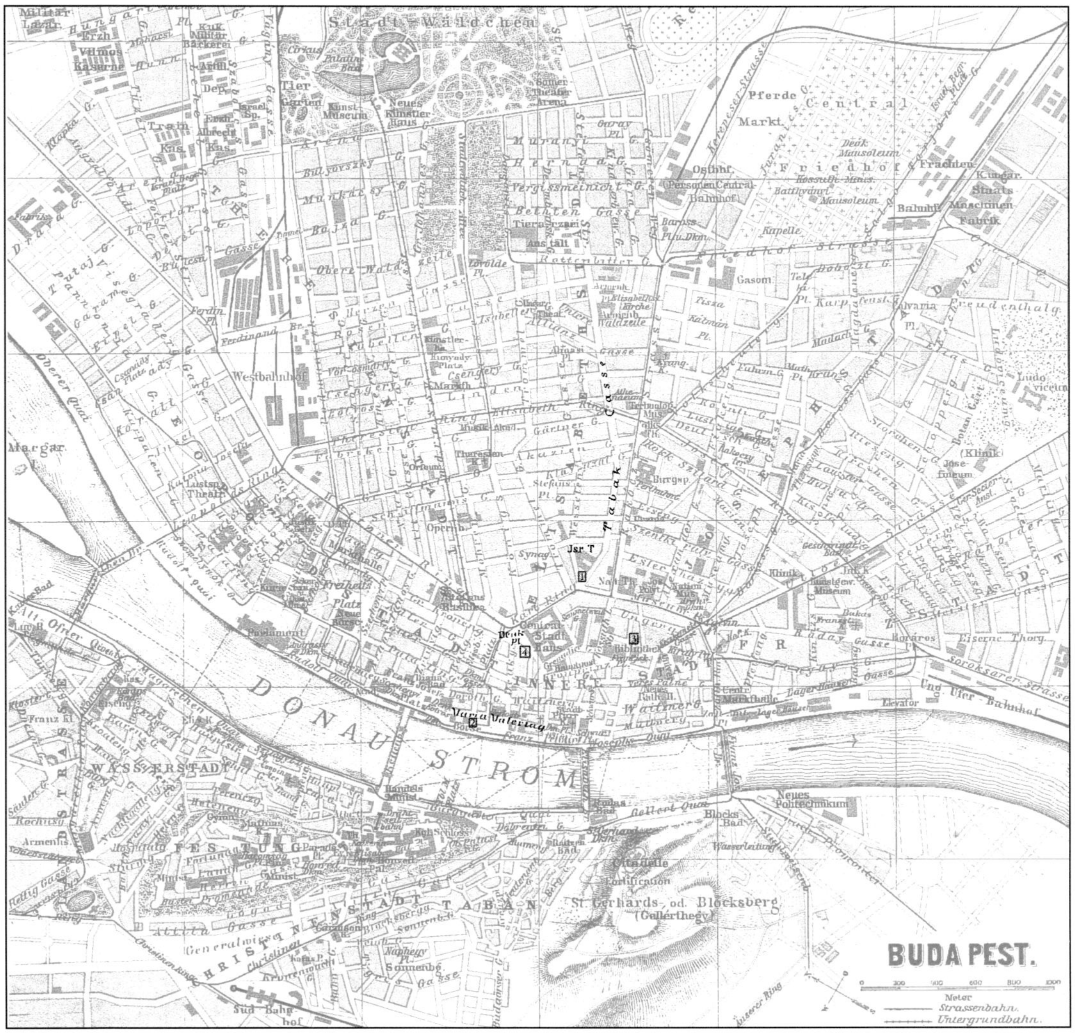

Theodor Herzls Wohn- und Wirkungsstätten

1 Tabakgasse/Dohány utcza – Geburtshaus: Hier wurde Herzl am 2. Mai 1860 geboren.

2 Maria Valeriagasse/Maria Valeria utcza – Thonet-Hof: Der Thonet-Hof, wo die Familie in den 70er Jahren den dritten Stock bewohnte, war gegenüber dem Redoutengebäude und einem Park gelegen, der in den Nachmittags- und Abendstunden Treffpunkt der vornehmen Budapester Welt war.

3 Reáltanoda utcza – Oberrealschule: 1869 trat Herzl in die städtische Oberrealschule ein, aus der ihn die Eltern im Februar 1875, mitten im Schuljahr, wegen mangelnder Leistungen herausnahmen.

4 Deákplatz/Deák Ferencz tér – Evangelisches Gymnasium: Im Frühjahr 1875 trat Herzl in das Evangelische humanistische Gymnasium ein und legte dort im Sommer 1878 die Matura ab.

Links: Jeanette, Theodor, Pauline und Jacob Herzl. Photographie. Um 1873.
Links unten: Eigenhändiger Brief Theodor Herzls auf Ungarisch, gerichtet an seinen Vater. Um 1866.
Rechts unten: 1873 lud die Familie Herzl, wie in assimilierten Budapester Kreisen üblich, nicht zur Bar Mizwa, sondern zur „Confirmation" des dreizehnjährigen Sohnes – und auch nicht in den Tempel, sondern in die Wohnung im Thonet-Hof, wohin die Familie in der Zwischenzeit umgezogen war. Erst nach Herzls Tod soll sich ein Onkel Herzls erinnert haben, daß doch eine Bar Mizwa im Tempel stattgefunden habe. Theodor Herzl selbst war an Religion nicht interessiert, obwohl die Familie die üblichen Feste durchaus einhielt.

Jakob Herzl war trotz seines ernsten Wesens dem Sohne gegenüber zu Scherz und Lachen geneigt. Diese glückliche Haltung verbannte von vorneherein alles Steife und Fremde, das sonst in früherer Zeit dem Verhältnisse zwischen Vätern und Söhnen anhaftete. Die Briefe Theodors an seinen Vater aus den Jahren 1876 und 1877 sind schon ganz in dem vertraulichen, furchtlos spielenden, auf sicheren Beifall rechnenden Ton gehalten, der die ganze spätere Korrespondenz an die Eltern charakterisiert.
Leon Kellner

Als Theodor dreizehn Jahre alt wurde, veranstalteten die Eltern eine regelrechte Feier. Vom Thonethof in der Marie Valeriegasse ergingen schöne, gedruckte Karten, in denen „Herr und Frau Herzl sich beehrten, zu der am dritten Mai, Vormittag 11 Uhr stattfindenden Konfirmation ihres Sohnes Theodor höflichst einzuladen". Im trauten Familienkreise sagte man Barmizwa-Feier, der Welt gegenüber nahm sich „Konfirmation" gebildeter, moderner aus. Diese Welt ging auf die Absichten des Ehepaares Herzl willig ein und bestätigte die Feierlichkeit des Ereignisses durch telegraphische Glückwünsche. Frau Jeanette war an diesem Tage die glücklichste, Jung-Theodor die wichtigste Person.
Leon Kellner

Das jüdische Leben im Hause war, wie es bei assimilierten oder sich assimilierenden Familien zu sein pflegt. Man hielt die wesentlichen Gebräuche, die Feste wurden in traditioneller Weise begangen...
Alex Bein

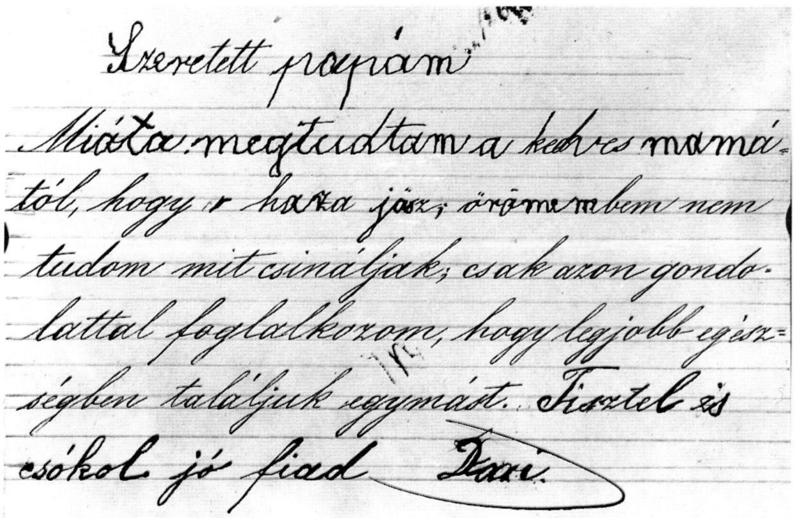

Szeretett papám
Miáta megtudtam a kedves mamá-
tól, hogy r haza jösz, örömembem nem
tudom mit csináljak, csak azon gondo-
lattal foglalkozom, hogy legjobb egész-
ségben találjuk egymást. Tisztel és
csókol jó fiad Dori.

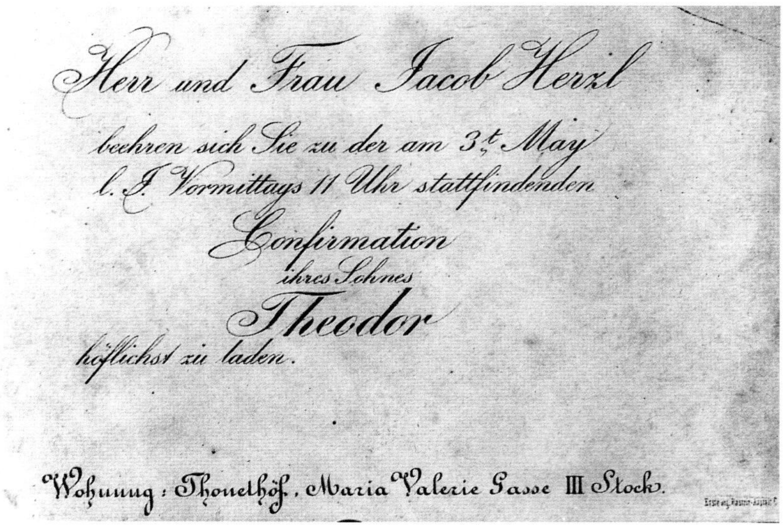

Herr und Frau Jacob Herzl
beehren sich Sie zu der am 3.t May
l. J. Vormittags 11 Uhr stattfindenden
Confirmation
ihres Sohnes
Theodor
höflichst zu laden.

Wohnung: Thonethof, Maria Valerie Gasse III Stock.

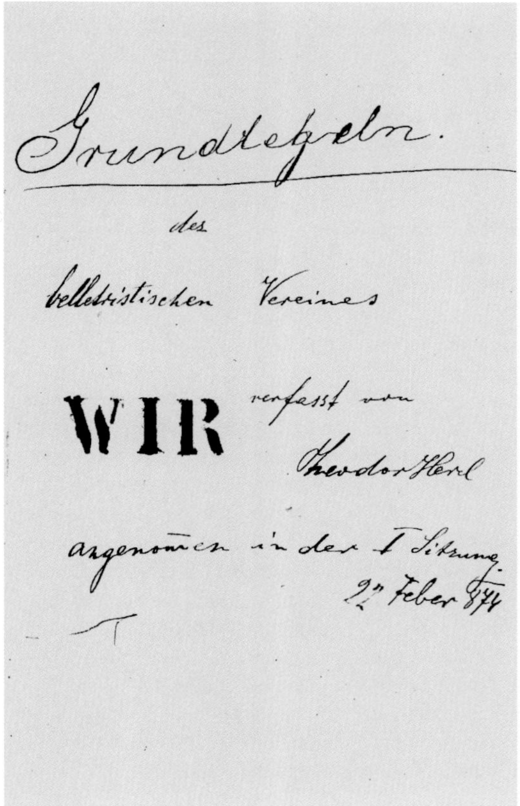
Grundregeln.
des
belletristischen Vereines
WIR verfasst von
Theodor Herzl
angenommen in der I Sitzung
22 Feber 874

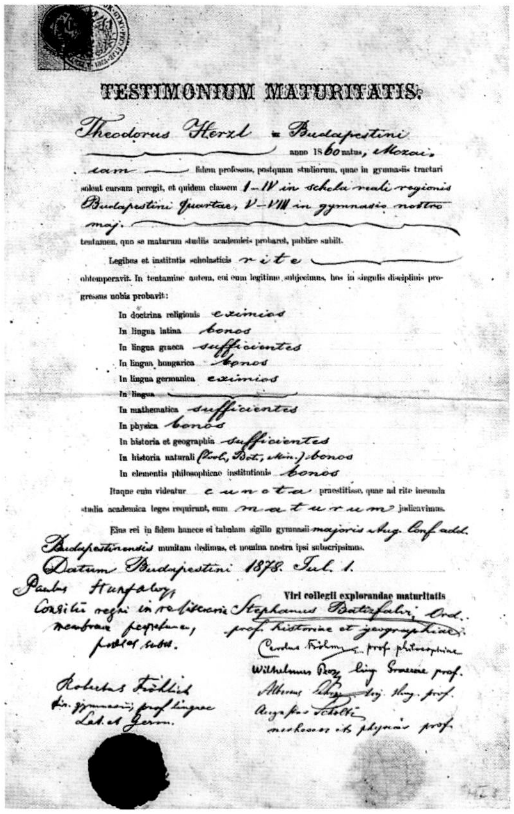
TESTIMONIUM MATURITATIS.

Theodorus Herzl Budapestini anno 1860 natus, Mozaicam fidem professus, postquam studiorum, quae in gymnasiis tractari solent cursum peregit, et quidem classem I–IV in schola reali regionis Budapestini quartae, V–VIII in gymnasio nostro maj. tentamen, quo se maturum studiis academicis probaret, publice subiit.

Legibus et institutis scholasticis rite obtemperavit. In tentamine autem, cui eum legitime subjecimus, hos in singulis disciplinis progressus nobis probavit:

In doctrina religionis eximios
In lingua latina bonos
In lingua graeca sufficientes
In lingua hungarica bonos
In lingua germanica eximios
In lingua
In mathematica sufficientes
In physica bonos
In historia et geographia sufficientes
In historia naturali (Zool., Bot., Min.) bonos
In elementis philosophicae institutionis bonos

Itaque cum videatur cuncta praestitisse, quae ad rite ineunda studia academica leges requirunt, eum maturum judicavimus.

Eius rei in fidem hancce ei tabulam sigillo gymnasii majoris Aug. Conf. addl. Budapestinensis munitam dedimus, et nomina nostra ipsi subscripsimus.

Datum Budapestini 1878. Jul. 1.

Viri collegii explorandae maturitatis

Theodor Herzl besuchte eine zweisprachige Volksschule, in der der Unterricht halb in deutscher, halb in ungarischer Sprache stattfand, streng jüdisch ausgerichtet war und ihm in schlechter Erinnerung blieb. Mit zehn Jahren kam er in die städtische Oberrealschule in Pest. Sein Schulerfolg war eher mäßig. Im Alter von vierzehn Jahren – erst 1875 wechselte er in ein humanistisches Gymnasium über (und hatte Latein und Griechisch nachzulernen, was ihm bei seiner Sprachbegabung nicht schwerfiel) – gründete er 1874 mit Kommilitonen den „belletristischen Verein WIR" und verfaßte dafür Statuten.

Links oben: „Grundregeln des belletristischen Vereines WIR". 1874.

Mitte oben: Theodor Herzl als Gymnasiast. Photographie von F. Kózmata. Um 1875.
Rechts oben: Maturazeugnis Theodor Herzls. 1. Juli 1878.

*Interessant und für den späteren Führer der zionistischen Bewegung bezeichnend ist die Art, wie er alsbald seine und seiner Freunde literarische Bestrebungen vereinte und organisierte. Anfang 1874 gründete er unter dem nicht gerade bescheidenen Namen „Wir" einen Schülerverein. „Wir bilden eine Gesellschaft" – beginnen die von ihm entworfenen „Grundregeln", die in der ersten Sitzung am 22. Februar 1874 angenommen wurden – „in welcher wir unser Wissen bereichern, indem wir kleine Erzählungen, Märchen schreiben, wodurch wir unsere Sprache bilden … Die Werke können der Geschichte, Sage oder Erlebnissen entnommen werden, müssen aber immer in eine angenehme Form gekleidet sein". Dann wird der genaue Modus beschrieben, nach dem die Werke eingereicht und rezensiert werden sollen. Um jede Parteilichkeit zu vermeiden, sollten die Arbeiten ohne Unterschrift, nur mit einem Motto versehen, dem Sekretär „auf eine Art übergeben werden, durch welche er den Verfasser nicht erfährt; auch werden die Mitglieder ersucht, keinerlei Andeutungen fallen zu lassen, durch welche die Rezensenten ihrer Unparteilichkeit beraubt würden". „Niemand soll ungerecht rezensieren, es sollen daher bei jeder Arbeit zwei rezensieren." Nur wenn beide Kritiker die Arbeit annehmen, sollte das beizufügende Kuvert mit dem darin eingeschlossenen Namen erbrochen werden: der Verfasser durfte dann sein Werk vorlesen. Dann entschieden die Mitglieder, ob es wert sei, in das Archiv des Vereins aufgenommen zu werden.
Es gab feste Aemter. Die Hausordnung legte, wie die Geschäftsordnung eines Parlaments, Umkreis, Befugnisse und Pflichten ihrer Träger genau fest und grenzte sie gegen die der einfachen Mitglieder ab. Die Spitze bildete der „Präsident". Das war Theodor Herzl.*
Alex Bein

Man kann sich nach den erhaltenen Bildern aus diesen Jahren den Präsidenten des „Wir" recht gut vorstellen: eine hochgewachsene, schlanke Gestalt, frischer, nicht mehr so zart wie als Kind, der Blick der großen dunklen Augen weiter und lebendiger. Die leicht aufeinander liegenden Lippen öffnen sich gern zu Scherz und Spott. Das ganze Wesen, Haltung, Gang, Benehmen, verraten zielbewußte Energie, natürliche Beherrschung der Form; diese Eigenschaften haben ihn sicher schon damals merkbar von seinen Kameraden unterschieden.
Alex Bein

Links: Jeanette Herzl. Photographie von Doctor és Kózmata. Um 1870.
Rechts unten: Pauline Herzl (1859-1878). Die Schwester, die Theodors „engster und vielleicht einziger Spielkamerad" war, starb mit 19 Jahren an Typhus. Photographie. 1877.

Im Frühjahr 1878 zog die Familie Herzl nach Wien, wo sie sich anfänglich in Wien II. (Leopoldstadt), Praterstraße Nr. 25 niederließ.
Gegenüberliegende Seite rechts: Plan von Wien Innere Stadt (Wien I.) und der angrenzenden Bezirke (1909). Die Wohn- und Wirkungsstätten Theodor Herzls sind durch schwarzen Druck hervorgehoben.

Eine um ein Jahr ältere Schwester Pauline, das Abbild der Mutter, war ihm Kameradin von frühester Kindheit an. Mit ihr wuchs er auf, mit ihr spielte, las, deklamierte er, sie machte andere Spielgefährten beinahe überflüssig. Die Erziehung der Kinder lag fast völlig in den Händen der Mutter, die verständnisvoll das Aufkeimen ihrer Anlagen beobachtete und erleichterte.
Alex Bein

So muß ich dich zum letzten Male sehen, Pauline? An deinem Sarge eine gebeugte, verzweifelte Mutter, sonst stolz, wie eine Palme ragend und doppelt so stolz, wenn sie die liebliche Tochter an ihrer Seite erblickte! ... Welches reine Mutterglück spiegelte sich immer in den Zügen! Wenn das Auge deiner Mutter gut auf dir ruhte, Pauline, dann war das ein Strahl von Seligkeit, den die Feder nicht schildern kann ... Pauline, du hattest die Augen deiner Mutter, den leuchtenden Glanz, den das gute Herz verleiht, gehoben durch kindliche Unschuld ...
August Silberstein. Nachruf auf Pauline Herzl. Februar 1878

Die Zeitgenossen wissen viel von der aufsehenerregenden Schönheit des Mädchens [Jeanette, Herzls Mutter], der jungen Frau, zu erzählen. Die tiefschwarzen vollen Haare, die hohe Stirn, die direkt in die gradgeschnittene Nase überging, der kleine Mund, der fest verschlossen, fast bitter aussah, sich aber leicht zu Witz und Spott, zu kluger Belehrung öffnen konnte – gaben dem Gesicht eine eigenartige Prägung. Die Art sich zu halten und zu geben, hatte etwas Ehrfurchtgebietendes. Sie war eine Persönlichkeit, sie wußte es auch.
Alex Bein

Du bist eine Schriftstellerin ersten Ranges, mamakám, weil Du nur Gutes, Wahres und Gerechtes sagst. Dafür was Du bist und thust hast Du die reichste Belohnung in Dir selbst. Gibt es etwas Höheres, als wenn man so in jedem Augenblick des Lebens mit sich selbst zufrieden sein kann? Es ist geradezu die edelste Erfüllung des Lebens.
In der grenzenlose Liebe und Verehrung die unser guter goldener Papa sowohl wie ich für Dich empfinden, musst Du aber auch eine schöne Genugthuung besitzen.
Theodor Herzl. 17. Januar 1892

Herzls Mutter wurde von ihrem Sohne sehr geliebt, Vergötterung ist für sein Empfinden und Verhalten kein übertreibendes Wort. Sein erster Gedanke galt immer ihr; ihr Rat wurde in den schwierigsten Lagen eingeholt, ihr Urteil über Menschen und Dinge gab mehr als einmal den Ausschlag. Eine solche Anbetung ist eine Gnade, ein Geschenk der Natur, aber Herzls Mutter hatte das ihrige getan, um eine solche Liebe zu verdienen.
Leon Kellner

Theodor Herzls Wohnungen in Wien

1 Wien II., Praterstraße 25: ab Frühjahr 1878 bis vermutlich 1882

2 Wien IX., Kolingasse 13: vermutlich 1882 bis Mai 1883

3 Wien I., Zelinkagasse 11: ab Mai 1883 – 14. 11. 1887

4 Wien II., Stefaniestraße 1: 14. 11. 1887 – 25. 11. 1889

5 Wien I., Marc Aurel-Straße 7: 25. 11.1889 – vermutlich 1891 (siehe Abb. Seite 53)

Parisaufenthalt bis 1895 (Seine Frau Julie dürfte sich nach dem erhaltenen Meldezettel nach Wien II., Obere Donaustraße 89/II abgemeldet haben)

6 Wien IX., Pelikangasse 16: 5. 10. 1895 – 15. 8. 1896 (dann Sommerfrische in Altaussee)

7 Wien IX., Berggasse 6: 3. 10. 1896 – 21. 5. 1898 (siehe Abb. Seite 90)

8 Wien XVIII., Carl Ludwig Straße 50/Haizingergasse 29: 21. 5. 1898 – Tod (siehe Seite 190/191)

Theodor Herzls Arbeitsstätten in Wien:

1 Wien I., Fichtegasse 11/Ecke Kolowratring (heute: Schubertring) – Redaktion „Neue Freie Presse“: 1891 bzw. 1895 – Tod (siehe Seite 48/49)

2 Wien II., Rembrandtstraße 11 – Redaktion und Administration „Die Welt“: ab Juni 1897 (siehe Seite 110/111)

3 Wien IX., Türkenstraße 9 – spätere Redaktion und Administration „Die Welt“

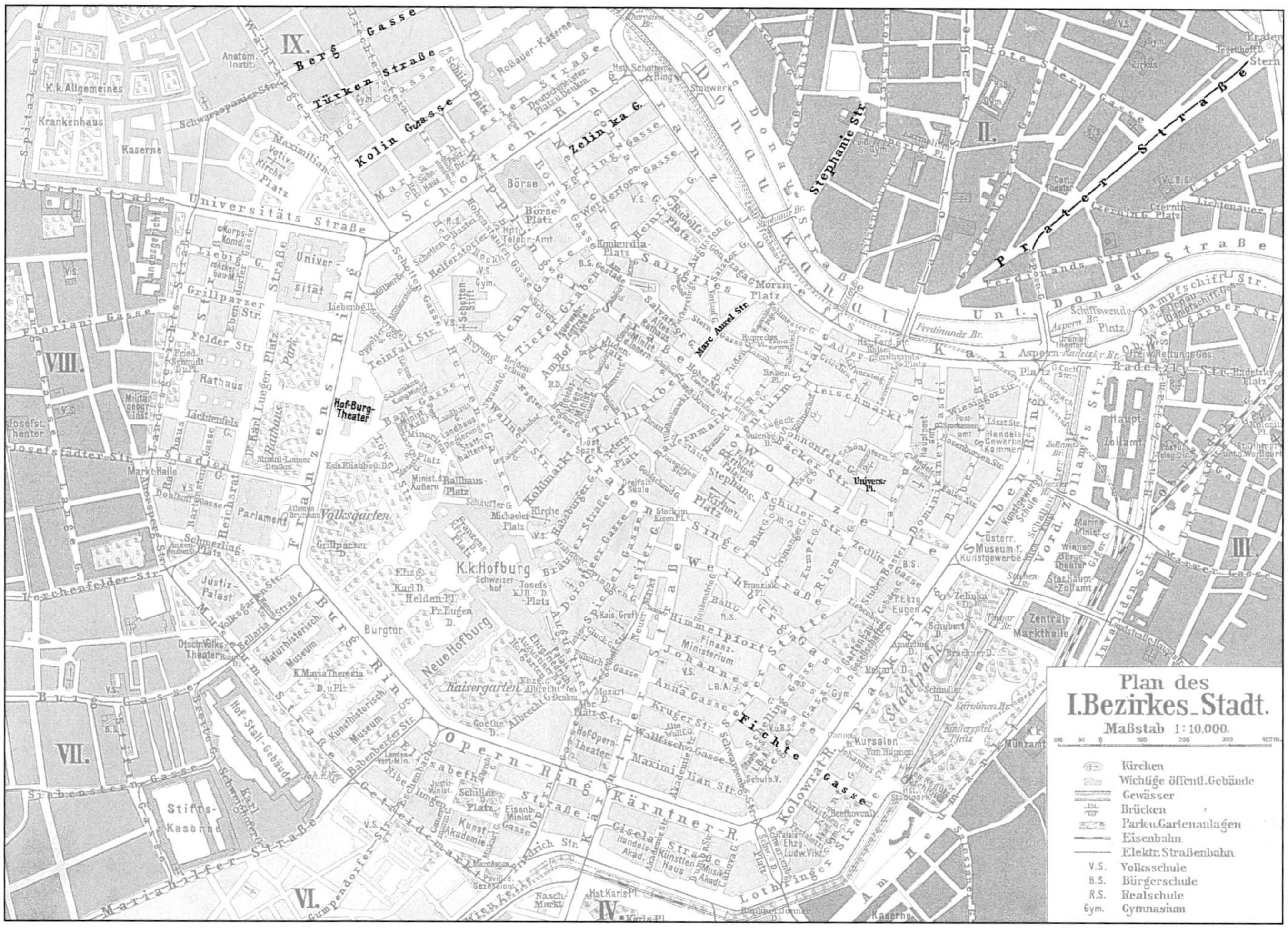

Unten links: Der Graben in Wien I., in der Bildmitte die Pestsäule, im Vordergrund eines der beiden „Limonadenzelte“. Photographie von Johann Hoff. Um 1880.

Unten rechts: Blick vom Stadtpark auf die Innere Stadt, im Hintergrund das Palais Coburg und der Turm von St. Stephan. Photographie von Johann Hoff. Um 1880.

PANORAMA
572
498

Die Leopoldstadt war zu jener Zeit noch ein vornehmes und angesehenes Viertel, und insbesondere ihre Hauptstraße, in der auch das Carltheater stand, wußte etwas von ihrem Glanz auch über die spärlichen Stunden hinaus zu bewahren, da in Equipagen und Fiakern die große, die elegante, die leichtlebige Welt von den Pferderennen oder von Blumenfesten aus der „Hauptallee" zurückgesaust kam. Gar oft genoß ich in meinen Kinderjahren dieses prächtigen Anblicks von der Wohnung der Großeltern aus.
Arthur Schnitzler

Dass Sie mich, der ich doch in Ihrem Bezirk wohnte, nicht aufsuchten, ist jetzt für mich eine Beschämung, wie wenn man nicht zu einem Fest mit Anderen geladen wird, u. es würde mich zur Demuth mahnen, wenn ich solcher Winke bedürfte. Denn offenbar haben Sie in meinen Schmierereien, die an öffentlichen Orten erschienen, nie einen solchen Ton gefunden, der ihnen zum Herzen ging. Sie sind zu fein, mein lieber Poet, um in dieser Bemerkung nicht genau das zu finden, was sie enthalten soll.
Theodor Herzl an Arthur Schnitzler.
29. Juli 1892

Die zwei großen Straßen der Leopoldstadt sind: die Taborstraße und die Praterstraße. Die Praterstraße ist beinahe herrschaftlich. Sie führt direkt ins Vergnügen. Juden und Christen bevölkern sie. Sie ist glatt, weit und hell. Sie hat viele Cafés.
Joseph Roth

Die Praterstraße, im zweiten Wiener Bezirk, war ein jüdisches Nobelviertel. Viele berühmte Männer haben hier ihre ersten Schritte getan: Nur wenige Häuser von der Wohnung der Herzls entfernt wurde 1862 Arthur Schnitzler geboren; sein Vater, ein erfolgreicher Arzt, war, wie die Herzls, aus Ungarn gekommen. Um die Ecke hatte im Jahre 1866 Sigmund Freud mit seinen Eltern gewohnt, als die Familie gerade aus Böhmen nach Wien gekommen war. Wieder ein paar Schritte weiter saß jetzt, 1878, der junge Gustav Mahler in einer engen Kammer an seinem Klavier. In der nahen Tempelgasse, neben einer Ausspeisung für arme jüdische Einwanderer aus dem Osten, stand die neue Synagoge. Die Leopoldstadt war damals schon ein bei den Wiener Juden beliebter Stadtteil, aber noch nicht das jüdische Ghetto, das sie später wurde. Damals lebten Juden und Christen Tür an Tür in denselben Gassen, denselben Häusern.
Amos Elon

Im Frühjahr 1878 zogen die Eltern Theodor Herzls von Budapest nach Wien, wo sie sich in der Praterstraße Nr. 25 niederließen.
Die Wiener Leopoldstadt (Wien II.), wegen ihrer Lage zwischen Donau und Donaukanal auch „Mazzesinsel" genannt, war für die jüdischen Einwanderer aus den Kronländern eine bevorzugte Wohngegend.
Gegenüberliegende Seite: Die Praterstraße gegen den Praterstern, links im Bild (mit vorspringendem Mittelrisalit) Praterstraße Nr. 23, das Nachbarhaus des Herzl-Domizils. Photographie. Um 1890.

Die Mittel zum Baue des Gotteshauses und zweier Häuser, links und rechts neben demselben, in der ehemaligen Wällisch- jetzt Tempelgasse in der Leopoldstadt, wurden durch ein Anlehen gedeckt. Der Architekt Förster führte den Bau. Am 15. März 1858 wurde das neue Gotteshaus eingeweiht. Unter den nichtjüdischen Notabilitäten, die bei der Einweihung anwesend waren, befand sich auch der damalige Finanzminister Bruck. Zum Prediger wurde Herr Dr. Adolf Jellinek, geboren zu Ungarisch-Brod in Mähren, bis dahin Prediger in Leipzig gewählt, der damals schon als Kanzelredner und Gelehrter Namen und Ruf hatte. Zum Cantor wurde Herr Joseph Goldstein gewählt.
Gerson Wolf

Oben: Die1853 bis 1858, nach Plänen Ludwig Försters errichtete monumentalste Synagoge Wiens, der sogenannte „Große Tempel", lag in der Tempelgasse 3–5, schräg vis-à-vis von Herzls Wohnhaus.
Mitte: Blick in den Innenraum des „Großen Tempels". Er war, entsprechend dem historistischen Stil der Gründerzeit, mit maurischen Elementen ausgestattet.
Unten: Einladungskarte zur Einweihung des „neuen israelitischen Bethauses in der Leopoldstadt". Lithographie. 15. Juni 1858.

EINLADUNG

zur feierlichen Einweihung des neuen israelitischen Bethauses in der Leopoldstadt

am 15. Juni 1858, Abends 5½ Uhr.

Für Herrn Director der k.k. Pfarr Hauptschule a. St. Josef P. T.

Die Vertreter der israel. Cultusgemeinde.

Im Jahr 1878 immatrikulierte Theodor Herzl an der Juridischen Fakultät der Universität Wien. Die Institute waren damals in den Gebäuden des alten Jesuitenkollegiums und der Aula am Universitätsplatz (heute Dr. Ignaz-Seipel-Platz), Wien I., untergebracht.

Oben: Die sogenannte Aula an der Nordwestseite des Platzes, nach Plänen von Jean Nicolas Jadot de Ville-Issey 1756 errichtet. 1857 wurde die Aula der kaiserlichen Akademie der Wissenschaften zur Benützung übergeben.

Unten links: Die Jesuiten- oder Universitätskirche, 1628 bis 1631 in der Regierungszeit von Kaiser Ferdinand II. errichtet, dominiert einen der schönsten Plätze Wiens.

Unten rechts: Im ehemaligen Jesuitenkollegium, an der rechten Seite der Kirche gelegen, befand sich die Juridische Fakultät, an der Herzl studierte.

Wir machen Erfahrungen – das ist das ganze Leben, zusammt mit seinem Zweck. – Am Ende sind wir so geschwollen von weiser Lebenskenntniss, dass in unserm Cadaver kein Raum mehr ist für Lebenskraft – und dann legt man uns in die Erde.
Theodor Herzl. 13. Juli 1883

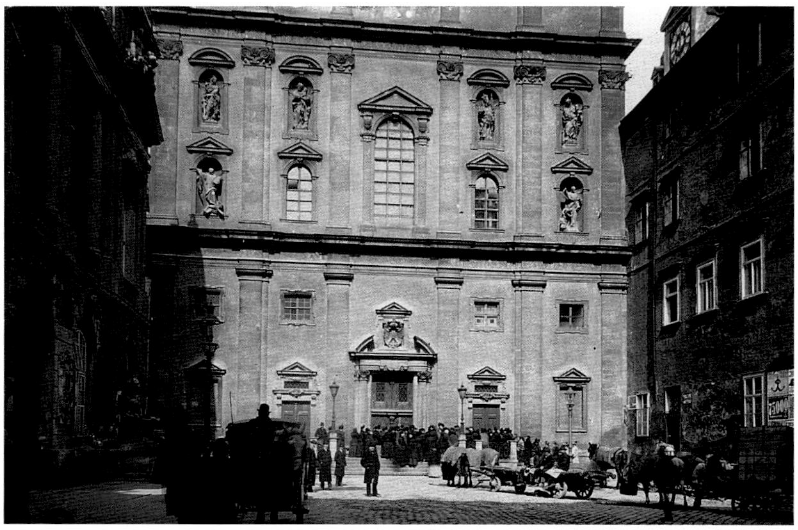

<u>Links:</u> Theodor Herzl im Jahre 1882, als er zum Doctor utriusque juris promovierte. Sein politisches Verständnis wurde entscheidend von Professoren der Universität Wien, wie Adolf Exner, Anton Menger, Ottokar Lorenz, Friedrich Maassen, Lorenz von Stein etc. geformt.
<u>Oben rechts:</u> Anton Menger (1841–1906), seit 1877 Professor für österreichisches Zivilprozeßrecht an der Universität Wien, 1895/96 Rektor. Menger bekannte sich klar zu den Ideen des Sozialismus und entwarf ein vollständiges, jedoch widersprüchliches Bild eines „volkstümlichen Arbeiterstaates".
<u>Mitte rechts:</u> Lorenz von Stein (1815–1890), seit 1855 Professor für Staatsrecht und Nationalökonomie an der Universität Wien. Er erkannte früh die Bedeutung der sozialen Frage in der industriellen Gesellschaft.
<u>Unten rechts:</u> Friedrich Bernhard Maassen (1823–1900), Professor für Kirchenrecht an der Universität Wien.

Kraftlose, thatlose, glücklose Zeit! Wieder ziehe ich dieses Buch der Elendbekenntnisse aus seinem Fach, wieder kommt in der Stille eines Abends, der einen tödtlich leeren Tag beschliesst, die Trostlosigkeit meines Daseins über mich. Nach Aussen wachse ich im Urtheil der alten und neuen Bekannten, und innen bin ich doch ein verzweifelt unglücklicher Kerl. Tod und Pestilenz, wird das immer so fortgehen? …
Kein Erfolg will kommen. Und ich brauche doch den Erfolg, ich gedeihe nur im Erfolg. – …
Da drin in meiner Lade liegen die Enttäuschten fertig. Es ekelt mir vor diesem Stück nun geendeter Arbeit, das meine Sehnsucht, meine Hoffnungen, das Streben von Jahren, mein Blut, ein Theil meiner Jugend getrunken hat. Ich habe nicht einmal Lust, es irgendwo einzureichen. Wozu? Um es mit einem gedruckten Antwortschreiben zurückzukriegen? Kein Sonnenstrahl fällt auf meinen Weg, kein Ziel seh ich vor mir, keine Blume „blüht am Wegesrand …".
Theodor Herzl. 27. November 1883

Die anderen Zweige der Rechtswissenschaft haben ihn offenbar weniger interessiert; befruchtend haben sie sicherlich alle auf ihn gewirkt: Die Beziehung von Menschen zueinander, von Menschengruppen zu Menschengruppen und zum Einzelnen, das Leben der Staaten und der Gesellschaft, diese eigentlichen Themen der Rechtswissenschaft müssen irgendwie das Denken des Studenten mitgeformt haben, wie sie es bei vielen Dichtern und Schriftstellern vor und nach ihm getan haben. Dazu hörte er Männer wie Anton Menger und Lorenz von Stein (Nationalökonomie, Rechtsphilosophie), die sich kritisch mit der sozialen Frage befaßten; Vorlesungen über Philosophie und Geschichte, besonders über neuere Geschichte und Geschichte des österreichisch-ungarischen Nationalitätenstaates. Wieviel von seinen späteren Ansichten mag in diesen Vorlesungen, ihm selbst unbewußt, die Grundlage erhalten haben!
Alex Bein

Einer von den jüdischen Studenten, die, ehe die Dinge die oben geschilderte Wendung genommen, einer deutschnationalen Burschenschaft angehört hatten, war Theodor Herzl gewesen; den ich selbst noch mit der blauen Albenkappe und dem schwarzen Stock mit Elfenbeingriff, darauf das F. V. C. (Floriat Vivat Crescat) eingraviert war, in Reih und Glied mit seinen Couleurbrüdern umherspazieren sah; – daß diese ihn als Juden aus ihrer Mitte stießen, oder, wie das beleidigende Studentenwort hieß, „schaßten“, war zweifellos der erste Anlaß, der den deutschnationalen Studenten und Wortführer in der Akademischen Redehalle (wo wir einander, ohne uns noch persönlich zu kennen, an einem Versammlungsabend spöttisch fixiert hatten) zu dem vielleicht mehr begeisterten als überzeugten Zionisten wandelte, als der er im Gedächtnis der Nachwelt weiterlebt.
Arthur Schnitzler

Die Marken, mit denen wir damals alle stillen Orte der inneren Stadt beklebten, [trugen den] Spruch: ‚Was der Jude glaubt, ist einerlei, in der Rasse liegt die Schweinerei!‘
Hermann Bahr

Unten links und rechts: Zeitgenössische Illustrationen aus „Deutsche Studenten-Lieder“. Holzschnitte von Franz Pocci und Ludwig Richter. Um 1865.

Rechts: Theodor Herzl (rechts) als Kommilitone der Studentenverbindung „Albia“, der unter anderen auch Hermann Bahr angehörte.

Im Jahr 1881 trat Theodor Herzl der Studentenverbindung „Albia“ bei, die ursprünglich österreichisch-patriotisch gesinnt war. Eine ausgesprochen deutschnational-antisemitische Haltung nahm die „Albia“ erst 1883 ein. Der Schriftsteller Hermann Bahr hatte in einem Trauerkommers, der anläßlich Richard Wagners Tod am 5. März 1883 abgehalten wurde, das Ideal eines „arischen“ großdeutschen Reiches beschworen. Herzl ersuchte daraufhin um „honorige Entlassung“ aus der Burschenschaft.

Löbl[icher] B[urschen-] der W[iener] A[kademischen] B[urschenschaft] Albia. Aus den Tagesblättern habe ich mit grossem Bedauern entnommen, dass der „Richard-Wagner“-Commers, unter dessen Veranstaltern auch die Couleur sich befand, der als inactives Mitglied anzugehören ich die Ehre habe – dass dieser Commers sich in seinem Verlaufe zu einer antisemitischen Demonstration gestaltete. – Es fällt mir nicht ein, hier gegen diese rückschrittliche Mode des Tages zu polemisiren; ich will nur beiläufig erwähnen, dass ich vom Standpunkte der Freiheitsliebe selbst als Nichtjude eine Bewegung verurtheilen müsste, der sich allem Anscheine nach auch meine Burschenschaft angeschlossen hat. Allem Anscheine nach; denn wenn man gegen Vorgänge solcher Art nicht vernehmlich protestirt, so haftet man solidarisch mit. Qui tacet, consentire videtur!
Theodor Herzl. 7. März 1883

In vollster Würdigung der Tatsache, daß zwischen Ariern und Juden ein so tiefer moralischer und psychischer Unterschied besteht und daß durch jüdisches Unwesen unsere Eigenart schon so viel gelitten, in Anbetracht der vielen Beweise, die auch der jüdische Student von seiner Ehrlosigkeit und Charakterlosigkeit gegeben, und da er der Ehre nach unseren deutschen Begriffen völlig bar ist, faßt die heutige Versammlung wehrhafter Studenten folgenden Beschluß: ‚Den Juden auf keine Waffe mehr Genugtuung zu geben, da er deren unwürdig ist.‘
Statut des Waidhofener Verbandes

Links: In dem auf der mit einem Holzschnitt von H. Strohl versehenen Postkarte zitierten Gedicht von Robert Hamerling spiegelt sich der Konflikt der deutschsprachigen Bevölkerung der Vielvölkermonarchie Österreich-Ungarns: Die Mehrzahl der Mitglieder schlagender Burschenschaften betonte Österreichs Zugehörigkeit zur deutschen Kultur, lehnte gleiche Rechte für andere Nationalitäten ab und träumte von einer Vereinigung Österreichs mit dem Deutschen Reich.

Oben: Schiller-Huldigung der deutschen Studentenschaft Wiens vor seinem Denkmal (1876) auf dem Schillerplatz vor der Akademie der bildenden Künste, Wien I. Photographie. 10. Mai 1905.

Es ist ziemlich einleuchtend, dass ich, behaftet mit dem Hinderniss des Semitismus (zur Zeit meines Einsprungs war das Wort noch unbekannt), heute nicht um Aufnahme in die B[urschenschaft] A[lbia] ansuchen würde, die mir höchst wahrscheinlich aus dem angegebenen Grund auch verweigert würde – und, dass ich dort nicht bleiben will, wo ich dies voraussetze, das ist jedem anständigen Menschen klar.
Theodor Herzl, 7. März 1883

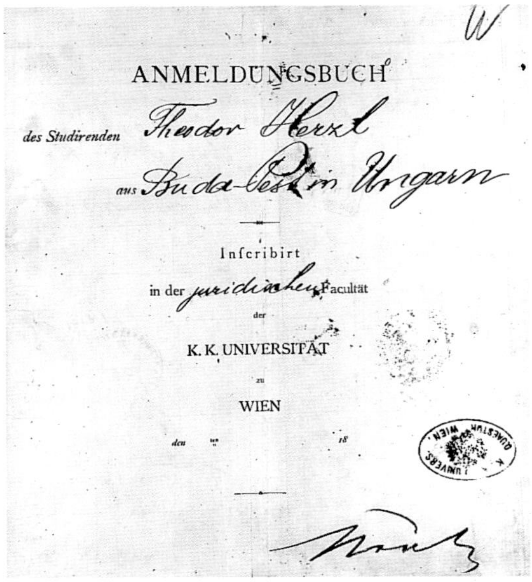

ANMELDUNGSBUCH

des Studirenden Theodor Herzl

aus Buda-Pest in Ungarn

Inscribirt

in der juridischen Facultät

der

K. K. UNIVERSITÄT

zu

WIEN

den 18

Das Studium an der juridischen Fakultät der Universität Wien, für das sich Herzl entschieden hatte, entsprach nicht wirklich seinen Neigungen, die sich bald der Literatur und dem Journalismus zuwandten. Während er die erste Staatsprüfung noch mit Auszeichnung absolvierte, bestand er die zweite 1883 lediglich mit Stimmenmehrheit. Im Mai 1884 brachte er schließlich dritte Staatsprüfung und Rigorosum hinter sich und wurde zum Doctor juris promoviert.

Oben: Theodor Herzls Studienbuch der juridischen Fakultät der Universität Wien.

Unten: Seite im Studienbuch mit der Bestätigung, daß Herzl die erste (rechtshistorische) Staatsprüfung im Juli 1880 – das heißt zeitgerecht am Ende des 2. Semesters – mit Auszeichnung ablegte.

Für Richard Wagner, der am 13. Februar 1883 in Venedig gestorben war, wurden überall im Deutschen Reich und in Österreich-Ungarn von den deutschnationalen Studentenverbindungen Trauerfeiern abgehalten, sogenannte „Trauerkommerse“, die nicht selten zu wüsten antisemitischen Ausschreitungen führten. So auch in Wien am 5. März 1883, wo eine Reihe von Burschenschaften, darunter auch Herzls Verbindung „Albia“, in die Sofiensäle eingeladen hatte. Hermann Bahr (1863–1934), Herzls Kommilitone bei der „Albia“ (und später mit ihm und den jüdischen Schriftstellern des „Jungen Wien“ befreundet), war, damals ein glühender Schönerer-Anhänger, der Hauptsprecher: Mit einer Erneuerung deutschen Geistes durch ein „arisches“, von jüdischem Ungeist befreites Großdeutschland erntete er den meisten Beifall. Die randalierenden Studenten mußten von der Polizei auseinandergetrieben werden, Hermann Bahr wurde in der Folge von der Universität relegiert und ging nach Berlin und später nach Paris. Theodor Herzl entnahm den Ablauf der Trauerfeier den Zeitungen. Am 7. März schrieb er dann das auf der vorhergehenden Doppelseite zitierte Ersuchen um seine Entlassung aus der Burschenschaft.

Rechts: Hermann Bahr mit seiner Pariser Freundin Nini. Photographie. Um 1885.

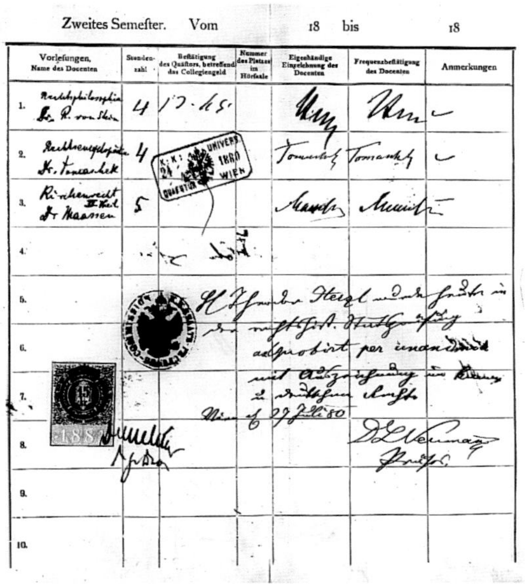

Zweites Semester. Vom 18 bis 18

	Vorlesungen, Name des Docenten	Stundenzahl	Bestätigung des Quästors, betreffend des Collegiengeld	Nummer des Platzes im Hörsaale	Eigenhändige Einzeichnung des Docenten	Frequenzbestätigung des Docenten	Anmerkungen
1.	[illegible]	4	[illegible]		[illegible]	[illegible]	–
2.	[illegible]	4	[illegible]		[illegible]	[illegible]	–
3.	[illegible]	5			[illegible]	[illegible]	–
4.							
5.							
6.							
7.							
8.							
9.							
10.							

Nun lebte gerade in Wien der wachsamste Geist der jüngeren deutschen Generation, Hermann Bahr, der für alles Werdende und Kommende sich als geistiger Raufbold wütend herumschlug …
Stefan Zweig

Theodor Herzl war, als ich, klassische Philologie zu treiben, gewillt, an die Wiener Universität kam, der Glanz und der Stolz der Burschenschaft, deren vorlauter Fuchs ich wurde. Ich entsinne mich des Zaubers, der von ihm ausging, noch so deutlich: seine hohe Gestalt, sein spöttisch überlegener Geist und die Ritterlichkeit seines Wesens waren unwiderstehlich. Wir Füchse wunderten uns also nicht weniger als er selbst über die Nachricht, er sei durch einstimmigen Beschluß des Konvents aus unserer Mitte gestrichen worden. Was war geschehen? Die Burschenschaft hatte sich, um nicht hinter der Mode zurückzubleiben, entschlossen, hinfort Juden nicht mehr aufzunehmen und Herzl zu streichen. Der Beschluß war übrigens auf Antrag eines Juden erfolgt, den der Konvent aber ausnahm, einstimmig anerkennend, er sei, wenn auch jüdischen Blutes, dennoch, wie schon seine Tapferkeit auf Mensur beweise, durchaus arischen Geistes. Er muß sich übrigens in dieser Auszeichnung nicht ganz wohl gefühlt haben: er löste das Problem, indem er sich erschoß.
Herzl aber ließ sich durch sein studentisches Erlebnis die Lust und Laune zu diesem irdischen Dasein nicht nehmen, er rettete sich ins Feuilleton und wurde bald ein glänzender „Plauderer“, Causeur oder wie man immer dieses ja seitdem eher in Verruf gesteckte Handwerk nennen mag.
Hermann Bahr

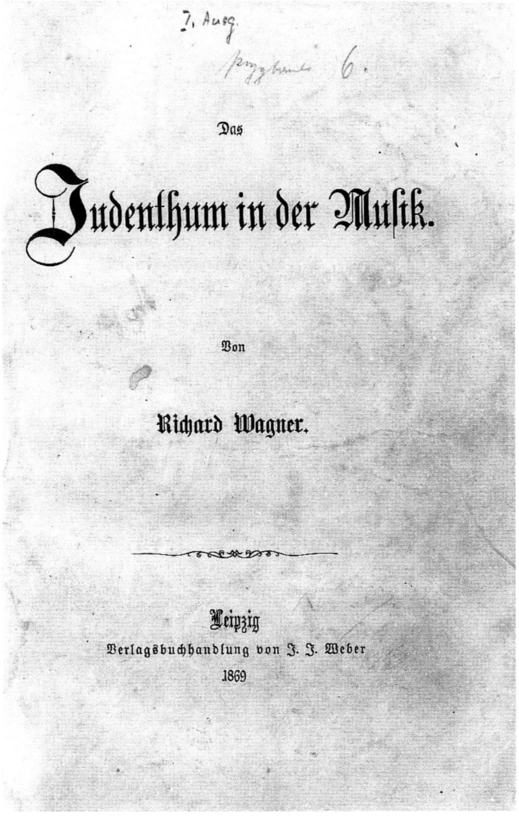

Das

Judenthum in der Musik.

Von

Richard Wagner.

Leipzig
Verlagsbuchhandlung von J. J. Weber
1869

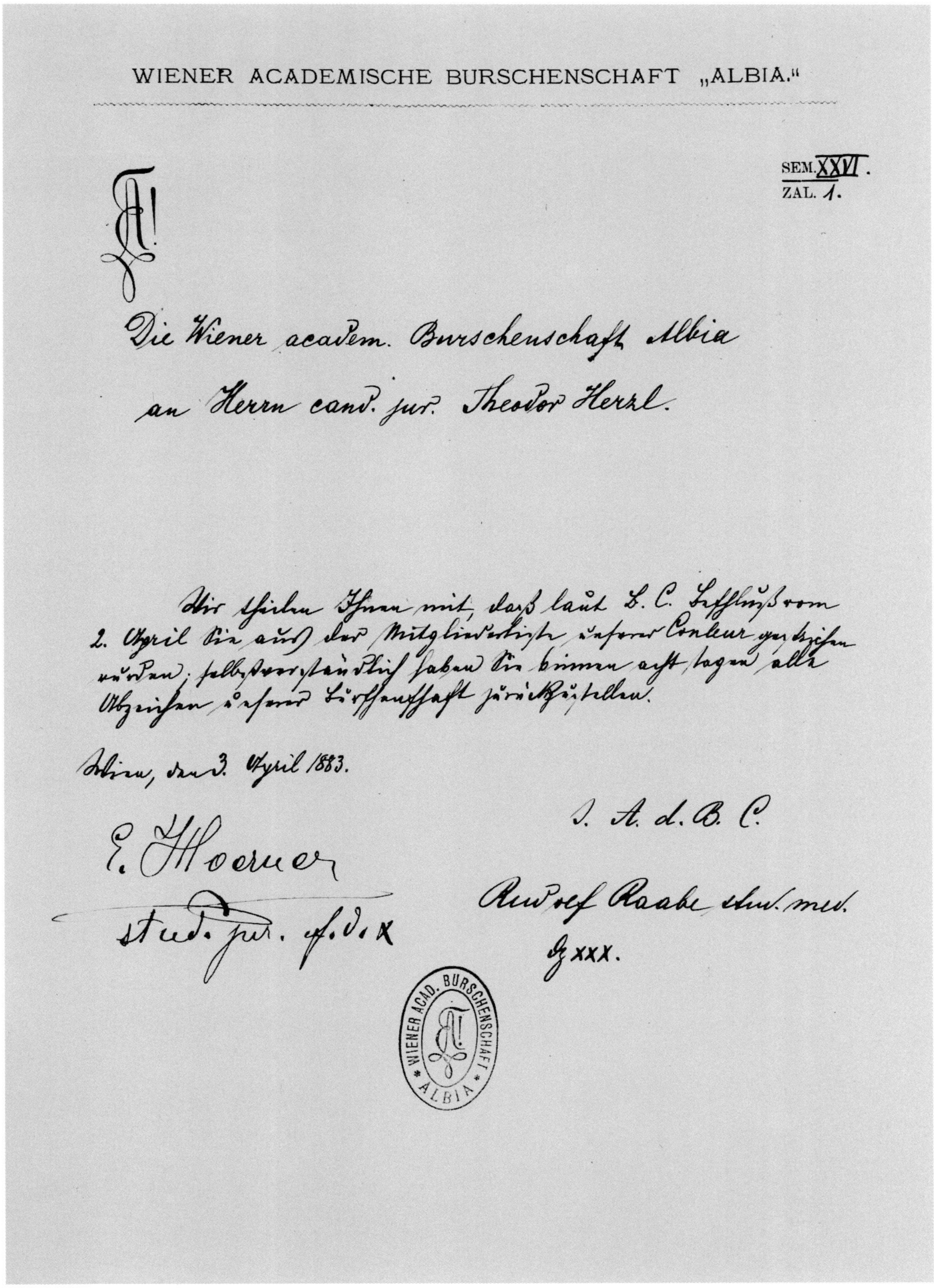

WIENER ACADEMISCHE BURSCHENSCHAFT „ALBIA."

SEM. XXVI.
ZAL. 1.

Die Wiener academ. Burschenschaft Albia
an Herrn cand. jur. Theodor Herzl.

Wir theilen Ihnen mit, daß laut B. C. Beschluß vom 2. April Sie aus der Mitgliederliste unserer Couleur gestrichen wurden; selbstverständlich haben Sie binnen acht Tagen alle Abzeichen unserer Burschenschaft zurückzustellen.

Wien, den 3. April 1883.

I. A. d. B. C.

stud. jur.

Rudolf Raabe stud. med.

WIENER ACAD. BURSCHENSCHAFT ALBIA

Oben: Titelblatt von Richard Wagners antisemitischem Pamphlet „Das Judenthum in der Musik". Das 1850 erstveröffentlichte Werk ist ein Rundumschlag gegen alle zeitgenössischen Komponisten mosaischen Bekenntnisses.

Unten: Richard Wagner (1813–1883) mit seiner Frau Cosima (1837–1930). Photographie von F. Luckhardt. Um 1875.

Oben: Antwortschreiben der Burschenschaft „Albia" auf Herzls am 7. März 1883 schriftlich geäußerten Wunsch, aus der Studentenverbindung entlassen zu werden: „Wir theilen Ihnen mit, daß laut B. C. Beschluß vom 2. April Sie aus der Mitgliederliste unserer Couleur gestrichen wurden; selbstverständlich haben Sie binnen acht Tagen alle Abzeichen unserer Burschenschaft zurückzustellen."

Löbl[icher] B[urschen-]C[onvent] d[er] ak[ademischen] B[urschenschaft] Albia! Ich erhalte soeben Ihre geehrte Zuschrift, welcher ich die Bewilligung der von mir angesuchten Entlassung aus dem Couleurverbande entnehme.
Theodor Herzl. 4. April 1883

Am 31. Juli 1884 erhielt Herzl die Zulassung zur Rechtspraxis, am 4. August 1884 trat er das Gerichtspraktikum an. Bis zum 13. Dezember 1884 arbeitete er am Landesgericht für Strafsachen in Wien, bis zum 15. April 1885 am Handelsgericht, bis zum 14. Juni 1885 am Landesgericht für Zivilsachen.

Links: Theodor Herzl als Gerichtspraktikant. Photographie. 1885.

Rechts: Der neue, 1875–1881 erbaute Justizpalast in Wien. Zentralhalle mit der Kolossalfigur der „Justitia". Zeitungsillustration. 1878.

Unten links: Das Plaidoyer. Scherenschnitt von Hans Schließmann. Um 1890.

Unten rechts: Bewilligungsschreiben des Landesgerichts Wien an das Landesgericht Salzburg, daß Theodor Herzl sein Gerichtsjahr in Salzburg fortsetzen und beenden kann. 12. Juni 1885.

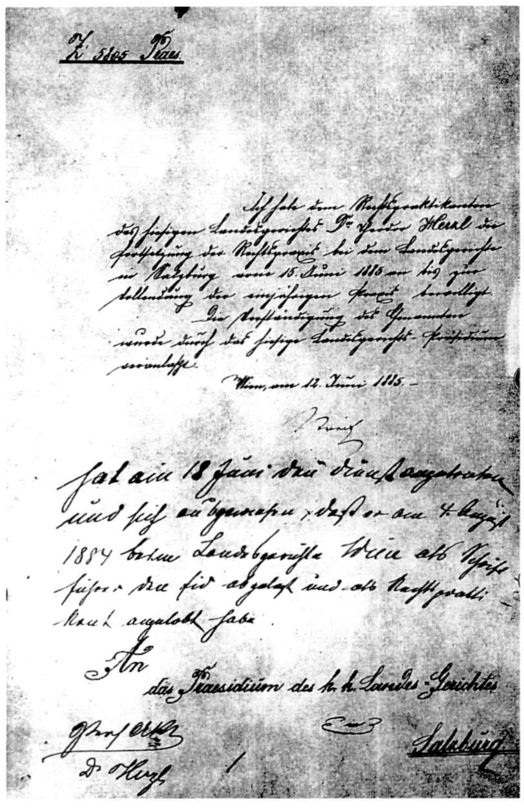

Wien, am 12. Juni 1885.

An das Präsidium des k. k. Landes-Gerichtes Salzburg

Vormittags fülle ich Formularien aus beim Handelsgericht – aber die Nachmittage sind schön, ja. Ich lese, träume, rauche, schreibe. Ein Tag löst so den andern ab, und eines Tages werde ich alt sein, ohne die Jugend gekannt zu haben. – Aber rastlos wollen wir bleiben! –

Theodor Herzl. 31. Dezember 1884

Meine geliebten, theuern Eltern!
Von meiner Ankunft habe ich Euch verständigt; es bleibt noch, Euch von meiner Aufnahme bei Gericht zu erzählen. Diese war geradezu glänzend. Man stellt sich hier allen Beamten vor, und dies that auch ich. Einer war liebenswürdiger, als der Andere, der liebenswürdigste aber war der Präsident. Dem war ich durch seinen Sohn, ebenfalls Rechtspraktikant hier, annoncirt worden. Den gestrigen Abend verbrachte der junge Präsident mit mir. Wir haben mehrere gemeinschaftliche Bekannte in Wien – die Anknüpfung war also gegeben. Ich müsste mich irren, aber ich glaube, dass ich demnächst eine Einladung zu meinem Präsidenten bekommen werde.
Ein Rechtspraktikant ist eben in Salzburg nicht der Grenzbewohner der Menschheit, wie in Wien.
Theodor Herzl. 19. Juni 1885

Im Juni 1885 suchte Herzl um eine Rechtspraktikantenstelle in Salzburg an, weil sein Vater auf Anraten des Hausarztes ein Ohrenleiden in Bad Hall in Oberösterreich zu kurieren hatte. Vom Juni 1885 bis zum August 1885 beendete er sein Gerichtsjahr am Landesgericht Salzburg, sein Praktikantenzimmer befand sich in der Festung Hohensalzburg.
Oben: Blick auf Salzburg vom Elektrischen Aufzug auf den Mönchsberg. Photographie von Baldi & Würthle. Um 1890.
Rechts: „Die Bade-Anstalt zu Hall in Oberösterreich." Holzschnitt. Um 1870.

Die Bade-Anstalt zu Hall in Oberöstreich.

Nach Ablegung seiner juristischen Examina und nach der Promotion zum Doktor juris im Mai 1884 erhielt Theodor Herzl die Zulassung zur Rechtspraxis beim Landesgericht in Wien. Die Erkenntnis, daß ihm als Jude ein Aufstieg in der österreichischen Beamtenhierarchie jedoch nur begrenzt möglich sein würde, ließ ihm die Lust, in den Staatsdienst einzutreten, bald vergehen. Er hätte sich zwar, wie Studienfreunde gleicher Herkunft und Ausbildung, als freier Rechtsanwalt niederlassen können, doch entsprach das nicht seinen Wünschen und Vorstellungen. Im August 1885 entschloß er sich deshalb, den Dienst zu quittieren, um als freier Schriftsteller, wie er sich das schon als Gymnasiast ausgemalt hatte, nur noch seinen literarischen und publizistischen Neigungen nachzugehen.

Die Entscheidung, auf die Annehmlichkeiten eines gesicherten Beamtendaseins zu verzichten, ist Herzl sicherlich nicht leicht gefallen, doch fühlte er sich mehr zum Leben eines Literaten und Bühnenschriftstellers berufen. Seine Anfangserfolge auf dem literarischen Sektor waren indessen vergleichsweise bescheiden. Arbeiten, die damals entstanden, wie zum Beispiel das Drama *Die Jungen* oder das Lustspiel *Muttersöhnchen* lassen zwar Begabung erkennen, waren aber doch nicht mehr als erste, etwas linkische Versuche, einen eigenen Stil zu finden. Ob zu Unrecht oder nicht: Friedrich Mitterwurzer, ein damals gefeierter Burgschauspieler, dem er im Januar 1885

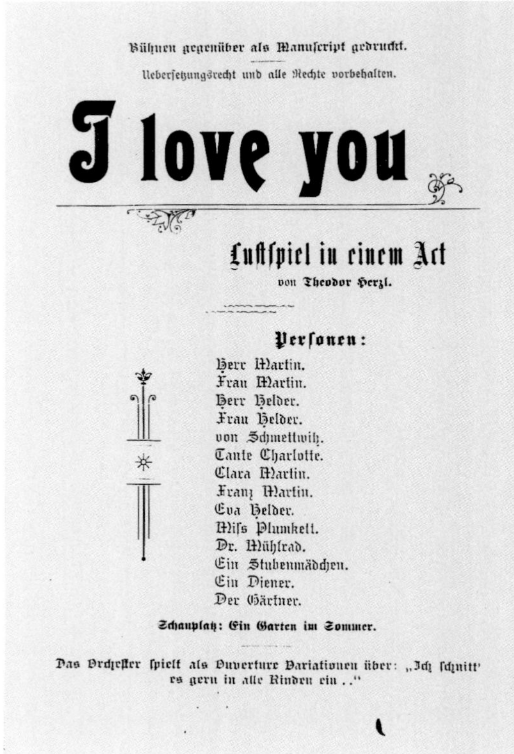
Bühnen gegenüber als Manuscript gedruckt.

Uebersetzungsrecht und alle Rechte vorbehalten.

I love you

Lustspiel in einem Act

von Theodor Herzl.

Personen:

Herr Martin.
Frau Martin.
Herr Helder.
Frau Helder.
von Schmettwitz.
Tante Charlotte.
Clara Martin.
Franz Martin.
Eva Helder.
Miß Plumkett.
Dr. Mühlrad.
Ein Stubenmädchen.
Ein Diener.
Der Gärtner.

Schauplatz: Ein Garten im Sommer.

Das Orchester spielt als Ouverture Variationen über: „Ich schnitt' es gern in alle Rinden ein . .“

Titelblatt des Bühnenmanuskripts zu Theodor Herzls einaktigem Lustspiel „I love you“.

Die Komödie wurde am 12. Jänner 1900 im Wiener Burgtheater uraufgeführt.

aus dem ersten Akt seines Dramas *Die Enttäuschten* vorlas, unterbrach ihn barsch mit der bündigen Erklärung, er würde solche Langeweile nicht länger ertragen. Seinen Einakter *Tabarin,* ein vielbehandeltes Possenmotiv aus der Zeit Kardinal Richelieus, das Herzl frei nach einer Skizze des französisch-jüdischen Autors Catulle Mendès bearbeitet hatte, hielt Mitterwurzer hingegen für annehmbar. Er setzte dabei wohl mehr auf die Attraktivität des ewigen Reigens untreue Ehefrau – gehörnter Ehemann – Liebhaber denn auf die literarische Qualität der Komödie.

Trotz Ermunterungen, die er von mancher Seiten erhielt, begann Herzl jedoch an seinen Fähigkeiten als Bühnenschriftsteller zu zweifeln. „Ich war in Berlin. Bin heimgekehrt. Ohne Erfolg. Wann kommt die Zeit?“ lautet zum Beispiel eine Eintragung in seinem *Jugendtagebuch.* Ein anderes Mal beklagte er sich bei seinen Eltern, seine Bühnenstücke würden als „zu österreichisch“ empfunden. Dem im Feuilleton und auf dem Theater erfolgreichen Literaten Paul Lindau wiederum teilte er am 24. Juli 1885 in einem Brief mit: „Meine bisherigen Stücke wurden bisher entweder nicht gelesen, oder wenn gelesen, nicht angenommen, wenn angenommen, nicht aufgeführt. Die bekannte Geschichte des Unbekannten. Das Anfangen muß doch aber einmal aufhören.“

Entmutigen ließ sich Herzl nicht. Voller zuversichtlicher Hoffnungen ging er, nachdem er sich gegen einen Eintritt in den Staatsdienst entschieden hatte, auf eine Erholungsreise. Sie führte ihn über München, Stuttgart, Heidelberg, Mainz, Aachen, Belgien und Holland im September 1885 wieder zurück nach Wien. Hier nahm er die Bühnenschriftstellerei wieder auf, schrieb für das satirische Blättchen *Der Floh* witzige Geschichten und versuchte sich in Feuilletons, die er mit unterschiedlichem Erfolg bei einigen Zeitungen plazieren konnte. Befriedigt hat ihn diese Tätigkeit aber in keiner Weise. Er packte deshalb seine Koffer und reiste nach Berlin, um für seine Stücke *Causa Hirschkorn, Tabarin* und *Muttersöhnchen* die Direktoren der Theater dieser Stadt zu interessieren. Sollten sie abgelehnt werden, so würde das kein großes Unglück sein, teilte er seinen Eltern mit: „Ich werde nicht fassungslos sein, wenn ich ohne den geringsten Erfolg heimkehre. Ich glaube gerade genug an mich, um mich durch das Mißlingen nicht niederbeugen zu lassen ..." (25. November 1885)

In Berlin wurde Herzl von allen Seiten bereitwillig und liebenswürdig aufgenommen, lernte auch wichtige Berliner Theaterleute wie Siegwart Friedmann, Franz Wallner, Fritz Mauthner, Felix Bloch und Oskar Blumenthal kennen, aber von Erfolg waren seine Bemühungen nicht gekrönt. Der Theateragent Bloch, der den Vertrieb seiner Stücke für die nächsten Jahre übernehmen sollte, hielt nur die *Causa Hirschkorn* für aussichtsreich. Herzl sandte zwar auch das *Muttersöhnchen* an das Wiener Burgtheater und reichte es gleichzeitig an das Berliner Hoftheater ein, seine Bemühungen waren jedoch vergeblich. Die Theaterdirektoren waren nicht interessiert, zeigten ihm die kalte Schulter. Nur die eintreffenden Berichte, daß Mitterwurzer in New York im dortigen Star-Theater den *Tabarin* gespielt und großen Beifall gefunden hätte, verhinderten, daß Herzl völlig enttäuscht aus Berlin abfuhr.

Die Berichte über den Erfolg seines *Tabarin* in New York öffneten Herzl allmählich die Redaktionsstuben der angesehenen Zeitungen. Herzl war jetzt mit seinen Beiträgen, die bis dahin nicht immer angenommen worden waren, zunehmend willkommen. Er schrieb für die Wiener *Neue Freie Presse* lustige und pointierte Plaudereien, die er – nach Kunz von der Rosen, dem Narren Kaiser Maximilians I. – mit „Kunz" zeichnete. Moritz Szeps, der Herausgeber des *Wiener Tagblattes,* erklärte sich sogar bereit, ihn in die Redaktion seiner Zeitung aufzunehmen. Es wurde aber nichts daraus, weil Herzl sich auf die gewünschte Probezeit nicht einließ. „So sehr es mich auch freuen und auszeichnen würde", schrieb er Ende 1885 an Szeps, „unter ihrer Meisterleistung arbeiten zu dürfen, kann ich doch auf ein Externat – selbst von kurzer Dauer – nicht reflektieren."

Ende Juli 1886 reiste Herzl nach Frankreich, um sich von der Arbeit an seinem eben fertiggestellten Lustspiel *Seine Hoheit* zu erholen. Die ursprüngliche Absicht, weitere Feuilletons zu schreiben, hatte er aufgegeben, weil er lieber, wie er seinen Eltern mitteilte, auf den Stationen seiner gemächlichen Reise, die ihn nach Rouen, Dieppe, Le Havre und Trouville führte, „Augen und Ohren vollsog". Das Land und seine Kultur begannen, Eindruck auf ihn zu machen und ihn zunehmend zu beschäftigen.

Insbesondere Trouville, der Strand mit seinem weichen Sand, der Eleganz und seinem vornehmen Treiben entzückte Herzl. Nur ungern wollte er wieder nach Wien zurück; seine zur Neige gehenden Mittel zwangen ihn jedoch dazu. Mit dem Erfolg der Reise war er aber durchaus zufrieden, denn er fühlte sich nicht nur ausgeruht, sondern war auch voll neuer Eindrücke. Würde er erst einmal zu Hause angelangt sein, würde er mit neuem Elan an die Arbeit gehen können.

Im Oktober 1886 war er wieder in Berlin, um das Lustspiel *Seine Hoheit,* eine Satire auf die Macht des Geldes in der bürgerlichen Gesellschaft, den dortigen Theaterdirektoren anzudienen. Er erhielt dabei manche Unterstützung, so durch Franz Wallner, der ihm als erfahrener Theatermann freundschaftlich zur Seite stand. Wichtiger aber war die Bekanntschaft mit Arthur Levysohn, dem Chefredakteur des *Berliner Tagblattes.* Levysohn forderte ihn auf, eine Art „Plauderfeuilleton" (Wochenchronik) von Wien aus für seine Zeitung zu schreiben. Das war mehr als Herzl erwarten konnte. Das Angebot auszuschlagen, so teilte er seinen Eltern mit, würde er nicht übers Herz bringen – zudem wäre es eine „namenlose Eselei".

Bis zum Frühjahr 1887 und im Herbst desselben Jahres schrieb er regelmäßig in ein- bis zweiwöchigen Abständen für die Montagsausgabe dieser Zeitung – unter dem Titel *Reise um die Welt* – Beiträge, die verschiedenste Themenbereiche aus Gesellschaft, Politik, Theater und Literatur behandelten. Nirgends wird indes in diesen Arbeiten der Versuch unternommen, Ereignisse und Zusammenhänge wirklich zu verstehen. Herzl benutzte den Stoff nur, wie Alex Bein es treffend formuliert hat, „um seinen Witz darüber spielen zu lassen". Aufsehen erregten die drei kleinen Feuilletonspalten beim Berliner Leserpublikum jedenfalls nicht. Herzl hat das nicht sehr bekümmert, denn ihm war wohl mehr an den Honoraren gelegen, die er für seine Arbeiten erhielt und die der Deckung seines Lebensunterhaltes dienten.

Seine schriftstellerischen Aktivitäten und Erfolge befriedigten Herzl nicht in dem Maße, wie er sich das vielleicht vorgestellt hatte. Das mag auch die tiefen Depressionen erklären, unter denen er litt. Aufmunterungen gab es nur wenige. Die Eltern schlugen ihm deshalb zur Entspannung eine Reise in den Süden vor. Begeistert griff er diese Anregung auf und reiste Mitte Februar 1887 über Venedig und Pisa nach Rom. Nach einem einwöchigen Aufenthalt fuhr er von dort nach Neapel, Capri und Amalfi, dann wieder über Neapel und Rom nach Florenz, schließlich über Bologna, Padua, Venedig nach Hause. Die Berichte an die Eltern sind knapp, aber voller Begeisterung. „Ich bin frisch und munter", schrieb er am 27. Februar 1887 aus Rom, „und die unbehaglich gedrückte, überarbeitete Stimmung, unter der ich in Wien litt, ohne es Euch zu sagen, ist einer frohen und kräftigen gewichen." Und aus Capri teilte er am 12. März mit: „Meine prachtvolle entzückende Reise hat wohl hier ihren Höhepunkt erreicht: ihren Gipfel, auf dem es einsam, still und wunderbar ist, wie auf einem hohen Gletscher ... Diese wilde und entnervende Arbeitsmethode, die ich in den letzten 1 1/2 Jahren befolgte, muß aufgegeben werden. Was hat man von den Erfolgen, wenn man sie nicht mehr genießen kann? Eine gewisse Strecke habe ich mit dem Bajonett nehmen müssen, von jetzt ab werde ich nicht mehr stürmen, sondern erobern."

Die Feuilletons seiner Italienreise bilden, wie der Herzl-Biograph Leon Kellner zu Recht bemerkt hat, den „eigentlichen Anfang seiner literarischen Laufbahn in Wien." Herzl wurde nun allmählich bekannter und auch von manchen Seiten umworben. Otto Eysler, der Herausgeber der *Lustigen Blätter* zum Beispiel, an denen er seit längerer Zeit mitarbeitete, schlug ihm vor, nach Berlin zu übersiedeln und die Redaktion der neu zu gründenden Zeitschrift *Die Bühnenwelt* zu übernehmen. Aus der geplanten Gründung wurde jedoch nichts. Ein Plan, Nachfolger Oskar Blumenthals als Theaterkritiker des *Berliner Tagblattes* zu werden, zerschlug sich ebenfalls. Wirklich erfreulich und ermutigend war deshalb nur die Nachricht, daß sein Lustspiel *Seine Hoheit* vom Wallnertheater in Berlin zur Aufführung angenommen worden sei. Am 18. März 1888 ging es in Szene und hatte in der Presse und beim Publikum einen respektablen Achtungserfolg.

Im Sommer 1887 erschien auch die erste Sammlung seiner Arbeiten in Buchform im Verlag F. Freund in Leipzig. Die unter dem frivol anmutenden Titel *Neues von der Venus* gesammelten Plaudereien, Skizzen und Erzählungen enthielten jedoch keine sexuellen oder gar obszönen Anzüglichkeiten, wie sich das manche vielleicht erwartet haben mögen. Es handelte sich dabei vielmehr, ebenso wie bei seiner 1888 im gleichen Verlag erschienenen Sammlung mit dem Titel *Buch der Narrheit* (es trug auf dem Titelblatt den Wahlspruch von Jonathan Swift „a fool among knaves" [ein Narr unter Spitzbuben]), um konventionell gehaltene Feuilletonarbeiten, die keinen besonderen Eindruck bei Presse und Publikum hinterließen. Später gestand Herzl sich ein, daß er mit beiden Büchern wenig Glück gehabt hätte: „Woran es lag? Chi lo sa? Zu wenig Reclame, zu viel convenable Zurückhaltung? Oder die Schwäche der Sachen?" (27. März 1890)

Wie auch immer – beide Bücher enthielten das Beste an Einfällen und schwungvollen Feuilletons, die Herzl bis dahin veröffentlicht hatte. Nicht so sehr der Inhalt ist von Interesse wie die Ansichten und Stimmungen des Autors, die darin ausgesprochen oder zwischen den Zeilen zu lesen sind. Im Hinblick auf den späteren Herzl sind insbesondere jene Passagen aufschlußreich, die Herzls Eindrücke vom Juden-Ghetto in Rom widerspiegeln. In der Skizze *Sonne und Schatten* im *Buch der Narrheit* heißt es: „Was ist das für ein Dampf und was für eine Gasse? Zahllose offene Türen und Fenster, an denen man blasse und verkommene Gesichter sieht. Das Ghetto! Mit welchem hämischen und niedrigen Haß hat man sie verfolgt, die armen Leute, deren großes Verbrechen die Glaubenstreue gewesen." Und dann heißt es: „Wir haben es jetzt viel weiter gebracht; man macht den Juden nur mehr die krumme Nase zum Vorwurf, sowie das Geld, auch wenn sie keines haben."

Im Juli 1888 trat Theodor Herzl eine Ferienreise an, die ihn diesmal über Belgien nach England führte, dem Land, in das er später in Angelegenheiten der zionistischen Bewegung häufig fahren sollte. Bei einem Zwischenaufenthalt in Mainz hatte er ein Erlebnis, das sich in sein Gedächtnis eingrub und an das er sich viele Jahre später noch erinnerte: Zum erstenmal hörte er den berüchtigten Hep-Hep-Ruf. „Ich kam am Abend in ein billiges Konzertlokal", schrieb er 1895 in sein Tagebuch, „trank dort mein Bier, und als ich aufstand und durch den Lärm zur Tür ging, rief mir ein Bursch ‚Hepp-Hepp' nach. Um mich herum entstand ein rohes Gewieher." Von diesem Erlebnis abgesehen, verlief die Reise nach England jedoch in bester Laune. London beeindruckte ihn tief. Es sei die schönste Stadt, die er kenne, schrieb er den Eltern, Paris inbegriffen. Während dieser Reise verfaßte er über ein Dutzend Feuilletons, die von der *Neuen Freien Presse* in Wien angenommen und zur Freude Herzls auch veröffentlicht wurden.

Nach Wien zurückgekehrt, wandte sich Herzl mit einem knapp und geschäftlich gehaltenen Schreiben an den bekannten Feuilletonisten Hugo Wittmann. „Wären Sie geneigt", hieß es in diesem, „mit mir zusammen ein abendfüllendes Lustspiel zu schreiben? Ich habe eine, wie mir scheint, brauchbare Idee ..." Eine zustandegekommene Unterredung fiel günstig aus. Wittmann fand Gefallen an Herzl und an seinem Vorschlag. Er knüpfte seine Zustimmung jedoch an die Bedingung, daß die Anonymität der Autoren gewahrt bleiben müsse. Herzl war mit dieser Bedingung einverstanden, und so entstand in gemeinsamer Arbeit das Lustspiel *Wilddiebe,* eine Art Boulevardkomödie, die in Stoff und Machart auf den Geschmack der Zeit zugeschnitten war. Es wurde beim Burgtheater eingereicht, angenommen, am 19. März 1889 aufgeführt und vom Publikum mit großem Beifall begrüßt. Das Stück, wohl Herzls erfolgreichstes, wurde am Burgtheater 57mal und in den nächsten Jahren in 50 weiteren Städten – von Aachen bis Zwickau – immer wieder gespielt.

Daß Herzl sich trotz der vielversprechenden Theatererfolge keine Ruhe gönnte, vielmehr mit allen Kräften bemüht war, seinen Ruf als Schriftsteller weiter zu festigen, hatte einen besonderen Grund. Er wollte die acht Jahre jüngere, aus einer angesehenen Kaufmannsfamilie stammende Julie Naschauer, der Herzl bereits seit einigen Jahren den Hof machte, heiraten. Daß dies kein plötzlicher Entschluß gewesen ist, beweist die Tagebucheintragung vom 7. September 1887: „Ich habe meine gute Julie wiedergefunden – meine letzte Liebe. Sie hat mich immer geliebt. Ich werde sie heiraten. Ich habe es ihr schon gesagt.“ Am 25. Juni 1889 fand in Reichenau, einem Kurort im Rax- und Schneeberggebiet, die Trauung statt. Die Hochzeitsreise ging nach Frankreich, und das neuvermählte Paar suchte alle jene Orte auf, die Herzl Jahre zuvor schon auf seinen Ferien- und Studienreisen kennengelernt hatte – Paris, Calvados, Trouville ...

Wenn bis zu diesem Zeitpunkt Herzl nur darauf bedacht gewesen war, Stücke für die Bühne und Feuilletons für die Zeitungen zu schreiben, so stand dahinter nie der Zwang, Geld in größerem Ausmaß verdienen zu müssen. Das wurde mit der Eheschließung anders. Herzl war jetzt auf das Geldverdienen angewiesen – zumal seine Frau einen großbürgerlichen Lebenszuschnitt gewohnt war und bald auch Kinder kamen – und begann, sich nach finanziell einträglichen Beschäftigungen umzusehen. Das Glück der letzten Jahre sollte ihm indes dabei nicht treu bleiben. Seine Bühnenstücke hatten nicht den Erfolg, schon gar nicht den finanziellen, den er sich sehnlichst wünschte.

Ein 1889 geschriebenes Lustspiel *Was wird man sagen?* fiel, als es in Prag und Berlin aufgeführt wurde, bei Kritik und Publikum durch. Auch andere Arbeiten wie zum Beispiel das zusammen mit Hugo Wittmann verfaßte Lustspiel *Die Dame in Schwarz* fanden vor der Kritik keine Gnade. Für diese Mißerfolge gibt es zahlreiche Gründe. Der wesentlichste war vermutlich der, daß Herzl die sozialen und politischen Probleme seiner Zeit in seinen dramatischen Arbeiten nicht oder nur sehr unzureichend berücksichtigte. „Der dröhnende Schritt der aufsteigenden Massen, den der junge Gerhart Hauptmann hörte“, so drückte es Alex Bein aus, „drang nur gedämpft durch die seidenen Schleier seines Bürgertums.“ Mit seinen bürgerlichen Problemen kam er, wie Leon Kellner bemerkt hat, um ein gutes Jahrzehnt zu spät. Aber selbst wenn er in seinen Arbeiten mehr auf die Fragen der Zeit eingegangen wäre, ist es äußerst zweifelhaft, ob Herzl als Bühnenautor die Anerkennung gefunden hätte, die er sich erträumte.

Immerhin einen Achtungserfolg konnte Herzl mit einem Libretto *Des Teufels Weib* (nach Henri Meilhac und A. Mortiers *Madame le diable*) verbuchen, einem „phantastischen Singspiel“ in drei Akten, das in der Vertonung des Komponisten Adolf Müller jun. im Theater an der Wien am 22. November 1890 uraufgeführt wurde. Das Stück, das in der Hölle spielt und die Lasterhaftigkeit der Welt thematisiert, wurde en suite insgesamt 60mal gespielt. Es erhielt zahlreiche positive Kritiken. In der *Neuen Freien Presse* hieß es zum Beispiel: „Ein Verdienst des Herrn Theodor Herzl bleibt es, durch taktvolle Bearbeitung des gewagten Stoffes das Libretto für die deutsche Bühne überhaupt erst möglich gemacht zu haben.“

Von den zwischen 1880 und 1904 insgesamt 19 veröffentlichten Theaterstücken war keinem ein wirklich durchschlagender Erfolg beschieden. Der Grund dürfte darin zu suchen sein, daß Herzl mit dem Problem zu kämpfen hatte, daß man in ihm nicht den Bühnenautor oder erfolgreichen Journalisten, sondern ab 1895 in erster Linie den zionistischen Politiker sah. Publikum und Kritik waren nicht in der Lage, das eine vom anderen zu trennen. Als sein Lustspiel *I love you* im Januar 1900 uraufgeführt wurde, notierte er in seinem Tagebuch: „Gestern hat man mich im Burgtheater bei der Premiere von *I love you* wieder einmal meinen Zionismus entgelten lassen. Zum Schluß des harmlosen Stückes wurde stark gezischt, was offenbar nicht durch das anspruchslose Lustspiel verschuldet sein konnte. Vom Zionismus darf ich nicht leben, von der Literatur soll ich auch nicht leben. Ein Problem.“ (13. Januar 1900)

Das Café Scheidl (Wien I., Ecke Kärntner Straße/Walfischgasse) schräg vis-à-vis der Hofoper war Herzls Stammcafé seit Studententagen. Es wurde wegen einer Figur an der Hausecke auch „Zum Fenstergucker" genannt und gehörte – neben dem Café Griensteidl, dem Café Central und dem Café Museum, um nur die wichtigsten zu nennen – zu den von Literaten, Journalisten und Künstlern bevorzugten Kaffeehäusern, wo man für einen „kleinen Braunen" einen ganzen Tag Zeitungen aus halb Europa lesen oder einen Nachmittag lang Karten oder Schach spielen konnte.

<u>Oben:</u> Café Scheidl. Bildpostkarte. Um 1905.
<u>Unten links und rechts:</u> „Wiener Café: Die Schachspieler" und „Wiener Café: Im Lesezimmer". Zwei Postkarten der Wiener Werkstätte (Nr. 531 und 530) aus einer Kaffeehaus-Serie von Moriz Jung. Um 1910.
<u>Unten Mitte oben:</u> Großer Lesesaal im Café Griensteidl, in dem auch Peter Altenberg seinen Stammtisch hatte. Photographie. 1896 (knapp vor Abbruch des Kaffeehauses).
<u>Unten Mitte unten:</u> Spielzimmer in einem Wiener Kaffeehaus. Photographie. Um 1890.

An der berühmten Sirk-Ecke (Wien I., Ecke Kärntner Straße/Kärntner Ring), einem „Meilenstein" der Flanier- und Kommunikationsmeile des eleganten Wien, bog man genau vis-à-vis der Hofoper von der Ringstraße in die Kärntner Straße ein und setzte den „Korso" über Graben und Kohlmarkt bis zur Hofburg fort. Rechts: Die Sirk-Ecke, vom Opernring aus gesehen. Photographie. Um 1910.

Um dies zu verstehen, muß man wissen, daß das Wiener Kaffeehaus eine Institution besonderer Art darstellt, die mit keiner ähnlichen der Welt zu vergleichen ist. Es ist eigentlich eine Art demokratischer, jedem für eine billige Schale Kaffee zugänglicher Klub, wo jeder Gast für diesen kleinen Obolus stundenlang sitzen, diskutieren, schreiben, Karten spielen, seine Post empfangen und vor allem eine unbegrenzte Zahl von Zeitungen und Zeitschriften konsumieren kann. In einem besseren Wiener Kaffeehaus lagen alle Wiener Zeitungen auf und nicht nur die Wiener, sondern die des ganzen deutschen Reiches und die französischen und englischen und italienischen und amerikanischen, dazu sämtliche wichtigen literarischen und künstlerischen Revuen der Welt, der „Mercure de France" nicht minder als die „Neue Rundschau", der „Studio" und das „Burlington Magazine". So wußten wir alles, was in der Welt vorging, aus erster Hand, wir erfuhren von jedem Buch, das erschien, von jeder Aufführung, wo immer sie stattfand, und verglichen in allen Zeitungen die Kritiken; nichts hat vielleicht so viel zur intellektuellen Beweglichkeit und internationalen Orientierung des Österreichers beigetragen, als daß er im Kaffeehaus sich über alle Vorgänge der Welt so umfassend orientieren und sie zugleich im freundschaftlichen Kreise diskutieren konnte. Täglich saßen wir dort stundenlang, und nichts entging uns.
Stefan Zweig

Wien wird jetzt zur Grossstadt demolirt. Mit den alten Häusern fallen die letzten Pfeiler unserer Erinnerungen, und bald wird ein respectloser Spaten auch das ehrwürdige Café Griensteidl dem Boden gleichgemacht haben. Ein hausherrlicher Entschluss, dessen Folgen gar nicht abzusehen sind. Unsere Literatur sieht einer Periode der Obdachlosigkeit entgegen, der Faden der dichterischen Production wird grausam abgeschnitten. Zu Hause mögen sich Literaten auch fernerhin froher Geselligkeit hingeben; das Berufsleben, die Arbeit mit ihren vielfachen Nervositäten und Aufregungen, spielte sich in jenem Kaffeehause ab, welches wie kein zweites geeignet schien, das literarische Verkehrscentrum zu präsentiren. Mehr als ein Vorzug hat dem alten Locale seinen Ehrenplatz in der Literaturgeschichte gesichert. Wer gedenkt nicht der schier erdrückenden Fülle von Zeitungen und Zeitschriften, die den Besuch unseres Kaffeehauses gerade für diejenigen Schriftsteller, welche nach keinem Kaffee verlangten, zu einem wahren Bedürfnis gemacht hatte? … Namentlich die jüngeren Dichter werden das intime, altwienerische Interieur schmerzlich entbehren, welches, was ihm an Bequemlichkeit gefehlt, jederzeit durch Stimmung zu ersetzen vermocht hat.
Karl Kraus

Von Wiener Kunst soll ich Ihnen was berichten? – Nun, die literarische Bewegung äußert sich darin, daß im Wiedner Theater oder Carltheater Couplets gegen den Naturalismus gesungen werden („brutal – !", „Skandal!"), daß es keine Verleger, keine neuen Stücke, dagegen sehr viele Kaffeehäuser gibt, in denen alle Literaten, denen Vormittags nichts eingefallen ist, Nachmittags ihre Gedanken austauschen. Sitzen zwei zusammen, so nennt man sie eine Clique – und sitzen gar drei zusammen, – so sind sie es wirklich. Man glaubt weder an sich, noch an die andern – und hat großentheils Recht.
Arthur Schnitzler

Rohdruck

Links: Arthur Schnitzler. Photographie von d'Ora. 1910.
Oben: Richard Beer-Hofmann. Photographie von d'Ora. 1909.
Unten: Karl Kraus. Photographie von d'Ora. 1908.
Gegenüberliegende Seite: Praterausflug des „Jungen Wien“: Hugo von Hofmannsthal (links stehend), Arthur Schnitzler (rechts stehend), Richard Beer-Hofmann (links sitzend) und Felix Salten (rechts sitzend) mit „süßen Mädeln“. Ferrotypie (Schnellphotographie) aus dem Prater. Anfang der 1890er Jahre.

Mit Herzl und Ferdinand Gross (und Beraton) im Pschorrbräu soupiert. Ich vertrage Herzl eigentlich nicht gut; sein gewichtiges Sprechen mit den großen Augen zum Schluß jedes Satzes irritiert mich.
Arthur Schnitzler. Tagebuch, 11. September 1894.

Ich hatte, obwol mir schon einige Ihrer Dialogsachen die so viel Geist sprühen bekannt waren, doch nicht seine [Paul Goldmann] Meinung von Ihrem Talent. Persönlich waren Sie mir aber geradezu unsympathisch. Ich hatte Sie in der letzten Zeit in Gesellschaft einiger „Jungen“ von Profession gesehen, und die früheren Begegnungen hatten mich in Ihnen einen dünkelhaften Menschen sehen lassen, der auf allerlei Albernheiten der Gesellschaft herumritt.
So thöricht und gewissenlos ist unser Urtheil. Vielleicht ist Ihnen auch schon Ähnliches passirt – vielleicht sogar mit mir. Ich bin jedenfalls voll von Reue über meine Leichtfertigkeit, u. ich bat Ihnen Alles ab, als ich Ihr Märchen gelesen hatte. Denn wir, die selber wissen, welche Schmerzen sich uns zum Gedicht verklären, sehen ja auch den Menschen deutlich, der uns das Menschliche erzählt. Der Rückschluss auf den Schreiber – wenigstens auf die Zeit seiner Entwicklung, in der es entstand – aus dem Geschriebenen ist ganz untrüglich. Und wie ich dieses feine Werk bewegt genoss, hatte ich ungefähr den Gedanken jenes Sentimentalen, der eines versäumten Weibes gedenkt: Oh, toi que j'eusse aimé – oh toi qui le savait. Ja, wahrhaftig, Sie hätten sich längst denken können, dass ich Sie lieben würde, wenn ich das von Ihnen wüsste, was ich jetzt weiss.
Theodor Herzl an Arthur Schnitzler. 1892.

In unserer eigenen Stadt entstand über Nacht die Gruppe des „jungen Wien“ mit Arthur Schnitzler, Hermann Bahr, Richard Beer-Hofmann, Peter Altenberg, in denen die spezifisch österreichische Kultur durch eine Verfeinerung der Kunstmittel zum erstenmal europäischen Ausdruck fand. Aber vor allem war es eine Gestalt, die uns faszinierte, verführte, berauschte und begeisterte, das wunderbare und einmalige Phänomen Hugo von Hofmannsthals, in dem unsere Jugend nicht nur ihre höchsten Ambitionen, sondern auch die absolute dichterische Vollendung in der Gestalt eines beinahe Gleichaltrigen sich ereignen sah.
Stefan Zweig

Ich weiß noch – „als ich zum ersten Mal dich sah“ – das war in der akad. Lesehalle. Sie hielten eine Rede und waren „scharf“ – in einer Weise scharf! Ich befand mich in Ihrer Nähe und hatte die Empfindung als wenn Sie mich mit einem gewissen milden Sarkasmus betrachteten; Sie lächelten ironisch – und ich begann Sie zu beneiden. „Wer so reden und so lächeln könnte“ dachte ich mir. Bald darauf hörte ich noch mehr von Ihnen: im Kaffeehaus, das ich viel eifriger besuchte als die politischen Discussions und Wahlabende der Lesehalle, und wo Sie eines beträchtlichen Rufes als Dominospieler (hauptsächlich im blinden Domino, wie ich leider hinzusetzen muß) genossen. Einige Schöngeister sprachen übrigens von Ihrer Bedeutung als dreiaktiger Lustspieldichter. Wollen Sie einen Beweis für meine literarhistorische Begabung? Ich weiß noch genau, daß Siegfried Wertheimer der erste war, der mir von dem „Dichter“ Herzl sprach. Bald darauf lernte ich Sie persönlich kennen und las zwei Ihrer Stücke im Manuscript: Tabarin und ein zweites – hieß es nicht „Die Aufgeregten“? Und wieder beneidete ich Sie – „wer solche Stücke schreiben könnte“ – (damals schrieb ich nemlich ganz bestimmt schlechtere Stücke als Sie! –) Aber die ganze Studentenzeit verstrich, ohne daß wir ein Verhältnis zu einander finden konnten – offenbar wie mir Ihre letzten Zeilen beweisen – weil ich – für Sie zu arrogant war! –
– Im Kammer habe ich Sie dann gesprochen, als wir schon beide Doktoren waren; Sie waren von einem Kreis hübscher junger Frauen umgeben – und wieder habe ich Sie – hoffentlich nicht ganz ohne Grund – „beneidet“. Und auch damals lächelten Sie ironisch! – Und wieder verließ ich Sie mit jener gedrückten Stimmung, die man Leuten gegenüber hat, die einem auf derselben Straße zwanzig Schritte weit vorauslaufen.
Arthur Schnitzler an Theodor Herzl. 5. August 1892.

Wer ist Loris? Auch Sie? Jedenfalls sind diese paar Verse zum Küssen. Schreiben Sie mir, wer Loris ist. Ergreifen Sie überhaupt Ihre gute Feder von Toledo und erzählen Sie mir, was Wien en l'an de grâce 1892 ist. Recht ausführlich, denn Sie haben Zeit, Sie vielleicht Glücklicher.
Theodor Herzl an Arthur Schnitzler. 1892

Übrigens habe ich Ihren Stil sehr gern und glaube, daß Sie Geschmack und Grazie haben. Dieser Ton ist vielleicht nicht ganz artig, aber Sie wissen ja nicht, daß ich erst 18 1/2 Jahre alt bin, und darum habe ich auch eine leise Antipathie gegen métier als solches, trotz Ihrer Collegen Heine und Anatole France …
Hugo von Hofmannsthal [Loris] an Theodor Herzl. 1892

Nach diesen und ähnlichen Aufklärungen, die ich meinem Freunde bereitwilligst ertheilte, kamen wir wieder auf die Kunstlosigkeit in blühender Umgebung zu sprechen. Das Wiener Problem! „Capua der Geister“ hieß die erste Formel für seine Lösung. Wien ist nicht die Stadt der Künstler, sondern der Künstlermenschen. Rings um uns ist Erfüllung. Unsere Künstler arbeiten nach einer Vorlage, die ihre Phantasie eindämmt. Darum ist bei uns kein Boden für die Produktiven. Der Genießer findet hier Alles, er findet künstlerische Luft und Linien, die bereits gestaltet, den Künstler nicht mehr erfordern. Hier ist die Stimmung schon Kunstwerk.
Karl Kraus

K. K. Hof- Burgtheater.

Freitag den 12. Oktober 1888.

Schluß - Vorstellung im alten Hause.

(Außer dem Abonnement.)

Iphigenie auf Tauris

Schauspiel in fünf Aufzügen von Goethe.

Iphigenie — — — — Fr. Wolter.
Thoas, König der Taurier — — — Hr. Hallenstein.
Orest — — — — Hr. Krastel.
Pylades — — — — Hr. Hartmann.
Arkas — — — — Hr. Baumeister.

Schauplatz: Hain vor Dianens Tempel.

Epilog

von Alfred Berger, gesprochen von Herrn Sonnenthal umgeben von dem gesammten Künstlerpersonale des k. k. Hofburgtheaters.

Der freie Eintritt (mit Ausnahme der Hof-Freibillets) ist heute nicht gestattet.

Samstag 13. Geschlossen.
Sonntag 14. Erste Vorstellung im neuen Hause. Prolog. Esther. Wallensteins Lager.
Montag 15. Prolog. Esther. Wallensteins Lager.
Dinstag 16. Esther. Wallensteins Lager.

Preise der Plätze:

Eine Loge Parterre 1. und 2. Rang	fl. 12.—	Ein Sitz im Parquet 10. bis 15. Reihe	fl. 3.—
Ein vorderer Logensitz Parterre, 1. und 2. Rang	„ 4.—	Ein Sitz im Parterre	„ 2.—
Ein rückwärtiger Logensitz, 1. oder 2. Rang in den Logen Nr. 10 bis 15	„ 3.—	Ein Sitz im 3. Stock 1. Reihe	„ 2.—
Eine Loge im 3. Rang	„ 8.—	Ein Sitz im 3. Stock 2. Reihe	„ 1.50
Ein Logensitz 3. Rang	„ 2.50	Ein Sitz im 4. Stock	„ 1.—
Ein Sitz in der Fremdenloge	„ 2.50	Ein numerirter Sitz im 4. Stock	„ —.70
Ein Sitz im Parquet 1. bis 4. Reihe	„ 4.—	Eintritt in das Parterre (nur Herren gestattet)	„ 1.—
Ein Sitz im Parquet 5. bis 9. Reihe	„ 3.50	Eintritt in den 3. Stock	„ —.60
		Eintritt in den 4. Stock	„ —.40

Kassa-Eröffnung 6 Uhr. Anfang 7 Uhr. Ende vor 10 Uhr.

K. k. Hoftheater-Druckerei.

Die sprichwörtliche Theaterleidenschaft der Wiener steckte jeden an. Für Theodor Herzl war das Burgtheater der erste große Traum, seine Gedanken umkreisten es ständig. Sein literarischer Ehrgeiz plante hartnäckig die Eroberung der ersten Bühne des deutschen Sprachraums.

Oben links: Das alte Hofburgtheater am Michaelerplatz. 1888 erfolgte der Umzug in das neue Haus am Franzensring. Photographie. Um 1885.

Oben rechts: Theaterzettel der Schlußaufführung im „alten Haus" vom 12. Oktober 1888.

Nicht das Militärische, nicht das Politische, nicht das Kommerzielle hatte im Leben des Einzelnen wie in dem der Gesamtheit das Übergewicht; der erste Blick eines Wiener Durchschnittsbürgers in die Zeitung galt allmorgendlich nicht den Diskussionen im Parlament oder den Weltgeschehnissen, sondern dem Repertoire des Theaters … Im Burgtheater gespielt zu werden, war der höchste Traum jedes Wiener Schriftstellers.
Stefan Zweig

Schnitzler schrieb Herzl später einmal, welchen Eindruck er auf ihn gemacht habe, als sie an einem Spätherbstabend vor dem Bretterzaun des noch im Bau befindlichen neuen Burgtheaters auf- und abspazierten. „Da sagten Sie mit einem bescheidenen, erobernden Blick, der auf den emporsteigenden Mauern ruhen blieb: Da komm ich einmal hinein!" Jetzt war es soweit, er war in diesem Bau, dem Gipfel der deutschen Theater.
Alex Bein

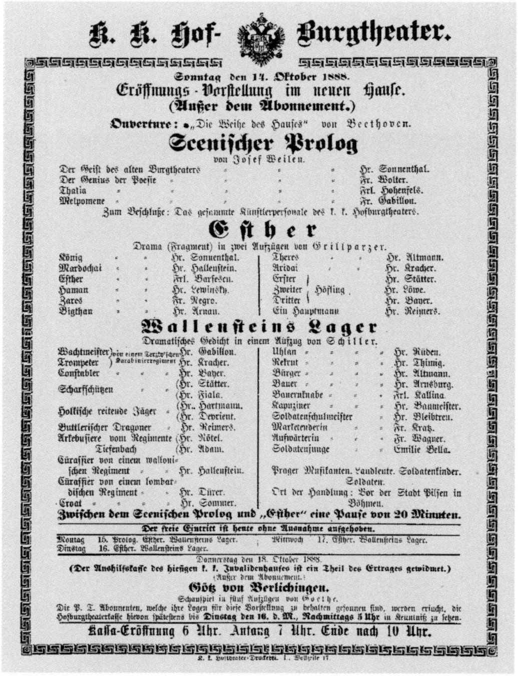

K. K. Hof- Burgtheater.

Sonntag den 14. Oktober 1888.
Eröffnungs - Vorstellung im neuen Hause.
(Außer dem Abonnement.)

Ouverture: „Die Weihe des Hauses" von Beethoven.

Scenischer Prolog
von Josef Weilen.

Der Geist des alten Burgtheaters — Hr. Sonnenthal.
Der Genius der Poesie — Fr. Wolter.
Thalia — Frl. Hohenfels.
Melpomene — Fr. Gabillon.
Zum Beschluße: Das gesammte Künstlerpersonale des k. k. Hofburgtheaters.

Esther
Drama (Fragment) in zwei Aufzügen von Grillparzer.

König — Hr. Sonnenthal.
Mardochai — Hr. Hallenstein.
Esther — Frl. Barsescu.
Haman — Hr. Lewinsky.
Zares — Fr. Regro.
Bigthan — Hr. Arnau.
Theres — Hr. Altmann.
Aridai — Hr. Kracher.
Erster Höfling — Hr. Stätter.
Zweiter Höfling — Hr. Löwe.
Dritter Höfling — Hr. Bayer.
Ein Hauptmann — Hr. Reimers.

Wallensteins Lager
Dramatisches Gedicht in einem Aufzug von Schiller.

Wachtmeister von einem Terzky'schen Karabinierregiment — Hr. Gabillon.
Trompeter von einem Terzky'schen Karabinierregiment — Hr. Kracher.
Constabler — Hr. Bayer.
Scharfschützen — Hr. Stätter. Hr. Fiala.
Holkische reitende Jäger — Hr. Hartmann. Hr. Devrient.
Buttlerischer Dragoner — Hr. Reimers.
Arkebusiere vom Regimente Tiefenbach — Hr. Rötel. Hr. Adam.
Cürassier von einem wallonischen Regiment — Hr. Hallenstein.
Cürassier von einem lombardischen Regiment — Hr. Dürer.
Croat — Hr. Sommer.
Uhlan — Hr. Rüden.
Rekrut — Hr. Thimig.
Bürger — Hr. Altmann.
Bauer — Hr. Arnsburg.
Bauernknabe — Frl. Kallina.
Kapuziner — Hr. Baumeister.
Soldatenschulmeister — Hr. Bleibtreu.
Marketenderin — Fr. Kratz.
Aufwärterin — Fr. Wagner.
Soldatenjunge — Emilie Bella.
Prager Musikanten. Landleute. Soldatenkinder. Soldaten.
Ort der Handlung: Vor der Stadt Pilsen in Böhmen.

Zwischen dem Scenischen Prolog und „Esther" eine Pause von 20 Minuten.

Der freie Eintritt ist heute ohne Ausnahme aufgehoben.

Montag 15. Prolog. Esther. Wallensteins Lager.
Dinstag 16. Esther. Wallensteins Lager.
Mittwoch 17. Esther. Wallensteins Lager.

Donnerstag den 18. October 1888.
(Der Aushilfskasse des hiesigen k. k. Invalidenhauses ist ein Theil des Ertrages gewidmet.)
(Außer dem Abonnement.)
Götz von Berlichingen.
Schauspiel in fünf Aufzügen von Goethe.
Die P. T. Abonnenten, welche ihre Logen für diese Vorstellung zu behalten gesonnen sind, werden ersucht, die Hofburgtheaterkasse hievon spätestens bis Dinstag den 16. d. M., Nachmittags 5 Uhr in Kenntniß zu setzen.

Kassa-Eröffnung 6 Uhr. Anfang 7 Uhr. Ende nach 10 Uhr.

K. k. Hoftheater-Druckerei. I., Wollzeile 17.

Oben: Am 14. Oktober 1888 wurde das neue Gebäude des k.k. Hofburgtheaters am damaligen Franzensring feierlich eröffnet.

Rechts: „Die Poesie geleitet den Genius des alten Hauses in das neue." Szene des Festvorspiels nach einer Zeichnung von Leopold Burger.

Die Uraufführung des Lustspiels „Die Wilddiebe" von Hugo Wittmann und Theodor Herzl fand am 19. März 1889 mit großem Erfolg statt.

Oben: Das k.k. Hofburgtheater am Franzensring (heute Dr. Karl-Lueger-Ring), Wien I. Photographie. 1888.

Sehr verehrter Herr!
Ohne Einleitung, in aller Kürze: wären Sie geneigt, mit mir zusammen ein abendfüllendes Lustspiel zu schreiben? Ich habe eine, wie mir scheint, brauchbare Idee, und verlange nichts Besseres, als Ihnen dieselbe vorzutragen, ehe Sie sich definitiv entscheiden.
Theodor Herzl an Hugo Wittmann. Vor dem 1. Oktober 1888

Oben: Ludwig Speidel (1830–1906). Der Journalistenkollege – langjähriger Theater- und Musikkritiker der „Neuen Freien Presse" – war für Herzl auch in Sachen Antisemitismus Gesprächspartner.

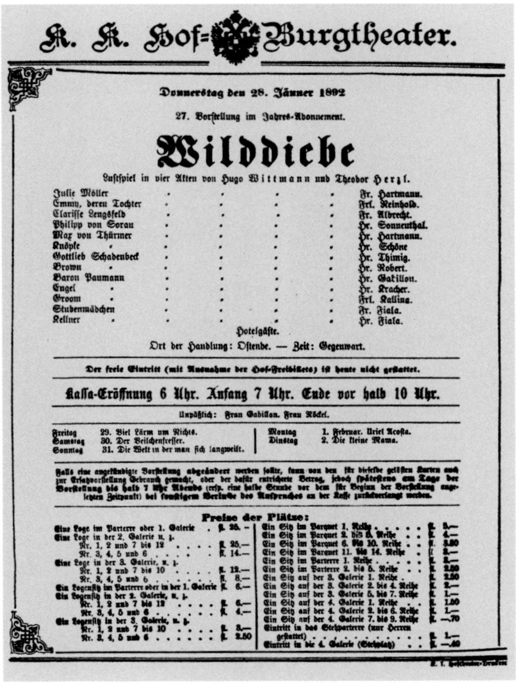

K. K. Hof-Burgtheater.

Donnerstag den 28. Jänner 1892

27. Vorstellung im Jahres-Abonnement.

Wilddiebe

Lustspiel in vier Akten von Hugo Wittmann und Theodor Herzl.

Julie Möller	Fr. Hartmann.
Emmy, deren Tochter	Frl. Reinhold.
Clarisse Lengsfeld	Fr. Albrecht.
Philipp von Soran	Hr. Sonnenthal.
Max von Thürmer	Hr. Hartmann.
Knöpke	Hr. Schöne
Gottlieb Schadenbeck	Hr. Thimig.
Brown	Hr. Robert.
Baron Paumann	Hr. Gabillon.
Engel	Hr. Kracher.
Groom	Frl. Kallina.
Stubenmädchen	Fr. Fiala.
Kellner	Hr. Fiala.

Hotelgäste.

Ort der Handlung: Ostende. — Zeit: Gegenwart.

Der freie Eintritt (mit Ausnahme der Hof-Freibillets) ist heute nicht gestattet.

Kassa-Eröffnung 6 Uhr. Anfang 7 Uhr. Ende vor halb 10 Uhr.

Unpäßlich: Frau Gabillon. Frau Röckel.

Freitag 29. Viel Lärm um Nichts.	Montag 1. Februar. Uriel Acosta.
Samstag 30. Der Veilchenfresser.	Dinstag 2. Die kleine Mama.
Sonntag 31. Die Welt in der man sich langweilt.	

Falls eine angekündigte Vorstellung abgeändert werden sollte, kann von den für dieselbe gelösten Karten auch zur Ersatzvorstellung Gebrauch gemacht, oder der dafür entrichtete Betrag, jedoch spätestens am Tage der Vorstellung bis halb 7 Uhr Abends (resp. eine halbe Stunde vor dem für Beginn der Vorstellung angesetzten Zeitpunkt) bei sonstigem Verluste des Anspruches an der Kasse zurückverlangt werden.

Preise der Plätze:

Eine Loge im Parterre oder 1. Galerie	fl. 25.—	Ein Sitz im Parquet 1. Reihe	fl. 5.—
Eine Loge in der 2. Galerie u. z.		Ein Sitz im Parquet 2. bis 5. Reihe	fl. 4.—
Nr. 1, 2 und 7 bis 12	fl. 25.—	Ein Sitz im Parquet 6. bis 10. Reihe	fl. 3.50
Nr. 3, 4, 5 und 6	fl. 14.—	Ein Sitz im Parquet 11. bis 14. Reihe	fl. 2.—
Eine Loge in der 3. Galerie, u. z.		Ein Sitz im Parterre 1. Reihe	fl. 2.—
Nr. 1, 2 und 7 bis 10	fl. 12.—	Ein Sitz im Parterre 2. bis 5. Reihe	fl. 2.50
Nr. 3, 4, 5 und 6	fl. 8.—	Ein Sitz auf der 3. Galerie 1. Reihe	fl. 2.50
Ein Logensitz im Parterre oder in der 1. Galerie	fl. 6.—	Ein Sitz auf der 3. Galerie 2. bis 4. Reihe	fl. 2.—
Ein Logensitz in der 2. Galerie, u. z.		Ein Sitz auf der 3. Galerie 5. bis 7. Reihe	fl. 1.—
Nr. 1, 2 und 7 bis 12	fl. 6.—	Ein Sitz auf der 4. Galerie 1. Reihe	fl. 1.50
Nr. 3, 4, 5 und 6	fl. 4.—	Ein Sitz auf der 4. Galerie 2. bis 6. Reihe	fl. 1.—
Ein Logensitz in der 3. Galerie, u. z.		Ein Sitz auf der 4. Galerie 7. bis 9. Reihe	fl. —.70
Nr. 1, 2 und 7 bis 10	fl. 3.—	Eintritt in das Stehparterre (nur Herren gestattet)	fl. 1.—
Nr. 3, 4, 5 und 6	fl. 2.50	Eintritt in die 4. Galerie (Stehplatz)	fl. —.40

K. k. Hoftheater-Druckerei

Rechts: Theaterzettel der 27. Vorstellung der „Wilddiebe". 28. Jänner 1892.

Oben: Hugo Wittmann (1839–1923). In Zusammenarbeit mit dem Feuilletonisten der „Neuen Freien Presse" entstand das Lustspiel, mit dem Herzl der Sprung ans Burgtheater gelang.

Herzls Bühnengestalten haben Geist, Temperament, Verstand, aber wenig Seele, fast niemals Herz. Statt Leidenschaften haben sie Schwächen. Wenn sie von Liebe reden, meinen sie Sinnlichkeit oder Liebelei. Herzls eigenes Seelenleben war damals ziemlich seicht, wenig bewegt. Er leugnete das Vorhandensein der großen Leidenschaft, denn er hatte sie noch nie an sich selber erfahren. War er vielleicht eine oberflächliche, eines tieferen Gefühles unfähige Natur?
Leon Kellner

Die Liebe zum Theater verband in Wien alle Volksschichten, im Hofburgtheater zumindest den Kaiser (der ja in der Hofschauspielerin Katharina Schratt auch das private Glück seiner späten Jahre fand) mit der alten und neuen Aristokratie, dem Großbürgertum und der neuen, reichgewordenen Bourgeoisie aus Industrie, Handel und freien Berufen. Das Burgtheater war auch die einzig gültige Bestätigung für einen Wiener Dramatiker.

Oben: „Der Kaiser in der Incognitologe des Burgtheaters". Zeichnung von Theo Zasche aus dem Prachtwerk „Viribus unitis – Das Buch vom Kaiser". Um 1900.

(Die weitere Bildunterschrift lautet: „Im Publikum 1. Generaldirector Eduard Palmer, 2. Hofrath Dr. Max Burckhard, 3. Schriftsteller Hermann Bahr, 4. Generaldirector Theodor Ritter von Taussig, 5. Albert Freiherr von Rothschild, 6. Schriftsteller Ludwig Speidel, 7. Generalintendant Aug. Freih. von Plappart, 8. Director des Burgtheaters Dr. Paul Schlenther, 9. Redakteur Julius Bauer, 10. Hofrath Dr. Hermann Nothnagel, 11. Schauspielerin Rosa Retti, 12. Hofrath Friedr. Uhl, 13. Redakteur Ludwig Hevesi.")

Es dauerte ziemlich lange, bis Herzl allein und unter seinem Namen zu Burgtheaterehren kam, und zwar bis Mai 1889, wo sein schon 1887 verfaßtes Stück „Der Flüchtling" endlich aufgeführt – und von der Kritik auch allgemein gelobt wurde. Bis dahin hatte er sich immerhin mit New York, Berlin und Prag „bescheiden" müssen. Auch nach seinem Paris-Aufenthalt und dem Beginn seiner politischen Tätigkeit schrieb Herzl noch für das Theater, auch weil er Angst hatte, durch eine durch seine Kontroversen mit den Herausgebern mögliche Kündigung als Feuillletonredakteur der „Neuen Freien Presse" vor dem finanziellen Nichts zu stehen. Das gesellschaftskritische Lustspiel „Unser Käthchen" etwa wurde von Herzl im August 1898 – also knapp vor seiner Palästina-Reise Mitte Oktober – beendet. Die geplante Aufführung im Burgtheater kam nicht zustande, da es als zu freidenkerisch und „unsittlich" abgelehnt wurde. Stattdessen wurde es im Februar 1899 im Deutschen Volkstheater in Wien uraufgeführt und im Juni 1899 auch in Prag gespielt.

Unten links: Theaterzettel zum New York-Gastspiel des berühmten Wiener Hofschauspielers Friedrich Mitterwurzer mit Herzls Lustspiel „Tabarin" am Broadway. 23. November 1885.
Unten Mitte: „Der vom Burgtheater abgelehnte Theodor Herzl". Zeitungskarikatur. 1898.
Unten rechts: Bühnenmanuskript zu Herzls Lustspiel „Unser Käthchen". 1898.

STAR THEATER.
Ecke 13. Str. & Broadway.
G. Amberg .... Direktor.
Nur für zwei Wochen!
Engagement des k. k. Hofschauspielers
Friedrich Mitterwurzer,
unter Mitwirkung der Thalia-Theater-Gesellschaft.
Erstes Debut von
Frl. Mathilde Madison
Montag, den 23. November 1885:
Erstes Auftreten des Herrn Friedrich Mitterwurzer
in Drama, Lustspiel und Schwank.
Zum ersten Male:
TABARIN.
Schauspiel in 1 Akt von Th. Herzl.

Tabarin	Hr. Mitterwurzer
Franzisquine	Frl. Hagedorn
Gratteelard	Hr. Kugelberg
Jean	Hr. Possanski
Telamine	Frl. Becker
Philoxene	Frl. Lorenz
Artaban	Hr. Adolfi
Theodamas	Hr. Bergau
Polyandre	Hr. Hitzigrath

Ort der Handlung: Paris. — Zeit: 1620.

Als Manuscript gedruckt!
Aufführungsrecht und alle anderen Rechte vorbehalten.

Unser Käthchen

Lustspiel in 4 Acten
von Theodor Herzl.

Hedinger.
Sofie*), seine Frau.
Käthchen*), } ihre Töchter
Martha, verehelichte Ritter. } ihre Töchter
Karl Ritter.
Dr. Friedrich Möhring, Rechtsanwalt.
Sievers.
Hemsen.
Wölfle.
Babette, Stubenmädchen.
Ein Maurer.
Des Maurers Frau.

Spielt in unseren Tagen, in einer größeren Stadt.

(Copyright.)

*) Die Rollen der Sofie und Käthchens müssen von einer und derselben Darstellerin gespielt werden.

Buchdruckerei „Industrie". — Im Selbstverlage.

Theodor Herzl

Feuilletons

Erster Band

Wiener Verlag
Wien und Leipzig
1904

Das Wesen des Feuilletonismus: die augenblickliche Wirkung in jedem Falle höher werten als Sachlichkeit, Wahrheit und Folge. Man täte unrecht, zu sagen, daß es dem Feuilletonisten vor allem auf seinen persönlichen Vorteil ankommt. Im Gegenteil: er ist, was er ist, oft genug zu eigenem Schaden und weiß es auch manchmal. Es liegt in der journalistisch bedingten Notwendigkeit augenblicklicher Wirkung begründet, daß gerade das Feuilleton den besten Boden zur Entfaltung des feuilletonistischen Geistes- oder eigentlich Seelen-Zustandes bietet. Aber es gibt Feuilletons, und wahrlich nicht die schlechtesten, die keineswegs von Feuilletonisten in dem hier beliebten Sinn geschrieben wurden, wie es andererseits Bücher und Dramen gibt, die durchaus aus feuilletonistischer Seele geschaffen sind.
Arthur Schnitzler

Seine Aufsätze, heute noch bezaubernd durch ihren Reichtum an scharfen und oft weisen Beobachtungen, ihre stilistische Anmut, ihren edlen Charme, der selbst im Heiteren wie Kritischen nie die eingeborene Noblesse verlor, waren das Kultivierteste, was man sich im Journalistischen erdenken konnte, und das Entzücken einer Stadt, die für Subtiles den Sinn sich geschult hatte.
Stefan Zweig

Die Kunst seiner Berichterstattung feierte jetzt Triumphe. Wie er es verstand, neben dem Inhalt Umgebung und Stimmung anschaulich zu machen und die handelnde Persönlichkeit zu charakterisieren, das ist von unübertrefflicher Prägnanz und Reife. Und von der Betrachtung der Schäden ausgehend, die die Affäre zeigte, begann er nun über das Wesen der Politik, der Regierung, des Staates ernster nachzudenken.
Alex Bein

Eine Auswahl von Theodor Herzls Feuilletons aus der „Neuen Freien Presse" erschien in Herzls Todesjahr 1904 in zwei Bänden im für seine Buchausstattung berühmten „Wiener Verlag". Oben: Titelblatt des ersten Bands von Herzls „Feuilletons" mit dem Signet des „Wiener Verlags" von Emil Orlik. 1904. Rechts: Julius von Ludassy, der spätere Redakteur der „Wiener Allgemeinen Zeitung" und Gegner des Zionismus, zeichnete Herzl, mit dem ihn eine kurze, beiderseitig bald frustrierte Freundschaft verband, im Jahre 1885: „Meinem theuren Freunde Herzl/Widmet dieses Zeichnerscherzl/Mit des Stiftels ganzem Schmerzl."

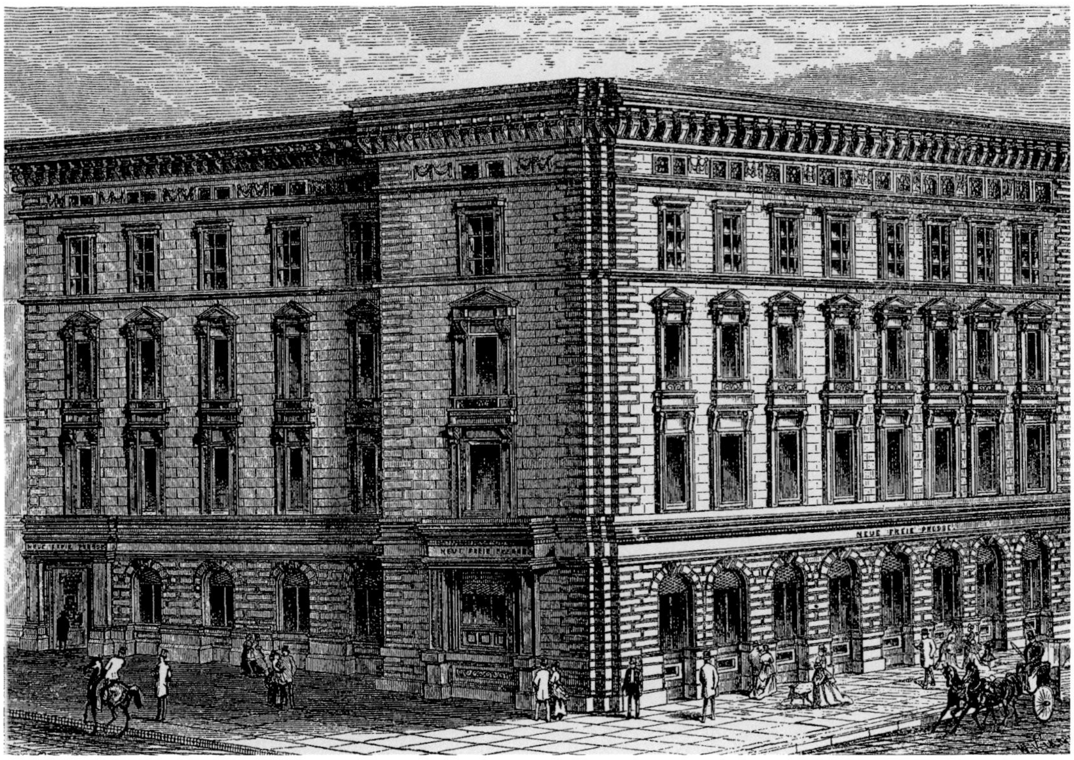

Die „Neue Freie Presse“, das führende Blatt der österreichisch-ungarischen Monarchie, verfolgte eine deutschliberale Richtung und behandelte in ihren Leitartikeln sowohl politische als auch wirtschaftliche Themen. In ihrem Feuilleton zu erscheinen galt als literarischer bzw. journalistischer Durchbruch. Sie war *das* Sprachrohr des deutschsprachig orientierten jüdischen Bürgertums.
Links: Das Redaktionsgebäude der „Neuen Freien Presse“ in Wien I., Fichtegasse 9–11.

Mitte: Eduard Bacher (1846–1908), seit 1871 parlamentarischer Berichterstatter, 1879 Chefredakteur und 1880 Herausgeber der „Neuen Freien Presse“ (gemeinsam mit Moritz Benedikt). Herzl verdankte ihm seinen journalistischen Stil und blieb, trotz interessanter Angebote, seinetwegen der Redaktion des Blattes treu.
Unten: Titelkopf der „Neuen Freien Presse“ vom 17. März 1883, Jg. 20/Nr. 6664. Die Ausgabe wurde wegen eines Nachrufs auf Karl Marx, einem anderen berühmten Mitarbeiter der Zeitung, beschlagnahmt.

Es gibt zwei schöne Dinge auf der Welt: Der „Neuen Freien Presse“ anzugehören oder sie verachten. Ich habe nicht einen Augenblick geschwankt, wie ich zu wählen hätte.
Karl Kraus

Hochverehrter Herr!
Es wird mir erzählt, daß Sie sich über eines meiner im „Fremdenblatt“ erschienenen Feuilletons „Der Neue Pygmalion“ sehr wohlwollend geäußert hätten. Diese Mitteilung, von der ich wünsche, daß sie auf Wahrheit beruhe, ermutigt mich zu den vorliegenden Zeilen … So biete ich denn meinen jungen Degen, wie der junge Moltke, einer größeren Macht an. Vielleicht haben Sie, hochverehrter Herr, für eine freudige Arbeitskraft im lokalen Teil oder sonst wo im internen Dienst ein Plätzchen. Ich bin ein gelernter Jurist. Stilproben lege ich jetzt nicht vor, um Sie nicht ungebührlich zu belästigen, aber es versteht sich, daß ich gerne alle Befähigungsnachweise versuchen will.
Theodor Herzl an Eduard Bacher. Vor dem 14. Oktober 1887

Meine lieben guten Eltern! … Wenn es mir gelingen sollte 4 oder 5 Feuilletons von dieser Reise in der N[euen] F[reien] P[resse] unterzubringen, so würde sich meine Reise vollkommen ausgezahlt haben – die Mühe sowohl wie das Geld. Wenn Dr. Bacher Alles genommen haben wird, was ich schicke, so gilt mein erster Weg in Wien ihm. Ich will dann trachten, in eine regelmässige Verbindung mit dem Blatte zu kommen, wie ich sie mit dem Berl[iner] Tagebl[att] habe. Die Sicherheit, das Selbstvertrauen, das mir noch fehlt, wird sich nach dem ersten halben Dutzend erschienener Feuilletons schon einstellen. Das wäre dasjenige, was ich wünsche. Der eigentliche Zweck dieser Reise wäre dann erreicht.
Theodor Herzl. 3. August 1888

Neue
Freie Presse.
Morgenblatt.
Nr. 6664. Wien, Samstag, den 17. März 1883.

Die „Neue Freie Presse“ war das angesehenste Blatt der österreichisch-ungarischen Monarchie. Der Österreicher Michael Etienne und Ferdinand Lassalles Vetter Max Friedländer, beides abgeschliffene Revolutionäre von 1848, hatten sie 1864 als gemäßigt-liberales Blatt gegründet. Durch die Schnelligkeit seiner Berichterstattung wie durch das hohe Niveau seiner literarischen Beilagen wurde die „Neue Freie Presse“ bald zur bedeutendsten Zeitung Wiens, aus der das Ausland seine Informationen über Österreich bezog.
Alex Bein

Oben: „Isidor Schmock bei …“: Antisemitische Karikatur eines Zeitungsjournalisten. Ständige Zeitungsillustration von F. Kaskeline aus dem Wiener „humoristisch-satirischen Arbeiterblatt ‚Glühlichter‘“.

Unten: „Wie die ‚Neue Freie Presse‘ in einem Leitartikel den Grafen Taaffe gemalt hat.“ Antisemitische Karikatur auf das „Judenblatt“. Zeitungsillustration von F. Kaskeline in „Glühlichter“. Oktober 1893.

In Wien gab es eigentlich nur ein einziges publizistisches Organ hohen Ranges, die „Neue Freie Presse“, die durch ihre vornehme Haltung, ihre kulturelle Bemühtheit und ihr politisches Prestige für die ganze österreichisch-ungarische Monarchie etwa das Gleiche bedeutete wie die „Times“ für die englische Welt und der „Temps“ für die französische; selbst keine der reichsdeutschen Zeitungen war so sehr um ein repräsentatives kulturelles Niveau bemüht. Ihr Herausgeber Moritz Benedikt, ein Mann von phänomenaler Organisationsgabe und unermüdlichem Fleiß, setzte seine ganze, geradezu dämonische Energie daran, auf dem Gebiete der Literatur und Kultur alle deutschen Zeitungen zu übertreffen.
Stefan Zweig

Moritz Szeps (1835–1902), neben Bacher und Benedikt ein weiterer Begründer des modernen österreichischen Journalismus, war Herausgeber des „Wiener Tagblatts“. Er machte Herzl Ende 1885 auch ein Angebot, freilich mit Probezeit, worauf jener in einem Brief folgendermaßen ablehnte: „So sehr es mich auch freuen und auszeichnen würde, unter Ihrer Meisterleitung arbeiten zu dürfen, kann ich doch auf ein Externat – selbst von kurzer Dauer – nicht reflektieren. Wenn ich außerhalb der Redaktion stehe, werden meine Feuilletons immer zu stark oder zu schwach, zu neu oder zu alt, zu blond oder zu braun sein.“
Oben: Moritz Szeps. Photographie von C. v. Jagemann. 1870.

Moritz Benedikt (1849–1920), seit 1881 Mitherausgeber, seit 1908 Alleininhaber der „Neuen Freien Presse“, war einer der großen Zeitungsmänner des Liberalismus. Ihm war der Aufstieg der Zeitung zum Weltblatt zu verdanken. Er schätzte Herzl als Journalisten, öffnete sein Blatt aber niemals seinen zionistischen Ideen.
Oben: Moritz Benedikt. Photographie von N. Stockmann. Um 1875.
Unten: Moritz Benedikt in einer „Muskete“-Karikatur von Fritz Schönpflug: „Der begnadete Leitartikler“. Um 1910.

Reisen war für Herzl nicht nur eine Pflicht seiner politischen Tätigkeit, sondern von Jugend an auch eine große Neigung – gerade dadurch, daß er aufgrund seiner Sprachbegabung neben seinen „Muttersprachen" Deutsch und Ungarisch auch französisch, englisch und italienisch ziemlich fließend beherrschte, war ihm jede Reise eine frische Quelle seiner Neugier und Wißbegierde. Schon seine frühen Reisen ab 1883 führten ihn nach Deutschland, Frankreich, Italien und in die Schweiz. Im Jahre 1888 besuchte er erstmals London.

Links oben: Venedig, die Piazzetta mit Blick auf San Giorgio Maggiore. Photographie von C. Naya. Um 1890.
Links Mitte: Luzern am Vierwaldstätter See. Photographie von A. Braun. Um 1875.
Links unten: Köln, der Dom und Groß-Sankt Martin von der Deutzer Seite des Rheins gesehen. Photographie. Um 1895.

Es geht nichts über das Reisen – in einem gewissen Alter, es ist dasjenige, in welchem ich mich jetzt befinde.
Theodor Herzl. Juli 1883

Je öfter man nach London kommt, um so stärker lernt man es lieben. Erst war es steif und wunderlich anzusehen, die Menschen erschienen schroff, schrullenhaft, abstoßend, die Gebräuche verzopft, der Verkehr unerquicklich, die Belustigungen geschmacklos, das Feierliche ohne ergreifenden Sinn. Ich weiß noch, wie mir zumute war, nicht gerade wohl, als ich vor zwölf Jahren zum ersten Male in dieses England hineinzuschauen versuchte, mit der leicht enttäuschten Oberflächlichkeit des Weltbummlers. Und ich war froh, der langweiligen Insel wieder den Rücken kehren zu können. Aber manche Fahrt über den Ärmelkanal hat mich eines Anderen belehrt und wenn ich jetzt von Vlissingen, Ostende oder Calais hinüberreisend, die grauen Felsen Britanniens aus dem Wasser steigen sehe, heimelt es mich überraschend an. Ist das Glück einiger Begegnungen, die Illusion, die in angenehmen Stunden der Geselligkeit mit den Besten entstanden, oder sonst ein rosiger Sehfehler daran schuld – ich glaube, daß es nirgends bravere, treuere und stärkere Männer, liebenswürdigere, edlere Frauen, freundlichere Heimstätten und abgeklärtere Sitten gibt, als in England. Daß diese Menschen auf dem europäischen Kontinente nicht beliebt, gelegentlich sogar verhaßt sind, kommt einem, der sie näher kennt, einfach unbegreiflich vor. Es gibt dafür nur die Erklärung ihrer stillen Überlegenheit, die ja freilich für die anderen etwas Verletzendes hat. Aber sie kennen alle Länder und ihr eigenes, sie wandern durch vieler Völker Gebräuche, beobachtend, vergleichend.
Theodor Herzl

Rechts oben: London, Trafalgar Square. Photographie. Um 1900.
Rechts unten: Berlin, Reichstagsgebäude und Siegessäule. Photographie. Um 1900.

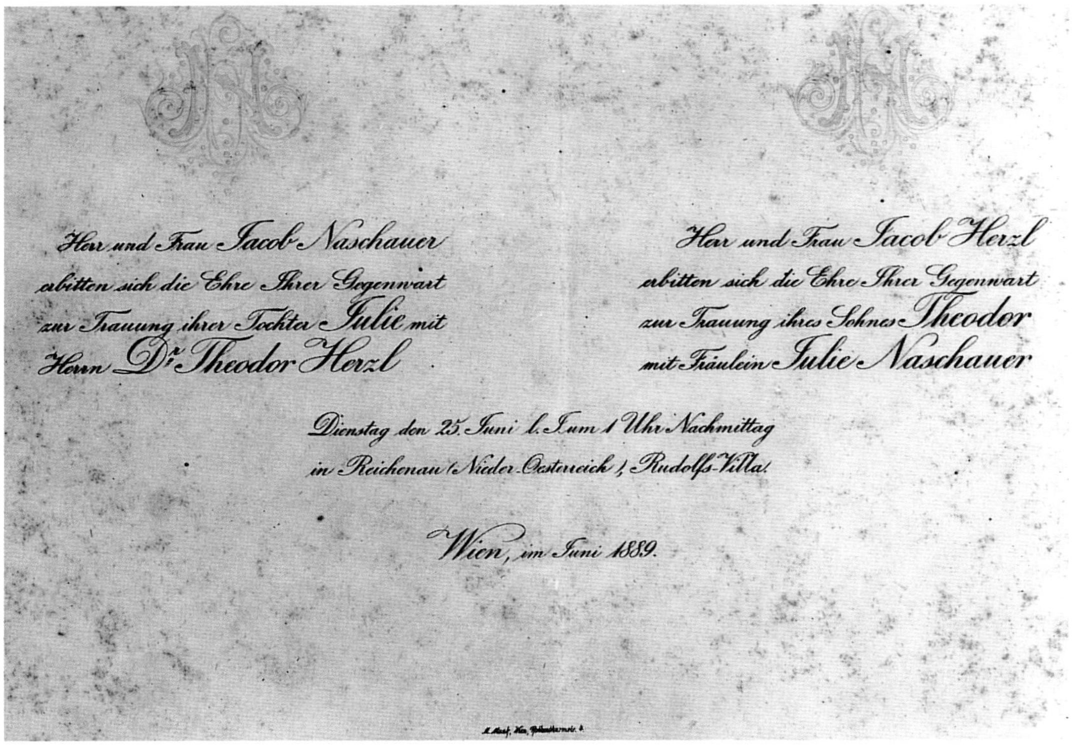

Herr und Frau Jacob Naschauer
erbitten sich die Ehre Ihrer Gegenwart
zur Trauung ihrer Tochter Julie mit
Herrn Dr. Theodor Herzl

Herr und Frau Jacob Herzl
erbitten sich die Ehre Ihrer Gegenwart
zur Trauung ihres Sohnes Theodor
mit Fräulein Julie Naschauer

Dienstag den 25. Juni l. J. um 1 Uhr Nachmittag
in Reichenau (Nieder-Oesterreich), Rudolfs-Villa.

Wien, im Juni 1889.

Im Jahr 1886 lernte Theodor Herzl die 18jährige Julie Naschauer, die Tochter eines auch aus Budapest stammenden, jüdischen Industriellen, kennen, der durch die Nutzung ungarischer Ölfelder und die Gründung einiger Fabriken sehr reich geworden war. Obwohl ihm die Eltern unsympathisch waren (und zeit seines Lebens blieben), verliebte er sich in das zarte, blonde, blauäugige Mädchen. Julie faszinierte ihn auch aufgrund ihrer Intelligenz und Extravaganz – sie soll die erste Frau in Wien gewesen sein, die sich ihre Fingernägel lackierte. Nach einer Reihe von selbstauferlegten Trennungen heirateten die beiden am 25. Juni 1889 im eleganten Kurort Reichenau, einem beliebten Sommerfrischaufenthalt der Wiener Bourgeoisie. Die Trauung wurde vom Wiener Oberrabbiner Dr. Adolf Jellinek vollzogen, die Mitgift der Braut betrug die dem Vermögensstatus der Brauteltern mehr als adäquate Summe von 75.000 Gulden, die Hochzeitsreise führte das Brautpaar in die Schweiz und nach Frankreich. Die Ehe Theodor Herzls stand aber unter keinem günstigen Stern: Abgesehen von einer gewissen Exaltiertheit, „Hysterie“ und Eifersuchtsanfälligkeit Julies, dürfte doch die Hauptschuld für das Nichtfunktionieren der Beziehung in Theodor Herzls extremer Mutterfixiertheit (sie mischte sich sofort in alle Angelegenheiten des jungen Paars) und in seinem egomanischen Arbeitsfleiß zu suchen sein. Herzl dachte schon sehr bald nach seiner Hochzeit an eine Scheidung, wurde aber dadurch, daß Julie auf der Hochzeitsreise schwanger geworden war, abgehalten. Am 28. Mai 1890 schrieb er quasi programmatisch an seine Eltern: „Ich habe nicht klug gewählt. Aber sie ist schließlich doch meine Frau, die Mutter meines theuren Kindes. Es ist meine Pflicht, alles zu unternehmen, um die Fortführung unserer Ehe zu ermöglichen.“ An diese von seinem Gefühl für Anstand getragene Maxime sollte er sich zeit seines Lebens halten.

Oben: Hochzeitsanzeige von Theodor und Julie Herzl. Juni 1889.

Ein süßes, liebes Wort von dieser lieben kleinen Juliette, die geglaubt hat, daß ich sie liebe, und mich so wiedergeliebt, daß ich sie selber lieben mußte. In der embrasure de la fenêtre küssen wir uns furtiv, oder auf dem Balkon. Es ist eine Bangigkeit und ein Herzklopfen in dieser verstohlenen Zärtlichkeit, und sie küßt so süß, so süß. Der Dr. H. erzählt mir gestern, als wir von ihnen nachts weggingen, daß er ihr gesagt habe, ich würde sie ja doch nie heiraten. Sie solle sich nicht den Kopf von mir verdrehen lassen, die Geschichte habe keine Zukunft, was hätte sie also davon!
„Die Gegenwart!“ hat ihm die Teure geantwortet.
Ich war ganz gerührt. Sie liebt mich wirklich. Wäre eine süße, süße, zärtliche Frau. Aber es kann ja nicht sein. Werde sie also von mir „heilen“ müssen. Und gerade jetzt, wo ich sie so gern habe! Es muß sein. Ich werde ihr ein bißchen weh tun müssen, um ihr nicht sehr weh zu tun. Schade, schade, schade, schade! Hätte ich lieber gar nicht angefangen! Aber es war so verlockend für mein darbendes Herz. Ihre Lippen waren so rot, frisch, weich, duftig! Auch das vorbei!
Theodor Herzl. 10. Mai 1886

Wieder eine Zeit. Das Buch der Jammer- und der Liebesbekenntnisse noch einmal am lichteren Tag hervorgeholt.
Ich habe meine gute Julie wiedergefunden – meine letzte Liebe.
Sie hat mich immer geliebt.
Ich werde sie heiraten. Ich habe es ihr schon gesagt.
Sie ist süß, süß, süß. –
Aber noch sind ein paar gefährliche Riesen zu erlegen, ehe ich zum teuren Prinzeßchen gelange.
Heute ist ein Tag der Hiobsposten – und ich habe selber keinen Posten. Ich bin seit 15. Juli nicht mehr bei der Allgemeinen. Die Stelle beim „Fremdenblatt“ scheint mir entgehen zu wollen. Wenn sich das mit dem „Fremdenblatt“ zerschlägt, bin ich wieder schiffbrüchig hinausgestoßen auf das wilde Meer der Bohème und kann um Julie nicht anhalten …
Theodor Herzl. 7. September 1887

Links: Reichenau und Umgebung. Weg zum Thalhof, dem berühmten Hotel, in dem auch Arthur Schnitzler und Peter Altenberg viele Sommer ihrer Jugend verbrachten. Photographie. Um 1880.

Jetzt war er so weit. Am 25. Juni 1889 fand im Kurort Reichenau (im Rax- und Schneeberggebiet) die Trauung statt. Dorthin kehrten die Neuvermählten auch nach der achtwöchigen Hochzeitsreise durch die Schweiz und Frankreich zurück, bis ihre Wohnung in der Mark Aurelstraße in Wien fertig gerichtet war. Ueber die erste Zeit der Ehe wissen wir sehr wenig, auch ihre Entwicklung läßt sich nur in den Grundzügen erkennen, solange die intimeren Briefe Herzls an die Eltern und der Briefwechsel der Gatten von der Familie zurückgehalten werden. Von Anfang an, das ist klar, lagen Keime für ein Mißverhältnis vor.

Alex Bein

Oben: Julie Herzl, geb. Naschauer (1868–1907). Photographie. Um 1888.
Unten: Blick von der Leopoldstadt (Wien II.) über den Donaukanal auf den „Franz Josefs-Quai", den Morzinplatz, das Hotel Metropole (das ab März 1938 als Sitz der Gestapo für zigtausende Wiener Juden todtraurige Berühmtheit erlangen sollte) und die Marc Aurel-Straße, wo das junge Paar Ende 1889 Quartier bezog. Photographie. Um 1900.

Als ich um 5 Uhr N[ach]M[ittag] nach einem erneuerten Scandal in Gegenwart von Paul u. Leo wegging und meine Frau mir noch vom Balcon über die Gasse laut Pfui nach schrie, worauf sie von Paul ins Zimmer gerissen wurde – das letzte, was ich sah – wollte ich zu Euch. Ihr waret nicht zu Hause. So muss ich denn nach meinem eigenen Kopfe handeln. Ich habe mich entschlossen, auf zwei drei Tage wegzureisen und mit mir zu Rathe zu gehen, was ich thun soll. Ich werde Euch morgen Früh telegraphisch anzeigen, wo ich bin. Ich weiss noch nicht, wohin ich fahre – St. Pölten oder Brünn oder Klosterneuburg. Jedenfalls seiet versichert, dass ich immer an Euch denke und Euch ausser dem Schmerz, den Euch meine unglückliche Wahl bereitet hat, keinen anderen mehr bereiten werde. Ich will und werde für und mit Euch leben. Ich bitte Dich, papakám, Julie morgen für mich 100 fl. zu geben – den Rest ihrer Monatsapanage – die ich Dir zurückerstatten werde.

Was ich jetzt ausessen muss, habe ich mir selber eingebrockt. Ich werde mir überlegen, ob ich noch einmal zu Julie zurücksoll oder ob ich mich schon jetzt von ihr scheide – was leider Gottes nur eine Frage der Zeit ist.

Theodor Herzl. 21. Mai 1890

Links: Julie Herzl. Photographie von J. Benade. Um 1905.
Rechts: Die Kinder Hans, Trude und Pauline. Photographie. 1897.
Unten: Blatt aus dem Kalender Herzls vom 10. Juni 1891: „Um 1/2 4 Uhr Früh wurde mir heute mein Sohn Hans geboren. In Thränen."

161—205 **Juni** 30 Tage

10

1891

Griech.: 29. Theodosia. Kath.: Margareth.
Juden: 4. Prot.: Onuphrius.

Notizen **Mittwoch** 10. Juni

Um 1/4 4 Uhr Früh wurde mir heute mein Sohn Hans geboren. In Thränen.

Obwohl Du meine Sprache nie verstanden hast, will ich mich doch noch einmal mit Dir auseinandersetzen. Nämlich zum letztenmal. [. . .] Ich brauche Dir nicht zu sagen, dass unsere Ehe eine höchst unglückliche ist. Zwar haben sich unsere beiderseitigen Familien viel mit unseren Zerwürfnissen beschäftigt, und auch der Stadtklatsch wusste von uns genug zu erzählen – und wenn es Dir entgangen ist, mir entging es nicht, wie man uns spöttisch lächelnd nachsah, in Reichenau wie in Wien, wenn man uns „doch noch immer" beisammen sah. Aber wie tief unglücklich unsere Ehe war, das wusste außer mir eigentlich nur eine einzige Person, nämlich Du.

Ich will auf keinen der hässlichen, traurigen Auftritte, die sich zwischen uns abspielten, zurückkommen. Dir brauche ich sie ja nicht zu schildern. Du kennst sie genau, wenn Du auch keine Lehre aus ihnen zogst. Zwei volle Jahre hindurch war mein Haus mir eine Hölle. Wenn ich nach Hause kam, geschah es in einer Angst. Nicht vor Dir, meine Liebe, habe ich mich gefürchtet – sondern vor mir. Dass ich einmal die Selbstbeherrschung ganz verlieren könne, und Dir auf Deine Quälereien einen Streich versetzen könne, der Dich verunstalten oder zum Krüppel machen würde. Ich danke Gott, dass es mir gelungen ist, mich so weit zu beherrschen.

Theodor Herzl an Julie Herzl. Ende Juni 1891

Meine Frau und deren Familie glaubt fest, dass ich durch die Gottesgabe eines Sohnes nun dauernd gebrochen und unterjocht bin – wenigstens bis zur nächsten Schwangerschaft. Und dann wird so fort gewurschtelt? Diese Leute scheinen zu glauben, dass ich mit einer Frau leben werde, mit der meine Eltern nicht verkehren! Diesen Leuten fällt es nicht einmal sehr auf, dass sich meine Eltern (die seit 7 Monaten nicht in meinem Hause waren) den neuen Enkel nicht angesehen haben und nicht ansehen werden. Wenn ich das ruhig ertrüge, wäre ich ja wirklich werth, mit einer solchen Frau weiterzuleben.
Theodor Herzl. 13. Juni 1891

Ich werde meinen Sohn erziehen, so liebevoll und weise ich irgend kann. Davon bist Du wohl überzeugt. Und ich werde ihn auch seine Mutter ehren und lieben lehren.
Theodor Herzl an Julie Herzl. Ende Juni 1891

Welche Umwälzung ein Kind bewirkt! Wie voller der Klang des Lebens einem rauscht! Und wie nachdenklich es einen dabei doch stimmt! Ich weiß, ich gehe durch die Pforte der Vaterschaft zur Philosophie ein, natürlich ohne Gelehrsamkeit.
Theodor Herzl

Oben: Theodor Herzl mit seinen Kindern und der Frau von David Wolffsohn in Altaussee. Photographie. Um 1900.
Links: Theodor Herzl mit seinen Kindern. Photographie. Um 1900.

Auf einer Auslandsreise erreichte Theodor Herzl die telegraphische Anfrage Eduard Bachers, ob er bereit sei, als Korrespondent der *Neuen Freien Presse* nach Paris zu gehen. Herzl sagte unverzüglich zu. Ende Oktober 1891 trat er den neuen Posten an. Übertragen wurde ihm die Aufgabe, das Blatt „aus Paris mit allem zu versorgen, was von dort für dasselbe von Interesse ist." Er hatte nicht nur über die französische Innen- und Außenpolitik zu berichten, sondern auch über das, was an der Börse geschah, auf den Pariser Bühnen gespielt oder in den Museen und Kunstgalerien gezeigt wurde. Zu seinen Aufgaben gehörte es darüber hinaus, täglich das Palais Bourbon zu besuchen, um die Wiener Leser über die Debatten des französischen Parlaments zu informieren, die nicht selten mit politischen Skandal- und Korruptionsaffären zu tun hatten. Durch das Palais Bourbon, bekannte Herzl im Rückblick, hätte er Frankreich erst wirklich verstehen gelernt.

Nach Ablauf einer viermonatigen Probezeit erfolgte die Anstellung zu Bedingungen, die für den Einunddreißigjährigen nicht nur akzeptabel, sondern geradezu erfreulich waren. Das Blatt vereinbarte mit ihm ab März 1892 ein fixes monatliches Honorar von zwölfhundert Francs, wozu noch die Vergütung seiner Spesen kam. Herzl war äußerst zufrieden. Schon Jahre zuvor, als sich die Aussicht auf den Pariser Korrespondentenposten der *Frankfurter Zeitung* zu bieten schien, hatte er den Eltern begeistert

Rue de Rivoli – eine der klassischen Pariser Geschäfts-, Flanier- und Repräsentationsstraßen, am Louvre entlangführend. Photographie. Um 1880.

die Bedeutung dieser Stellung gerühmt: „Heine war Pariser. Dann nach einer literarischen Generalpause [Paul] Lindau und [Hugo] Wittmann auch. [Wilhelm] Singer, von der *Neuen Presse,* [Henri] Blowitz von der *Times* nehmen Stellungen ein, wie Botschafter. [Arthur] Levysohn hat seine große Karriere als Pariser Korrespondent der *Kölnischen Zeitung* begonnen." (August 1897) Jetzt schrieb er den Eltern: „Der Pariser Korrespondent ist das Sprungbrett, von dem ich mich hochschwingen werde, zu Eurer Freude, meine teuren geliebten Eltern …"

Mit dem Antreten des Pariser Korrespondentenpostens begann für Herzl ein neuer Abschnitt seines Lebens. Die von Erfolgen und Mißerfolgen begleitete Phase der Bühnenschriftstellerei war zu Ende. Der Briefwechsel mit Arthur Schnitzler, den er seit seiner Studentenzeit kannte, gewährt einen interessanten Einblick in Herzls Entwicklung. „Offenbar", schrieb er Ende Juli 1892 an Schnitzler, „haben Sie in meinen Schmierereien, die an öffentlichen Orten erschienen, nie einen solchen Ton gefunden, der Ihnen zu Herzen ging … Gerade zu solchen Leuten, wie Sie sind, hätte ich immer gern gesprochen. Scheint mir nicht gelungen zu sein." Und weiter: „Auf dem Theater, mit dem ich abgeschlossen habe, ist es mir schlecht u. närrisch gegangen. Stücke, an die ich glaubte, in denen ich künstlerisch strebte, kamen gar nicht zum Vorschein. Wenn ich in einer gewissen gierigen Verzweiflung zum Handwerk hinabstieg, wurde ich aufgeführt und verhöhnt. Wenn ich, was äußerst selten geschieht, an meinen Platz in der deutschen Literaturwelt denke, muß ich ergötzt lachen."

Auch das wiederholte Drängen Schnitzlers, der Herzl nicht sonderlich schätzte (Schnitzler: „Trotz aller Mühe, die wir uns geben, sind wir einander persönlich nicht sympathisch."), brachte diesen nicht dazu, die Bühnenschriftstellerei wieder aufzunehmen. In einem Brief vom 2. Januar 1893 heißt es: „Meine Manuskripte! Ich habe sie vergessen. Von der Kunstübung ist mir nur etwas Liebe zur Kunst geblieben und an manchen Tagen und in verlorenen Stunden ein Heimweh nach der Dichtung." Und am 13. Mai 1893 findet sich in einem Brief an Schnitzler die resignative Bemerkung: „Verzeihen Sie mir, aber ich will nichts mehr von mir wissen, ich bin nur mehr Journalist ..."

Herzl ging voll und ganz im Journalistenberuf auf. Seine Meldungen und Aufsätze aus Paris sind stilistisch wie inhaltlich Meisterleistungen der Berichterstattung. Sie können sich ohne weiteres mit den Texten messen, die Anatole France, George Bernard Shaw, Emile Zola oder August Strindberg zu jener Zeit schrieben. Ob es nun politische Berichte oder Rezensionen über Theater und Kunst waren, die Leser der *Neuen Freien Presse* wurden anschaulich unterrichtet und konnten sich ein Bild über die wichtigsten Vorgänge in der französischen Hauptstadt machen.

Den Bühnenschriftsteller und Literaten, der er einmal gewesen und der mit der Politik bisher nicht viel zu tun gehabt hatte, konnte Herzl jedoch nicht verleugnen. So sah er zunächst mit Verachtung auf die tagespolitischen Ereignisse und mischte Spott mit Bitterkeit, wenn er bei den Menschen zwischen „Prellern" und „Geprellten" keinen sehr großen Unterschied machen wollte, denn, so meinte er, der „Gefoppte, Bedrohte, Verlachte von heute ist vielleicht der Betrüger, Erpresser und Witzbold von morgen." Eine „eigentümlich düstere Belustigung" sah er darin, dies alles zu beobachten. „Das Leben", meinte Herzl in den ersten Monaten seines Pariser Aufenthaltes, „ist nicht nur ein Schmerz, sondern auch ein Spiel, über das die Götter homerisch lachen. Man muß es nur in der richtigen Entfernung betrachten." (11. Februar 1892)

Ganz allmählich änderte sich Herzls Einstellung zur „Tagesgeschichtsschreibung", wie er wiederholt seine Korrespondententätigkeit in Paris genannt hat. Mehr und mehr begann er, sich für die politischen und sozialen Probleme der französischen Republik zu interessieren. Die Zeiten waren auch dazu angetan, denn das Frankreich jener Jahre war zerrissen von inneren Kämpfen, von Gewalt, Anarchie, politischen Intrigen, wirtschaftlicher Depression und Antisemitismus. Unter der Oberfläche brodelte es. Skandal- und Korruptionsaffären erschütterten die junge Republik und nagten an den Grundlagen des staatstragenden Bürgertums. Georges Boulanger war zwar als Minister abgesetzt und seine Staatsstreichpläne vereitelt worden, dennoch schien die Zukunft für das französische Bürgertum alles andere als rosig auszusehen.

Herzls erste größere Korrespondenz *Frankreich im Jahre 1891* macht deutlich, daß er keine Schwierigkeiten hatte, sich in die französischen Verhältnisse einzuarbeiten. Nach einem Überblick über die Außenpolitik und die Haltung des Kabinetts Freycinet gegenüber Rußland kam Herzl auf die soziale Frage zu sprechen, die damals die Gemüter erhitzte. Der Grund für sein Interesse war zweifellos die allgemeine Unruhe, die breite Schichten der Bevölkerung in Europa in diesem Winter 1891/92 erfaßt hatte. Mit Sorge betrachtete man die Auswirkungen der Mißernte in Rußland, die zu einer Hungersnot geführt hatte. Hinzu kamen die Arbeitslosendemonstrationen in Wien und Berlin sowie Streiks in Frankreich, die den wachsenden Unmut der Bevölkerung signalisierten. „Man liebt es", faßte Herzl seine Eindrücke in der Korrespondenz zusammen, „die sozialistische Endstimmung des Jahrhunderts mit der politisch revolutionären des vorigen zu vergleichen, und sieht den Zusammenbruch einer Gesellschaft kommen, die sich theoretisch bereits aufgegeben hat."

Eine Lösung hatte Herzl für die sozialen und wirtschaftlichen Mißstände nicht anzubieten. Arthur Schnitzler gegenüber bekannte er Anfang Januar 1893, er sei pessimistisch gestimmt, denn die Revolution würde unmittelbar bevorstehen. Von den Politikern hielt er nicht viel. Er verspottete sie als „Wahl- und Windmacher", nannte sie „Phrasendrechsler" und „Gefühlsmeier", aber auch „Ränkeschmiede" und „Ehrabschneider". Von solchen Politikern sei keine Hilfe zu erwarten. Und dennoch: Bei aller geäußerten Kritik wird deutlich, daß Herzl sich doch weitgehend sicher ist, daß nur mit den Mitteln der Politik ein Weg zur Lösung der Probleme gefunden werden kann.

Je mehr Herzl mit den sozialen und politischen Mißständen konfrontiert wurde, desto persönlicher wurde seine Empörung über die Minderwertigkeit, die Staaten und Völker regiert. Der Drang, es besser zu machen, blieb naturgemäß nicht aus. Das Bedürfnis nach künstlerischer Gestaltung der Welt wurde jetzt durch den Wunsch ersetzt, seinen Teil dazu beizutragen, die Welt zu verbessern. Ein Aufsatz, der den Gedanken der „Assistance par le travail" (Arbeitshilfe) behandelt, zeigt uns deutlich die Richtung seiner Gedanken in jener Zeit. Erfolg hatte er mit seiner Anregung jedoch nicht. Johann Freiherr von Chlumezky, der Führer der Deutschliberalen und Präsident des österreichischen Abgeordnetenhauses, dem er den Aufsatz zukommen ließ, zeigte wenig Verständnis für Herzls Ideen und Vorschläge.

Herzl hat seinen Vorschlag dann trotzdem in einem Artikel am 2. August 1893 in der *Presse* zur Diskussion gestellt. Der Gedanke der „Arbeitshilfe" bestand darin, daß man das den Armen sonst als Almosen gegebene Geld als Entlohnung für nicht rentable Arbeiten verwendet, die man dem Erwerbslosen überträgt, um ihn so „durch das Sittliche und Tröstende der Arbeit aufzurichten." Mit diesem Vorschlag war Herzl sicherlich nicht auf dem Weg einer „freisinnigen Lösung der sozialen Frage", wie er das selbst einräumte, aber er versprach sich von einer solchen „Arbeitshilfe", daß sie ein „großartiger Regulator des Arbeitsbedürfnisses" sein würde. Davon abgesehen, sind diese zu jener Zeit gemachten Vorschläge auch von biographischem Interesse, denn der Gedanke der „Arbeitshilfe" sollte später in Herzls *Judenstaat* in abgewandelter Form wieder auftauchen.

Es ist aufschlußreich, Herzls Stellungnahmen über die wichtigsten Ereignisse zu verfolgen, über die er täglich zu berichten hatte. Seine Aufmerksamkeit galt in der ersten Zeit seiner Korrespondententätigkeit insbesondere den Dynamitexplosionen und Attentaten, mit denen Anarchisten die bürgerliche Gesellschaft zu beunruhigen verstanden. Die Berichte nach Wien spiegeln die erregte und nervöse Stimmung, in der sich die französische Hauptstadt in jenen Tagen befand, wider. In einem szenisch aufbereiteten Feuilleton, dem er den geradezu provokativ klingenden Titel *Ravachol!* gab, beschreibt Herzl bildhaft die Wirkung eines Dynamitanschlages (Zeitungsverkäufer: „Dynamit Explosion! Achtzehn Opfer in der Rue de Clichy! Ravachol!"), den dieser auf die Bevölkerung hatte, und zwar auf Gäste des Hotels, auf Besucher eines Kaffeehauses an einem bevölkerten Boulevard sowie auf Teilnehmer an einer nachmittäglichen Bakkarat-Runde.

Mit allen Mitteln der Kriminaltechnik wurde in jenen Monaten in Paris nach den Anarchisten gefahndet, täglich fanden neue Verhaftungen statt. Herzl verfolgte aufmerksam die Geschehnisse und kommentierte die Anklagen. Zum Verhalten der Richter im Ravachol-Prozeß am 29. April 1892 bemerkt er: „Wer Anarchisten mit Rührung betrachtet, der ist dem Staate untreu geworden; wer sie mitleidig beurteilt, mag ein guter Mensch sein, ist aber ein schlechter Bürger." Und deutlich brachte er seine Auffassung über das Amt des Richters zum Ausdruck: „Das Richten war einst eine hoheitliche Last und Ehre. Wer sich fürchtet, Recht zu sprechen, wenn er seine Haut dabei zu Markte trägt, der ist unwürdig, dieses Amt im Gefahrlosen auszuüben. Es ist eines der höchsten Ämter." Gerichte, die nicht in der Lage seien, Recht zu sprechen, weil deren Geschworene Angst hätten, gefährdeten nach Ansicht Herzls Staat und Gesellschaft: „Eine Demokratie, die untaugliche Geschworene hervorbringt, ist in ihrem Wesen bereits monarchisch. Es fehlt ihr nur der Einzelherrscher."

Erfahrungen dieser Art haben ohne Zweifel dazu beigetragen, daß Herzl über die Grundlagen der bürgerlichen Gesellschaft in Frankreich intensiver nachzudenken begann. Seine im Dezember 1893 unter dem Titel *Das Palais Bourbon* begonnene Aufsatzreihe, die er zwei Jahre später in Buchform veröffentlichte, unternahm den Versuch, ausgehend von Erscheinungen und Problemen der französischen Volksvertretung, das Wesen von Staat, Regierung und Gesellschaft zu enträtseln. Themen dieser *Bilder aus dem französischen Parlamentsleben* sind das merkwürdige Gebaren eines Hinterbänklers, Struktur, Ablauf und Folgen einer Ministerkrise, die Probleme eines Politikers „sans fortune" oder das den Beobachter beeindruckende Zeremoniell des Kammerpräsidentenauftritts, den Herzl mit den Augen des Theaterschriftstellers sah und beschrieb.

In der *Neuen Freien Presse* berichtete Herzl ausführlich über den Panama-Skandal, der die französische Republik bis in die Grundfesten erschütterte. 1889, als noch kaum ein Drittel der zur Fertigstellung des Panamakanals nötigen Arbeiten vollendet waren, war die von Ferdinand Lesseps, dem Erbauer des Suezkanals, gegründete „Compagnie universelle du Canal interocéanique du Panama" bankrott gegangen. Tausende von Arbeitern waren umsonst gestorben, vierzehnhundert Millionen Francs, zum großen Teil das unter falschen Versprechungen herausgelockte Vermögen kleiner Sparer, nutzlos vertan worden. Die Gerichte waren schließlich zum Eingreifen gezwungen. Während der Untersuchungen und Verhandlungen erweiterte sich der wirtschaftliche Skandal zur politischen Affäre. Die französischen Nationalisten beschuldigten 1892/93 eine große Zahl von Abgeordneten, daß sie sich von Lesseps mit Kanalaktien zur Genehmigung der letzten Panama-Anleihen hätten bestechen lassen. Stürmische Kammerdebatten, Enthüllung auf Enthüllung schufen eine mit jedem Tag sich steigernde Aufregung.

Herzls Berichte liefern ein farbiges Bild von den Geschehnissen. An manchen Tagen füllten seine Meldungen und Berichte vier volle Seiten der *Neuen Freien Presse*. Sein persönliches Engagement in dieser Frage ist unverkennbar, wenngleich er bei seinen Überlegungen bisweilen irritiert wirkt und zu bedenken gibt, daß man es vielleicht sogar mit einem „pathologischen Zustand" zu tun habe. An Moritz Benedikt schrieb er Mitte Januar 1893, daß im Panama-Prozeß schwarz und weiß, Erfindung und Wahrheit eng beieinander lägen. Würde er noch länger an dem Prozeß teilnehmen, bestünde die Gefahr, daß er „‚mein u. dein' nicht mehr werde unterscheiden können."

In einer Korrespondenz (*Skandale in Frankreich* vom November 1892) hatte Herzl im übrigen die prinzipielle Frage aufgeworfen, ob die juristische Behandlung der Panama-Enthüllungen nicht der parlamentarischen Republik in unverhältnismäßiger Weise schade. „Wäre es eine einfache Frage nach Recht und Unrecht", bemerkt Herzl, „so kann sie jeder gelernte Richter mit dem Gesetzbuch in der Hand nach Erforschung der Tatsachen beantworten. Das Ergebnis ist keinen Augenblick zweifelhaft." Und er weist auf die Verantwortung der Politiker hin, die zu erwägen hätten, „ob das Recht in diesem Falle seine Zwecke erfüllen wird, ob der Gemeinschaft nicht der höhere Schaden erwachsen kann …"

Auch Herzls Artikelreihe *Wahlbilder in Frankreich,* die er im Laufe des August 1903 in der *Neuen Freien Presse* veröffentlichte, lassen interessante Aufschlüsse zu. Herzl, der Wahlversammlungen auf dem Land und in Paris besuchte, wollte den „französischen Parlamentarismus in seinen Grundlagen kennenlernen". Offensichtlich begannen ihn jetzt Wesen, Bedeutung und Verhalten größerer Gruppen von Menschen zu interessieren. Sind sie Summierungen oder Ganzheiten, bestehen sie aus untereinander ersetzbaren Nummern oder wesensverschiedenen Individuen? „Die Politik kümmert sich nur um den Wähler, der ein willkürlicher Begriff ist", schrieb Herzl in einem dieser Artikel. „Was für ein Mensch ist der Wähler? Ist er überall derselbe oder besteht eine wunderbare, unermessene Verschiedenheit von Kreis zu Kreis, von Stadt zu Stadt oder zwischen Stadt und Land?"

Herzls Schlüsse sind in diesem Zusammenhang nicht gerade freundlich, eher skeptisch, werfen vor allem ein bezeichnendes Bild auf seine distanzierte Einstellung zu den Massen. „Ah, diese wankelmütigen Gedankenlosen, Undankbaren, diese – diese Individuen! Alte Dienste vergessen sie", heißt es in einem Stimmungsbild über eine Wahlversammlung in einem Pariser Arrondissement, „dem Erstbesten laufen sie nach. Ah, das Volk! Und das soll man befragen?" Deutlich spürt man die Bedenken gegenüber der demokratischen Staatsform, die Herzl zwar nicht ablehnte, aber auch nicht für optimal hielt. Hinter seinen Formulierungen steckte die nicht ausgesprochene, aber deutlich anklingende Frage, ob es nicht vielleicht doch besser sei, die Massen zu führen, als sie selbst entscheiden zu lassen. Später, als er der unumstrittene Führer der zionistischen Bewegung war, hat er sich wiederholt ähnlich abfällig über die Massen geäußert und bezweifelt, daß Großes ohne wirkliche Führung durch Einzelne geschehen könne. „Ruhm", pflegte Herzl zu sagen, „besteht nicht im Beifall der Menge, sondern im Urteil der Geschichte. Je größer ein Mensch ist, desto länger kann er darauf warten, daß man ihn versteht, sei es auch erst in fernen Tagen."

Das Paris der Belle Epoque, in dem Theodor Herzl im Oktober 1891 seinen Dienst als Auslandskorrespondent der weltweit angesehenen „Neuen Freien Presse" antrat, war einerseits die faszinierende Kapitale von Kunst und Fortschritt, andererseits aber auch Metropole von Degeneration, Korruption und Kulturpessimismus. Links: Boulevard des Capucines. Photographie. Um 1880. Unten: Dôme des Invalides. Photographie. Um 1880. Gegenüberliegende Seite oben: Ile de la Cité mit Notre Dame, vom Louvre aus gesehen. Photographie. Um 1895. Gegenüberliegende Seite unten: Verkehr auf einer der Seine-Brücken. Photographie. Um 1895.

Aber doch, nirgends und nirgends hat man die naive und zugleich wunderbar weise Unbekümmertheit des Daseins beglückter empfinden können als in Paris, wo sie durch Schönheit der Formen, durch Milde des Klimas, durch Reichtum und Tradition glorreich bestätigt war. Jeder von uns jungen Menschen nahm ein Teil dieser Leichtigkeit in sich auf und tat dadurch sein eigenes Teil hinzu; Chinesen und Skandinavier, Spanier und Griechen, Brasilianer und Kanadier, jeder fühlte sich an der Seine zu Hause. Es gab keinen Zwang, man konnte sprechen, denken, lachen, schimpfen, wie man wollte, jeder lebte, wie es ihm gefiel, gesellig oder allein, verschwenderisch oder sparsam, luxuriös oder bohèmehaft, es war für jede Sonderheit Raum und gesorgt für alle Möglichkeiten.
Stefan Zweig

Soeben bin ich hier [Paris] eingefahren, von der Reise merkwürdig wenig berührt, Augen und Ohren weit offen und empfänglich für die tausend Wunder, die mich erwarten.
Theodor Herzl an seine Eltern. 3. Juni 1884

28

Links: Theodor Herzl als Pariser Korrespondent der „Neuen Freien Presse“. Photographie. Um 1892.

Rechts: Georges Boulanger (1837–1891). Photographie. Um 1880.
Der französische General und Politiker war Wortführer einer nationalistischen Oppositionspartei, der Boulangisten, und wollte 1888/89 die französische Regierung stürzen. Die Nachwirkungen dieses Putschversuches waren bis in die neunziger Jahre zu spüren.

Wie er tagaus, tagein die sogenannten Politiker bei der Arbeit sah, die Wahl- und Windmacher, die Phrasendrechsler und Gefühlsmeier, die Ränkeschmiede und Ehrabschneider, die Säbelrassler und Haudegen, die Paragraphenreiter und Polizeihelden, da schlich sich allmählich in den rein sachlichen Widerspruch gegen den sinnlosen Humbug eine persönliche Note, das Bedürfnis, zum Kern der politischen Dinge vorzudringen, sich über die Begriffe Staat und Regierung, Adel und Volk, Herrschende und Beherrschte, Wähler und Gewählte, Gemeinwohl und Privatinteresse, Arbeit und Arbeiter, Erzeugung und Verbrauch und hundert andere Probleme Klarheit zu verschaffen. Und je tiefer er in die dunkle Wissenschaft der Politik eindrang, desto lebhafter, desto persönlicher wurde seine Empörung über die Minderwertigkeit, die Staaten und Völker regiert. Der Drang, es besser zu machen, blieb naturgemäß nicht aus. Das Bedürfnis nach künstlerischer Gestaltung der Welt wurde von dem stärkeren Instinkte des geborenen Weltverbesserers verdrängt.
Leon Kellner

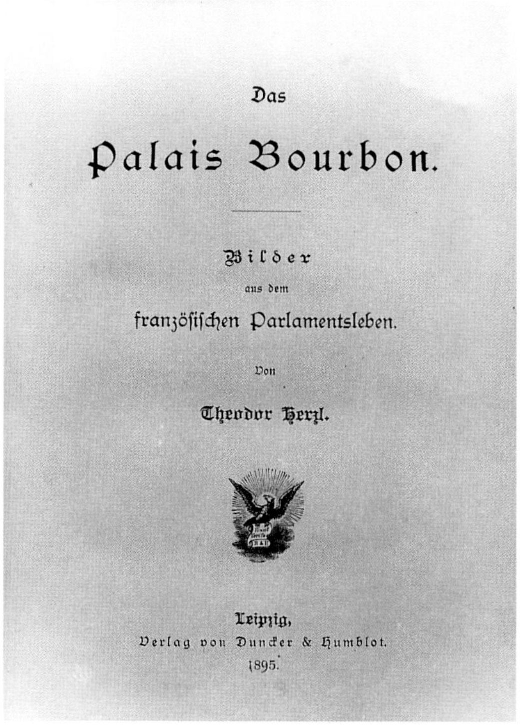

Das

Palais Bourbon.

Bilder

aus dem

französischen Parlamentsleben.

Von

Theodor Herzl.

Leipzig,

Verlag von Duncker & Humblot.

1895.

Oben links: Titelblatt des Werkes „Das Palais Bourbon“. Es beinhaltete eine Sammlung von politischen Feuilletons, die Herzl in Paris verfaßt und im Jahr 1895 bei Duncker & Humblot in Leipzig veröffentlicht hatte.

Oben rechts: Das Palais Bourbon, der Sitz des französischen Parlaments. Photographie. Um 1895.

Unten: Theodor Herzls Presseausweis für die Journalistentribüne in der französischen Deputiertenkammer. 1892.

Er hielt den Vergleich mit seinen Vorgängern und Vorbildern in jeder Weise aus, stilistisch wie inhaltlich sind seine Meldungen und Aufsätze Meisterleistungen der Berichterstattung. Er kam als Feuilletonist, mit einem sehr gepflegten, sehr musikalischen Stil, mit einer besonderen Fähigkeit, die Landschaft in feinen Linien zu skizzieren, die Stimmung in wenigen Worten durchklingen zu lassen. Sein Wortwitz, seine schnelle Auffassungsgabe, die Uebung als Theaterschriftsteller in der Führung von Dialogen, in Erfassung und Herausarbeitung des Dramatischen, seine Besinnlichkeit, die das einzelne Faktum und Erlebnis in einen größeren Zusammenhang, in Leben und Welt einzugliedern suchte, all das wirkte zusammen, um seinen Berichten einen ganz einzigartigen Charakter zu geben.
Alex Bein

Das Lob meiner Feuilletons schmeckt mir von Ihnen, mein sehr Lieber, gut. Aber ich kann gerade das letzte, das Sie erwähnen, nicht gut finden.
Ich will jetzt noch fünf solche Palais Bourbon-Sachen schreiben. Das letzte wird den Sinn des Ganzen zusammenfassen und „die Schule des Journalisten“ heissen.
Theodor Herzl an Arthur Schnitzler. 1895

CHAMBRE DES DÉPUTÉS

Session de 1892.

Tribune des Journalistes.

Presse Étrangère.

Dr Théodore Herzl

Correspondant de la Nouvelle Presse libre

Rechts: „Das Panamartyrium“: In den „Panamaskandal“, einer parlamentarischen Affäre um Betrug und Korruption bei der Ausgabe von Anleihen der bankrott gegangenen Panama-Gesellschaft, sind nicht nur Ferdinand de Lesseps, der Erbauer, sondern auch sein Sohn Charles und Gustave Eiffel verstrickt. Zeitungsillustration von F. Kaskeline aus dem Wiener „humoristisch-satirischen Arbeiterblatt ‚Glühlichter‘“. März 1893.

Unten: Ferdinand de Lesseps (1805–1894). Photographie von Nadar. Um 1870.

Oben: „Zu den Wahlen in Frankreich": Jules Guesde, der revolutionäre Sozialist, bekämpft die Korruption. Zeitungsillustration von F. Kaskeline aus dem Wiener „humoristisch-satirischen Arbeiterblatt ‚Glühlichter'". September 1893.

Unten: Redaktionsbüro des Anarchistenblatts „La Révolte". Zeitgen. Zeitungsillustration.
Rechts: „Der Dynamitattentäter Ravachol. Zeitungsillustration nach einer im Gefängnis zu Paris aufgenommenen Photographie." 1892.

Ist er [Ravachol] ein gemeiner oder politischer Verbrecher? Schwärmer oder Schuft? Wohltäter der Armen und Elenden – und darum Räuber und Mörder? In langen Stunden haben wir gestern dieses harte Gesicht studiert, auf dem Fanatismus und Verschmitztheit wechseln. Er zuckte mit keiner Wimper, als ihm während der Verhandlung mitgeteilt wurde, daß unbekannte Genossen vorgestern seine Verhaftung mit einer schauerlichen Bluttat gerächt hätten. Und als das Chaumartin'sche Kind in den Saal kam, da verdunkelte sich sein Blick. Sein Kopf versank hinter der hohen Brüstung der Anklagebank und er weinte. Aber nur wer ihn sehr genau beobachtete, konnte es wahrnehmen; denn Ravachol ist zu stolz, um seine Tränen zu zeigen.
... Es ist etwas Unpersönliches in diesem Menschen. Er spricht gelassen. Mit ruhiger Festigkeit sagt er, daß man den jetzigen Zustand der Dinge ändern müsse; und wenn er die kommende, bessere Zeit schildert, wo die Schwachen den Schutz Aller genießen, klingt seine Stimme weich ... Und dieser Mensch hat gemordet, um zu rauben, Leichen ausgegraben und bestohlen, mit falschem Geld betrogen, Häuser gesprengt, in denen Unschuldige wohnten! „Unschuldige" nämlich selbst nach seiner Auffassung. Was ist er also? Schwärmer oder Schelm? ... Der Wahrheit kommen wir wohl am nächsten, wenn wir annehmen, daß er als schlechter Kerl begann, um als guter Kerl zu enden. Heute glaubt er an sich und seine Mission. Er ist in den Verbrechen ehrlich geworden. Der gewöhnliche Mörder eilt mit seinem Raub ins Freudenhaus. Ravachol hat eine andere Wollust entdeckt: die Wollust der großen Idee und des Martyriums. Nur finden wir, daß ihn das Geld, das er so großmütig verschenkt, zu wenig kostet. Es gibt keine Wohltat, die eine Missetat entschuldigt.
Theodor Herzl. April 1892

Während seiner Pariser Korrespondententätigkeit kam Herzl erstmalig bewußt mit dem Antisemitismus in Berührung, der, wie in anderen europäischen Ländern, auch in Frankreich einen fruchtbaren Nährboden gefunden hatte. Zunehmend bezog er in seinen Meldungen, Berichten und Aufsätzen Stellung zu Ereignissen, die einen judenfeindlichen Hintergrund hatten. Ausführlich schrieb er zum Beispiel über die Folgen des Duells zwischen dem Dragonerrittmeister Cremieux-Foa und dem antisemitischen Schriftsteller Édouard Drumont. Ersterer hatte sich durch dessen Angriffe auf jüdische Offiziere beleidigt gefühlt und Genugtuung gefordert. Drumont wurde in dem darauf angesetzten Duell leicht verletzt, womit die Angelegenheit aber nicht ausgestanden war.

Wegen der Veröffentlichung des Duellprotokolls, dessen Geheimhaltung vereinbart worden war, kam es zu weiteren Verwicklungen. Der Antisemit Morés forderte den jüdischen Hauptmann und Professor an der École polytechnique Armand Mayer zum Duell, der mit der Veröffentlichung des Protokolls nichts zu tun hatte, aber die Verantwortung für die Veröffentlichung auf sich genommen hatte. Bei dem Duell wurde Mayer, der einen fast gelähmten Arm hatte, jedoch zu stolz war, dieses Gebrechen einzugestehen, nach wenigen Augenblicken getötet. Die Erregung war groß. Interpellationen in der Kammer wechselten mit Erklärungen des Kriegsministers

Place de la Concorde, in der Mitte der Obelisk, im Hintergrund in der Mitte die Madeleine. Der Platz war in jener Zeit häufig Treffpunkt antisemitischer Demonstrationen. Photographie. Um 1880.

Charles-Louis Freycinet, der die peinliche Angelegenheit herunterzuspielen versuchte. Zu einer amtlich-offiziellen Verurteilung dieses offensichtlich antisemitischen Ereignisses kam es aber nicht.

In den Sommer 1892 fiel Herzls erste öffentliche Äußerung zur sogenannten „Judenfrage", die erkennen läßt, daß ihn Antisemitismus als Thema zunehmend zu beschäftigen begann. *Französische Antisemiten* war die Korrespondenz vom 31. August 1892 für die *Neue Freie Presse* überschrieben, in der er sich um eine Deutung der Vorfälle bemühte. Das Ansteigen des Antisemitismus war seiner Ansicht nach auf die radikalen Boulangisten zurückzuführen, die sich auf der Suche nach einer neuen Idee befänden. „Diese fand sich glücklicherweise", bemerkte er, „zur rechten Zeit im Antisemitismus." Letzterer wäre nichts anderes als „ein Stelldichein der Unzufriedenen". Und weiter heißt es dann, und zwar mit einem unverkennbar ironischen Unterton: „Die Juden eignen sich von altersher vortrefflich dazu, für Fehler und Mißbräuche der Regierungen, für Unbehagen und Elend Regierter, für Pest, Mißwachs, öffentliche Korruption und Verarmung verantwortlich gemacht zu werden. Darum – wird jeder wahrhaft konservative Staatsmann ihnen immer einen mäßigen Schutz angedeihen lassen, um sie zu erhalten."

Aufschlußreich für das bessere Verständnis von Herzls Hinwendung zum Zionismus ist seine Einschätzung Édouard Drumonts, dessen zweibändiges Werk *La France Juive* (1886) bekanntlich einer der größten buchhändlerischen Erfolge des 19. Jahrhunderts gewesen ist. In diesem Buch, in dem die Juden für den Abstieg und das Unglück Frankreichs verantwortlich gemacht werden, hatte Drumont ein geschlossenes System des Antisemitismus entwickelt, das die Rassenlehre Arthur Gobineaus verarbeitete, aber auch Ideen von Fourier, Toussenel und Renan aufnahm. Dabei benutzte Drumont alle Requisiten des Judenhasses von der Brunnenvergiftung bis zum Ritualmordvorwurf. Die Juden seien ein den Franzosen wesensfremdes Element, das mit seinem minderwertigen Rassencharakter das Franzosentum depravieren würde. Auffallend ist die Ähnlichkeit der Drumontschen Formulierungen mit den Argumentationsfiguren, die jenseits der Grenzen in Deutschland und Österreich zu jener Zeit gebraucht wurden.

Wie spätere Äußerungen belegen, haben Drumonts Ansichten Herzl geradezu fasziniert. „Drumont", bemerkte er während der Niederschrift seines *Judenstaates* in einer Tagebucheintragung am 12. Juni 1895, „verdanke ich viel von der jetzigen Freiheit meiner Auffassung." Herzl war von Drumont vermutlich deshalb so stark beeindruckt, weil dieser in seinen Schriften und in der von ihm seit 1892 herausgegebenen Zeitung *La Libre Parole* unverblümt das aussprach, was auch ihn seit einiger Zeit bewegte. Waren die Juden, wie Drumont meinte, tatsächlich ein „wesensfremdes Element", dann war es nicht nur geboten, sondern sogar zwingend notwendig, eine radikale Lösung der „Judenfrage" ins Auge zu fassen. Herzl bekannte, durch Drumont zum Verständnis für die Antisemiten und den Antisemitismus gelangt zu sein. Vielleicht hat er an Drumont gedacht, als er in einer anderen Tagebucheintragung vom 12. Juni 1895 bemerkte: „Die Antisemiten werden unsere verläßlichsten Freunde ..."

Um die Jahreswende 1892/93 scheint ein Schriftstück entstanden zu sein, in dem Herzl kritisierte, daß mit der „Judenfrage" immer noch Versteck gespielt würde, indem man sie als religiöse Frage behandle. „Denn", so bemerkte er, „es handelt sich da längst nicht mehr um theologische Geschichten oder um Religion und Gewissen. Und das ist auch allen bekannt. Sie haben alle von Darwin und Renan etwas gehört, wenn auch noch so wenig. Es ist possierlich und betrübend anzusehen, wenn gebildete, würdevolle, gesetzte ältere Herren miteinander öffentlich Blindekuh spielen." Mit Theologie und Gottesdienst, heißt es weiter, habe die „Judenfrage" nichts zu schaffen. „Die Zeiten sind vorüber, wo man sich wegen der Formen des Abendmahls die Köpfe blutig schlug. Heute handelt es sich nicht mehr um das Abendmahl, sondern um das Mittagsbrot." Die „Judenfrage", so formulierte Herzl jetzt seine Auffassung, „ist weder eine nationale, noch eine konfessionelle, sie ist eine soziale. Sie ist ein früher schiffbar gemachter Arm des großen Stromes, welcher soziale Frage heißt. Aber die großen Ströme lassen sich nicht künstlich ablenken, und wenn an Frühlingstagen der Schnee schmilzt, graben, wühlen sich die Fluten ihren eigenen Weg."

Diese Sichtweise, die bereits auf eine intensivere Beschäftigung Herzls mit der „Judenfrage" schließen läßt, unterschied sich durchaus von den landläufig geäußerten Anschauungen. Nur in einem Punkt war Herzl derselben Ansicht wie viele seiner Zeitgenossen. So war er nicht davon überzeugt, daß es sich beim Antisemitismus um eine vorübergehende Erscheinung handelt. „Es geht den Fabrikarbeitern", schrieb er in einem im *Palais Bourbon* abgedruckten Feuilleton, „ähnlich wie den Juden, die zufällig in einer antisemitischen Zeit ihr Leben verbringen müssen. Spätere Juden werden lichtere Tage sehen, die jetzigen sind einfach übel dran."

Daß Herzl zu diesem Zeitpunkt die „Judenfrage" für lösbar hielt, wird auch aus dem Briefwechsel deutlich, den er mit Vertretern des 1891 gegründeten „Vereins zur Abwehr des Antisemitismus" führte. An Regina Friedländer, die Witwe des Begründers der *Neuen Freien Presse,* die für den „Verein" tätig war, schrieb er, daß er zwei Möglichkeiten sehe, dem Antisemitismus entgegenzutreten. Einmal müßte man die Symptome bekämpfen, die äußeren Erscheinungen des Antisemitismus also. Dazu sei das Mittel des Duells besonders geeignet, denn „ein halbes Dutzend Duelle würde die gesellschaftliche Position der Juden sehr heben." Zum anderen müsse man jedoch das Übel an der Wurzel packen, was jedoch nur bedeuten könne, daß die Juden sich völlig assimilierten und integrierten, also im Prinzip aufhörten, Juden zu sein.

Dem Industriellen Friedrich Leitenberger gegenüber, einem der Initiatoren des „Vereins zur Abwehr des Antisemitismus", bekannte er in einem langen Brief Anfang 1893, daß er die Bestrebungen zur Bekämpfung des Antisemitismus für anerkennenswert halte, dennoch müsse er sich fragen, ob Anstrengungen dieser Art nicht um zehn oder zwölf Jahre zu spät kämen. Humanitäre Aktionen seien zwar zu begrüßen, würden aber kaum etwas erreichen können. Schließlich sei der Antisemitismus nicht beiläufige Erscheinung, sondern zu einer großen Volksbewegung angewachsen. Auf eine Bewegung könne man aber nur mit einer anderen Bewegung antworten. „Es ist meine Überzeugung", heißt es in dem Brief an Leitenberger, „daß die in die Enge getriebenen Juden schließlich keinen anderen Ausweg mehr haben werden, als nach dem Sozialismus."

Zeitweilig erwog Herzl, die „Judenfrage" mit Hilfe der Katholischen Kirche zu lösen. Durch Vermittlung österreichischer Kirchenfürsten wollte er sich Zutritt beim Papst verschaffen und diesem sagen: „Helfen Sie uns gegen die Antisemiten, und ich leite eine große Bewegung des freien und anständigen Übertritts der Juden zum Christentum ein." Am hellichten Tage, heißt es in der Vorrede zu den Tagebüchern, „an Sonntagen um zwölf Uhr, sollte in feierlichen Aufzügen unter Glockengeläute der Übertritt stattfinden in der Stefanskirche. Nicht verschämt, wie es Einzelne bisher getan, sondern mit stolzen Gebärden." Bis zur Kirchenschwelle sollten die Führer das Volk geleiten, aber selbst draußen bleiben und als Juden den Übertritt zur Mehrheitsreligion propagieren. Dadurch, so meinte Herzl, würde ein Zug großer Aufrichtigkeit das Ganze erheben.

Ohne Zweifel sind in diesem Taufplan erste Ansätze seiner späteren aktiven staatsmännischen Tätigkeit zu erkennen. Doch so konsequent dieses

Vorhaben gedacht war, so unrealistisch war es. Herzl hat das vermutlich geahnt, denn in kritischer Selbsterkenntnis läßt er in seinen Tagebuchaufzeichnungen durchblicken, daß man ihn nicht ernst nehmen würde, ihn vielmehr für einen Plauderer und Feuilletonisten halte. Moritz Benedikt, sein Vorgesetzter bei der *Neuen Freien Presse,* mit dem er den Plan erörtert hatte, lehnte diesen sogar unumwunden mit der Begründung ab, daß das Projekt undurchführbar sei, weil der Papst ihn gar nicht empfangen werde. Wirklich überzeugend wirkte aber nur das von Benedikt vorgebrachte Argument: „Hundert Generationen hat Ihr Geschlecht sich im Judentum erhalten. Sie wollen sich selbst als die Grenze dieser Entwicklung setzen: Das können Sie nicht." Dieser Appell hat Herzl tief bewegt und vermutlich entscheidend zu seinem Umdenken in der „Judenfrage" mit beigetragen.

Auch das Gespräch während eines Spazierganges im Sommer 1894 in der Hinterbrühl mit dem Wiener Musik- und Theaterkritiker Ludwig Speidel, einem Kollegen in der *Neuen Freien Presse,* regte Herzl vermutlich weiter an, sich intensiver als bisher mit der „Judenfrage" zu beschäftigen. Dieses Gespräch ist vor allem deswegen interessant, weil es in seinen Gedankengängen an Überlegungen anknüpft, mit denen er als Zweiundzwanzigjähriger auf Eugen Dührings *Judenfrage* reagiert hatte. Wie damals verteidigte er die Neigung der Juden zum Geld, versuchte ihr enges Verhältnis zu diesem historisch zu erklären. „Wir kleben am Geld, weil man uns aufs Geld geworfen hat", heißt es in seinem Tagebuch. Und weiter: „Ich begreife den Antisemitismus. Wir Juden haben uns, wenn auch nicht durch unsere Schuld, als Fremdkörper inmitten verschiedener Nationen erhalten. Wir haben im Ghetto eine Anzahl gesellschaftswidriger Eigenschaften angenommen. Unser Charakter ist durch den Druck verdorben und muß durch einen anderen Druck wieder hergestellt werden ..."

Herzl zog in diesem Gespräch für sich den Schluß, daß der Antisemitismus als Phänomen nicht isoliert betrachtet werden dürfe, sondern mit der Judenemanzipation unmittelbar zusammenhänge. Den Antisemitismus hielt er sogar für die zwangsläufige Folge des Emanzipationsprozesses. Zionist war Herzl zu diesem Zeitpunkt aber noch keineswegs, obgleich er bereits erkannte, daß „die Spuren des einen Druckes ... nur durch einen anderen Druck vertilgt werden [können]". Speidels Antwort, daß Herzls Deutung eine „welthistorische Auffassung" sei, hat ihm geschmeichelt und war vielleicht sogar der Grund, warum er in wenigen Tagen ein Stück mit dem Titel *Das Ghetto,* oder wie er es später nannte, *Das Neue Ghetto* niederschrieb. In ihm war er um den Nachweis bemüht, daß die Emanzipation zwar die äußeren Ghettomauern habe fallen lassen, dafür aber unsichtbare entstanden seien, die nur durch eigene Anstrengungen abgetragen werden könnten. Das waren Gedankengänge, die in Konturen einen neuen Herzl erkennen lassen.

Herzl hat mit der Niederschrift dieses Stückes seinem Herzen Luft gemacht. Die biographische Note ist unverkennbar. Nicht zufällig ist der Held des Stückes Jurist wie er. Mit diesem Stück, das zu den besten seiner dramatischen Arbeiten gehört, aber erst am 5. Januar 1898 im Wiener Carltheater zur Premiere kam, vollzog Herzl innerlich eine Wandlung und begann Fragen zur „Judenfrage" radikaler als bisher zu stellen. Im Dezember 1894 schrieb er an Arthur Schnitzler: „Ich will durchaus keine Verteidigung oder ‚Rettung' der Juden machen, ich will die Frage nur mit aller Macht zur Diskussion stellen! Die Kritiker und das Volk sollen dann verteidigen und anklagen. Komm' ich nur auf die Bühne, so ist der Zweck erreicht. Was weiter geschieht, ist mir wurscht. Ich pfeif' auf das Geld, obwohl ich beinahe keines, und auf den Ruhm, obwohl ich gar keinen habe. Ich will gar kein sympathischer Dichter sein. Aussprechen will ich mich – von der Leber und vom Herzen weg. Wenn dieses Stück in der Welt ist, wird mir leichter um Herz und Leber sein."

Wahrscheinlich hat die zionistische Legendenbildung die Dreyfus-Affäre überstilisiert, dennoch spricht einiges dafür, daß ein kausaler Nexus zwischen dem Fall Dreyfus und Herzls Hinwendung zur zionistisch-politischen Aktion bestanden hat. Einiges deutet darauf hin, daß der Prozeß gegen Alfred Dreyfus, der angeklagt worden war, Landesverrat begangen zu haben, tatsächlich der Anlaß war, daß aus dem assimilierten Wiener Caféhausliteraten und Bühnenschriftsteller der Begründer der zionistischen Bewegung wurde.

Seinen eigenen Aussagen zufolge waren es die Begleitumstände des Prozesses, das antisemitische Klima im Paris jener Jahre im besonderen, die ihn bestimmt haben, die Anschuldigungen gegen Dreyfus in einem anderen Licht zu sehen. Je mehr er von den Prozeßumständen erfuhr, desto mehr zweifelte er im übrigen an der Schuld des französischen Offiziers, in dem er zunächst nur einen Franzosen und nicht einen Juden gesehen hatte. Das geschah erst allmählich, und zwar im Zuge der zunehmenden Öffentlichkeit, den der Fall Dreyfus in Frankreich fand.

Als das Gericht Dreyfus am 22. Dezember 1894 zu lebenslänglicher Deportation und militärischer Entehrung verurteilte, ging Herzl in seinem Bericht nach Wien nicht so sehr auf den Urteilsspruch ein, sondern schilderte, wie dieser in der Öffentlichkeit auf Zustimmung stieß und sich die lang angestaute Spannung des Pariser Publikums in antisemitischen Schmähworten und lauten „Vive la Patrie"-Rufen entlud. Dieses Erlebnis, bekannte er später, habe ihn tief beeindruckt. Der Wutschrei der Menge „À mort! À mort les juifs!" hätte ihm gezeigt, daß hier nicht ein jüdischer Verdächtiger als Verdächtiger, sondern als Jude verfolgt wurde.

Einige Indizien sprechen dafür, daß der eigentliche Anstoß zum Wandel von Herzls Ansichten die entwürdigende Zeremonie der Degradierung war, die am 5. Januar 1895 auf dem Hof der École Militaire in Paris stattfand und als deren Augenzeuge Herzl teilnahm. Sie habe, wie er später bekannte, auf ihn wie ein Schock gewirkt und bei ihm eine geradezu kathartische Wirkung ausgelöst. Daß einem „jüdischen" Offizier vor johlenden Massen die Epauletten abgerissen und der Säbel zerbrochen wurde, erschien nicht nur Herzl, sondern auch manchem seiner Zeitgenossen gleichbedeutend mit einer „offiziellen" Absage Frankreichs an die von jüdischer Seite betriebenen Bemühungen um Integration und gesellschaftliche Anerkennung.

Die damals zu hörenden Rufe der Zuschauer während der Degradierungszeremonie „Judas!", „Verräter"!" beziehungsweise „Zum Tode mit dem Verräter!" haben Herzl verstört und vielleicht auch bei ihm selbst jene eigentümliche Erregung entfacht, die er in seinem Bericht für die *Neue Freie Presse* bei den Zeugen des Ereignisses konstatiert hatte. Es war ihm zweifellos während der Degradierungszeremonie bewußt geworden, daß es für einen emanzipierten Juden keine bösartigere Beschuldigung gibt als die des Verrats. Sie unterstellt nämlich, daß Juden keine Bindung an das jeweilige Wohnland haben, somit also auch keine Ehre besitzen.

Aber gerade das hielt Herzl im Fall von Dreyfus für abwegig. Ein jüdischer Offizier, so meinte er, wäre überhaupt nicht fähig, einen wie auch immer gearteten Landesverrat zu begehen. Infolge der langen bürgerlichen Ehrlosigkeit wäre bei den Juden eine geradezu krankhafte Sucht nach Ehre vorhanden – ein jüdischer Offizier sei deshalb, wie er gegenüber dem italienischen Obersten Pannizardi in einem Gespräch bemerkte, ein „potenzierter Jude", der gar nicht auf die Idee des Verrats kommen könne, weil das konträr zu seinen Überzeugungen stünde.

Beim zweiten Dreyfus-Prozeß in Rennes am 9. September 1899 trat für die Beobachter klar zutage, daß Dreyfus zu Unrecht angeklagt worden war. Alle Welt erwartete damals einen Freispruch, dennoch wurde Dreyfus erneut verurteilt – und zwar mit fünf gegen zwei Stimmen. „Fünf gegen zwei" überschrieb Herzl wenige Tage später einen Artikel, in dem er den Prozeßausgang folgendermaßen kommentierte: „Samstag, den neunten September 1899, in den Abendstunden, wurde eine merkwürdige Entdeckung gemacht, die auch wirklich verfehlt hat, allgemeines Aufsehen in sämtlichen mit Telegraphendrähten versehenen Weltteilen hervorzurufen. Es wurde nämlich entdeckt, daß einem Juden Gerechtigkeit verweigert werden kann, aus keinem anderen Grunde, als weil er Jude ist. Es wurde entdeckt, daß man einen Juden quälen kann, als ob er kein Mensch wäre. Es wurde entdeckt, daß man einen Juden zu infamer Strafe verurteilen kann, obwohl er unschuldig ist."

Zu diesem Zeitpunkt war Herzl nicht nur eindeutig von Dreyfus' Unschuld überzeugt, sondern es war ihm auch zur unumstößlichen Gewißheit geworden, daß in der Person des unglücklichen Dreyfus nicht irgendein x-beliebiger Offizier, sondern ein Jude angeklagt und vor die Schranken des Gerichts gezerrt worden war. Für Herzl, inzwischen unumstrittener Führer der zionistischen Bewegung, war das ein weiterer schlagender Beweis, daß ein Zusammenleben von Juden und Nicht-Juden auf der Basis gegenseitigen Verständnisses und gegenseitiger Duldung auch in Zukunft nicht möglich sein würde. „Der Fall Dreyfus", bemerkte er in einem im gleichen Jahr geschrieben Artikel, „enthält mehr als einen Justizirrtum, er enthält den Wunsch der ungeheuren Mehrheit in Frankreich, einen Juden und in diesem einen alle Juden zu verdammen."

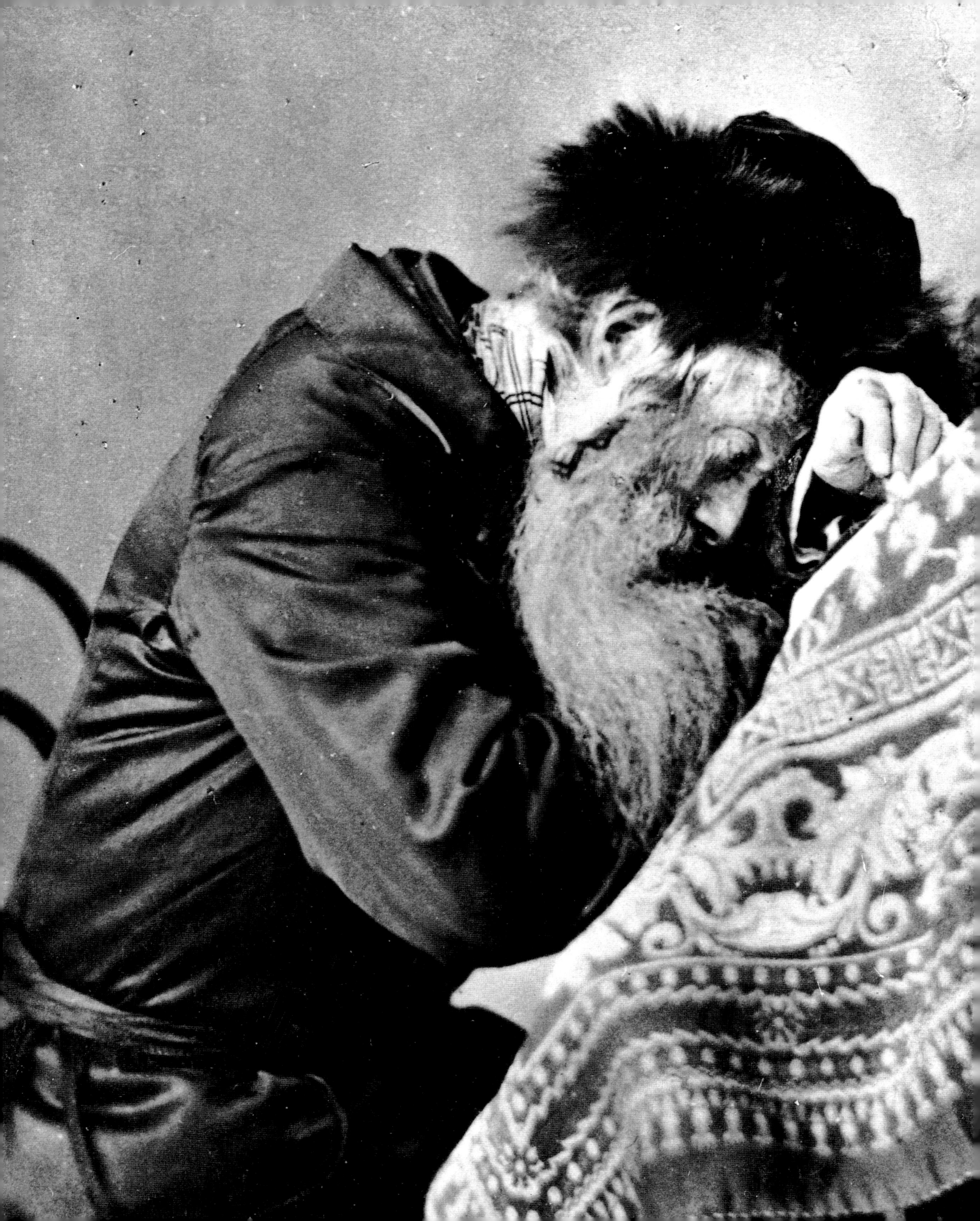

Der größte Teil der polnischen Juden unterstand – nach der dritten Teilung Polens zwischen Rußland, Preußen und Österreich (1795) – Rußland und damit der Herrschaft desjenigen Staates, der bis dahin den Juden gegenüber die geringste Toleranz gezeigt hatte. Der langsame, aber stetige Zusammenbruch des feudalen russischen Gesellschaftssystems und die damit verbundene Orientierungslosigkeit der russischen Bevölkerung wurden immer wieder erfolgreich auf die Juden abgelenkt. Ab 1903 war der Antisemitismus zu einem Bestandteil der offiziellen russischen Politik geworden. Bewaffnete Banden, die sogenannten Schwarzen Hundertschaften, spielten – unterstützt von der Polizei und der Geistlichkeit – die bei weitem aktivste Rolle. Pogrome, Massaker und Unterdrückung waren an der Tagesordnung. Eines jener Pogrome, das weltweite Entrüstung hervorrief und Herzl zu aktiver Intervention trieb, war jenes von Kischinew in der Osterwoche des Jahres 1903.

Oben: Das Pogrom in Kischinew. Zeichnung von M. Okin. 1903.
Rechts oben: Nach dem Pogrom in Kischinew (Bessarabien). Die geschändeten Thorarollen werden feierlich zu Grabe getragen. 1903.
Rechts Mitte: Leichen von Opfern des Sabbat-Pogroms in Bialystok. 1905.
Rechts unten: Flucht vor der zaristischen Armee. 1914.
Gegenüberliegende Seite: Polnischer Jude. 1904.

Schmachvolle Ereignisse kommen in unserem Vaterlande in den letzten Jahren immer häufiger vor. Aber das Schmachvollste unter allen ein Ereignis, das Abscheu, Schrecken und Zerstörung erregt, das sind die jüngsten Judenmetzeleien in Kischinew. Menschen, die sich Christen nennen, die an den Gott der Liebe und des Mitleids glauben, widmen den Feiertag der Auferstehung ihres Gottes von den Toten der Ermordung von Kindern und Greisen, der Vergewaltigung von Frauen, der Beraubung der Angehörigen jenes Stammes, aus dem Christus hervorgegangen ist.
Maxim Gorki

Eine Besserung der Lebensbedingungen der Juden ist ausgeschlossen. Wenn mich Jemand fragt, woher ich das weiss, so werde ich ihm sagen, dass ich auch weiss, wo ein Stein endlich ankommt, der über eine schiefe Ebene rollt: nämlich ganz unten. Nur Unwissende oder Irrsinnige rechnen nicht mit den Naturgesetzen.
Theodor Herzl. 13. Juni 1895

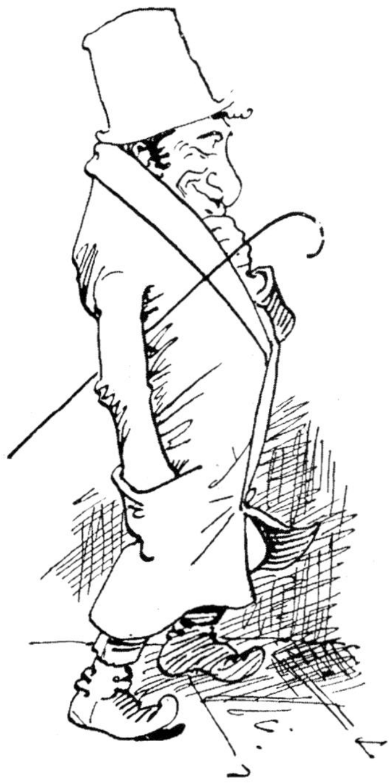

In Russland wird man einfach von oben herab confisciren. In Deutschland wird man Ausnahmegesetze machen, sobald der Kaiser mit dem Reichstag nicht mehr wirthschaften kann. In Österreich wird man sich vom Wiener Pöbel einschüchtern lassen und die Juden ausliefern. In Österreich kann nämlich die Gasse Alles durchsetzen, wenn sie aufbegehrt. Nur weiss es die Gasse noch nicht. Die Führer werden es ihr schon beibringen.
So wird man uns aus diesen Ländern verjagen, und in den anderen, in die wir uns flüchten, erschlagen.
Theodor Herzl. 13. Juni 1895

Der Antisemitismus in Deutschland hat trotz oder gerade wegen der besonderen Beziehung zwischen Juden und Deutschen (die aber, wie die Geschichte lehrte, nur einseitig war – man denke an die besondere Rolle der deutschen Sprache, der deutschen Dichter für die Juden in Mittel- und vor allem Osteuropa) die gleichen Stereotypen hervorgebracht wie anderswo in Europa, ja noch irrationalere Vorurteile als in Gegenden, die am Ende des 18. Jahrhunderts weit weniger an der Aufklärung partizipiert hatten. In der Karikatur – von Wilhelm Busch über Thomas Theodor Heine bis zum allersimpelsten Postkartenillustrator – manifestierte sich das ganze antisemitische Spektrum.

Links: „Schmulchen Schievelbeiner", die Karikatur von Wilhelm Busch, prägte durch die Popularität des Zeichners und Reimers das Judenbild in Deutschland nachhaltig. Der Steckbrief Buschs zur Zeichnung lautete: „Kurz die Hose, lang der Rock,/ Krumm die Nase und der Stock,/ Augen schwarz und Seele grau,/ Hut nach hinten, Miene schlau –/ So ist Schmulchen Schievelbeiner./ (Schöner ist doch unsereiner!)"

Unten links: Die Angst vor Überfremdung durch Slawen und Juden: „Polonisierung Westpreussens", Bildunterschrift: „Bald werden wir sein die Einzigen, die hier noch reden daitsch." Karikatur von Thomas Theodor Heine im „Simplicissimus", Nr. 26., 7. Jg., 1903.

Oben: Austreibung der Juden aus Rußland. Antisemitische Bildpostkarte. 1899.

Unten: Die Angst vor „unkontrollierter jüdischer Sexualität": „Monsieur le directeur", Bildunterschrift: „Man is nich zufrieden mit eiern Leistungen, ihr werdet wahrscheinlich am Ersten entlassen. Die endgültige Entscheidung könnt ihr euch heut abend bei mir zu Hause in meiner Wohnung holen." Karikatur von A. Mänzer im „Simplicissimus", Nr. 21, 4. Jg., 1900.

Gegenüberliegende Seite: Die Karikatur von Max Bewer aus dem Jahr 1894 entwirft unter dem Titel „entweder oder" eine Vision, wie Berlin im Jahr 1950 auch aussehen könnte (unterer Teil der Darstellung), wenn sich Kaiser Wilhelm II. nicht aufraffen würde, die „Judenfrage" zu lösen.

In jedem kleinen Dorf in Deutschland sitzt ein dreckiger Jude, der wie eine Spinne die Leute in das Netz der Wucherei zieht. Er verleiht Geld an die kleinen Bauern und verlangt als Bürgschaft ihr Land. Somit gewinnt er allmählich über alles Kontrolle. Die jüdische Frage ist eins meiner größten Probleme, und doch kann nichts unternommen werden, um sie zu lösen.
Kaiser Wilhelm II.

Der Antisemitismus ist gewachsen, wächst weiter – und ich auch.
Theodor Herzl. 1895

Zu haben bei Jakob Bader, Buchhän[illegible]
Stadt Strobelgasse, Nr. 864.

Preis 2 kr. CM.

Die Juden

werden immer zudringlicher!

Hüthet, und aber und abermals hüthet Euch vor der Juden-Herrschaft!!!

Nicht der Unterschied des Glaubens, sondern die Handlungsweise charakterisirt den Menschen.

Mit dem Börsenkrach 1873 endete die liberale Ära in Österreich. Zu den „Sündenböcken“, die von den Politikern und bald vom „kleinen Mann“ für den wirtschaftlichen Niedergang verantwortlich gemacht wurden, gehörten an erster Stelle die Juden.
Links: „Die Juden werden immer zudringlicher!“: Antisemitisches Flugblatt. Um 1890.
Mitte: „Todesanzeige“ für den Liberalismus mit antisemitischer Tendenz, bezeichnend für die Politik der Christlichsozialen unter Karl Lueger. Beilage zur satirischen Zeitschrift „Kikeriki“. 1896.

Vom tiefsten Schmerze gebeugt, geben die Unterzeichneten allen Verwandten, Freunden und Bekannten die erschütternde Nachricht von dem Hinscheiden ihres einzigen, innigstgeliebten Sohnes, resp. Vaters, Neffen, Enkels 2c. 2c., des Herrn Herrn

Liberalismus,

welcher, von christlich-deutschen Eltern im Jahre 1848 geboren (später sich beschneiden ließ, confessionslos wurde) und nun nach langem körperlichen und geistigen Siechthum an **innerer Zersetzung, Rückenmarkdarre** und **krankhaften Neubildungen** sanft, aber herzlos verschieden ist.

Die Aufbahrung des theuren Verblichenen findet während der nächsten **Landtags- und Reichsrathswahlen** statt und wird nach denselben die irdische Hülle des Verstorbenen vom Sterbehause: österr. **Parlamentsgebäude**, I. Franzensring 1, abgeholt und auf den politischen Friedhof (isr. Abtheil.) überführt werden, woselbst der unvergeßliche Todte im **eigenen** Grabe zur **ewigen Ruhe** bestattet werden wird.

Wien, im August 1896.

Um stilles Beileid wird gebeten!

Die tieftrauernden Hinterbliebenen:

Dr. Adler, Dr. Elbogen als (natürl.) Söhne.
Moriz Schöps
Aaron Scharf
Elias Speichel als Beschneidungspathen.
Dr. Kronawetter als Hausfreund.
Hans Kudlich als Onkel (aus Amerika).

Der dumme Kerl von Wien († 1896) als (natürl.) Vater.
Die Vereinigte Linke als Stiefmutter.
Dr. Sueß, Wrabetz, Noske als Söhne (aus 2. Ehe).
Die Tante aus der Fichtegasse
Die deutsche Fortschrittspartei als unterschobenes Kind.

Die socialdemokratische Partei als Schwiegertochter
Dr. Nothnagel Hausarzt.
Bertha von Suttner emerit. Geburtsfrau.
Prof. Marchet, Prof. Bendel als Leichenbitter.

Und sämmtliche Börse- und Preßjuden.

Im Verlag des O. F. Berg's „Kikeriki“, der um 2 fl. per Vierteljahr, Wien, I. Grünangergasse Nr. 1 abonnirt werden kann.

Die Judenfrage. – Ein infames Buch. Und leider so gut geschrieben, als hätte es nicht gemeiner Neid mit der giftgetauchten Feder der persönlichen Rachsucht geschrieben. –
Wie hätte sich eine solche niedrige, talentlose Race so lange erhalten können, durch anderthalb Jahrtausende unmenschlichen Druckes, wenn gar nichts Gutes an ihr wäre. Und dieser scheinliberale Faselhans von Dühring …
Gewisse ekelhafte und niederträchtige Eigenschaften der Juden und Jobber haben in ihm einen grausamen, aber genauen Beobachter gefunden …
Die Schiefe der Judenmoral und der Mangel an sittlichem Ernst in vielen (Dühring sagt: in allen) Handlungen der Juden sind schonungslos aufgedeckt und gekennzeichnet. Daraus ist viel zu lernen! – Wenn man aber weiter liest, so sieht man allmälig ein, dass zu einigem Wahren sehr viel Falsches und absichtlich, infam Gefälschtes hinzugemischt wird, und Dühring wird läppisch, nachdem er gefährlich war.
Theodor Herzl über Eugen Dühring. 9. Februar 1882

Lueger, Vater Unser!

Vater Lueger, der Du wohnst in Wien, gelobt sei Dein Name, beschütze unser christliches Volk, Dein Wille geschehe allen christlichen Völkern dieser Erde, verschaff' uns keine Börse, sondern nur christliches Brod, Vergieb uns allen Schuldnern, die durch jüdische Wucherhände sind betrogen worden, auch wir wollen ihnen vergeben, führe uns nicht in Versuchung eines anderen Sinnes zu werden, sondern erlöse uns von dem Juden-Uebel-Amen.

Rechts oben: Karikatur auf die assimilierten „Börsenjuden“. Scherenschnitt von Gustav Imlauer. Um 1890.
Rechts unten: Karikatur auf die orthodoxen „Kaftanjuden“. Scherenschnitt von Hans Schließmann. Um 1890.
Links: „Lueger, Vater Unser!“: Antisemitisches Flugblatt, am 3. August 1896 gerichtlich verboten und wegen „Beleidigung einer Religions-Genossenschaft“ konfisziert.

Es war nicht möglich, insbesondere für einen Juden, der in der Öffentlichkeit stand, davon abzusehen, daß er Jude war, da die andern es nicht taten, die Christen nicht und die Juden noch weniger. Man hatte die Wahl, für unempfindlich, zudringlich, frech oder für empfindlich, schüchtern, verfolgungswahnsinnig zu gelten. und auch wenn man seine innere und äußere Haltung so weit bewahrte, daß man weder das eine noch das andere zeigte, ganz unberührt zu bleiben war so unmöglich, als etwa ein Mensch gleichgültig bleiben könnte, der sich zwar die Haut anaesthesieren ließ, aber mit wachen und offenen Augen zusehen muß, wie unreine Messer sie ritzen, ja schneiden, bis das Blut kommt.
Arthur Schnitzler

Mit philosophischen u. humanitären Ausführungen ist nach meiner bescheidenen Ansicht da überhaupt nichts mehr auszurichten. Auf eine Bewegung antwortet man, wenn man nicht die Macht hat, sie zu unterdrücken, mit einer anderen Bewegung. Es handelt sich darum, sie zu schaffen und, wenn sie vorhanden ist, zu leiten. Sie ist vorhanden. Ein Brief, in Eile geschrieben, und mit gewissen nöthigen Vorsichten, kann solche Fragen nicht in ihrer ganzen Tiefe packen ... Die antisemitische Bewegung halte ich nicht für durchaus schädlich. Sie wird den Uebermuth der Geldprotzen, die Gewissenlosigkeit und den Cynismus jüdischer Finanzmacher brechen und vielfach zur Erziehung der Juden beitragen. Leider sind diese Erziehungsvortheile aber theuer zu bezahlen durch die Kränkung gerade der Besseren, durch die Lähmung der Aufwärtsbewegung Würdiger.
Theodor Herzl

Ich hatte eigentlich schon ganz vergessen, daß ich Jude war. Jetzt brachten mich die Antisemiten auf diese unangenehme Entdeckung.
Sigmund Mayer

Eine Spielart des österreichischen Antisemitismus bestand darin, sich über typische jüdische Namen (wie Hirsch und Löw auf den gezeigten Beispielen) und Jargon mit billigem Spott lustig zu machen.

Oben, links und unten: Bildpostkarten „Gruss aus Karlsbad". Farblithographien. Um 1890.

Im April 1891 gründeten Baron Arthur von Suttner, der Mann der späteren Friedensnobelpreisträgerin Bertha von Suttner, Graf Rudolf Hoyos, der Arzt Prof. Hermann Nothnagel und Baron Friedrich Leitenberger den „Verein zur Abwehr des Antisemitismus“, im April 1892 erschien die erste Nummer des Vereinsorgans „Freies Blatt“. Die Witwe Max Friedländers, des Mitgründers der „Neuen Freien Presse“, Regina Friedländer, war ebenfalls aktives Mitglied dieses Vereins, der im Antisemitismus die Verhöhnung von Humanität und Gerechtigkeit sah. Trotz intensiver Bemühungen seitens der Vereinsmitglieder, zu denen später auch die berühmten Mediziner Richard Krafft-Ebing und Theodor Billroth, Peter Rosegger und Marie von Ebner-Eschenbach und auch der Walzerkönig Johann Strauß gehörten, konnte Herzl niemals zu einer Mitarbeit bewegt werden.

Oben: Regina Friedländer (1840–1894). Lithographie von Joseph Kriehuber. 1858.

Oben: Der Walzerkönig bringt selbst einen Klerikalen mit einem Juden zum Tanzen: „Staatsrettungsvorschlag“, Bildunterschrift: „Man mache den Johann Strauß zum Ministerpräsidenten und es wird sofort die allgemeine Zufriedenheit hergestellt sein.“ Satirische Zeichnung aus dem Wiener antisemitischen Blatt „Kikeriki“.

Unten: Neben dem „Verein zur Abwehr des Antisemitismus“ gab es in Österreich viele weitere Bemühungen, den grassierenden Antisemitismus zu bekämpfen, die in zahlreichen Flugblättern, Broschüren und Büchern ihren Niederschlag fanden: „Berühmte Männer & Frauen. Ein illustrirter Protest gegen den Antisemitismus“. 1886.

Berühmte
Männer & Frauen
Ein illustrirter Protest
gegen den
Antisemitismus
Herausgegeben von
Dr. Carl Sigmund Grünfeld
Illustrirt von
Carl Edler von Stur
Wien 1886
Verlag und Druck von M. Waizner, I., Giselastraße Nr. 11.

In dem Brief, den ich an unsere verehrte Freundin Frau Friedlaender richtete, sagte ich doch ganz deutlich, wie sehr ich Ihre Bestrebungen zur Abwehr des Antisemitismus schätze. Ich will es Ihnen in directer Anrede wiederholen. Ich finde es prachtvoll, dass es Menschen gibt qui pourraient s'en fouter und sich doch der verachteten verhassten schwachen Juden (verhasst weil schwach, u. verachtet weil verhasst) annehmen. [...] Ich sehe die Judenfrage von vielen Seiten an, von viel mehr Seiten, als Sie und unsere verehrte Freundin. [...] Wie finden Sie es z. B. wenn ich dem Antisemitismus nicht alles Gute abspreche? Wenn ich sage, dass er die Juden erziehen wird u. wenn wir in fünfzig Jahren noch die jetzige Gesellschaftsordnung haben eine Generation von Juden hervorgerufen haben wird, die sich sehen lassen kann, die ein delicates, krankhaft feines Gefühl für Ehre u. dgl. besitzt.

Theodor Herzl. 24. od. 25. Januar 1893

Freies Blatt

Organ zur Abwehr des Antisemitismus.

Abonnementspreis:
Ganzjähr. . fl. 2.— Mit Postzusend. fl. 2.50.
Vierteljähr. „ —.50. „ „ —.65.
Einzelne Nummern 4 kr.

Erscheint an jedem Sonntage.

Redaction und Administration:
Wien
I. Seilerstätte 10.

Nummer 1. Wien, 10. April 1892. I. Jahrgang.

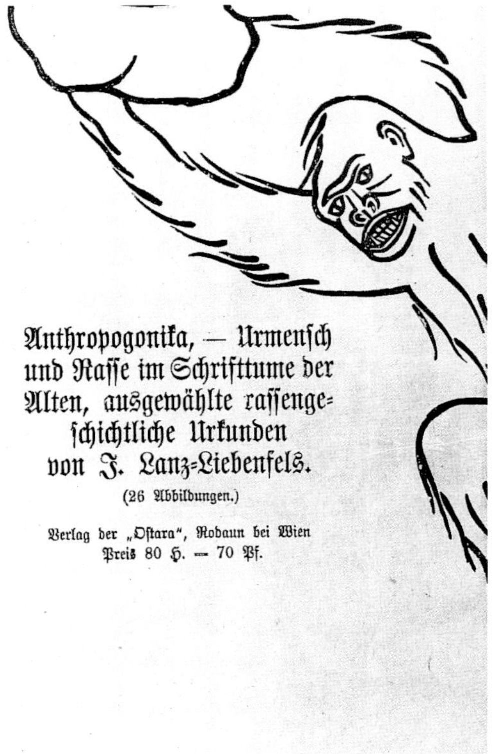

Nationale und soziale Bewegungen im 19. Jahrhundert, die sich gegen den Liberalismus richteten, brachten auch ein Ansteigen des Antisemitismus in Österreich mit sich. Die führenden Vertreter dieser Ideen waren Georg Ritter von Schönerer (1842–1921) und Karl Lueger (1844–1910). Dr. Karl Lueger – Führer der Christlichsozialen Partei, von Kaiser Franz Joseph lange verhinderter, aber dann doch durch den klaren Wählerwillen widerwillig akzeptierter Bürgermeister Wiens – wurde durch den Ausspruch: „Wer ein Jud ist, bestimme ich“ berühmt. Mit ihm wurde der Antisemitismus endgültig salonfähige politische Ideologie.
Der rassische Antisemitismus dieser Zeit begann sich auch wissenschaftlich zu gerieren – Adolf Josef Lanz von Liebenfels (1874–1954) etwa trat dafür ein, eine „arioheroische Rasse“ zu züchten: „blond, langschädelig, blauäugig – heroische Edelmenschen.“
Links: Georg von Schönerer – mit dem als Retter des Wienerwalds gegen jüdische Grundstücksspekulanten bekanntgewordenen Joseph Schöffel und einem weiteren Giftkoch – als Akteur einer antisemitischen Hexenküche. Zeitungsillustration im Witzblatt „Der Floh“. 1882
Oben: „Anthropogonika“, eines der pseudowissenschaftlichen Pamphlete von Adolf Josef Lanz von Liebenfels aus dem berüchtigten Verlag der „Ostara“.

Nur noch ein Wort der Anerkennung für Herrn Lueger, der kürzlich in versöhnlicher Weihnachtsstimmung bemüht war, den Ton der Gemeinderathssitzungen auf das Niveau der Höflichkeit zu heben, und so oft er in seiner Eigenschaft als Bürgermeister der Stadt Wien auf die Juden schimpfen mußte, gleichzeitig wenigstens verkündet hat, daß die anwesenden ausgeschlossen seien.
Karl Kraus

Juden sind keine Menschen. Anläßlich der Annahme einer Dringlichkeitsfrage wegen Verbotes des Hausierhandels in Wien kam es im niederösterreichischen Landtag wieder zu einer kleinen Judendebatte. Abg. Kronawetter sagte, es gehe nicht an, ein Gesetz zu schaffen gegen eine bestimmte Classe von Menschen. Abg. Schneider: Das sind ja Juden. Abg. Kronawetter: Das ist mir alleseins. Abg. Schneider: Juden sind keine Menschen … Der christlichsociale Abg. Wohlmeyer sagte, die Juden beuten das christliche Volk mit Betrug aus, daher sei es berechtigt, gegen diese Rasse aufzutreten. Dr. Ofner wandte sich gegen diese Ausführungen, bedauerte, daß der Landmarschall Ausfälle gegen die Juden ungerügt gelassen habe und nannte die Ausfälle niederträchtige Verleumdungen. Der Landmarschall ertheilte dem Abg. Dr. Ofner den Ordnungsruf.
Die Jüdische Welt. 13. Januar 1899

Der Antisemitismus, dieser irregeleitete Sozialismus der Beschränkten, dessen höchste geistige Quintessenz in dem Ausruf „Jud!“ gegeben ist.
Karl Kraus

Rechts: Karl Lueger: „Schaue ich aus, als ob ich ein Judenfresser wäre?“ Zeitungsillustration von F. Kaskeline in „Glühlichter“. Dezember 1892.

2e Année. — N° 70 | Paris et Départements, le Numéro CINQ Centimes | Samedi 10 Novembre 1894

LA LIBRE PAROLE

ILLUSTRÉE

La France aux Français!

RÉDACTION 14, Boulevard Montmartre | Directeur : ÉDOUARD DRUMONT | ADMINISTRATION 14, Boulevard Montmartre

A propos de Judas Dreyfus

— Français, voilà huit années que je vous le répète chaque jour!!!

Der eigentliche Begründer des französischen Antisemitismus war Edouard Drumont mit seinem zweibändigen, 1886 erschienenen „La France Juive". Das Werk erlebte einen der größten buchhändlerischen Erfolge des 19. Jahrhunderts: schon im ersten Jahr wurden hundert Auflagen gedruckt. Drumont war stark von Charles Fourier und Alphonse Toussenel beeinflußt, die beide einem Antisemitismus nach russischem Vorbild das Wort redeten. Drumont gründete 1892 die Zeitung „La Libre Parole", die zu einem der wichtigsten Sprachrohre gegen Alfred Dreyfus wurde.
Emile Zola (1840–1902), der große französische Romancier, der sich insbesondere mit den sozialen Mißständen der Industrialisierung auseinandersetzte (u. a. „Germinal"), war einer der wortgewaltigsten Verteidiger von Dreyfus. Sein Artikel „J'accuse" („Ich klage an"), der in der Zeitung „L'Aurore" erschienen war, hatte zur Folge, daß Zola selbst wegen Verleumdung angeklagt wurde.
Links: Titelblatt der von Edouard Drumont herausgegebenen Zeitung „La libre Parole". Die Bildunterschrift zur Illustration lautet: „Apropos Judas Dreyfus. Franzosen, es sind nun acht Jahre, daß ich Euch das einbläue!!!" 10. November 1894.
Oben: Edouard Drumont. Photographie. Um 1890.

Jeder Jude, den man sieht, jeder Jude, der sich offen als solcher zeigt, ist verhältnismäßig wenig gefährlich; er ist manchmal sogar achtenswert. Er betet den Gott Abrahams an, und dies ist ein Recht, das niemand ihm zu bestreiten gedenkt, und da man weiß, wie man sich ihm gegenüber zu verhalten hat, ist es möglich, ihn zu überwachen. Der unbestimmbare und nicht deutlich zu erkennende Jude – das ist der gefährliche Jude … Dies ist ein schlechthin schädliches und zugleich nicht zu fassendes Lebewesen – Er ist der mächtigste Störungsfaktor, den die Erde jemals hervorgebracht hat, und er behindert so das Leben mit der Freude, die den Juden das Bewußtsein verleiht, den Christen auf verschiedene Art und Weise immer Unheil zugefügt zu haben.
Edouard Drumont

Cinq Centimes

L'AURORE

Littéraire, Artistique, Sociale

ERNEST VAUGHAN

J'Accuse...!

LETTRE AU PRÉSIDENT DE LA RÉPUBLIQUE

Par ÉMILE ZOLA

LETTRE
A M. FÉLIX FAURE
Président de la République

Oben: Der berühmte Artikel „J'Accuse" von Emile Zola, erschienen auf der Titelseite der Zeitung „L'Aurore". 13. Januar 1898.
Unten: „Der Brunnen der Wahrheit": Emile Zola und Alfred Dreyfus in einer Karikatur von Caran d'Ache aus dem Witzblatt „Psst!". 10. Juni 1899.
Rechts: Emile Zola. Photographie von Nadar. 1898.

In Frankreich ist der Antisemitismus ein zwangloser Zusammenkunftsort, wie es der Boulangismus war, wo man weniger Einführungen braucht und mit geringeren Mitteln glänzen kann, als anderswo. Ein Stelldichein der Unzufriedenen, eine Art Salon der Zurückgewiesenen. Versteht sich: Es gibt auch unter diesen Leute von Talent und Charakter, Männer, die sich mit Recht besser als ihr Schicksal fühlen, die mit einem begreiflichen Ingrimme die blinde und törichte Verteilung der Güter wie der Ehren dieser Welt betrachten. Wer ist so officiös, zu behaupten, daß wir in der besten der Welten leben? Es ist offenbar höchst unrichtig, den Juden die Schuld an Ueberständen zu geben, die herbeizuführen sie einfach nicht die Macht besaßen. Tut nichts, der Jude wird verbrannt, oder wenn es zu hoch kommt, erstochen.

Alex Bein

Die häßliche Geschichte des Hauptmannes Dreyfus bildet das Tagesgespräch. Noch ist nicht ganz bekannt, ob Dreyfus wirklich schuldig ist, aber der Umstand, daß officiell die Verhaftung dieses Generalstabs-Hauptmannes zugegeben wird und der Kriegsminister dem heutigen Ministerrathe die Sache vorlegte, läßt annehmen, daß Dreyfus wirklich die schmähliche Handlung begangen habe.
Theodor Herzl. November 1894

Alle Köpfe drehen sich nach der kleinen Eingangsthür, und dort taucht nun mitten unter dem Publicum der Angeklagte auf. Er ist nicht gefesselt, obwohl die Todesstrafe auf dem Verbrechen steht, dessen man ihn beschuldigt. Er wird nur von einem Lieutnant hereinbegleitet. Die Spannung, mit der ihn Alle betrachten, ist außerordentlich. Eine stramme Gestalt, etwas über Mittelgröße, in der eleganten dunklen Uniform der Artillerie-Officiere, an den Aermeln die drei goldenen Hauptmannsstreifen. Dreyfus geht gesenkten Hauptes durch das Zuschauer-Gedränge, steigt die drei Stufen zur Anklagebank hinauf, macht aufrecht Front vor dem Gerichtshof und verneigt sich kurz und stramm. Dann setzt er sich. Jetzt kann man seinen Kopf betrachten. Er sieht um zehn Jahre älter aus, als er ist. Man sagt, er wäre im Gefängnis so gealtert. Das kurze Haar ist ergraut, die Stirne zur Glatze erweitert, die Nase sehr scharf gebogen, die Ohren ziemlich abstehend, die Wangen und das energische Kinn rasirt, der dichte Schnurrbart kurz verschnitten, der Mund schmerzlich verzogen. Auf der Nase sitzt ein Kneifer. Dreyfus zeigt eine feste, ruhige Haltung.
Theodor Herzl. Dezember 1894

Das Publikum wurde in den Saal gelassen [sechs Uhr abends nach dem Plaidoyer des Verteidigers] man drängte stürmisch hinein und stand dann eine volle Stunde in atemloser Erwartung. Um sieben Uhr erschien der Gerichtshof unter dem Kommando: „Garde à vous!" Tiefe Stille tritt ein und mit fester Stimme gibt Oberst Maurel bekannt: „Das Kriegsgericht hat Dreyfus einstimmig schuldig erklärt" (Ein Ah-Ruf im Publikum). Oberst Maurel verkündet weiter, daß Dreyfus zur lebenslänglichen Deportation und militärischer Entehrung verurteilt wurde. Da rief einer im Saale „Vive la patrie!", aber einige fingen gleich an, hinauszudrängen, um die Sensationsnachricht möglichst eilig in der Stadt zu verbreiten.
Theodor Herzl. 22. Dezember 1894

Alfred Dreyfus (1859–1935), Hauptmann des Generalstabs, war 1894 in einem Sensationsprozeß wegen Hochverrats unschuldig verurteilt und auf die Teufelsinsel geschickt worden. Der Prozeß mit seiner unverhüllt antisemitischen Tendenz war für Theodor Herzl unmittelbarer Anlaß für sein Buch „Der Judenstaat" und sein zionistisches Engagement. Die Affäre Dreyfus spaltete Frankreich am Ende des 19. Jahrhunderts in zwei, einander mit Erbitterung bekämpfende Lager. Der gesamte Prozeß, der sich von 1894 bis 1906, dem Jahr der ehrenvollen Wiederaufnahme von Dreyfus in die Armee, zog und dessen Auswirkungen noch heute spürbar sind, wurde in ganz Europa verfolgt und kommentiert. Theodor Herzl schrieb in seiner Eigenschaft als Frankreich-Korrespondent eine ganze Artikelserie zu dieser Affäre.
Oben: Alfred Dreyfus. Photographie. Um 1890.
Gegenüberliegende Seite: Alfred Dreyfus verläßt nach der Wiederaufnahme seines Prozesses das Gerichtsgebäude in Rennes. Die Wachsoldaten drehen dem degradierten Offizier den Rücken zu. Photographie von Gerschel. 1898.

Die Degradation des Kapitäns Dreyfus versammelte an diesem trüben Wintermorgen viele Neugierige in der Umgebung der Kriegsschule, die hinter dem Bezirke der Ausstellung vom Jahre 1889 liegt. Man sah eine große Anzahl Offiziere, mehrere mit ihren Damen. Der Einlaß in den Hof der École militaire war nur Offizieren und wenigen Journalisten gestattet. Draußen harrte die Menge der Gaffer, die Hinrichtungen beizuwohnen pflegen. Es war viel Polizei aufgeboten worden. Um neun Uhr war der Riesenhof mit Truppenabteilungen, die ein Karree bildeten, gefüllt. Fünftausend Mann waren ausgerückt. In der Mitte hielt ein General zu Pferde. Einige Minuten nach neun Uhr wurde Dreyfus herausgeführt. Er trug die Hauptmannsuniform. Vier Mann führten ihn vor den General. Dieser sagte: „Alfred Dreyfus, Sie sind unwürdig, die Waffen zu tragen. Im Namen des französischen Volkes degradiere ich Sie. Man vollziehe das Urteil." Da erhob Dreyfus die rechte Hand und rief: „Ich schwöre und erkläre, daß Sie einen Unschuldigen degradieren. Es lebe Frankreich!" In demselben Augenblick wurden die Trommeln gerührt. Der militärische Gerichtsvollzieher begann dem Verurteilten die Knöpfe und Schnüre, die schon vorher gelockert waren, von der Uniform herabzureißen. Dreyfus bewahrte eine ruhige Haltung. Nach wenigen Minuten war die Prozedur vollzogen. Nun begann der Rundgang vor der Front der Truppen. Dreyfus schritt an dem Truppenspalier vorüber, wie ein Mann, der sich unschuldig fühlt. Er kam an einer Gruppe von Offizieren vorüber, die ihm zuschrien: „Judas! Verräter!" Dreyfus rief zurück: „Ich verbiete Ihnen, mich zu insultieren!" Um neun Uhr zwanzig Minuten war der Rundgang beendet. Dreyfus wurde dann gefesselt und den Gendarmen übergeben. Von nun ab wird er als Zivilgefangener behandelt. Nach seiner Abführung begannen die Truppen abzumarschieren. Die Menge lief aber vor den Toren zusammen, um die Wegführung des Sträflings zu sehen. Man hörte Zornesworte, wie: „Wenn sie ihn jetzt herausbringen, wird jeder ein Stück von ihm haben wollen." Indessen war bisher alles Warten vergeblich. In eigentümlicher Erregung entfernten sich die Zeugen der Degradation. Die sonderbar feste Haltung des Entehrten hatte auf Manche tiefen Eindruck gemacht.
Theodor Herzl. 5. Januar 1895

Links: Alfred Dreyfus als degradierter Häftling. Photographie. Nach 1894.
Oben: Armeeoffiziere – die später der falschen Zeugenaussage und Dokumentenfälschung überführt wurden – auf dem Weg zum Gerichtsgebäude. Sie wurden vom Mob mit „Vive l'armée! A bas les juifs!" (Es lebe die Armee! Nieder mit den Juden!) oder sogar „A mort les juifs!" (Tod den Juden!) begrüßt. 1894.
Unten: Höhepunkt der Wiederaufnahme des Dreyfus-Prozesses: Der Schriftsachverständige prüft die Handschrift auf jenem Brief, der zum Corpus delicti der Affäre wurde. Obwohl er die immer wieder vorgebrachte Versicherung von Dreyfus, der Brief sei nicht von ihm, bestätigt, war die Zeit für einen Freispruch noch nicht reif. Die Photographie dürfte eine der ersten Live-Aufnahmen aus einem Gerichtsprozeß sein. 1898.

Die sonderbare feste Haltung des Entehrten [Dreyfus] hatte auf manche tiefen Eindruck gemacht.
Theodor Herzl. Januar 1895

Oben: „Aus dem Horrorkabinett“: „Der Verräter“ Alfred Dreyfus. Karikatur. 1895.
Unten: „Allegorie“: Unter der von der preußischen Pickelhaube vorgehaltenen Maske erscheint die jüdische Fratze. Karikatur von Forain aus dem Witzblatt „Psst!“. 23. Juli 1898.
Rechts: Hauptmann Dreyfus wird nach dem Schuldspruch öffentlich degradiert. Zeitgenössische Zeitungsillustration. 1894.

Mein Judenthum war mir gleichgiltig, sagen wir: es lag unter der Schwelle meines Bewusstseins. Aber wie der Antisemitismus die flauen, feigen und streberischen Juden zum Christenthum hinüberdrückt, so hat er aus mir mein Judenthum gewaltig hervorgepresst.
Theodor Herzl. 16. Juni 1895

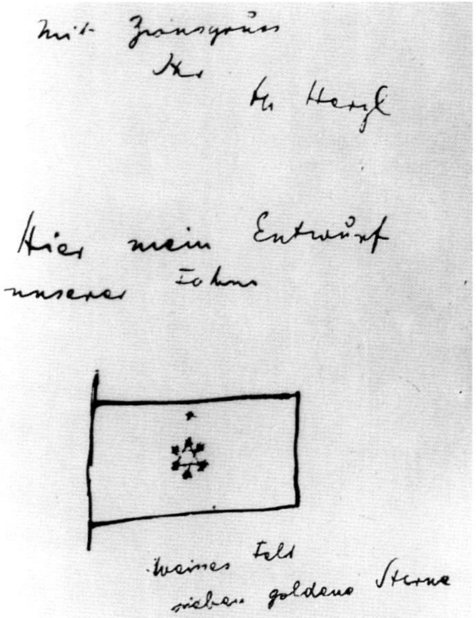

Herzls erster Entwurf für eine Fahne des „Judenstaats“. Eigenhändige Zeichnung in einem Brief an den Londoner Gesinnungsfreund Jacob de Haas vom 27. Juli 1896.

Mitte Mai 1895 suchte Herzl bei Baron Maurice de Hirsch, einem großen jüdischen Philanthropen und einem der reichsten Männer seiner Zeit, um ein „judenpolitisches Gespräch“ an. Hirsch erklärte sich grundsätzlich bereit, Herzl zu einem solchen zu empfangen, bat ihn jedoch, seine Gedanken vorher schriftlich zu entwickeln. Voll Eifer machte Herzl sich an diese Arbeit. „Was Sie bisher unternommen haben“, schrieb er Hirsch am 24. Mai 1895, „war ebenso großmütig wie verfehlt, ebenso kostspielig wie zwecklos. Sie waren bisher nur ein Philanthrop, ein Peabody [George Peabody, amerik. Philanthrop]. Ich will Ihnen den Weg zeigen, wie Sie mehr werden können.“ Mit dieser Kritik spielte Herzl auf die von Hirsch 1890 gegründete „Jewish Colonisation Association“ (JCA) an, deren Kolonisationsversuche in Argentinien ins Stocken geraten waren. Gleichzeitig versicherte Herzl, kein „Projektemacher“ oder „Narr“ zu sein, „wenn auch die Weise, wie ich Ihnen schreibe, ein bißchen vom Gewöhnlichen abweicht.“

Am 2. Juni 1895 kam die von Herzl angestrebte Unterredung in Hirschs Palais in der Rue d'Élysée in Paris zustande. Nach einigen einführenden Worten, in denen Herzl darlegte, warum er sich gerade an Hirsch wende, kam er ohne Umschweife auf sein Anliegen: „Durch unsere zweitausendjährige Verstreuung sind wir ohne einheitliche Leitung unserer Politik gewesen. Das aber halte ich für unser Hauptunglück. Das hat uns mehr geschadet als alle Verfolgung. Daran sind wir innerlich zugrunde gegangen, verlumpt. Denn es war niemand da, der uns – wäre es auch nur aus monarchischem Eigennutz – zu rechten Männern erzogen hätte.“ Und Herzl fuhr fort: „Wenn wir nur eine einheitliche politische Leitung hätten – könnten wir an die Lösung der Judenfrage herangehen.“

Die „Judenfrage“ war für Herzl zu einer politischen Frage geworden, von der er meinte, sie könne nur mit Mitteln der Politik gelöst werden. Diese Erkenntnis wurde zum Ausgangspunkt aller weiteren Überlegungen. Zunächst aber sah er es für notwendig an, wie in den Tagebuchaufzeichnungen über das Gespräch mit Hirsch nachzulesen ist, mit dem Prinzip der Wohltätigkeit zu brechen. „Sie züchten Schnorrer“, eröffnete er dem verblüfften Hirsch. „Charakteristisch ist, daß bei keinem Volk so viel Wohltätigkeit und so viel Bettel vorkommt wie bei Juden. Es drängt sich einem auf, daß zwischen beiden Erscheinungen ein Zusammenhang sein müsse. So daß durch die Wohltätigkeit der Volkscharakter verlumpt.“

Hirsch, der sich eifrig Notizen machte und aufmerksam zuhörte, wollte antworten, aber Herzl ließ sich nicht unterbrechen, sondern begann statt dessen Hirschs Kolonisationsexperimente in Argentinien zu kritisieren, die seiner Auffassung nach scheitern müßten, weil sie nach philanthropischer Methode geführt würden. „Sie schleppen diese Ackerbauern hinüber. Die müssen glauben, daß sie fernerhin ein Recht auf Ihre Unterstützung haben, und gerade die Arbeitslust wird dadurch nicht gefördert. Was ein solcher Exportjude Sie kostet, ist er nicht wert.“ Und Herzl gab Hirsch des weiteren zu bedenken: „Nein, direkte Mittel sind zur Bewegung von Menschenmassen überhaupt nicht verwendbar. Wirken können Sie nur mit indirekten.“ Was also ist zu tun? Kurz und bündig entwickelte Herzl Baron Hirsch seine Vorstellungen: „Zum Bleiben wie zum Wandern muß die Rasse zunächst an Ort und Stelle verbessert werden. Man muß sie kriegsstark, arbeitsfroh und tugendhaft machen. Nachher auswandern – wenn es nötig ist.“

Unwillig schüttelte Hirsch den Kopf und erwiderte, er halte Herzl für einen intelligenten Menschen, seine „phantastischen Einfälle“ jedoch für nicht realisierbar. Erregt fiel Herzl ihm ins Wort: „Ja, habe ich Ihnen denn nicht vorher gesagt, daß Ihnen das zu einfach oder zu phantastisch vorkommen wird? Sie wissen nicht, was das Phantastische ist, und daß man nur von einer Höhe aus die großen Züge des Menschen betrachten kann." Auf den Einwand des Barons, daß nur die Auswanderung helfe, und es im übrigen genug Land zu kaufen gäbe, hielt Herzl entgegen: „Ja, wer sagt Ihnen denn, daß ich nicht auswandern will. Da steht es in diesen Notizen. Ich werde zum Deutschen Kaiser gehen; und der wird mich verstehen, denn er ist dazu erzogen, große Dinge zu beurteilen. – Dem Deutschen Kaiser werde ich sagen: Lassen Sie uns ziehen. Ich will Ihnen die Mittel und Wege angeben, deren ich mich für den Auszug bedienen will, damit keine wirtschaftliche Störung, keine Leere hinter uns eintrete."

Auf die Frage des Barons, woher er denn das für dieses Unternehmen notwendige Geld nehmen wolle (Hirsch: „Rothschild wird fünfhundert Franken unterschreiben."), antwortete Herzl: „Ich werde eine jüdische Nationalanleihe von zehn Millionen Mark aufbringen." Hirsch tat diese Idee als Phantasterei mit der Bemerkung ab: „Die reichen Juden geben nichts her. Die Reichen sind schlecht, interessieren sich für die Leiden der Armen nicht." Zum Abschied aber meinte Hirsch, daß dies nicht das letzte Gespräch sein sollte. Sobald er von einem Auslandsaufenthalt wieder nach Paris zurückkomme, wolle er Herzl ein Lebenszeichen geben. Dazu ist es jedoch nicht mehr gekommen. Hirsch starb wenig später, ohne auf die Ideen von Herzl eingegangen und von seinen philanthropischen Ideen Abstand genommen zu haben, für die er im Laufe der Jahre immerhin über 400 Millionen Franken aufgewendet hatte.

Nach den Tagebuchaufzeichnungen zu schließen, hat Herzl dieser Unterredung große Wichtigkeit beigemessen. Zweifellos waren bei diesem Gespräch aber auch zwei Männer aufeinandergestoßen, die zwar gewisse Sympathien füreinander hegten, im Grunde jedoch verschiedene Naturen waren und verschiedene Welten repräsentierten. In einem an Hirsch gerichteten Brief, den er am Tag nach der Begegnung schrieb, bemerkte Herzl: „Sie sind der große Geldjude, ich bin der Geistesjude. Daher kommen die Verschiedenheiten unserer Mittel und Wege."

Auch wenn dieses von den Herzl-Biographen als denkwürdig bezeichnete Gespräch kein konkretes Ergebnis zur Folge hatte, ist Alex Bein zuzustimmen, der diese Unterhaltung als einen ersten „realpolitischen Schritt" zu einer neuen Judenpolitik gewertet wissen wollte. Herzl ist sich dessen vermutlich bewußt gewesen, auch wenn Hirschs „höflicher Hohn" ihn irritiert und aus der Fassung gebracht hatte. Unmittelbar nach dem Treffen faßte er seine Eindrücke in einer Tagebuchaufzeichnung zusammen: „Ich bin noch im Gespräch zu dekonzentrieren. Ich habe noch nicht den Aplomb, der mir wachsen wird, weil er nötig ist, wenn man Widerstände brechen, Gleichgültige erschüttern, Leidende aufrichten, ein feiges und verlumptes Volk begeistern und mit den Herren der Welt verkehren will."

Entmutigen ließ Herzl sich durch Hirschs ironische Bemerkungen nicht. Im besagten Brief, den er am Tage nach dem Treffen an Hirsch schrieb, versuchte Herzl noch das zu ergänzen, was er im Gespräch am Vortag versäumt hatte auszuführen. „Lassen Sie sich dadurch nicht gegen mich einnehmen, daß ich ein jüngerer Mann bin", bemerkte er. „Mit meinen 35 Jahren ist man in Frankreich Minister, und Napoleon war Kaiser." Und weiter: „Ich sprach von einem Heer, und Sie unterbrachen mich schon, als ich von der (moralischen) Trainierung zum Marsch zu reden anfing. Ich ließ mich unterbrechen. Und doch habe ich auch das Weitere schon entworfen. Den ganzen Plan. Ich weiß was alles dazugehört. Geld, Geld, Geld ... Wollen Sie mit mir eine Wette eingehen? Ich werde eine Nationalanleihe der Juden schaffen."

Und deutlich beginnen die Überlegungen Herzls Konturen anzunehmen. Mit der Anleihe, die zur „Hauptform der Vermögenswanderung" werden soll, will Herzl auf einem nicht näher fixierten Territorium Eisenbahnen und Straßen finanzieren sowie Häuser, Paläste, Arbeiterwohnungen, Schulen, Theater, Museen, Regierungsgebäude, Gefängnisse, Spitäler und Irrenhäuser bauen. Selbst an die Schaffung einer Fahne denkt Herzl. Sie ist für ihn mehr als nur eine Stange mit einem Fetzen Tuch. „Nein, mein Herr, eine Fahne ist mehr als das. Mit einer Fahne führt man die Menschen, wohin man will, selbst ins Gelobte Land. Für eine Fahne leben und sterben sie, es ist sogar das Einzige, wofür sie in Massen zu sterben bereit sind – wenn man sie dazu erzieht."

Dieser Brief war der Anfang. Noch am gleichen Tag begann Herzl mit Vorarbeiten, aus denen *Der Judenstaat* entstehen sollte. Sein Tagebuch, das er bis kurz vor seinem Tode führen sollte, läßt Einblick in sein Denken und Tun dieser Tage zu, zeigt, wie eine Idee entstand und wie sie literarische Formen annahm. Ohne Zweifel ist dieses Tagebuch ein erregendes Bekenntnis und ein literarisches Meisterwerk – geschrieben von einem Schriftsteller, „der es in langen Jahren des Lernens und Suchens zu einer meisterlichen Beherrschung der deutschen Sprache gebracht hatte" (Alex Bein). Es beginnt mit den Worten: „Ich arbeite seit einiger Zeit an einem Werk, das von unendlicher Größe ist. Ich weiß heute nicht, ob ich es ausführen werde. Es sieht aus wie ein mächtiger Traum. Aber seit Tagen und Wochen füllt es mich aus bis in die Bewußtlosigkeit hinein ... Was daraus wird, ist jetzt noch nicht zu ahnen."

Herzl steigerte sich in einen rauschähnlichen Zustand. Zettel um

Zettel füllte er mit Notizen. Die Erörterung ökonomischer Sachfragen wechselte mit unzusammenhängenden historisch-politischen Betrachtungen. In einer Tagebucheintragung vom 16. Juni 1895 heißt es: „Ich habe in diesen Tagen öfters befürchtet, irrsinnig zu werden. So jagten Gedankenzüge erschütternd durch meine Seele. Ein ganzes Leben wird nicht ausreichen, alles auszuführen." In einer anderen Eintragung vom selben Tag heißt es: „Niemand dachte daran, das Gelobte Land dort zu suchen, wo es ist – und doch liegt es so nahe. Da ist es: in uns selbst! Ich lüge niemandem etwas vor. Jeder kann sich überzeugen, daß ich die Wahrheit rede. Denn jeder nimmt ein Stück vom Gelobten Lande in sich und mit sich hinüber. Der in seinem Kopf, der in seinen Händen und der dritte in seinen Ersparnissen. Das Gelobte Land ist dort, wohin wir es tragen!" Und Herzl kommt für sich zu dem Ergebnis: „Ich glaube, für mich hat das Leben aufgehört und die Weltgeschichte begonnen."

Neben einer Fülle unzusammenhängender Notizen entstand in diesen Juni-Tagen die *Rede an die Rothschilds*, ein etwa 65 Druckseiten umfassender erster Entwurf zur späteren Schrift *Der Judenstaat.* Im wesentlichen enthält diese Rede bereits alle Gedankengänge für den Judenstaatsplan. Moritz Güdemann, den Oberrabbiner von Wien, hatte Herzl ausersehen, den Kontakt zur Familie Rothschild herzustellen. Eine öffentliche Unterstützung und Zustimmung dieser einflußreichen Familie zu seinem Plan würde sich günstig auswirken. Sollte Güdemann ablehnen, so müßte er jemand anderen suchen und auch finden. „Denn ich habe die Lösung der Judenfrage", gab er dem Wiener Rabbiner gegenüber zu verstehen. „Ich weiß, es klingt verrückt; man wird mich in der ersten Zeit noch oft für verrückt halten, bis man die Wahrheit all dessen, was ich sage, erschüttert einsieht. Ich habe die Lösung gefunden und sie gehört nicht mehr mir. Sie gehört der Welt."

Emil Schiff, ein Arzt und Journalist, der Herzl in diesen Tagen aufsuchte, fiel das übernächtigte Aussehen des Freundes auf, die Ungepflegtheit auch in der Kleidung des sonst mit peinlichster Sorgfalt nach der neuesten Mode Gekleideten. Herzl sehe aus, spottete er, als ob er den lenkbaren Luftballon erfunden hätte. Herzl schwieg dazu. Am folgenden Tag kam es zu einer erneuten Begegnung. Herzl verschloß das Hotelzimmer, in dem die Begegnung stattfand, bat um keine Unterbrechung und las in großer Erregung die *Rede an die Rothschilds* vor. Schiff war, wie er seinem Tagebuch anvertraute, zu Tränen erschüttert. Der seltsame Inhalt der Ausführungen wie das ebenso seltsame Aussehen und Gehaben des Freundes ließen ihn zu der Überzeugung kommen, Herzl sei nicht mehr Herr seiner Sinne. Befragt nach seiner Meinung, teilte er diesem mit, er halte den Plan für die Ausgeburt eines überreizten Hirnes, das dringend der Ruhe und der ärztlichen Behandlung bedürfe. Herzl müsse sich hüten, daß er nicht ein zweiter Pseudo-Messias wie Sabbatai Zwi werde, der bekanntlich ein schlechtes Ende genommen habe. Auf diese Reaktion war Herzl nicht gefaßt. Er widersprach, erzählte vom Beginn seiner Aktion, wollte sich aber von Schiff in der Frage der Ausführbarkeit seiner Pläne nicht umstimmen lassen.

Trotz der von allen Seiten entgegengebrachten Skepsis ließ Herzl sich nicht von seinem Vorhaben abbringen. Er richtete Briefe an Otto von Bismarck („Ich glaube die Lösung der Judenfrage gefunden zu haben. Nicht ‚eine' Lösung, sondern ‚die' Lösung, die einzige") und Albert von Rothschild, in denen er seine Vorstellungen umriß und um Unterstützung bat. Über die Tage des Wartens auf Antwortschreiben sowie über die Stunden des Zweifels und der Unsicherheit kam er durch viel Arbeit hinweg. Von Ende Juni bis Mitte Juli schrieb er die drei letzten Aufsätze für seine Bilder aus dem französischen Parlamentsleben, die noch im selben Jahr unter dem Titel *Das Palais Bourbon* bei Duncker und Humblot in Leipzig erschienen.

Seinen Judenstaatsplan wollte Herzl aber der Öffentlichkeit noch nicht übergeben. Den Plan jetzt auszuführen, schrieb er am 15. Juli an Güdemann, hieße ihn gefährden. Güdemann bestätigte ihn in dieser Auffassung. Eine Denkschrift Kaiser Wilhelm II. zu überreichen, wie es Herzl vorschwebte, hielt er für falsch. Auf keinen Fall dürfe Herzl einen derartigen Schritt unternehmen, ohne vorher seinen Chef ins Vertrauen zu ziehen, wolle er seine Stellung bei der *Neuen Freien Presse* nicht gefährden. Herzl antwortete am 25. Juli, daß er in der „Judensache" keinen Spaß verstehe. Er könne zwar Kritik vertragen, „nur von den Waschlappen, Scheiß- und Lumpenkerlen mit oder ohne Geld will ich nichts wissen." Im übrigen glaube er nicht, daß er seine Stellung bei der *Neuen Freien Presse* auf das Spiel setze. Angst habe er jedenfalls nicht. Und um seine berufliche Stellung würde er sich nicht fürchten.

In den letzten Julitagen verließ Herzl Paris (27. Juli 1895: „Und heute verlasse ich Paris! Es endigt ein Buch meines Lebens. Es beginnt ein neues. Welches?"). Nach einem Erholungsaufenthalt in Aussee, wo er seine Familie traf, wollte er die Leitung der Feuilletonredaktion der *Neuen Freien Presse* in Wien übernehmen, die ihm in Aussicht gestellt worden war. Zunächst aber benutzte er die Tage seines Aufenthaltes in Aussee zu einem ausführlichen Telegramm- und Briefwechsel mit Güdemann und dem Berliner Philanthropen Heinrich Meyer-Cohn. Ersterem schrieb er: „Ich brauche die reichen Juden nicht – aber Männer brauche ich."

Aufschlußreich ist in diesem Zusammenhang ein Gespräch anläßlich eines Treffens zwischen Herzl, Güdemann und Meyer-Cohn am 18. August 1895 in München. Meyer-Cohn gab sich bei diesem Gespräch zu Herzls Erstaunen als „Anhänger der Zionsidee" zu erkennen, und Güdemann äußerte beim Abschied: „Bleiben Sie wie Sie sind! Vielleicht sind Sie der von Gott Berufene." Aber auch von anderen, wie etwa dem Bankier Adolph Dessauer oder dem Finanzjournalisten Sigmund Ehrlich, erhielt er Zuspruch. Zu diesem Zeitpunkt hörte er auch von den Aktivitäten der Zionistenvereinigungen in Rußland, Frankreich und England. Zum ersten Mal hörte er den Namen Pinsker, er erfuhr, daß der französische Großrabbiner Zadok Kahn und der englische Oberst Goldsmid Anhänger zionistischer Ideen seien. Und trotzdem – Herzl blieb unsicher, wußte nicht, ob er seinen Plan weiter verfolgen sollte.

Von der *Neuen Freien Presse* erhielt Herzl keine Unterstützung. Im Gegenteil. Die Herausgeber wollten ihm die Spalten des Blattes keinesfalls zur Besprechung der „Judenfrage" zur Verfügung stellen. Bacher hielt Herzls *Rede an die Rothschilds* zwar für interessant, letztlich aber für „Lassallesche Agitation". Eine Unterredung, die er mit Narcisse Leven, Zadok Kahn und einigen anderen geladenen Rabbinern in Paris führte, brachte ebenfalls kein Ergebnis. Nur Max Nordau, zu jener Zeit Korrespondent der *Vossischen Zeitung* in Paris, konnte er für seinen Plan gewinnen. Nordau, später einer seiner engsten Vertrauten, war es im übrigen, der ihm Mitte November ein Gespräch mit dem Schriftsteller Israel Zangwill (1864–1926) in London vermittelte. Das Gespräch war insofern von Erfolg gekrönt, als Zangwill sich Herzl anschloß und einer seiner ergebensten Parteigänger wurde.

Bei seinem Londonaufenthalt erhielt Herzl die Möglichkeit, vor dem Klub der „Makkabäer" seinen Judenstaatsplan vorzutragen. In seinem Tagebuch notiert er: „Mageres Dinner, aber guter Empfang." Es kam zwar nicht zur Bildung der von Herzl gewünschten „Studienkommission", doch gelang es ihm, Kontakte zu wichtigen Persönlichkeiten wie dem Chief Rabbi Hermann Adler, Oberst Albert Goldsmid, dem Bankier Sir Samuel Montagu und dem Journalisten Asher I. Myers vom *Jewish Chronicle* anzuknüpfen. Für die Verwirklichung seiner Pläne sollten diese in London erworbenen Bekanntschaften später von großem Nutzen sein.

Zurück in Wien machte sich Herzl unverzüglich an die Arbeit, bestärkt durch den vielfachen Zuspruch, seinen Plan als Broschüre zu veröffentlichen. Die *Rede an die Rothschilds* diente als Grundlage. Jetzt überarbeitete er die Rede stilistisch und inhaltlich, nahm Formulierungen und neue Erkenntnisse hinein, gab ihr einen logischeren Aufbau und einen packenden Schluß. Mit dem Titel *Der Judenstaat. Versuch einer modernen Lösung der Judenfrage* erschien das 86 Seiten starke Büchlein am 14. Februar 1896 in einer Auflage von dreitausend Exemplaren bei M. Breitensteins Verlags-Buchhandlung in Wien. Um vor der Öffentlichkeit die Ernsthaftigkeit seines Planes zu unterstreichen, hatte Herzl auf der Titelseite mit „Theodor Herzl, Doctor der Rechte" gezeichnet.

In dieser Schrift war Herzl bemüht, seine Auffassung zu konkretisieren, die er Schiff gegenüber bereits in Umrissen angedeutet und in seiner *Rede an die Rothschilds* ausgeführt hatte, und zwar insofern, als daß er eine Lösung des Judenproblems nur in der Wiedergewinnung der inneren und äußeren Freiheit für die Juden und das Judentum sehe. Seine zentrale These, die in ähnlicher Art und Weise bereits vor ihm Moses Hess und Leon Pinsker vertreten hatten, war die, daß die Judenfeindschaft nicht etwa als ein voremanzipatorisches Relikt, sondern als eine direkte Folge der Emanzipation zu gelten habe. Das bedeutete, daß Herzl zu der Überzeugung gelangt war, daß die Emanzipation als Integrationsmaßnahme versagt und das Streben der Juden nach Assimilation an ihre nichtjüdische Umwelt ein zum Scheitern verurteilter Irrweg sei.

Herzl begann – ganz dem Zeitgeist um die Jahrhundertwende entsprechend – die „Judenfrage" vorrangig als ein nationales Problem zu begreifen. „Ich halte die Judenfrage", bemerkte er in seiner Schrift, „weder für eine soziale noch eine religiöse, wenn sie sich auch so und anders färbt. Sie ist eine nationale Frage. Wir sind ein Volk, *ein* Volk." Gegenüber Armand Kaminka bemerkte er in einem Brief, den er kurz vor Erscheinen seines *Judenstaates* geschrieben hatte: „Wir sind ein Volk, ein Volk durch unsere Geschichte, durch den alten Druck und die neuen immer wiederkehrenden Verfolgungen." (23. Januar 1895)

In einem Aufsatz, den er 1899 in der *North American Review* unter dem Titel *Zionismus* veröffentlichte, ist Herzl auf die Problematik noch einmal eingegangen und hat die Kriterien erörtert, die seiner Meinung nach eine Nation ausmachen. Der Schluß, zu dem er kommt, den auch die heutige Nationalismusforschung nicht viel anders ziehen würde, ist die Erkenntnis, daß eine Nation eine historische Menschengruppe von erkennbarer Zusammengehörigkeit ist, die durch einen gemeinsamen Feind zusammengehalten wird. Auf die Juden angewendet, bedeutet diese Erkenntnis, daß der Feind der Antisemitismus ist, dem Herzl im übrigen die Rolle zuweist, Antriebskraft und Motor zur Verwirklichung seiner Judenstaatsidee zu sein.

Ganz unzweideutig ist Herzl, beeinflußt von den Staatstheorien Machiavellis und Hegels, dem nationalstaatlichen Denken des 19. Jahrhunderts weit mehr verhaftet als den traditionell-religiösen Überlieferungen des Judentums. In seinem *Judenstaat* ist kaum eine Andeutung auf den religiösen Zionsgedanken zu finden, was vor allem daran zu erkennen ist, daß es Herzl prinzipiell gleichgültig ist, wo der zu gründende Staat liegen soll. Er wäre bereit gewesen, die Juden in Ostafrika oder Südamerika zu sammeln, falls die dortigen „geologischen, klimatischen, kurz – natürlichen Verhältnisse aller Art" ein Siedlungswerk großen Stils zugelassen hätten.

Zu diesem Zeitpunkt war Herzl noch nicht auf ein spezifisches Territorium fixiert. Palästina spielte in seinem Denken noch nicht die Rolle, die es später haben sollte. Wichtiger war ihm das Anliegen, in der Öffentlichkeit die materiellen Voraussetzungen für die Schaffung eines „Judenstaates" zu diskutieren. Herzl weist zwar auf die Prinzipien sozialer Gerechtigkeit und völkerverbindender Humanität in seinem zu errichtenden „Judenstaat" hin, doch interessierte ihn dieser Aspekt nur am Rande. Mehr war ihm an der politischen Technik der Staatsgründung gelegen, die er für wichtiger erachtete und deshalb ausführlich erörtert hat.

Fast zwei Drittel von Herzls Schrift setzen sich mit der Frage der politisch-technischen Durchführung seines Judenstaatsplanes auseinander, vor allem mit der Schaffung der wirtschaftlichen und sozialen Voraussetzungen, die seinem utopischen Projekt das Gepräge eines hochzivilisierten und industriellen Musterstaates gaben. Die Gründung dreier Institutionen schwebte Herzl dabei vor. Von der Jewish Company erwartete er die Durchführung der praktischen Arbeiten für die Wanderung und Ansiedlung. Den Ortsgruppen sollte die Aufgabe zufallen, die Juden in den jeweiligen Ländern seelisch und geistig auf die Wanderung vorzubereiten, „denn wir wollen den Juden eine Heimat geben, indem wir sie mit dem ganzen Wurzelwerk vorsichtig ausheben und in einen besseren Boden übersetzen." Die Society of Jews schließlich sollte zum einen mit der Aufgabe vertraut werden, den Wanderungsplan wissenschaftlich und politisch vorzubereiten, zum anderen sich darum bemühen, als „staatsbildende Macht" anerkannt zu werden, denn, so meinte Herzl, „damit wäre der Staat im Wesen schon gebildet".

„Niemand ist stark oder reich genug", heißt es in der Vorrede zu Herzls *Judenstaat*-Broschüre, „um ein Volk von einem Wohnort nach dem anderen zu versetzen. Das vermag nur eine Idee. Die Staatsidee hat wohl eine solche Gewalt." Und weiter heißt es: „Die Juden haben die ganze Nacht ihrer Geschichte hindurch nicht aufgehört, diesen königlichen Traum zu träumen: ‚Übers Jahr in Jerusalem!' ist unser altes Wort. Nun handelt es sich darum, zu zeigen, daß aus dem Traum ein tagheller Gedanke werden kann." Und schließlich: „Der Judenstaat ist ein Weltbedürfnis, folglich wird er entstehen … Die Juden, die wollen, werden ihren Staat haben und sie werden ihn verdienen."

Im Juli 1895 verließ Herzl Paris, kehrte nach Österreich zurück und bezog hier ab Oktober mit seiner Familie zuerst eine Wohnung in Wien IX., Pelikangasse 16, und dann, ab Oktober 1896, ebenfalls im 9. Bezirk jene in der Berggasse 6, wo er sozusagen Nachbar Sigmund Freuds (Berggasse 19) wurde.

Links: Die Berggasse zwischen Liechtensteinstraße und Währingerstraße. Herzls Wohnung befand sich in der linken Häuserzeile im vierten Haus von unten. Bildpostkarte. Um 1900.
Gegenüberliegende Seite: Theodor Herzl. Photographie. 1896.

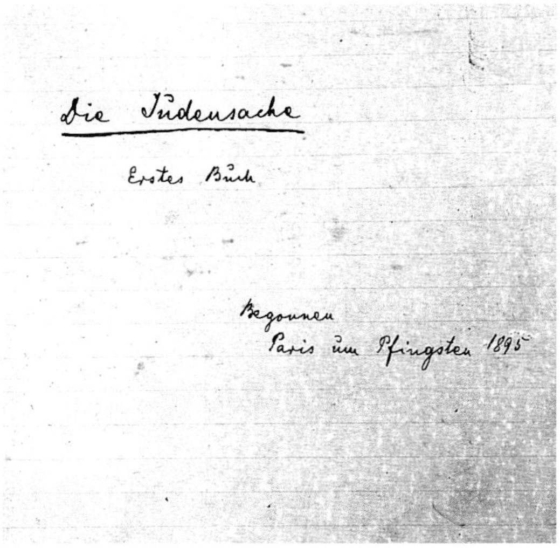
Die Judensache

Erstes Buch

Begonnen
Paris um Pfingsten 1895

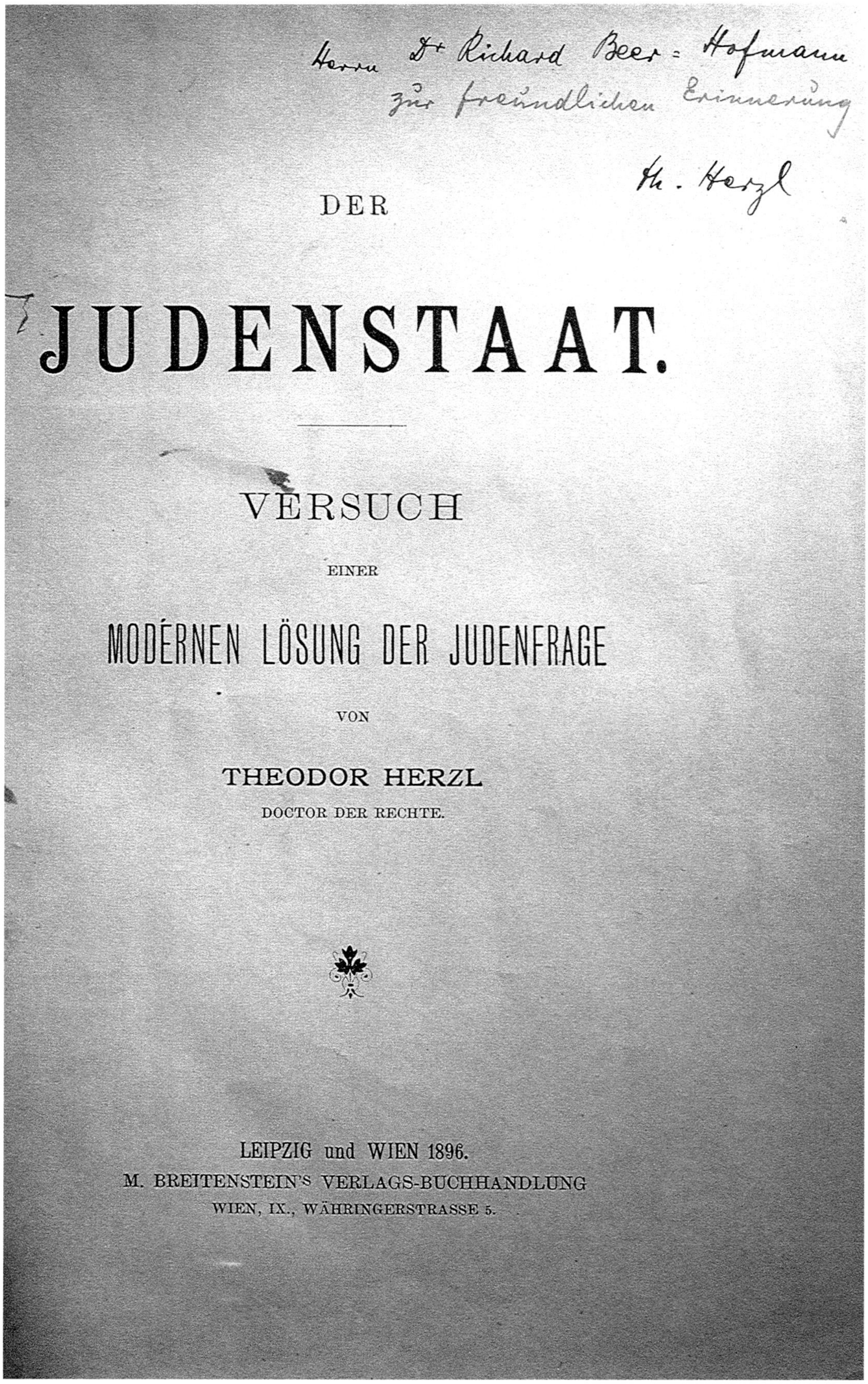
Herrn Dr Richard Beer-Hofmann
zur freundlichen Erinnerung
Th. Herzl

DER

JUDENSTAAT.

VERSUCH

EINER

MODERNEN LÖSUNG DER JUDENFRAGE

VON

THEODOR HERZL

DOCTOR DER RECHTE.

LEIPZIG und WIEN 1896.

M. BREITENSTEIN'S VERLAGS-BUCHHANDLUNG

WIEN, IX., WÄHRINGERSTRASSE 5.

Am 14. Februar 1896 erschien in einer Auflage von dreitausend Exemplaren bei M. Breitensteins Verlagsbuchhandlung „Der Judenstaat. Versuch einer modernen Lösung der Judenfrage". Das 86 Seiten starke Büchlein wurde innerhalb kürzester Zeit in mehrere Sprachen übersetzt und veröffentlicht.
Oben: „Die Judensache Erstes Buch": Die ersten handschriftlichen Notizen zum „Judenstaat", begonnen „Paris um Pfingsten 1895".
Rechts: Titelseite der Erstausgabe von „Der Judenstaat", dem Dichter Richard Beer-Hofmann von Theodor Herzl „zur freundlichen Erinnerung" gewidmet.
Gegenüberliegende Seite (von links oben nach rechts unten): Die englische, italienische, russische (in kyrillischer und hebräischer Schrift) und französische Erstausgabe von „Der Judenstaat".

Nun denke ich wieder stark an den Roman, weil ja wahrscheinlich Allen mein Plan als Phantasie vorkommen wird. Ich werde von Aussee aus um zwei Monate Urlaub mit Carenz der Gebühren bitten und den Roman dort im September u. October schreiben.
Theodor Herzl. 4. Juli 1895

Und heute verlasse ich Paris!
Es endigt ein Buch meines Lebens.
Es beginnt ein neues.
Welches?
Theodor Herzl. 27. Juli 1895

In den Aufschreibungen ist der Judenstaat bald als Wirklichkeit, bald als Romanstoff gedacht, weil ich mit mir damals noch nicht im Reinen war, ob ich es denn wagen solle, das als ernsthaften Vorschlag zu publiciren. So ist die Sprunghaftigkeit dieser Aufzeichnungen, bei denen mir das Wichtigste war, keinen Einfall entschweben zu lassen, vernünftig zu erklären.
Theodor Herzl. 16. April 1896

Ich arbeite seit einiger Zeit an einem Werk, das von unendlicher Grösse ist. Ich weiss heute nicht, ob ich es ausführen werde. Es sieht aus wie ein mächtiger Traum. Aber seit Tagen und Wochen füllt es mich aus bis in die Bewusstlosigkeit hinein, begleitet mich überall hin, schwebt über meinen gewöhnlichen Gesprächen, blickt mir über die Schulter in die komisch kleine Journalistenarbeit, stört mich und berauscht mich. Was daraus wird, ist jetzt noch nicht zu ahnen. Nur sagt mir meine Erfahrung, dass es merkwürdig ist, schon als Traum, und dass ich es aufschreiben soll – wenn nicht als ein Denkmal für die Menschen, so doch für mein eigenes späteres Ergötzen oder Sinnen. Und vielleicht zwischen diesen beiden Möglichkeiten: für die Literatur. Wird aus dem Roman keine That, so kann doch aus der That ein Roman werden. Titel: Das gelobte Land!
Theodor Herzl. Pfingsten 1895

Mit dem Verleger Breitenstein abgeschlossen. Er war begeistert als ich ihm einige Stellen aus der nach langer Mühe endlich fertigen Schrift vorlas. Den Titel habe ich geändert. „Der Judenstaat". Jetzt fühle ich die Erleichterung nach gethaner Arbeit. Einen Erfolg erwarte ich nicht.
Theodor Herzl. 19. Januar 1896

Ich erfinde nichts, das wolle man sich vor allem und auf jedem Punkte meiner Ausführungen deutlich vor Augen halten. Ich erfinde weder die geschichtlich gewordenen Zustände der Juden, noch die Mittel zur Abhilfe. Die materiellen Bestandteile des Baues, den ich entwerfe, sind in der Wirklichkeit vorhanden, sind mit Händen zu greifen; jeder kann sich davon überzeugen. Will man also diesen Versuch einer Lösung der Judenfrage mit einem Worte kennzeichnen, so darf man ihn nicht „Phantasie", sondern höchstens „Kombination" nennen.
Theodor Herzl, Der Judenstaat

Bald vor dem Jahrhundertende begann es so allmählich durchzusickern (denn kein Mensch dachte wirklich daran, die Broschüre zu lesen), dieser elegante, noble, meisterhafte Causeur hätte da plötzlich einen abstrusen Traktat geschrieben, der nichts mehr und nichts minder wollte, als daß die Juden aus ihren Ringstraßenhäusern und Villen, aus ihren Geschäften und Rechtsanwaltskanzleien, kurz, daß sie mit Sack und Pack nach Palästina übersiedeln und dort eine Nation gründen sollten.
Stefan Zweig

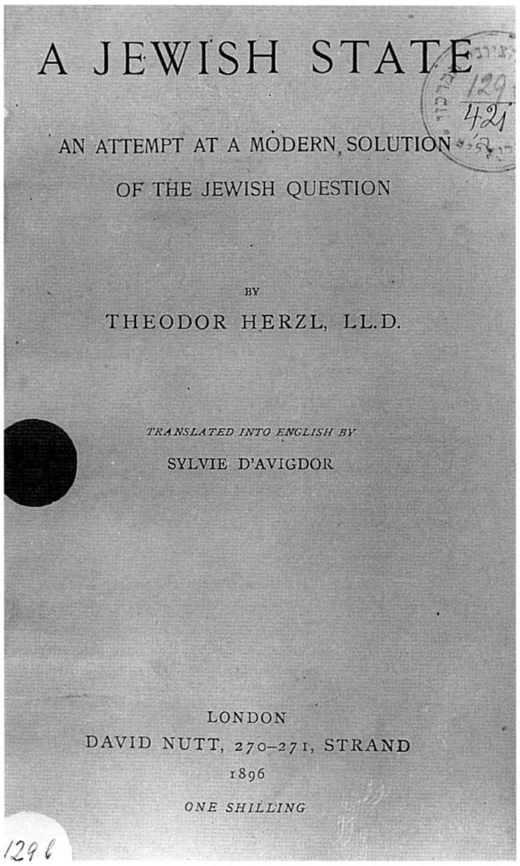
A JEWISH STATE

AN ATTEMPT AT A MODERN SOLUTION OF THE JEWISH QUESTION

BY

THEODOR HERZL, LL.D.

TRANSLATED INTO ENGLISH BY

SYLVIE D'AVIGDOR

LONDON
DAVID NUTT, 270–271, STRAND
1896

ONE SHILLING

LO STATO EBRAICO

TENTATIVO DI UNA SOLUZIONE MODERNA DEL PROBLEMA EBRAICO

DI TEODORO HERZL

CARABBA EDITORE LANCIANO

ד"ר תיאודור הירצל.

מדינת היהודים

(Der Iudenstaat)

דרך חדשה בפתרון שאלת היהודים.

מתרגם ברשיון מיוחד מאת המחבר ע"י

מיכל בערקאוויטש.

הוצאת „תושיה".

ווארשא. תרנ"ו.

בדפוס האלמער וואייזענשטאדט, נאלעווקי 7.

МЕДИНАТЪ ГАІЕГУДИМЪ
т. е. *Еврейскій штаатъ*
Соч. Д-ра Т. Герцля
Пер. М. БЕРКОВИЧА
Изданіе „ТУШІЯ"

ВАРШАВА.
Тип. М. И. Гальтера и М. Айзенштадта, Налевки 7
1896

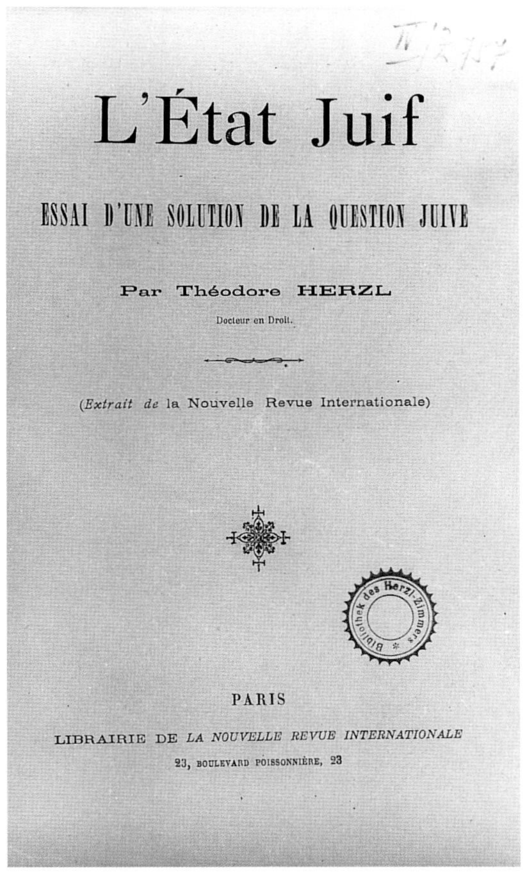
L'État Juif

ESSAI D'UNE SOLUTION DE LA QUESTION JUIVE

Par Théodore HERZL

Docteur en Droit.

(*Extrait de* la Nouvelle Revue Internationale)

PARIS

LIBRAIRIE DE *LA NOUVELLE REVUE INTERNATIONALE*
23, BOULEVARD POISSONNIÈRE, 23

Oppenheim hat den Jewish Chronicle gelesen und spöttelt: „der jüdische Jules Verne." Er sieht darin „Stoff" für ein humoristisches Wochen-Entrefilet. Mit meinem Grundgedanken von der Transformation erkenne ich darin den Spötter auf der Gasse, der den Propheten oder Volksredner auslacht.
Ich sagte ihm, in verbindlichem Ton natürlich:
„Wer darüber Witze machen wird, über den werde auch ich Witze machen. Ich kann böse Witze machen."
Er erwiderte: „Der böseste Witz ist die Publication der Sache. Wenn der Chronicle Artikel deutsch erscheint, gibt es ein Halloh der Antisemiten. Ja das wäre ihnen gerade recht."
Theodor Herzl. 1. Februar 1896

O Gott, schick doch den Moses wieder,
Auf dass er seine Stammesbrüder
Wegführe ins gelobte Land.
Ist dann die ganze Judensippe
Erst drinnen in des Meeres Mitte,
Dann Herr o mach die Klappe zu,
Und alle Christen haben Ruh.
Antisemitische Inschrift in einer Badekabine in Zell am See.
(wiedergegeben im Tagebuch Theodor Herzls. 29. Juli 1895)

Die sowohl den Antisemiten wie den assimilierten Juden absurd scheinende Idee, den Juden einen Staat zu geben oder, wie es süffisant in einem Gedicht hieß, „mit Juden Staat zu machen", forderte eine Reihe zynischer Kommentare und Karikaturen heraus.
Rechts: Herzl auf den Trümmern des Tempels in Jerusalem. Karikatur aus der Damenspende des „Concordia"-Balls. 1897. „Concordia" war die wichtigste Wiener Schriftsteller- und Journalistenvereinigung, der vermutlich auch Theodor Herzl angehört hat. Die Zeichnung stammt von Theo Zasche, das Gedicht von Julius Bauer.
Unten: „Der Zug durchs rote Meer": Herzl und Nordau versuchen, die Chowewe Zion, die Liebhaber Zions, aufzuhalten. „Halt! – Das Wasser steht noch nicht wie eine Mauer". Zeitgenössische Karikatur aus „Schlemiel".
Gegenüberliegende Seite: „Der grösste Jude der Gegenwart ...": Theodor Herzl. Zeitgenössische Karikatur aus „Schlemiel".

Der Mann, der graziösen, zum Ausdruck von Stimmungen und allerlei niedlichen Sentiments, aber auch zur Manie hinneigenden Schreibweise, geht mit messianischer Erlösermiene an sein feuilletonistisches Tagewerk. Von den Gründungsplänen für das Königreich Zion wird er in das Carltheater abberufen, wo er als Referent der „Neuen Freien Presse" über Operettenpremieren zu richten hat und erst, wenn das Stück zu Ende, die Erhebung des jüdischen Volkes mit ansehen darf.
Karl Kraus

Aber es gibt nun einmal so verstockte Europäer unter den Juden, die, weil ihnen aus den heute noch schlecht beleuchteten Niederungen des Wienerthums zeitweise „Hinaus mit euch Juden!" zugerufen wird, durchaus nicht geneigt sind, entrüstet zu erwidern: „Jawohl, hinaus mit uns Juden!" und der Umstand, das Herr Bielohlawek ein Mann mit nicht ganz absolvirtem Volksschulstudium ist, scheint ihnen noch immer nicht Grund genug, Sehnsucht nach dem gelobten Lande zu empfinden.
Karl Kraus

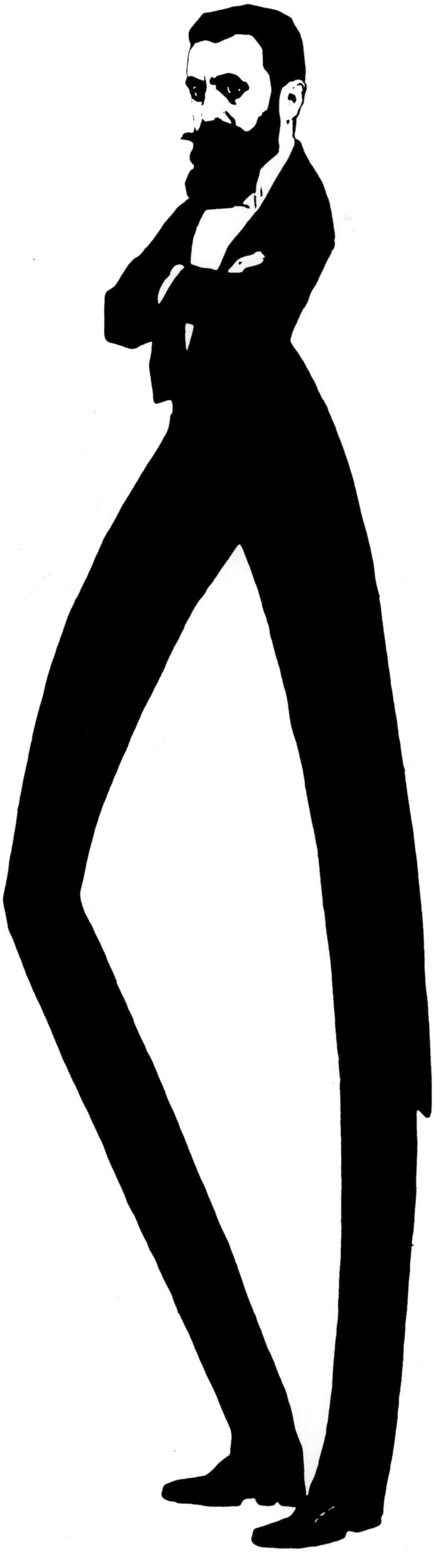

Einer der Herren, die sich jetzt als Geschichtsanwälte des jüdischen Volkes aufwerfen und mit seltsam gen Sonnenaufgang verdrehten Augen für die Rückkehr aller übrigen Juden nach dem Stammland Palästina agitiren, ersuchte mich vor einiger Zeit, einen kleinen Betrag zu jenen Zwecken beizusteuern, die man zionistische oder mit einem guten alten Wort antisemitische nennt. Er schien sich da um eine ähnliche Action zu handeln, wie sie der Abgeordnete Schneider jüngst im niederösterreichischen Landtag angeregt hat. Ich glaubte wirklich im ersten Moment, dass der freundliche Sammler als endlicher Vollstrecker des christlichsocialen Willens – nicht, wie er meint, des alten Testaments – sich das berühmte „Schussgeld auf Juden" abholen komme, wurde aber bald belehrt, dass der Antisemitismus, wie ihn die Zionisten predigen, von so barbarischen Massnahmen vorläufig absehe und sich damit begnüge, die für die blosse Austreibung der Juden erforderlichen Geldmittel aufzubringen.
Karl Kraus

Ich entnehme demselben jedoch ungern, dass Ihr schon in Wien bleiben wollt. Denn wenn es auch geregnet hat, so werden doch wieder heisse Tage kommen, und dann liegt eine furchtbare Hitze auf Eurer Wohnung. Wie reimt sich das mit Eurem Entschluss, Euch fernerhin nichts abzusparen, meine guten Eltern? Ich würde Euch rathen und bitten, dass Ihr, wenn es wieder heiss wird, rasch ein bischen Gepäck zusammenraffen und nach Vöslau ins Hotel Back gehen sollt. Entschluss und Ausführung sind in 1 1/2 Stunden möglich.
Theodor Herzl an seine Eltern.
27. August 1891

Die Situation hat ihre Reize. In das schattige Gartenplätzchen, welches sommerlang meiner Wonnen und Qualen verschiedener Zeuge sein wird, tönt gedämpfter Leierkastenklang, holdes Vogelgezwitscher neben anderen sommerlichen, unfassbaren Geräuschen herein. Die Luft ist angenehm warm, die Tinte ist flüssig, die Feder geschmeidig, das Papier (es hat mich die letzten Reste meines Vermögens gekostet) ist glatt – und alle Voraussetzungen für die Briefschreibelust, die sich wie Du wohl noch weisst vordem allsommerlich meiner zu bemächtigen pflegte, wären ja vorhanden.
Theodor Herzl. 1883

Bevor sich die Herzlsche Prädilektion in Sachen Sommerfrische ein für allemal auf Altaussee im steirischen Salzkammergut konzentrierte, konsumierte Theodor Herzl mit seinen Eltern und seiner Familie das vielfältige Spektrum der Wiener Sommerfrischen, von den der Metropole nahen Kurorten Baden und Bad Vöslau bis zu den Sommerfrischeorten rund um den Semmering.
<u>Gegenüberliegende Seite oben:</u> Baden mit der Weilburg. Photographie von Johann Hoff. Um 1880.
<u>Gegenüberliegende Seite Mitte:</u> Baden. Hauptplatz. Bildpostkarte. Um 1900.
<u>Gegenüberliegende Seite unten:</u> Bad Vöslau. Bildpostkarte. Um 1910.

Was Theodor Herzl jedenfalls mit Arthur Schnitzler verband, war die Leidenschaft für das „Bicycle", wie Schnitzler es immer nannte. Radfahren war am Ende des 19. Jahrhunderts noch eine fast als elitär zu bezeichnende Sportart.
<u>Rechts:</u> Theodor Herzl in Altaussee. Photographie. August 1900.

Die Sommer verbrachte Herzl mit seiner Familie und mit Freunden fast immer in Altaussee im steirischen Salzkammergut. Hier fand er Zeit für seine Kinder, vor allem aber auch die Muße, neue Ideen und Strategien zu entwickeln. Daher waren immer auch Mitstreiter Herzls anwesend.
Oben: Altaussee mit dem Loser. Photographie von Michael Moser, Aussee. Um 1895.
Links: Altaussee mit der Trisselwand. Photographie von Michael Moser, Aussee. Um 1895.

Ich werde, wenn Du mich lässt, mein Herz, während meines Urlaubs jeden Tag drei Stunden arbeiten. Das ist keine zu grosse Anstrengung, man kann dabei spazieren gehen, schwimmen, fahren, mit den theuren Kindern spielen und seiner schönen Frau wenn sie lieb ist das höchst angenehme Goderl kratzen.
Theodor Herzl. 19. Juni 1895

Rechts oben: Die Familie Herzl mit Freunden in Altaussee. Von links nach rechts: Theodor Herzl, Julie Herzl (dahinter), Jeanette Herzl, Mr. und Mrs. Joseph Cowen, Herr und Frau Prof. Max Mandelstamm, Frau Wolffsohn. Photographie. 1902.
Rechts unten: Theodor Herzl mit seinen drei Kindern in Altaussee. Photographie von Fritz Knozer. Um 1900.

Wien, Tarnow, den 23. October 1893.

Herrn Carl Stand Lemberg

Sehr geehrter Herr Gesinnungsgenosse!

Die Gefertigten beehren sich, Sie zu der

Mittwoch den 1. November d. J.

in

Krakau

stattfindenden vertraulichen

Besprechung

höflichst einzuladen.

Berathungsgegenstände sind:

1. Stellungnahme der österreichischen Zionisten zu den voraussichtlich bevorstehenden **Reichsrathswahlen.**

2. Schaffung einer **österreichisch-zionistischen Partei-Organisation.**

Es wird gebeten, dieser Einladung bestimmtest Folge zu leisten, und sich am oben bezeichneten Tage längstens **8 Uhr Früh** in **Krakau** im Restaurationslocale des **Hôtel Metropole, Gertrudgasse** einzufinden.

Mit Zionsgruss

Dr. Nathan Birnbaum
Chefredacteur der „Selbst-Emancipation".

Dr. Abraham Salz
Obmann des Executiv-Comités der jüdisch-nationalen Partei Galiziens.

Im Selbstverlag. Druck von J. Dux, (Wr. Allg. Ztg.)

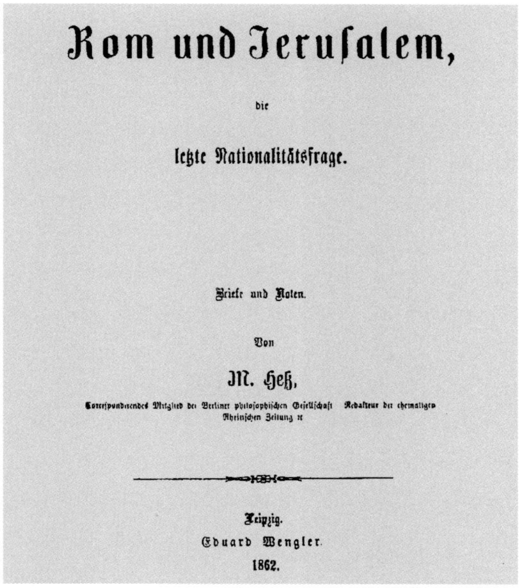

Rom und Jerusalem,

die

letzte Nationalitätsfrage.

Briefe und Noten.

Von

M. Heß,

Correspondirendes Mitglied der Berliner philosophischen Gesellschaft Redakteur der ehemaligen Rheinischen Zeitung ꝛc

Leipzig.
Eduard Wengler.
1862.

Oben: Moses Hess, der Weggefährte von Karl Marx, veröffentlichte 1862 das Werk *Rom und Jerusalem, die letzte Nationalitätenfrage,* in dem er für das jüdische Volk einen eigenen Staat forderte.

Gegenüberliegende Seite: Einladung der österreichischen zionistischen Organisationen zu einer Besprechung in Krakau, die zur Gründung einer österreichisch-zionistischen Partei führen sollte. 1893.

Schon vor dem Auftreten Theodor Herzls hatten jüdische Denker zur Abkehr von der Assimilierung und zu einem volksbewußten Judentum aufgerufen. An verschiedenen Stellen in Europa warben Stimmen seit Mitte des 19. Jahrhunderts unabhängig voneinander und ziemlich gleichzeitig für eine Besiedlung Palästinas. Sir Moses Montefiore, ein britischer Jude, begann sich intensiv mit der Möglichkeit zu befassen, Palästina wirtschaftlich urbar zu machen. Hirsch Kalischer, Elia Gutmacher und Jehuda Alkalay vertraten nationaljüdische Gedanken, wobei ihre Vorstellungen weniger politischer Natur, sondern eng mit religiösen Überzeugungen verbunden waren. In seiner Schrift *Drischat Zion* argumentierte Kalischer, mit der messianischen Verheißung der Bibel könne nur die Wiedergeburt der jüdischen Nation auf dem angestammten Boden gemeint sein. Die von ihm 1860 nach Thorn einberufene Versammlung jüdischer Notabeln und Rabbiner verständigte sich dahingehend, daß praktische Maßnahmen zur baldigen Einleitung einer Kolonisationstätigkeit in Palästina gefordert werden sollten.

Bedeutsamer als die Forderung nach Kolonisation auf religiös-nationaler Grundlage waren jedoch die Versuche, den Gedanken der Wiederherstellung der jüdischen Nationalität im politischen Sinne zu erörtern. Insbesondere gilt es in diesem Zusammenhang, den Namen des Rheinländers Moses Hess zu nennen. In seiner Person begegnen wir zum ersten Mal jener Mischung von ethischem Sozialismus und aufgeklärtem Nationalismus, die in der künftigen Entwicklung des Zionismus eine zentrale Rolle spielen sollte. Der „Kommunistenrabbi", wie der Weggefährte von Karl Marx und Ferdinand Lassalle polemisch genannt wurde, war es, der als einer der ersten in seinem Buch *Rom und Jerusalem* 1862 die „Wiedergeburt des jüdischen Volkes" mit der „Konzentration in seinem Heimatlande" propagierte. Hess stellte damit die „Judenfrage" in den Kontext anderer europäischer Nationalbewegungen, wenn er sie – nach der Einigung Italiens und der erhofften Deutschlands – als „letzte Nationalitätenfrage" analysierte.

Moses Hess ging von der Überlegung aus, die Juden würden eine Schicksalsgemeinschaft bilden, aus der man sich nicht nach Belieben ausgliedern könne. Jeder Jude, so meinte er, sei solidarisch mit seiner ganzen Nation, gleichgültig ob er wolle oder nicht. Die mit dieser Überlegung vermittelte Erkenntnis war nicht nur eine Absage an jede Möglichkeit der Emanzipation und Assimilation, sondern besagte auch, daß Hess der Ansicht war, eine Lösung des Judenproblems könne nicht individuell, sondern nur an der gesamten jüdischen Nation erfolgen. Jahrzehnte später sollte diese Ansicht zur offiziellen Programmatik der zionistischen Bewegung werden. Zu Hess' Lebzeiten war das allgemeine Problembewußtsein noch nicht so weit.

Wenn Hess auch in seinen Forderungen bis zur letzten territorialen Konsequenz ging und somit als einer der unmittelbaren Vorläufer Herzls gelten kann, darf das nicht dazu führen, daß das von ihm vertretene Konzept überschätzt wird. Wichtiger waren zweifellos die Impulse, die zu jener Zeit von Osteuropa ausgingen. Bei den Juden in Polen oder Rußland war der Glaube an die Rückkehr nach Zion lebendiger als bei den Juden Westeuropas, was aus den besonderen Verhältnissen erklärt werden kann, in denen die Juden des Ostens lebten. Sie besaßen weder irgendwelche Rechte, noch hatten sie den Grad der Emanzipation erreicht wie die Juden in Deutschland, Frankreich oder England. In Ghettos zusammengepfercht, von den meisten Erwerbszweigen abgeschnitten, führten sie ein mehr oder weniger trostloses Leben. Der Landessprache unkundig und jiddisch sprechend, bildeten sie eine ethnische, soziale, religiöse und kulturelle Minderheit. Fast zwangsläufig mußte sich hier, verstärkt durch Pogrome, Ausnahmegesetze und Vertreibungen, die bittere Erfahrung breitmachen, daß mit einer Emanzipation von außen nicht zu rechnen und das jüdische Problem im Galut nicht zu lösen sei.

Seit dem Winter 1881/82 bildeten sich in vielen Städten Rußlands Vereine, die Selbstbefreiung und Palästina-Kolonisation propagierten. Sie nannten sich „Chibbat Zion" (Zionsliebe) oder „Chowewe Zion" (Zionsfreunde), waren aber weniger von religiöser Sehnsucht nach dem Heiligen Land getragen, wie sie seit Jahrhunderten fromme Juden dorthin geführt hatte, als von dem philanthropischen Motiv, den Bedrängten und in Not geratenen Stammesgenossen eine neue Heimat zu schaffen.

Die Initiatoren der Bewegung waren zwar aus der „Haskala" (jüdische Aufklärung) hervorgegangen, standen dieser aber distanziert gegenüber; teilweise verdammten sie diese sogar als „Berliner Lügenaufklärung" und verfochten statt dessen die Forderung nach einer internationalen Renaissance des jüdischen Volkes. Der Schriftsteller Perez Smolenskin (1842–1885), der Orthodoxie und Assimilation gleichermaßen bekämpfte, propagierte zum Beispiel in hebräischer Sprache in der Zeitschrift *Haschachar* (Die Morgenröte) die Wiederbelebung des nationalen Gedankens. Und David Gordon (1826–1886), einer der führenden Köpfe der Chibbat Zion-Bewegung, sprach sich für die Gründung von Ackerbaukolonien in Palästina aus, von denen er und seine Anhänger erhofften, sie würden helfen, die nationale Wiedergeburt des jüdischen Volkes voranzutreiben.

Das gewaltigste Echo aber hatte über ein Jahrzehnt vor dem Erscheinen von Herzls *Judenstaat* die in deutscher Sprache veröffentlichte Flugschrift *Autoemanzipation*! des Odessaer Arztes Leon Pinsker (1821–1891). Pinskers anonym verfaßte Schrift, die in zahlreiche Sprachen übersetzt werden sollte, forderte die Juden auf, statt des vergeblichen Versuchs, sich zu „amalgamieren", sich selbst zu emanzipieren und zu einer nationaljüdischen Identität zurückzufinden. Um dieses Ziel zu erreichen, schlug Pinsker die Bildung von Gesellschaften vor, die durch politische Aktionen und Förderung einer jüdischen Kolonisation die Schaffung eines jüdischen Machtzentrums ermöglichen sollten. Nur so, meinte Pinsker, könne der politischen und sozialen Bedrängnis abgeholfen und die moralische Würde des jüdischen Volkes wiederhergestellt werden. Auf Konferenzen (Kattowitz, Drusgeniki, Wilna) wurden die Vorschläge Pinskers aufgenommen und die Förderung der Kolonisation in Palästina beschlossen. Eine der unmittelbaren Folgen war, daß jüdische Studenten, die sogenannten „Biluim" (Bilu: die Anfangsbuchstaben von Jes 2, 5), mit Hilfe der Chowewe Zion in Palästina zu siedeln begannen und unter großen Schwierigkeiten die erste Kolonie Rischon le-Zion gründeten.

Aber nicht nur in Osteuropa regte sich das jüdische Selbstbewußtsein. Der Zionsgedanke fand auch im Westen zunehmend Anhänger. In Wien gründeten zum Beispiel im Spätherbst 1882 jüdische Studenten der Wiener Universität den akademischen Verein „Kadima". Sie veranstalteten unter der Devise „Bekämpfung der Assimilation, Hebung des jüdischen Selbstbewußtseins, Besiedlung Palästinas" regelmäßig stattfindende Makkabäer-Feiern, zu denen Redner eingeladen wurden, die für die Wiederbelebung des jüdischen Nationalgedankens eintraten. Fester Bestandteil dieser Feiern war das gemeinsame Absingen des Bundesliedes „Wißt Ihr, woher die Einheit stammt". Verfaßt hatte den Text des Liedes Nathan Birnbaum, einer der Gründer der „Kadima". Es wurde nach der Melodie „Der Gott, der Eisen wachsen ließ" gesungen und bei festlichen Gelegenheiten lautstark angestimmt.

Schon vor dem Auftreten Herzls hatten zahlreiche Stimmen aufhorchen lassen. Isaak Rülf (1831–1902) zum Beispiel, der in Memel Redakteur des *Memeler Dampfbootes* und Leiter einer Talmudschule war, hatte ganz im Sinne Pinskers in seiner Schrift *Aruchas Bas-Ami. Israels Heilung* (1883) die „Wiederherstellung des jüdischen Staates [...] in der ursprünglichen Heimat, dem Lande der Väter" empfohlen. Und Nathan Birnbaum, der später mit Herzl sympathisierte, dann aber mit ihm und der Bewegung brach, hatte 1884 die Broschüre *Die Assimilationssucht* veröffentlicht, die Gedanken Pinskers und Rülfs aufnahm und für eine Renaissance des jüdischen Nationallebens warb. Birnbaum war es auch, der seit 1885 ein jüdisch-nationales Blatt unter dem Pinskerschen Titel *Selbstemanzipation* herausgab und der 1893 das Wort „Zionismus" prägte, das sich sehr schnell als die allerseits akzeptierte Bezeichnung für die nationaljüdische Bewegung einbürgern sollte.

Daß Herzls *Judenstaat* bei seinem Erscheinen nicht nur auf Zustimmung stieß, ergibt sich eigentlich von selbst. Stefan Zweig erinnert sich an die „allgemeine Verärgerung", die die Veröffentlichung „dieses Unfugs, dieses abstrusen Traktats" auslöste. Geradezu erbost war das assimilierte Judentum, das den Antisemitismus für eine „heilbare Krankheit" hielt und die Wiederherstellung eines jüdischen Staatsvolkes weder für möglich noch für notwendig ansah. Julius von Ludassy, ein Jugendfreund Herzls, nannte den Judenstaatsplan in der *Wiener Allgemeinen Zeitung* einen „verzweiflungsvollen Wahnsinn". Das *Berliner Tagblatt* wiederum argwöhnte, Herzl sei ein englischer Agent, und eine Münchener Zeitung hielt den *Judenstaat* sogar für den „Faschingstraum" eines „durch den Judenrausch verkaterten Feuilletonisten". Und Arthur Schnitzler schließlich spottete: „Seit Th[eodor] H[erzl] den ‚Judenstaat' geschrieben, geht er mit einem gewissen Gefühl der Verpflichtung officiell sowohl zu den Makkabäern in die Burg als ins jüdische Restaurant." (Tagebuch, 19. April 1896)

Von denen, die sich zustimmend und mitunter geradezu enthusiastisch äußerten, seien in erster Linie Moritz Güdemann und der Schriftsteller Richard Beer-Hofmann genannt. Güdemann, der anfänglich Herzl begeistert unterstützt hatte, dann aber auf Distanz ging, bemerkte: „Eine wahre Bombe – sie wird Wunder wirken!" Und Beer-Hofmann, dem Herzl ein Widmungsexemplar hatte zukommen lassen, war von Herzls Schrift so angetan, daß er sich zu der Bemerkung hinreißen ließ: „Endlich wieder ein Mensch, der sein Judentum nicht wie eine Last oder ein Unglück resigniert trägt, sondern stolz ist, der legitime Erbe einer uralten Kultur zu sein." (13. März 1896)

Eine Reihe angesehener Rabbiner, allen voran Samuel Mohilever aus Bialystok, bekannten sich spontan zu dem von Herzl proklamierten Zionismus, indem sie sich ausdrücklich auf die messianischen Verheißungen bezogen. Der Kölner Rechtsanwalt Max I. Bodenheimer (1865–1940) und Isaak Rülf unterstützten Herzl und traten mit einer Erklärung der „Nationaljüdischen Vereinigung für Deutschland" an die Öffentlichkeit, in der unter Verweisung auf Hirsch Kalischers *Drischat Zion* der Behauptung entgegengetreten wurde, die zionistischen Bestrebungen widersprächen den messianischen Verheißungen.

Diese Parteinahme war notwendig geworden, weil viele Strenggläubige in Herzl einen Gegner sahen und ihn als Ketzer anfeindeten. Ihrer Auffassung nach lehnte sich Herzl gegen das „göttliche Schicksal des Exils" auf. Und, so warf man ihm vor, er „usurpiere die Rolle des Messias", anstatt demütig und ergeben der Ankunft des Messias zu harren, der das jüdische Volk erlösen und das neue Reich aufrichten würde. Der Vater des später bekannten Sozialdemokraten Julius Braunthal faßte die Vorbehalte der Orthodoxie gegenüber dem Zionismus folgendermaßen zusammen: „Sicher wird das jüdische Volk eines Tages nach Palästina zurückkehren. Aber die Gnade Gottes und der Messias werden es zurückführen, und nicht ein Herr Dr. Herzl von der ‚*Neuen Freien Presse*' ..."

Bald nach Erscheinen seiner Schrift erhielt Herzl Unterstützung durch zwei Nichtjuden: Reverend William Henry Hechler und Philipp Michael Ritter von Newlinski. Der eine, Kaplan der britischen Botschaft in Wien, kam am 10. März 1896 in Herzls Zimmer gestürzt. Er wolle sich Herzl zur Verfügung stellen und sich für die Sache des Zionismus engagieren, erklärte er. Der andere, ein polnischer Adliger von zweifelhaftem Ruf, der den Eindruck vermittelte, als ob er gute Beziehungen auf dem Balkan besäße, versprach Herzl, er werde ihm den Zugang zum Sultan in Konstantinopel ermöglichen. Beide, Hechler wie Newlinski, wurden von Herzl zeitweilig bezahlt, obgleich er bis zuletzt nicht wußte, ob er in den beiden Bündnisgenossen gefunden oder zwei Hochstaplern und Betrügern aufgesessen war.

Dem kauzigen und skurrilen Hechler, der in Herzl eine Art wiederauferstandenen Messias sah, gelang es, ihm aufgrund seiner Beziehungen am 23. April 1896 eine Audienz beim Großherzog von Baden in Karlsruhe zu verschaffen. Sein Vorschlag, den er dem Großherzog schriftlich und mündlich unterbreitete, Deutschland und England sollten gemeinsam das Protektorat über den zu errichtenden jüdischen Staat übernehmen, wurde daraufhin in dem Gespräch zwischen Herzl und dem Großherzog erörtert. Letzterer zeigte sich Herzls Judenstaatsplan nicht abgeneigt, äußerte aber das Bedenken, es werde ihm vermutlich als Antisemitismus ausgelegt werden, wenn er für diesen einträte.

In einem Schreiben, das Herzl wenige Tage später an den Großherzog richtete, bat er diesen, seine Aufmerksamkeit nicht nur auf den Plan, sondern auch auf zwei bedeutsame Nebenwirkungen zu lenken: Durch die Ableitung des überschüssigen jüdischen Proletariates würden zum einen die „Umsturzparteien" geschwächt, zum anderen hätte die Liquidierung und Überleitung des jüdischen Kapitals zur Folge, daß die internationale Finanzmacht gebrochen werde. Mit dieser uns heute vordergründig erscheinenden Argumentation spekulierte Herzl auf den Einfluß des Großherzogs, den dieser als Onkel und Berater bei Kaiser Wilhelm II. hatte.

Ganz abwegig waren diese Überlegungen Herzls insofern nicht, als der Großherzog von Herzls Vorschlägen durchaus angetan war und sich spontan bereit erklärte, die Pläne Herzls zu fördern. „Eine Sache zu stützen, an deren Spitze ein Mann wie Theodor Herzl steht, ist für mich eine moralische Pflicht", erklärte er einige Jahre später gegenüber einer zionistischen Delegation. Die Audienz beendete der Großherzog mit den Worten: „Ich möchte, daß es geschehe. Ich glaube, es wird ein Segen für viele Menschen sein." Herzl darauf, auf den Monolog Fausts anspielend, als der sich daran macht, das Johannesevangelium zu übersetzen: „Nicht kann so hoch das Wort ich schätzen. Im Anfang war die That."

Weniger erfolgreich waren die Bemühungen Newlinskis, der Herzl gegenüber so tat, als ob er gute Beziehungen zum Sultan hätte, so daß die Gewährung einer Audienz fast als sicher angenommen werden konnte. Die Erzählungen Newlinskis scheinen aber mehr Dichtung als Wahrheit gewesen zu sein. Eine Reise im Juni 1896 nach Konstantinopel führte nicht zu dem Ergebnis, das man erwartet hatte. Vom Sultan wurde Herzl nicht empfangen. Es kam nur zu einem beiläufigen Blickkontakt. Bei einem Moschee-Besuch sah der Sultan Herzl an der Seite Newlinskis auf einer Terrasse stehen. Herzl notierte in seinem Tagebuch, daß er von diesem erkannt und mit einem „harten Blick“ fixiert worden sei.

Immerhin kam es zur Begegnung mit einer Reihe anderer hochstehender politischer Persönlichkeiten, die Herzls Vorstellungen, die Juden sollten Palästina als unabhängigen Staat erhalten, dann würden sie die seit dem Krimkrieg zerrütteten türkischen Finanzen regulieren, zur Kenntnis nahmen, diese jedoch skeptisch bis ablehnend beurteilten. Ibrahim Djawid Bey zum Beispiel, der Sohn des Großwesirs, vertrat die Ansicht, es würde dem „heiligsten Empfinden des Volkes“ widersprechen, wenn Jerusalem abgetreten würde. Herzl plädierte daraufhin für die „Exterritorialität“ Jerusalems: „Die heiligen Stätten der Culturwelt dürfen Niemandem, müssen Allen gehören.“

Trotz ansteigender und überall zu spürender Widerstände fühlte sich Herzl zunehmend in seinem Auftrag bestätigt. Die Erwerbung Palästinas schien ihm nicht unmöglich, stand vielleicht in naher Aussicht. Für erforderlich hielt er es nur, sich einen starken Rückhalt zu verschaffen, und zwar als bestätigter politischer Vertreter der Juden und als von allen Seiten anerkannter Gebieter über jüdisches Kapital. Beides hoffte er, ließe sich in London und Paris bewerkstelligen, und zwar durch die Gründung der „Society of Jews“, wie er sie in seinem *Judenstaat* vorgeschlagen hatte, und durch die Gewinnung der auf die großen Fonds einflußreichen Juden.

Über Sofia, wo ihm die Juden der Stadt einen begeisterten Empfang bereiteten, begab er sich nach London. Sein Versuch, die Londoner Juden auf die Gründung der „Society of Jews“ festzulegen, hatte jedoch nicht den Erfolg, den er sich von diesem Besuch erhofft hatte. Auf ihm zu Ehren veranstalteten Banketts hörte man zwar gebannt seinen Reden zu, zeigte sich auch entzückt über seine brillante Eloquenz, konnte sich aber nicht zu dem entscheidenden Schritt durchringen. Nach mühseligen Debatten war man nur bereit, eine „Studienkommission“ zu bilden. Aber auch aus diesem Vorhaben wurde nichts. Der einzige, der nach wie vor an sich und seinen Plan glaubte, war Herzl selbst. Am 12. Juli 1896 schrieb er in sein Tagebuch: „Alle diese Leute, so brav und sympathisch sie auch seien, machen mich durch ihr Zögern zum Führer!“

Auch in Paris, wohin er von London aus reiste, stieß er auf unverhohlene Abwehr. Edmond de Rothschild, den er am 18. Juli aufsuchte, hielt seinen Plan für undurchführbar, denn er glaube nicht an eine Zusage der Türken, Palästina den Juden zur Ansiedlung zur Verfügung zu stellen. Zudem bezweifelte er, daß es möglich sei, den Zufluß der Massen dorthin zu organisieren. Es würden nur 150 000 Schnorrer kommen, die man ernähren müßte. Einer solchen Aufgabe fühle er sich nicht gewachsen. Die Verantwortung für dieses Vorhaben könne er in keinem Fall auf sich nehmen. Enttäuscht vom Desinteresse Rothschilds erwiderte Herzl schroff, fast barsch im Tonfall: „Sie wissen nicht, um was es sich handelt ...“

Mit den reichen und einflußreichen Juden war offensichtlich nicht zu rechnen. An Zadok Kahn schrieb Herzl unter dem Eindruck des Gespräches mit Edmond de Rothschild am 26. Juli: „Meinen guten Willen habe ich gezeigt, keine Mühe und kein persönliches Opfer habe ich gescheut. Mein Gewissen ist ruhig. Man möge doch verstehen, welchen Sturm des Unwillens es bei den armen Juden und bei allen Nichtjuden erregen wird, wenn eines Tages bekannt wird, daß ich in meiner Rettungsaction von denen im Stich gelassen wurde, die mithelfen konnten und mußten.“ Seine Niedergeschlagenheit nach dem Gespräch mit Rothschild bemäntelte Herzl dadurch, daß er sich selbst Mut zusprach: „Die Bewegung wird fortgesetzt, u. sie wird stürmisch wachsen, darüber soll sich Niemand täuschen.“ Und er bemerkte weiter: „Trotz der Bitternisse und Schwierigkeiten, die man mir bereitet, führe ich diese Bewegung als ein besonnener Mann, der sich in jedem Augenblick der ungeheuren Verantwortung bewußt ist.“

Es begann eine Zeit des Umdenkens. Herzl wollte jetzt die jüdischen Massen für seinen Plan gewinnen. Dafür meinte er, sei es notwendig, diese nicht nur zu mobilisieren, sondern auch zu organisieren. Aber nur sehr allmählich bildeten sich in England, in Deutschland, in Galizien und in Bulgarien Gruppen Gleichgesinnter. Deprimiert äußerte sich Herzl über die Widerstände. An David Wolffsohn schrieb er am 1. August 1896: „Sollte es ... dazu kommen, daß die Zionisten mich bekämpfen, dann werfe ich die ganze Sache weg. Dann sind die Juden nicht wert, daß ich mich für sie abrackere.“ Am 13. Oktober 1896 notierte er in seinem Tagebuch: „Ich muß es mir offen gestehen: ich bin demoralisiert. Von keiner Seite Hilfe, von allen Seiten Angriffe.“ Ähnlich pessimistisch klingt eine andere Tagebucheintragung Ende des Jahres: „Ich fühle mich ermüden. Ich glaube jetzt öfter als je zuvor, daß meine Bewegung zu Ende ist. Ich habe die volle Überzeugung von der Ausführbarkeit, kann aber die Anfangsschwierigkeiten nicht überwinden.“ (20. Dezember 1896)

Die niedergeschlagene Stimmung wurde noch durch eine ärztliche Untersuchung verstärkt, bei der man seinen Herzfehler diagnostizierte. Es kann kein Zweifel daran bestehen, daß die

Aufregungen um seinen Judenstaatsplan und die Auseinandersetzungen mit der *Neuen Freien Presse* seiner Gesundheit zugesetzt hatten. Seine Depressionen verdichteten sich zu Todesahnungen. Im Februar 1897 verfaßte er ein „literarisches Testament". Herzl war zu diesem Zeitpunkt gerade 37 Jahre alt geworden. „Es gehört sich, auf den Tod vorbereitet zu sein", heißt es in dieser letztwilligen Verfügung. „Ich will keine Redensarten machen. Was ich den Juden war, wird eine kommende Zeit besser beurteilen als die große Menge der Gegenwart … Mein Name wird nach meinem Tode wachsen … Ich habe heute, wie in jedem Augenblick, seit ich schreibe, das Bewußtsein, die Feder stets als ein Ehrenmann geführt zu haben. Ich habe meine Feder nie verkauft, nie Gemeinheit, nicht einmal Kameradschaft durch sie getrieben. Dieser letzte Wille kann publiziert werden. Es wird sich selbst nach meinem Tode niemand finden, der mich Lügen strafen kann."

Die Rückkehr nach Palästina war bei den Juden in der Diaspora nicht nur eine religiöse Verheißung – „nächstes Jahr in Jerusalem" –, sondern wurde um die Mitte des 19. Jahrhunderts zum Mittelpunkt einer national-jüdischen Besinnung.
Jehuda Chai Alkalay etwa, der berühmte Rabbiner aus Semlin, der Belgrad gegenüberliegenden österreichischen Stadt an der Donau, aus der auch die väterlichen Vorfahren Herzls stammten, nahm in seinen Werken „Schelom Jeruschalajim" (1840) und „Schemah Israel" (1861) viele zionistische Ideen vorweg und zog selbst im Jahr 1873 endgültig nach Palästina.
Links: Jehuda Chai Alkalay und seine Frau. Photographie. Um 1865.
Oben: Die Klagemauer in Jerusalem. Photographie. 1873.

Die Seele des Landes ist im Boden. Die Seelen aller Menschen sind mit diesem Boden verstrickt, seit sie angefangen haben ihn zu sprengen, zu behacken, zu entsumpfen, zu bewässern, ja, sie sind längst vorher mit ihm verknüpft gewesen. Jeder Jude, solange Religionsgesetze regierten, hatte nur eine Sehnsucht: in diesem Lande begraben zu sein. Jedem konnte man ein kostbares Geschenk von einer Pilgerfahrt mitbringen: ein Säckchen palästinensischer Erde. Der ungeheuerliche Mythos erzählt, daß die Wanderschaft der Juden auch im Grabe nicht aufhöre, daß sie, wo auch immer sie beerdigt seien, tiefer sänken, bis sie von unterirdischen Flüssen ergriffen und in das Land ihrer Väter gespült würden; dort finden sie Ruhe.
Arnold Zweig

Zehn Maß Schönheit sanken zur Erde herab. Neun davon nahm Jerusalem an sich, eines die ganze übrige Welt.
Talmud

So alt wie die Diaspora ist die Sehnsucht des jüdischen Volkes nach Rückkehr in sein Land. Kein Gottesdienst ohne das Gebet um Rückführung in das alte Heimatland, die der Messias aus dem Hause David vollführen wird! In jeder Notzeit traten Persönlichkeiten auf, die vorgaben oder hofften, jener Auserwählte zu sein, immer fanden sich Massen verzweifelter Gläubiger, die sich bereiteten, ihnen zu folgen. Männer wie David Reubeni im sechzehnten Jahrhundert, Sabbatai Zwi im siebzehnten Jahrhundert, schwankend zwischen Abenteuertum und wirklichem Glauben an ihre Berufung, riefen in ihrer Zeit ungeheure Aufregung unter der Judenheit hervor und fanden sogar politische Mächte, die sich mit ihnen einließen. Seit Ende des achtzehnten Jahrhunderts nehmen Pläne zur Wiederbesiedlung Palästinas und zur nationalen Zusammenfassung des zerstreuten jüdischen Volkes realere Formen an, bei Juden und bei Nichtjuden. 1799 hat kein Geringerer als Napoleon für einen Augenblick an die Errichtung eines jüdischen Staates in Palästina gedacht ... Die Ritualmordaffaire von Damaskus im Jahre 1840 und die damals zur Diskussion stehende türkische Frage belebte das Interesse an Palästina. Schon vorher entwickelte der große Philanthrop Moses Montefiore dem Gouverneur von Syrien seinen Plan einer jüdischen Immigration nach dem Heiligen Lande.
Alex Bein

Die Kolonisation Palästinas wurde ab Mitte des 19. Jahrhunderts auch von einer Reihe vermögender jüdischer Philanthropen gefördert. Sir Moses Montefiore (1784–1885) etwa entstammte einer sephardischen Familie und setzte sein als Börsenmakler in England erworbenes großes Vermögen für vorzionistische, national-jüdische Ideen, deren bedeutendster Vorkämpfer er wurde. Bereits in der Mitte des 19. Jahrhunderts finanzierte er jüdische Kolonistensiedlungen in Palästina, später auch einige in Argentinien.
Unten: Sir Moses Montefiore. Photographie. Um 1880.
Rechts: Die Montefiore-Siedlung bei Jerusalem. Um 1875.

Die zionistische Aufgabe ist für den Einzelnen nicht damit gelöst, daß er im palästinensischen Hafen landet. Hier beginnt sie erst. Das Problem des Zionismus ist nicht nur: Wie bringt man die jüdischen Massen nach Palästina?, sondern und vor allem: Wie schafft man aus Immigranten ein Volk?
Hugo Bergmann

Im Gefolge der russischen Pogrome von 1882, die zeigten, daß gerade in dem Land, in dem damals die meisten Juden lebten, an eine Verbesserung ihrer Lage nicht zu denken sei, kam es zu einem nationalen Erwachen des russischen Judentums. Dr. Leon Pinsker (1821–1891), ein Arzt aus Odessa, veröffentlichte 1882 die Broschüre „Autoemancipation!“, worin er die Juden aufforderte, zu einer nationaljüdischen Identität zurückzukehren, anstatt sich in den Staaten Europas zu amalgamieren. Er gründete die „Chowewe Zion“ (Freunde Zions), die eine Kolonisation Palästinas durch Juden zielbewußt anstrebte.
Oben: Leon Pinsker. Zeitgenössischer Holzschnitt.

Oben: Moses Hess (1812–1875), Sozialist und später Autor der Schrift „Rom und Jerusalem“, in der er auch einen jüdischen Staat propagierte.

„Autoemancipation!“

Mahnruf an seine Stammesgenossen

von

einem russischen Juden.

Berlin SW.
Commissions-Verlag von W. Issleib (G. Schuhr).
1882.

Oben: Titelblatt von Leon Pinskers anonym erschienenem Werk „Autoemancipation!“ Mahnruf an seine Stammesgenossen von einem russischen Juden“, erstmals erschienen 1882 in deutscher Sprache in Berlin.

Seit 1882 bildeten sich angesichts zahlreicher Pogrome in Rußland vielerorts Vereine der „Chowewe Zion", der Zionsfreunde, mit dem Zweck, Menschen und Mittel zur Kolonisation Palästinas zu sammeln.

Oben: Die auf Vorschlag Leon Pinskers (sitzend, 5. von links) einberufene Kattowitzer Konferenz der „Freunde Zions" („Chowewe Zion") mit Teilnehmern aus Russland, Polen, England, Frankreich und Deutschland. November 1884.

Die Juden sind Fremdlinge, welche keine Vertreter haben können, weil sie kein Vaterland haben. Weil sie ein solches nicht haben, weil ihre Heimat ohne Grenzen ist, hinter denen sie sich verschanzen können – ist auch ihr Elend ohne Grenzen ... Da der Jude nirgends zu Hause ist, nirgend als Einheimischer betrachtet wird, so bleibt er überall ein Fremdling. Daß er selbst, daß auch seine Vorfahren im Lande geboren sind, ändert an diesem Tatbestand nicht das Geringste. In den allermeisten Fällen wird er als Stiefkind, als Aschenbrödel behandelt, im günstigsten Falle gilt er als Adoptivkind, dessen Rechte bestritten werden können, nie als legitimes Kind des Vaterlandes.
Leon Pinsker

Im Mai 1897 gründete Herzl die Wochenzeitschrift „Die Welt“, bei der Paul Naschauer, der Schwager Herzls, als Herausgeber fungierte. Herzls Name erschien nicht einmal im Impressum, da das seine berufliche Beziehung zur „Neuen Freien Presse“ vehement gefährdet hätte. „Die Welt“ erschien zum ersten Mal am 4. Juni 1897. Redaktion und Administration befanden sich ursprünglich in Wien II., Rembrandtstraße 11 (wo übrigens auch der Verband „Zion“ seinen Sitz hatte), später in Wien IX., Türkenstraße 9; gedruckt wurde sie in einer Druckerei in der Schlösselgasse 11 in Wien VIII. In den ersten drei Monaten nach der Gründung hatte das Büro noch eine besondere Funktion, nämlich die Vorbereitung des ersten Zionistenkongresses. Von 1897 bis 1914 sind insgesamt achtzehn Jahrgänge der „Welt“ erschienen.

Rechts: Die erste Nummer der „Welt“. 4. Juni 1897.

Links: Theodor Herzl und die Wiener Zionisten im Café Louvre (Wien I., Renngasse 9). Photographie. 1896.

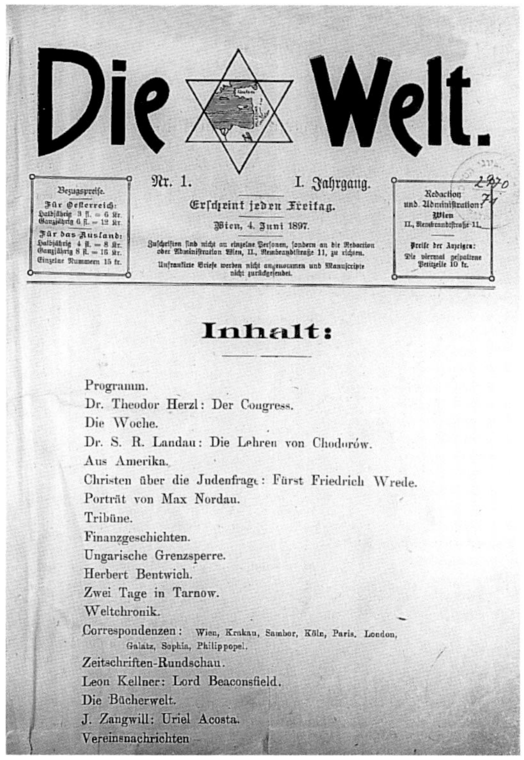

Die Welt.

Bezugspreise.
Für Oesterreich:
Halbjährig 3 fl. = 6 Kr.
Ganzjährig 6 fl. = 12 Kr.
Für das Ausland:
Halbjährig 4 fl. = 8 Kr.
Ganzjährig 8 fl. = 16 Kr.
Einzelne Nummern 15 kr.

Nr. 1. I. Jahrgang.

Erscheint jeden Freitag.

Wien, 4. Juni 1897.

Zuschriften sind nicht an einzelne Personen, sondern an die Redaction oder Administration Wien, II., Rembrandtstraße 11, zu richten.
Unfrankirte Briefe werden nicht angenommen und Manuscripte nicht zurückgesendet.

Redaction und Administration: Wien II., Rembrandtstraße 11.

Preise der Anzeigen: Die viermal gespaltene Petitzeile 10 kr.

Inhalt:

Programm.
Dr. Theodor Herzl: Der Congress.
Die Woche.
Dr. S. R. Landau: Die Lehren von Chodorów.
Aus Amerika.
Christen über die Judenfrage: Fürst Friedrich Wrede.
Porträt von Max Nordau.
Tribüne.
Finanzgeschichten.
Ungarische Grenzsperre.
Herbert Bentwich.
Zwei Tage in Tarnow.
Weltchronik.
Correspondenzen: Wien, Krakau, Sambor, Köln, Paris, London, Galatz, Sophia, Philippopel.
Zeitschriften-Rundschau.
Leon Kellner: Lord Beaconsfield.
Die Bücherwelt.
J. Zangwill: Uriel Acosta.
Vereinsnachrichten

Unsere Wochenschrift ist ein „Judenblatt“. Wir nehmen dieses Wort, das ein Schimpfwort sein soll, und wollen daraus ein Wort der Ehre machen. „Die Welt“ ist ein Blatt der Juden. Welcher Juden? Etwa der Starken, denen man ohnehin hilft? Nein, nein, die brauchen keine Unterstützung.
„Die Welt“ ist das Blatt der Armen, der Schwachen, der Jungen, aber auch aller derjenigen, die, ohne selbst in bedrängter Lage zu sein, zu ihrem Stamme heimgefunden haben. Wage es Niemand, zu sagen, daß wir den Klassenhaß in das Judenthum hineintragen, wenn wir uns der Schwachen unter unseren Brüdern annehmen. In unseren Reihen stehen Männer genug, die weder „Proletarier“, noch Umstürzler, noch Tollköpfe sind. Die Sache, der wir dienen, ist groß und schön, ein Werk des Friedens, die versöhnende Lösung der Judenfrage. Ein Gedanke, wohl geeignet, edlere Menschen – sie seien Christen, Mohammedaner oder Israeliten – zu begeistern.
Wir möchten, um es mit den unseren Freunden schon vertrauten Worten zu sagen: Eine völkerrechtlich gesicherte Heimstätte schaffen für diejenigen Juden, die sich an ihren jetzigen Wohnorten nicht assimilieren können oder wollen.
Theodor Herzl. 4. Juni 1897

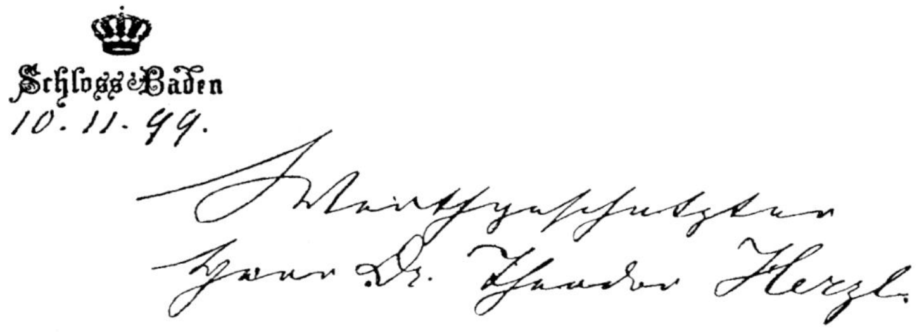

Theodor Herzl suchte für seine „Judenstaat"-Idee nicht nur die Unterstützung der Haute-Juiverie Europas, sondern auch die der europäischen Mächte. Besonders große Hoffnungen – die nie erfüllt wurden – setzte er jahrelang in den deutschen Kaiser. Schon 1895 hatte er an den pensionierten deutschen Reichskanzler Bismarck, ein Idol seiner Jugend, seine Vorstellungen geschrieben, war aber ohne Antwort geblieben.
Durch Reverend William Hechler, einen Pastor an der britischen Botschaft in Wien, gelang es Herzl tatsächlich kurze Zeit später, zum deutschen Kaiser Kontakt aufzunehmen, der dann 1898 zu den beiden Audienzen in Konstantinopel und Jerusalem führen sollte.
Und zwar unterstützte Hechler – er hatte im Jahr 1882 ein seltsames Buch mit dem Titel „The restauration of the Jews to Palestine according to the prophets" veröffentlicht, in dem er die Rückgabe Palästinas an die Juden für das Jahr 1897 oder 1898 errechnet hatte – Herzl uneingeschränkt in seiner politischen Mission, nachdem er durch Zufall den „Judenstaat" in einer Buchhandlung in Wien entdeckt hatte. Hechler war Hauslehrer beim Großherzog Friedrich I. von Baden gewesen, zu dem er die Verbindung herstellte.
Der Großherzog, von der Persönlichkeit Herzls beeindruckt, unterstützte die Idee eines Judenstaates jahrelang intensiv, vor allem bei seinem Neffen, Kaiser Wilhelm II. Aber auch bei Zar Nikolaus II. von Rußland versuchte er zugunsten des Herzl-Plans zu intervenieren – Friedrich war Nachbar des Großherzogs Ernst Ludwig von Hessen und bei Rhein, dessen Schwester mit Nikolaus II. verheiratet war und wohin die Zarenfamilie oft und gerne, so auch im Oktober 1899, zu Besuch kam.
Herzl antichambrierte in der Folge oftmals in Berlin, um sich der deutschen Unterstützung in der Palästinafrage zu versichern. Es sollte ihm nie gelingen: mehr als vage, rein diplomatische Aussagen konnte er weder den Ministern geschweige denn dem Kaiser, der im Grunde ein notorischer Antisemit war, abringen.

Oben: Großherzog Friedrich I. von Baden. Zeitgenössische Photographie. Um 1890.
Links oben und unten: Brief (Briefkopf und Unterschrift) des Großherzogs Friedrich I. von Baden an Theodor Herzl vom 10. November 1899, in dem er die Anfertigung einer Denkschrift an den Zaren – und die Vermittlung durch ihn selbst – anregt.
Links Mitte: Reverend William Hechler in der Tracht eines Beduinen. Photographie von Ch. Scolik. Um 1895.

Links oben: Das Tor des königlichen Schlosses in Berlin. Photographie. Um 1880.
Links unten: Die Friedrichstraße in Berlin. Bildpostkarte. Um 1900.
Rechts: Kaiser Wilhelm II. in Friedrichsruh anläßlich Bismarcks 80. Geburtstag. Links Bismarck, in der Mitte Kronprinz Friedrich Wilhelm, rechts zu Pferd Kaiser Wilhelm II. in Kürassier-Uniform. Photographie. 26. März 1895.

Plötzlich öffnete sich die Thüre des Arbeitszimmers und ein alter, kräftiger aber nicht fett aussehender General trat ein; der Grossherzog [von Baden]. Wir sprangen von unseren Fauteuils auf. Ich machte zwei Verbeugungen. Der Grossherzog reichte Hechler die Hand – von meiner schicklich entblössten Rechten machte er keinen Gebrauch. ... Ich weiss nur, dass mir der Grossherzog mit seinen schönen blauen Augen und seinem ruhigen guten Gesicht beständig in die Augen schaute, dass er mir mit grossem Wohlwollen zuhörte, und als er selbst sprach, geschah es mit einer unsagbaren Bescheidenheit. Ich hatte nach der zweieinhalbstündigen Anspannung aller Denkkraft eine solche Erschlaffung, dass ich mich an den Gang der Unterredung nicht mehr erinnere. Jedenfalls nahm der Grossherzog meine Staatbildung von Anfang an vollkommen ernst.
Theodor Herzl. 23. April 1896

Sein [Wilhelm II.] ganzer Fehler bestand im Grunde nur darin, daß er sich auf einem Posten der menschlichen Gesellschaft befand, dem er nicht völlig gewachsen war. Dieser Posten war der höchste, den Deutschland zu vergeben hatte, und Wilhelm der Zweite war eben leider nicht der höchste Mann, den Deutschland zu vergeben hatte: ein Fall, der, wie man weiß, sich auf Thronen ziemlich häufig ereignet.
Egon Friedell

Nun weiß ich wohl, daß neunzehntel aller Deutschen mit Entsetzen mich meiden werden, wenn sie in späterer Zeit erfahren sollten, daß ich mit den Zionisten sympathisiere oder gar, even(tuel)l wie ich es auch – wenn von ihnen angerufen – thun würde, sie unter meinen Schutz stellen würde! Allein da möchte ich noch bemerken: daß die Juden den Heiland umgebracht, das weiß der liebe Gott noch besser als wir, und er hat sie demgemäß bestraft. Aber weder die Antisemiten noch andere, noch ich sind von Ihm beauftragt und bevollmächtigt, diese Leute nun auch auf unsere Manier zu kujonieren in majorem Dei Gloriam!
Kaiser Wilhelm II.

In Frankreich versuchte Theodor Herzl die Unterstützung seiner Ideen durch zwei der größten jüdischen Philanthropen zu erreichen. Der eine, Baron Maurice de Hirsch (1831–1896), ein aus Bayern stammender Pariser Eisenbahnmagnat und damals einer der reichsten Männer der Welt, hatte im Lauf der Zeit allein an jüdische Wohlfahrtsorganisationen 400 Millionen Francs gestiftet. Er hatte außerdem in großem Stil Ländereien in Argentinien gekauft und sechs Bauerndörfer für arme russische Juden gegründet. Herzl hoffte, Hirsch für seinen „Judenstaat" in Palästina zu begeistern. „Wenn Hirsch sich aus Argentinien zurückzieht und mit uns geht – mir ist es heute klar, daß die Massen nichts wollen als Palästina –, wenn er mit uns geht, könnte unsere Sache in den voraussehbaren Jahren gelingen. Wir brauchen ein paar Millionen für Propaganda und ein paar für Bakschisch in der Türkei", schrieb er 1896 an Max Nordau. Leider war Hirsch einen Tag vorher auf seinen ungarischen Besitzungen gestorben.
Der andere, Baron Edmond de Rothschild (1845-1934), Mäzen und Philanthrop aus der Pariser Linie, hatte bereits seit 1883 einige jüdische Siedlungen in Palästina selbst gegründet oder andere durch großzügige Subventionen vor dem Bankrott bewahrt. Er verhielt sich Herzls Ideen gegenüber reserviert: Was er in Palästina tat, war für ihn eine Sache der Philanthropie für verfolgte Glaubensbrüder und hatte mit national-jüdischer Politik rein gar nichts zu tun.

Oben: Maurice de Hirsch. Photographie. Um 1880.
Links: Edmond de Rothschild bei einem Besuch in Palästina. Photographie. Vor 1914.

Sie [Jacob de Haas] wissen vielleicht nicht, dass ich im Juli in Paris Edm[ond] Rothschild erklärte: ich würde mein Ehrenwort geben, die Leitung der Judensache in seine Hände u. die Montagus, Goldsmids etc. zurückzulegen, wenn sich die Herren verpflichten, das auszuführen, was ich in Konstantinopel u. anderwärts eingeleitet habe. In diesem Vorschlag war doch wol kein „selfish aim". Er wurde abgelehnt. Ich glaube nicht mehr an die Bereitwilligkeit der „grossen" Herren, mitzuhelfen. Eure philantropischen Comités sind keinen Farthing werth, obwol ich jedes einzelne ihrer Mitglieder für einen braven Menschen halte. Wenn ihr so weiterarbeiten wollt, könnt Ihr noch hundert Jahre im Beth Hamidrash, Bevis Marks sitzen u. jedes halbe Jahr einen halben Ochsen nach Palästina schicken. Der Judenstaat wird so nie entstehen.
Theodor Herzl. 4. April 1897

Rothschild will absolut nichts von der Sache wissen, er glaubt nicht, dass beim Sultan etwas zu erreichen sein werde, will jedenfalls nicht mithelfen. Was ich mache, hält er für gefährlich, weil ich den Patriotismus der Juden verdächtig mache, und für schädlich, seinen Palästina-Colonien nämlich.
Theodor Herzl. 18. Mai 1896

Rechts: Einkaufsladen der Agrargenossenschaft in Moisesville in der Provinz Santa Fé, Argentinien. Photographie. 1924.
Unten: Rosch Pinah, eine der ersten jüdischen Siedlungen in Palästina, war von Einwanderern aus Rußland gegründet worden und befand sich später unter dem Protektorat Edmond de Rothschilds. Photographie. Um 1900.

Die Rothschilds, und zwar alle Zweige der Familie, hielten bewußt Abstand von der zionistischen Bewegung, so auch die englische Linie. Es gehörte zur offiziellen Familienpolitik, daß sie gute Staatsbürger jüdischen Glaubens des jeweiligen Landes waren und alles zu unterlassen war, was die Emanzipation und Assimilation gefährden könnte.
Nathaniel Mayer Rothschild (1840–1915), Oberhaupt der englischen Linie und seit 1885 das erste Mitglied des House of Lords der Familie, machte sich vor allem durch seine großzügige Hilfe für mittellose Juden aus Osteuropa verdient. Er weigerte sich lange, Herzl, den er für einen Schwätzer hielt, zu empfangen. Als ein Treffen endlich doch stattfand, schien es anfänglich so, als hätte Herzl Rothschild, der Hilfe zusagte, von der Sinnhaftigkeit überzeugt. Aber der Lord konnte sich von seinen Vorurteilen nicht lösen.
Alfred Rothschild (1842–1918), der jüngere Bruder Nathaniels, war ein außergewöhnlicher Exzentriker, bei dessen legendären Festen die Creme der damaligen Künstler aller Sparten aus und ein ging. Den Ideen Herzls stand auch er distanziert gegenüber, wiewohl die Brüder Herzls Familie nach dessen frühem Tod finanziell unterstützten.
Oben: Nathaniel Mayer Rothschild. Photographie. Um 1895.
Rechts: Alfred Rothschild. Photographie. Um 1875.

Ein Befürworter der zionistischen Ideen, der aber von Herzl und seinen Mitstreitern immer wieder überzeugt werden mußte, war Colonel Albert Edward Williamson Goldsmid (1846–1904). Er wurde ursprünglich christlich erzogen und konvertierte 24jährig – nachdem er durch den Tod seines Vaters sein Judentum entdeckt hatte – zur jüdischen Religion. 1892/93 war er in einer der Kolonien von Maurice de Hirsch in Argentinien tätig. Er war zeitweise intensiv für die zionistische Idee aktiv und begleitete Herzl 1903 auf seiner Sinai-Expedition.
Unten: Albert Edward Williamson Goldsmid. Photographie. Um 1890.

Ein anderer Jude in England, der Oberst Goldsmith sei auch ein begeisteter Zionist, habe Schiffe chartern wollen um Palästina wieder zu erobern.
Den Oberst will ich mir merken. Das sind Alles Bestätigungen für mich. Wir haben das wunderbarste Menschenmaterial das sich nur denken lässt.
Theodor Herzl

Rechts: Die Bank of England. Photographie. Um 1900. Alfred Rothschild wurde im Alter von 26 Jahren zum jüngsten und ersten jüdischen Aufsichtsrat der traditionsreichen Institution und Machtzentrale des britischen Weltreichs gewählt, sein Bruder Nathaniel war einer ihrer Direktoren.

Links oben: In dem in London erscheinenden Blatt „Jewish Chronicle" wurde schon im Jänner 1896 eine erste englische Zusammenfassung von Herzls „Lösung der Judenfrage" veröffentlicht.
Links unten: Die Fleet Street, Londons legendäres Pressezentrum. Photographie. Um 1900.

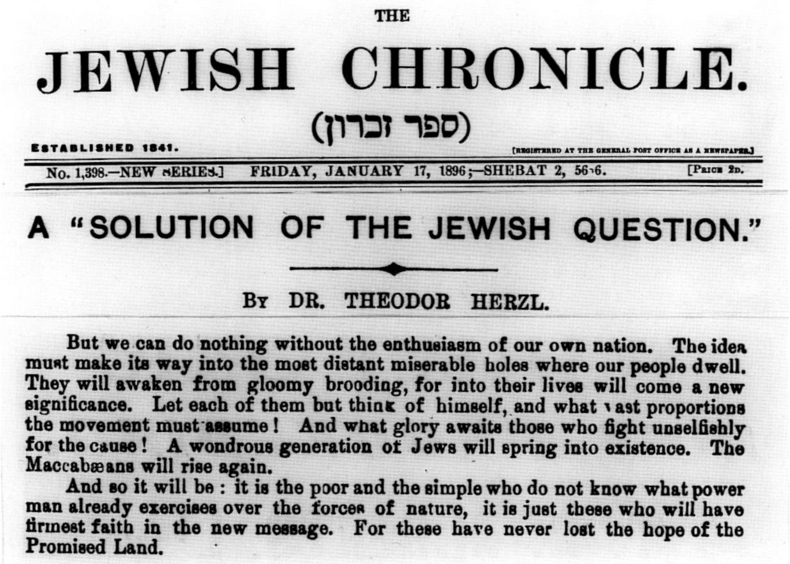
THE
JEWISH CHRONICLE.
(ספר זכרון)
ESTABLISHED 1841. [REGISTERED AT THE GENERAL POST OFFICE AS A NEWSPAPER.]
No. 1,398.—NEW SERIES.] FRIDAY, JANUARY 17, 1896;—SHEBAT 2, 5656. [PRICE 2D.

A "SOLUTION OF THE JEWISH QUESTION."

BY DR. THEODOR HERZL.

But we can do nothing without the enthusiasm of our own nation. The idea must make its way into the most distant miserable holes where our people dwell. They will awaken from gloomy brooding, for into their lives will come a new significance. Let each of them but think of himself, and what vast proportions the movement must assume! And what glory awaits those who fight unselfishly for the cause! A wondrous generation of Jews will spring into existence. The Maccabæans will rise again.

And so it will be: it is the poor and the simple who do not know what power man already exercises over the forces of nature, it is just these who will have firmest faith in the new message. For these have never lost the hope of the Promised Land.

Der Gedanke einer rein jüdischen Kolonie erschreckt mich zutiefst. Eine solche Kolonie wäre ein imperium imperio: ein Ghetto mit den Vorurteilen des Ghettos; ein kleiner, kleinlicher jüdischer Staat, orthodox, unduldsam, der Christen und andere Nichtjuden ausschließt.
Nathaniel Rothschild an Theodor Herzl. 1901

Daß das jüdische Gemeinwesen, das ich errichten möchte, klein, orthodox und illiberal sein muß, kann ich nicht zugeben ... Waren die Begründer der Staaten, die jetzt so groß sind, mächtiger, klüger, gebildeter, reicher als wir heutigen Juden? Arme Hirten und Jäger haben Gemeinwesen gegründet, die dann Staaten wurden. In unserer Zeit haben Griechen, Rumänen, Serben, Bulgaren sich etabliert – und wir vermöchten es nicht? Unsere Rasse ist in allem tüchtiger als die meisten anderen Völker der Erde. Das ist ja die Ursache des Hasses. Wir hatten nur bisher kein Selbstvertrauen. An dem Tage, wo wir an uns glauben, ist unsere moralische Misere zu Ende.
Theodor Herzl an Nathaniel Rothschild. 1901

Schidrowitz telegraphirt heute aus London, dass mein Vorartikel „Die Lösung der Judenfrage" im Jewish Chronicle erschienen ist. Der erste Schritt in die Oeffentlichkeit.
Theodor Herzl. 18. Januar 1896

Der Wiener Zweig der Familie Rothschild reagierte auf Theodor Herzl noch distanzierter als Paris und London. Ihr Oberhaupt, Albert Salomon Anselm Freiherr von Rothschild (1844–1911), weigerte sich schlichtweg, ihn auch nur zu empfangen. Ein Grund für diese brüske Ablehnung der Ideen Herzls mag wohl darin liegen, daß sie um nichts in der Welt ihre hervorragende Stellung in der Reichshaupt- und Residenzstadt der Habsburgermonarchie, ihre vermeintlich vollkommene Emanzipation gefährden wollten. Schließlich waren die Wiener Rothschilds von Kaiser Franz Joseph I. für „hoffähig" erklärt worden, und Kaiserin Elisabeth hatte in Alberts Schwester Julie eine geistreiche Freundin gefunden.

Herzls „Rede an die Rothschilds", der Vorläufer des „Judenstaats", war ursprünglich an Albert Rothschild gerichtet gewesen; Dr. Moritz Güdemann, der Wiener Oberrabbiner, sollte sie ihm persönlich mündlich vortragen.

Rechts: Albert Freiherr von Rothschild und seine junge Frau Bettina Caroline (1858–1892), Tochter von Mayer Alphonse Rothschild (1827–1905), dem Chef der französischen Linie, die er 1876 geheiratet hatte. Photographie. Um 1880.

Unten: Park des Palais Rothschild in Wien III., Prinz-Eugen-Straße (früher: Heugasse) – Ecke Plößlgasse, 1879–1884 im französischen Renaissancestil für Albert Rothschild erbaut. Photographie. Um 1900.

<u>Rechts:</u> Albert Freiherr von Rothschild. Photographie, vermutlich ein Selbstportrait des begeisterten Amateurphotographen, da auf einem Karton des eigenen Ateliers, das er sich in seinem Palais einrichten ließ, montiert. Um 1895.
<u>Unten:</u> Albert Freiherr von Rothschild. Silhouette von Hans Schließmann. Um 1890.

Moritz Güdemann (1835–1918) war ab 1894 Oberrabbiner von Wien und ein früher Anhänger der Ideen Herzls – zumindest bis 1897, als er mit der Schrift „Nationaljudentum" nachzuweisen versuchte, daß Nationalitätsidee und jüdische Religion unvereinbar seien. Grund für die Abkehr vor allem der Rabbiner war die Einberufung des jüdischen Kongresses in Basel.
<u>Oben:</u> Dr. Moritz Güdemann. Druck nach einer Federzeichnung. Um 1900.
<u>Unten:</u> Empfehlungsschreiben Moritz Güdemanns an Zadok Kahn, den Pariser Oberrabbiner, der eine bedeutende Rolle im europäischen Judentum spielte und Vertrauter von Edmond de Rothschild war. 11. November 1895.

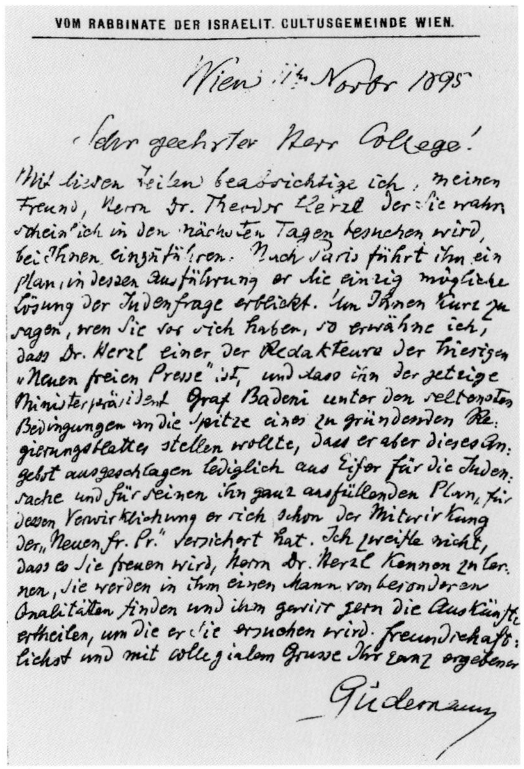

VOM RABBINATE DER ISRAELIT. CULTUSGEMEINDE WIEN.

Wien 11. Novbr 1895

Sehr geehrter Herr College!

Mit diesen Zeilen beabsichtige ich, meinen Freund, Herrn Dr. Theodor Herzl der Sie wahrscheinlich in den nächsten Tagen besuchen wird, bei Ihnen einzuführen. Nach Paris führt ihn ein Plan, in dessen Ausführung er die einzig mögliche Lösung der Judenfrage erblickt. Um Ihnen kurz zu sagen, wen Sie vor sich haben, so erwähne ich, dass Dr. Herzl einer der Redakteure der hiesigen „Neuen freien Presse" ist, und dass ihn der jetzige Ministerpräsident Graf Badeni unter den seltensten Bedingungen an die Spitze eines zu gründenden Regierungsblattes stellen wollte, dass er aber dieses Angebot ausgeschlagen lediglich aus Eifer für die Judensache und für seinen ihn ganz ausfüllenden Plan, für dessen Verwirklichung er sich schon der Mitwirkung der „Neuen fr. Pr." versichert hat. Ich zweifle nicht, dass es Sie freuen wird, Herrn Dr. Herzl kennen zu lernen, Sie werden in ihm einen Mann von besonderen Qualitäten finden und ihm gewiss gern die Auskünfte ertheilen, um die er Sie ersuchen wird. Freundschaftlichst und mit collegialem Grusse Ihr ganz ergebener

Güdemann

Diese Art Adel, den sich manche jüdische Familien aus eigener Machtvollkommenheit zulegten, hat mich und meinen Bruder schon als Kinder bald amüsiert und bald verärgert. Immer bekamen wir zu hören, daß dies „feine" Leute seien und jene „unfeine", bei jedem Freunde wurde nachgeforscht, ob er aus „guter" Familie sei und bis ins letzte Glied Herkunft sowohl der Verwandtschaft als des Vermögens überprüft. Dieses ständige Klassifizieren, das eigentlich den Hauptgegenstand jedes familiären und gesellschaftlichen Gesprächs bildete, schien uns damals höchst lächerlich und snobistisch, weil es sich doch schließlich bei allen jüdischen Familien nur um einen Unterschied von fünfzig oder hundert Jahren dreht, um die sie früher oder später aus demselben jüdischen Ghetto gekommen sind. Erst viel später ist mir klar geworden, daß dieser Begriff der „guten" Familie, der uns Knaben als eine parodistische Farce einer künstlichen Pseudoaristokratie erschien, eine der innersten und geheimnisvollsten Tendenzen des jüdischen Wesens ausdrückt. Im allgemeinen wird angenommen, reich zu werden sei das eigentliche und typische Lebensziel des jüdischen Menschen. Nichts ist falscher. Reich zu werden bedeutet für ihn nur eine Zwischenstufe, ein Mittel zum wahren Zweck und keineswegs das innere Ziel. Der eigentliche Wille des Juden, sein immanentes Ideal ist der Aufstieg ins Geistige, in eine höhere kulturelle Schicht.
Stefan Zweig

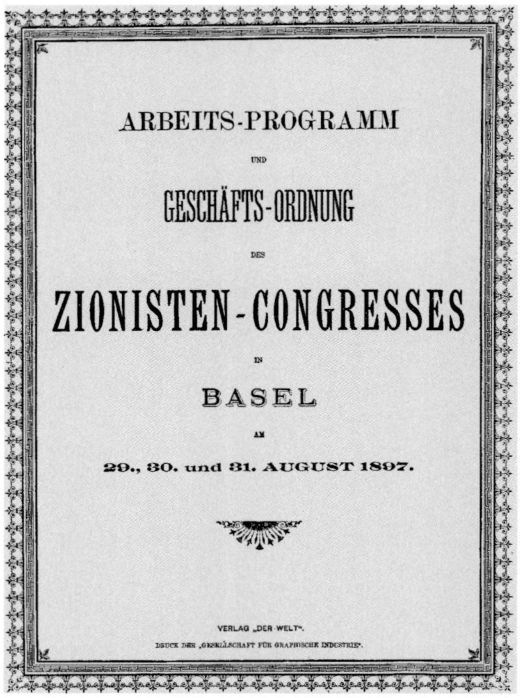
ARBEITS-PROGRAMM

UND

GESCHÄFTS-ORDNUNG

DES

ZIONISTEN-CONGRESSES

IN

BASEL

AM

29., 30. und 31. AUGUST 1897.

VERLAG „DER WELT".

DRUCK DER „GESELLSCHAFT FÜR GRAPHISCHE INDUSTRIE".

Titelblatt des vierseitigen Arbeitsprogramms mit der Geschäftsordnung für den Ersten Baseler Zionisten-Kongreß vom 29. – 31. August 1897.

Trotz vieler Unannehmlichkeiten und Widerstände in den eigenen Reihen reifte im Januar 1897 in Herzl der Plan, einen „Allgemeinen Zionstencongress" einzuberufen. Dieser Kongreß sollte in seiner Konsequenz Herzl dem Ziel, die Massen zu organisieren, näher bringen. Zionisten jeder Couleur und aus allen Ländern sollten bei dieser Gelegenheit zusammentreffen, sich gegenseitig kennenlernen und ihre Standpunkte erörtern. Gleichzeitig sollte die Gelegenheit benutzt werden, den Plan zur Lösung der Judennot der Weltöffentlichkeit vorzustellen. An Herbert Bentwich, einen der führenden „Chowewe Zion" in London schrieb er: „Es soll eine großartige Kundgebung werden, welche der Welt zeigen wird, was der Zionismus ist und will." (9. März 1897) Und ähnlich heißt es in einem Brief an Jacob de Haas: „Dieser Congress soll eine imposante Kundgebung des Zionismus werden und Delegirte aus allen Länder vereinigen." (12. März 1897)

Eine Vorkonferenz in Wien brachte jedoch nicht die Ergebnisse, die Herzl erhofft hatte. Die Meinungsverschiedenheiten unter den Konferenzteilnehmern ließen sich nicht beilegen. Herzl und seine Anhänger wollten einen „Weltkongreß der Zionisten", andere Teilnehmer aber nur eine „Konferenz der Palästinavereine". Es entzündete sich eine heftige Kontroverse, in deren Verlauf sich philanthropische Zionisten wie der aus Berlin stammende Willy Bambus (1862–1904) und Hirsch Hildesheimer (1855–1910) von Herzl und seinen Zielen distanzierten. Sie gingen sogar so weit, ihren Austritt aus der Kommission anzukündigen, da sie der Meinung waren, ihre Vorstellungen ließen sich nicht mit denen Herzls vereinbaren.

Bambus und Hildesheimer waren zwar bereit, sich auf eine Besprechung der praktischen Kolonisationsarbeit einzulassen, nicht aber auf eine öffentliche Erörterung der „Judenfrage". Aber gerade darauf kam es Herzl an. In einem Brief, den er Hildesheimer zur Veröffentlichung in dessen *Jüdischer Presse* übersandte, attackierte er seine Gegner, ohne jedoch deren selbstlose Ansichten anzuzweifeln. Der Brief, der sich mit den gegnerischen Argumenten auseinandersetzte, schließt mit der kategorischen Feststellung: „Der Congreß findet statt: Das ist jetzt die Hauptsache und dabei bleibt es." (9. Mai 1897)

Durch den Widerstand in den eigenen Reihen fühlte Herzl sich noch stärker in seinem Auftrag bestätigt und war mehr denn je entschlossen, den Kongreß stattfinden zu lassen. Die Angriffe verstärkten sich. Ein Kesseltreiben gegen ihn und seinen Plan setzte ein. Man war empört, daß er vor aller Welt die „Judenfrage" diskutieren und damit den Antisemiten öffentlich recht geben wollte, und zwar darin, daß die Juden ein Volk seien und nicht nur eine Religionsgemeinschaft. Für alle diejenigen, die sich für den Weg der Anpassung entschieden hatten, wirkte Herzls Auftreten wie eine Provokation. Manche sahen in ihm geradezu eine Bedrohung.

Einstige Anhänger wurden jetzt zu erklärten Widersachern. Hermann Naftali Adler (1832–1911), der Chief Rabbi der aschkenasischen Gemeinde in London, aber auch Moritz Güdemann, der Oberrabbiner von Wien, begannen Herzl und seine Pläne zu kritisieren. Schroff ablehnend verhielt sich der Vorstand des Rabbinerverbandes in Deutschland, der eine Erklärung verbreitete, in der es unter anderem hieß: „Die Bestrebungen sogenannter Zionisten, in Palästina einen jüdisch-nationalen Staat zu gründen, widersprechen den messianischen Verheißungen des Judentums, wie sie in der Heiligen Schrift und in den späteren Religionsquellen enthalten sind."

Herzls Entgegnungen wurden immer bissiger, seine Kommentare im Ton immer heftiger. In einem am 16. Juli 1897 veröffentlichten Artikel zum Beispiel, der gegen die „Protestrabbiner" gerichtet war, höhnte er, diese „Herren" würden sich gegen das eigene Volk stellen. „Wo aber", so Herzl, „waren und sind die Protestrabbiner mit ihren Protesten, wenn unglückliche Juden, unglücklich nur, weil sie Juden sind, beschimpft, beraubt und erschlagen wurden und werden?" Die „Herren" mögen abmahnen soviel sie wollen, der Kongreß findet statt, weil er stattfinden muß, „weil das zerstreute Volk seiner mit Sehnsucht und Hoffnung harrt".

Um seine Antwortartikel zu veröffentlichen, war Herzl auf das Wohlwollen der Zeitungen angewiesen. Nicht immer nahm man dort seine Beiträge an. Die *Neue Freie Presse* war bemüht, Herzl totzuschweigen und vermied es, über seine Judenstaatspläne zu berichten. Im Mai 1897 entschloß er sich deshalb, ein eigenes Wochenblatt zu gründen, dem er den Namen *Die Welt* gab. Die erste Nummer wurde mit den programmatischen Worten eingeleitet: „Unsere Wochenschrift ist ein ‚Judenblatt'." Und es hieß weiter: „Wir nehmen dieses Wort, das ein Schimpf sein soll und wollen daraus ein Wort der Ehre machen." (4. Juni 1897)

Über Vergangenheit, Gegenwart und Zukunft wollte das Blatt den Lesern Mitteilung machen, durch Korrespondenzen aus aller Welt über die Lage der Juden und vor allem den Fortgang der zionistischen Bewegung informieren. Auch die Forderung nach einer „völkerrechtlich gesicherten Heimstätte", die später als zentrale Formel auf dem Kongreß in Basel verabschiedet werden sollte, taucht bereits in dem Programm auf. Als Herausgeber fungierte der Schwager Herzls, Paul Naschauer (1867–1900). Herzls Name durfte unter keinen Umständen im Impressum erscheinen, weil das die Beziehungen zur *Neuen Freien Presse* gefährdet hätte, die in der *Welt* ein Konkurrenzblatt sah. Aber auch wenn Herzl im Impressum nicht genannt wurde, war jedermann bewußt, wer hinter dem neuen Blatt stand und die Linie bestimmte.

Moritz Benedikt, der Herausgeber der *Neuen Freien Presse,* versuchte, Herzl in einem Gespräch am 22. Juni 1897 von dem Plan einer eigenen Zeitung abzubringen (Herzl: „Gestern wieder ein harter Krach mit Benedikt"), wenn er auf dem Plan beharre, würde er dafür sorgen, daß das Blatt einginge: „Seien Sie ein bon garçon! Seien Sie nicht trotzig. Soyez bon prince! Was haben Sie von der ‚*Welt*'? Sie schaden sich! Es ist mir leid um Sie. In der N[euen] F[reien] P[resse] können Sie die größte Carrière machen. Was brauch' ich Ihnen da viel zu sagen? Sie sehen die Perspective so wie ich. Sie können bei uns alles erreichen. So aber bringen Sie uns in die grösste Verlegenheit."

Die Arbeiten für den geplanten Kongreß und für die *Welt,* dazu die Artikel, die Herzl zum Broterwerb schrieb, nahmen seine Kräfte so sehr in Anspruch, daß er nicht einmal mehr die Energie aufbrachte, Tagebuch zu führen, „Eintragungen in dieses Schiffsbuch der neuen Mayflower zu machen". Hinzu kam, daß die Proteste nicht abebbten, sondern an Heftigkeit sogar zunahmen. Herzl war zeitweilig tief entmutigt. „Ich habe", notierte er in seinem Tagebuch, „in letzter Zeit viel Ekel gehabt." Zeitweilig zweifelte er sogar am Sinn seines Tuns: „Ich will mich, wenn der Congress keine ernsten Ergebnisse zeitigt, von der Action zurückziehen u. nur noch in der ‚*Welt*' das Feuer wachhalten."

Als die Münchener Israelitische Kultusgemeinde sich gegen die Abhaltung des Kongresses in München aussprach (Herzl: „Die Münchener Cultusgemeinde protestirt gegen die Abhaltung des Congresses"), wurde von Herzl schließlich der Vorschlag des Zürcher Sozialdemokraten und Rechtsanwaltes Dr. David Zwi Farbstein (1868–1953) aufgenommen, den Kongreß nach Basel zu verlegen. An den Rechtsanwalt Max Isidor Bodenheimer, der einer der führenden zionistischen Vertreter in Deutschland werden sollte, schrieb er: „Durch die merkwürdige Art der Münchener Herren waren wir gezwungen, den Congress nach Basel zu verlegen." (30. Juni 1897) „Curios", notierte Herzl am 24. August 1897 in seinem Tagebuch, „dass in Basel die meisten Fäden, die ich bisher spann, zusammenlaufen werden."

Die Kongreßvorbereitungen lagen hauptsächlich in den Händen Herzls. Hilfe erhielt er dadurch, daß ihm Mitarbeiter wie Max Nordau, Alexander Mintz, Hermann Schapira, Max Isidor Bodenheimer und Saul Raphael Landau zur Seite standen. Nichts sollte dem Zufall überlassen bleiben. Alles Wesentliche über Tagesordnung und Gang der Verhandlungen wurde in Vorgesprächen sorgsam festgelegt. Kommissionen wurden eingesetzt, die Formulierungen des Programms abgestimmt, das dem Kongreß zur Beschlußfassung vorgelegt werden sollte. Einer der Mitarbeiter erinnerte sich später: „Wir haben beraten, beschlossen und festgelegt … Den Kongreß hat eben nur Herzl gemacht, er ganz allein, mit seinem Gelde und mit seiner Arbeit."

Herzl legte Wert darauf, alle Vorbereitungen für den Kongreß mit größter Genauigkeit zu treffen. Nur so, meinte er, würde ein Gelingen gewährleistet sein. Dazu gehörte sowohl die Auswahl eines repräsentativen Saales und das Besorgen eines Kongreßbüros (Herzl: „Es ist ein leergewordener Schneiderladen. Ich lasse die Firma mit einem Tuch überdecken, um den faulen Witzen zuvorzukommen.") als auch das Anmieten der Unterkünfte für die Teilnehmer. Wie schon bei anderen Gelegenheiten zeigte Herzl auch bei diesen Vorbereitungen organisatorisches Talent, das fraglos mit dazu beigetragen hat, die Abläufe des Kongresses reibungslos zu gestalten.

Die Erwartungen und Hoffnungen

der nach Basel angereisten Kongreßteilnehmer waren sehr verschieden. Nicht alle teilten die Auffassung, es würde sich etwas Großes ereignen, etwa eine Einigung aller Palästinafreunde. Manche waren besorgt, das Volk könne sich noch mehr spalten, die Palästinaarbeit erschwert, wenn nicht sogar unmöglich gemacht werden. Diese Besorgnis wurde vor allem von den verantwortlichen Führern der Chowewe Zion geäußert, deren Gefolgschaft sich Herzl nicht sicher war. Deutlich macht das eine Tagebucheintragung vom 27. August: „Den ganzen Tag fanden gestern Coventikel der Russen statt – die berathen, ich weiss nicht worüber."

Bei den russischen Teilnehmern war in der Sorge um die Palästinaarbeit noch die Befürchtung hinzugetreten, es könnten unkluge Bemerkungen über Rußland fallen und dadurch die ohnehin schon miserable Lage der dort lebenden Juden noch verschlechtert werden. Mordechai Ben Hillel Hakohen (1856–1936), einer der späteren Gründer von Tel Aviv, erinnerte sich: „Dieses Gefühl der Angst und des Mißtrauens gegen den neuen Propheten, der zu uns aus den Spalten der ‚*Neuen Freien Presse*' kam, war vielen meiner Freunde und Genossen gemeinsam. Wir hatten Angst, daß die öffentliche Proklamation uns in Rußland schaden könnte ..." Und der aus Litauen stammende Joseph Lurie (1871–1937), der zusammen mit Leo Motzkin und Shemaryahu Levin 1889 in Berlin eine russisch-jüdische Studentengruppe gegründet hatte, berichtete später: „Zu Herzl war wenig Vertrauen. Man verhielt sich zu ihm mit Zweifel und Skeptizismus. In seiner Offenheit sah man Mangel an Verantwortlichkeitsgefühl. Ich war einer der Wenigen unter den vielen Gegnern und Zweiflern."

Am Eröffnungstag des Kongresses waren 196 Delegierte aus sechzehn Ländern in Basel versammelt. Organisatorisch gab es kaum etwas zu beanstanden. Wohnungen waren über das Büro vermittelt und die Teilnehmerkarten den Delegierten größtenteils vorher zugesandt worden. Über dem Portal des Tagungshauses stand weit sichtbar auf weißem Hintergrund zu lesen: Zionistenkongreß. Neben der breiten Aufschrifttafel hing eine Fahne, dem Gebetsschal nachempfunden, weiß mit blauen Streifen. In der Mitte der Fahne hatte David Wolffsohn den Magen David anbringen lassen, den Davidstern, das alte nationale Symbol der Juden. Die Delegierten, die aus ganz Europa, aus Nordamerika, Nordafrika und Palästina kamen, waren davon überzeugt, sie hätten es mit der Nationalfahne der Juden zu tun. Keiner kam auf die Idee, daß diese Fahne extra für den Kongreß angefertigt worden war.

Der Kongreß fand im Baseler Stadtkasino statt. Der Verhandlungsraum war ein Konzertsaal, den Herzl als einen Raum mit schmucklosen und grauen Wänden beschrieb. „Der lange grüne Tisch auf der Estrade mit dem erhöhten Sitz des Präsidenten, die grün verhangene Tribüne, der Stenographen- und Journalistentisch" machten auf Herzl, als er zum ersten Mal durch den Hintereingang den Saal betrat, einen so starken Eindruck, „dass ich rasch hinausging, um nicht befangen zu werden." Dennoch ließ er sich nicht durch die auf ihn einstürzenden Eindrücke überwältigen. Aufgeregt, aber ganz Herr der Situation, verstand er es, die organisatorischen Probleme zu meistern. „Mir war", schrieb er später in sein Tagebuch, „wie wenn ich 32 Schachpartien gleichzeitig spielen müsste."

Um die Feierlichkeit des Augenblicks zu unterstreichen, hatte Herzl mittels der Einladungskarten verfügt, die Delegierten mögen zur Eröffnung festlich gekleidet erscheinen. „Die Leute", so bemerkte er gegenüber Max Nordau, „sollen sich daran gewöhnen, in diesem Kongreß das Höchste und Feierlichste zu sehen." Nordau, zum Mißfallen Herzls im Gehrock („Redingote") erschienen, sah sich gezwungen, ins Hotel zurückzukehren, sich umzuziehen und in einem Frack wieder zu erscheinen. Er beugte sich damit der Regieanweisung Herzls, der der Ansicht war, Frack und weiße Halsbinde würden jenen „gemessenen Ton" entstehen lassen, „den die Delegierten in hellen Sommer- und Reisekleidern vielleicht nicht haben würden."

Manche der zu beobachtenden Äußerlichkeiten reizten zum Spott. Der Eindruck einer gewissen Theatralik drängte sich bei der Eröffnungsveranstaltung auf. Herzl genoß ganz offensichtlich die Umstände. Er inszenierte und ließ spielen, wie er es von der Bühne her gewohnt war. Als sich am 29. August 1897, einem heißen Sonntagmorgen, die Delegierten zum ersten Mal im Versammlungsraum einfanden, waren die Ränge von Zuschauern überfüllt, die sich das Schauspiel eines „Judenkongresses" nicht entgehen lassen wollten. Spezialberichterstatter der bedeutendsten jüdischen und nichtjüdischen Blätter hatten im Saal Platz genommen. Alle warteten voller Spannung auf den Augenblick der offiziellen Eröffnung.

Nach der Eröffnungsrede durch den Alterspräsidenten Dr. Karpel Lippe (1830–1915), die durch ihre Langatmigkeit Unruhe auslöste, schritt Herzl zum Rednerpult. Aller Augen waren auf ihn gerichtet. Minutenlang bebte alles vor begeisterten Zurufen. Es wurde getrampelt, es wurde in die Hände geklatscht und es wurden Tücher geschwenkt. Der Ruf ertönte: „Jechi Hamelech! Lang lebe der König!" Manche der Augenzeugenberichte lassen die Erregung des Augenblicks spüren. „Es ist nicht mehr der elegante Dr. Herzl aus Wien", äußerte sich zum Beispiel der Schriftsteller Mordechai Ben 'Ami [„Rabinowicz"] (1854–1932), „es ist ein aus dem Grab erstandener königlicher Nachkomme Davids, der vor uns erscheint, in der Größe und Schönheit, mit der Phantasie und Legende ihn umwoben haben." Mayer Ebner (1872–1955) aus Czernowitz war so überwältigt, daß er meinte, den Messias in persona vor sich zu haben: „Als ich ihn in seiner vollkommenen Schönheit sah, als ich in seine Augen blickte, die mir ein mystisches Geheimnis zu verbergen schienen, da jauchzte es in meiner Seele auf. Das ist ER, der Ersehnte, der Heißgeliebte, der Gesalbte des Herrn, der Messias."

In Basel sprach Herzl zum ersten Mal vor einer größeren Öffentlichkeit. Seine Rede begann mit dem Satz: „Wir wollen den Grundstein legen zu dem Haus, das dereinst die jüdische Nation beherbergen wird." In beherrschten und gesammelten Worten skizzierte er seine Vorstellungen, sprach von der Lage der Juden und appellierte an das jüdische Zusammengehörigkeitsgefühl. Der Zionismus, erklärte er den aufmerksam zuhörenden Delegierten, wird das Instrument sein, die „Judenfrage" zu lösen. In diesem Zusammenhang fiel auch jener später so oft zitierte Satz, den Herzl mit erhobener Stimme den Delegierten zurief: „Der Zionismus ist die Heimkehr zum Judentum noch vor der Rückkehr ins Judenland."

Herzl gab den Delegierten zu verstehen, es würde künftig in erster Linie darauf ankommen, eine straffe Organisation ins Leben zu rufen, denn, so bemerkte er, einen Ausspruch des Philosophen Friedrich Hegels etwas abwandelnd, „die Organisation ist der Beweis des Vernünftigen in einer Bewegung." Um den Befürchtungen entgegenzutreten, es würde nur wieder etwas gegründet, was wie viele andere Gründungen letztendlich wirkungslos bleibe, erklärte Herzl: „Wir Zionisten wünschen zur Lösung der Judenfrage nicht etwa einen internationalen Verein, sondern die internationale Diskussion." Eine Lösung der „Judenfrage" könne nur dann erreicht werden, wenn man jüdischerseits zu einer „freimütigen Erörterung" der anstehenden Probleme bereit sei: „Unser Kongreß sei ernst und hoch, den Unglücklichen zum Wohle, niemandem zum Trutz, allen Juden zur Ehre und würdig einer Vergangenheit, deren Ruhm wohl schon fern, aber unvergänglich ist."

Der Rede folgte nicht endender Beifall. Die Delegierten drängten an das Rednerpult. Man gratulierte Herzl, drückte ihm die Hände. Wiederholt kam Jubel auf. Zuschauer auf der Galerie stießen Begeisterungsrufe aus. Tische und Stühle wurden umgestoßen. Max Nordau, der unmittelbar nach Herzl das Wort ergriff, war tief bewegt. Wie sein Vorredner war er bemüht, die Delegierten auf die Notwendigkeit der Abhilfe der Judennot hinzuweisen. „Die Judennot", bemerkte Nordau, sei eben „jene besondere Not, die die Juden nicht als Menschen, sondern als Juden erleiden."

Das Bild, das er von der allgemeinen Lage der Juden zeichnete, war kritisch und pointiert. Die Delegierten waren erschüttert, insbesondere über Nordaus Schilderung des offenen und versteckten Hasses, der den Juden entgegenschlage. Nordaus Worte, die Juden würden durch den „Hagel antisemitischer Beschuldigungen" an sich selbst irre, ließ manchen, der vielleicht noch zögerte, die letzten Bedenken fallen lassen. Herzl war von Nordaus Rede tief beeindruckt. „Seine Rede ist u. bleibt ein Denkmal unserer Zeit", notierte er in seinem Tagebuch. Am 10. September schrieb er Nordau: „Der Schmerz der Baseler Tage war für mich, dass Sie aus der Notwendigkeit der Sache den zweiten Platz einnehmen mussten, wo ihnen der erste gebührte."

Der erste Kongreßtag war eine machtvolle Demonstration für die Einheit der Juden und der Judenheit. Unterstrichen wurde das durch die zahlreichen Telegramme und Zustimmungskundgebungen, die in Basel eintrafen. Petitionen aus Rumänien, die allein 50 000 Unterschriften trugen, forderten den Kongreß auf, die staatsrechtlichen und materiellen Grundlagen für die Auswanderung zu schaffen. Besonders ergriffen waren Herzl und die im Saal versammelten Delegierten von dem Schreiben des greisen Bialystoker Rabbiners Samuel Mohilewer, der eindringlich vor der zunehmenden Feindschaft der Umwelt („Ein großes Feuer ist um uns ausgebrochen und droht uns zu vernichten.") warnte. Mohilewer, der sich uneingeschränkt zu Herzls Plan der Lösung der „Judenfrage" bekannte, war zutiefst davon überzeugt, daß messianische Erwartung und Staatsgründung zusammenfallen würden: „Seit 2000 Jahren hoffen wir auf den Erlöser, der uns aus dem bitteren Golus befreie und unsere Zerstreuten aus allen Enden der Welt in unser Land führe, wo wir ein ruhiges Heim finden sollen."

Nach den Präliminarien des Eröffnungstages begannen am zweiten Tag des Kongresses die Delegierten, sich mit den Fragen zu befassen, derentwegen man in Basel zusammengekommen war. Insbesondere begann man, sich mit programmatischen Überlegungen auseinanderzusetzen. Der erste Satz des Programmentwurfes, der den Delegierten vorgelegt wurde, lautete zunächst: „Der Zionismus erstrebt für das jüdische Volk die Schaffung einer rechtlich gesicherten Heimstätte in Palästina." Die gewählte Formulierung war ein Kompromiß aus verschiedenen Entwürfen. Auf Vorschlag Herzls wurde dem Text noch der Ausdruck „öffentlich-rechtlich" hinzugefügt. Manche Bedenken wurden damit ausgeräumt. Die Delegierten zeigten sich nun bereit, das Programm in der vorliegenden Form zu verabschieden. „Der Zionismus", so lautete jetzt der Kernsatz des Programms, „erstrebt für das jüdische Volk die Schaffung einer öffentlich-rechtlich gesicherten Heimstätte in Palästina."

Das sogenannte „Baseler Programm", das Nordau ein „Meisterwerk der Umschreibung" nannte, war verschwommen formuliert. Um keine völkerrechtlichen Verwicklungen zu riskieren, war man nicht so weit gegangen, die Errichtung eines souveränen jüdischen Staates zu fordern, sondern sprach von der Errichtung einer „öffentlich-rechtlich gesicherten Heimstätte". Den Delegierten war klar, was mit dieser unbestimmten Formel gemeint war. Herzl tat absichtlich nichts dazu, sie zu interpretieren. Jacob de Haas, Herzls Vertrauensmann in London und späterer Biograph, berichtet, er habe Herzl darauf aufmerksam gemacht, daß sich die gewählte Formulierung schwer ins Englische übersetzen lasse. Herzls Antwort, so meinte er, habe die Stimmung der Kongreßteilnehmer ausgedrückt: „No need to worry. The People will read it as ‚Jewish State' anyhow."

So bewußt unbestimmt wie die Grundsatzaussage waren auch alle weiteren Programmpunkte gehalten. Die „Mittel", um das Ziel der Errichtung einer „öffentlich-rechtlich gesicherten Heimstätte" zu erreichen, waren so allgemein formuliert, daß sich verschiedene weltanschauliche Gruppierungen innerhalb der Bewegung mit ihnen identifizieren konnten beziehungsweise unterschiedliche Interpretationen möglich waren. Im einzelnen einigte man sich darauf, folgende praktische Maßnahmen ins Auge zu fassen:

„1. Die zweckdienliche Förderung der Besiedlung Palästinas mit jüdischen Ackerbauern, Handwerkern und Gewerbetreibenden.

2. Die Gliederung und Zusammenfassung der gesamten Judenheit durch geeignete örtliche und allgemeine Veranstaltungen nach den Landesgesetzen.

3. Die Stärkung des jüdischen Volksgefühles und Volksbewußtseins.

4. Vorbereitende Schritte zur Erlangung der Regierungszustimmungen, die nötig sind, um das Ziel des Zionismus zu erreichen."

Neben der Verabschiedung des Grundsatzprogramms wurden auf dem Kongreß Fragen verhandelt wie zum Beispiel jene, welche Organisationsstruktur die Bewegung in Zukunft haben sollte. Die Debatte darüber machte deutlich, daß es in dieser Frage sehr unterschiedliche Vorstellungen gab. Es stellte sich nämlich sehr bald heraus, daß es notwendig sein würde, auf die einzelnen Landesgesetze Rücksicht zu nehmen. Nicht in allen Ländern waren internationale Organisationen gestattet. Der Kongreß konnte daher nur allgemeine Rahmenvorschläge zum Aufbau der Bewegung machen. Gliederung und Aufbau im einzelnen mußte man den Landesorganisationen überlassen.

Hauptorgan der zionistischen Bewegung sollte künftig der Kongreß sein. In der Diskussion über die Wahl der Delegierten hielt Herzl daran fest, daß der Kongreß nur aus gewählten Vertretern bestehen dürfe. Der Kongreß, so wurde vorgeschlagen, sollte ein Aktionskomitee (A.C.) mit Sitz in Wien wählen. Von den fünfzehn Mitgliedern sollten fünf in Wien wohnhaft sein und die eigentliche Exekutive bilden, die übrigen sollten den landsmannschaftlichen Gruppen angehören. Mit unwesentlichen Änderungen, die vor allem die zahlenmäßige Zusammensetzung des Aktionskomitees betrafen, wurde der Entwurf von den Delegierten angenommen.

Mißtöne, die während der Kongreßtage aufgekommen waren, traten durch das von keinem erwartete Ergebnis in den Hintergrund. Manches blieb unerledigt. Die knapp bemessene Zeit führte dazu, daß das übrige Programm nur noch summarisch erledigt werden konnte. Von den vorbereiteten Reden konnten nur wenige gehalten werden. Referenten wie Bodenheimer und Schapira hatten nur die Möglichkeit, kurz über die Gründung einer Bank und eines Nationalfonds zu berichten. Adam Rosenberg (1858–1928), einer der führenden Vertreter der amerikanischen Chowewe Zion-Bewegung, benutzte die ihm zugestandene Zeit, die Zustände in Palästina zu skizzieren. Heinrich Loewe wiederum, der spätere Bibliothekar in Tel Aviv, erklärte in einer zum Teil auf hebräisch gehaltenen Rede, die in Palästina lebenden Juden würden die Beschlüsse des Kongresse mittragen.

Bei aller Zufriedenheit über das Erreichte war den Delegierten jedoch bewußt, daß so manches auf dem Kongreß unausgesprochen blieb. Darüber half auch nicht hinweg, daß versöhnliche Reden gehalten wurden, wie etwa die des Baseler Rabbiners Arthur Cohn, der in bewegten Worten äußerte, er sei bisher Gegner der Bewegung gewesen, würde sich aber jetzt zu der Idee einer nationaljüdischen Bewegung bekennen. Seine Sorge, die religiösen Vorschriften, besonders die Heiligkeit des Sabbat, könnte beim Aufbau Palästinas verletzt werden, wurde von Herzl mit der Erwiderung zerstreut, der Zionismus beabsichtige nichts, „was die religiöse Überzeugung irgendeiner Richtung innerhalb des Judentums verletzten könnte."

Umtost von den Hochrufen der Teilnehmer erklärte Herzl den Kongreß schließlich für beendet. Unbeschreibliche Szenen spielten sich daraufhin ab. Viele weinten. Andere fielen sich in die Arme. Dritte drückten sich die Hände und riefen sich in Anlehnung an die bekannte Gebetsformel gegenseitig zu: „Nächstes Jahr in Jerusalem!" Ein jüdischer Studentenchor gab Herzl zum Abschied ein Ständchen und sang das Lied von Leo Feld: „Dort wo die Zeder schlank die Wolken küßt/ Und wo die schnelle Jordanquelle fließt,/ Dort wo die Asche meiner Väter ruht,/ Das hehre Reich am blauen Meeresstrand,/ Es ist mein liebes, trautes Vaterland!"

Herzl, von Basel nach Wien zurückgekehrt, fühlte sich zutiefst erschöpft, aber er war glücklich über das Erreichte. „Fasse ich“, notierte er in seinem Tagebuch, „den Baseler Kongreß in ein Wort zusammen – das ich mich hüten werde, öffentlich auszusprechen – so ist es dieses: In Basel habe ich den Judenstaat gegründet. Wenn ich das heute laut sagte, würde mir ein universelles Gelächter antworten. Vielleicht in 5 Jahren, jedenfalls in 50 wird es jeder einsehen. Der Staat ist wesentlich im Staatswillen des Volkes, ja selbst eines genügend mächtigen Einzelnen (L'État c'est moi, Ludwig XIV.) begründet. Territorium ist nur die konkrete Unterlage, der Staat ist selbst, wo er Territorium hat, immer etwas Abstraktes. Der Kirchenstaat besteht auch ohne Territorium ...“ (3. September 1897)

Im Januar 1897 faßte Theodor Herzl den Entschluß, einen „Allgemeinen Zionisten-congress" einzuberufen, auf dem alle bisherigen Einzelbestrebungen in den verschiedenen Ländern zu einer „imposanten Kundgebung" zusammengefaßt werden sollten, auch um die Weltöffentlichkeit auf die Dringlichkeit der „Judenfrage" aufmerksam zu machen. Bereits in der Vorbereitungsphase kam es zu großen Schwierigkeiten: Einerseits waren alle Juden, die an die Assimilation und Emanzipation glaubten, und hier besonders die Führungsschichten in West- und Mitteleuropa, strikte Gegner des Plans, andererseits wimmelte es auch innerhalb der zionistischen Bewegung von ideologischen Meinungsverschiedenheiten. Sogar der ursprünglich für den Kongreß vorgesehene Ort, nämlich München, mußte gewechselt werden, weil sich die dortige Kultusgemeinde gegen eine Abhaltung ausgesprochen hatte. Aber Herzl meisterte alle Schwierigkeiten und konnte am 29. August 1897 den Ersten Zionistenkongreß in Basel eröffnen.

Oben: Das Hotel „Drei Könige" in Basel, in dem Herzl während der Kongresse Quartier nahm. Besonders den Balkon mit Blick auf den Rhein liebte er – hier erholte er sich von den anstrengenden Plenarsitzungen. Briefkopf. Um 1875.
Unten: Die Stadt Basel um die Jahrhundertwende. Blick vom Münster rheinabwärts. Photographie. Um 1900.

Ich habe in diesen Tagen öfters befürchtet, irrsinnig zu werden. So jagten die Gedankenzüge erschütternd durch meine Seele. Ein ganzes Leben wird nicht ausreichen, Alles auszuführen. Aber ich hinterlasse ein geistiges Vermächtniss. Wem? Allen Menschen. Ich glaube, ich werde unter den grössten Wohltätern der Menschheit genannt werden.
Theodor Herzl. 16. Juni 1895

Wir werden also sehen, was der Congress bringt. Hat er zur Folge, dass die politischen Mächte die Sache in Erwägung ziehen, dass mich beispielsweise der deutsche Kaiser rufen lässt, so werde ich fortarbeiten. Wenn nicht, und wenn auch keine Bereitwilligkeit seitens der geldkräftigen Juden sich zeigt, die von mir mit so grossen persönlichen und materiellen Opfern so weit gebrachte Action fortzuführen, so werde ich mich zur Ruhe begeben.
Wird mir das Präsidium des Congresses angeboten, so nehme ich es jedenfalls nur für dieses eine Mal an. Auch wenn ich die Action weiterführe, will ich nicht mehr Congresspräsident sein.
Thatsache ist, was ich Jedermann verschweige, dass ich nur eine Armee von Schnorrern habe. Ich stehe nur an der Spitze von Knaben, Bettlern und Schmöcken. Manche beuten mich aus. Andere sind schon neidisch oder treulos. Die Dritten fallen ab, so wie sich ihnen eine kleine Carrière eröffnet. Wenige sind uneigennützige Enthusiasten. Dennoch würde dieses Heer vollkommen genügen, wenn sich nur der Erfolg zeigte. Da würde es rasch eine stramme reguläre Armee werden.
Wir werden also sehen, was die nächste Zukunft bringt.
Theodor Herzl. 23. August 1897

Rechts: Das der Stadt Basel gehörige Casino – das Gebäude mit dem Säulenportikus in der Bildmitte – war Veranstaltungsort der ersten Zionistenkongresse. Im Großen Musiksaal fand das Plenum statt. Bildpostkarte. 1897.
Unten links: Einer der vielen Briefe Herzls, in denen er Wankelmütige von der Notwendigkeit des Kongresses zu überzeugen versuchte. „Der Congress findet statt. Das ist jetzt die Hauptsache und dabei bleibt es", schrieb er etwa an Hirsch Hildesheimer, der sich von Herzls Zielen zu distanzieren suchte, am 9. Mai 1897.
Unten rechts: Hebräische, von Markus Ehrenpreis entworfene und gesetzte Einladung zum Ersten Zionisten-Kongreß in Basel. 1897.

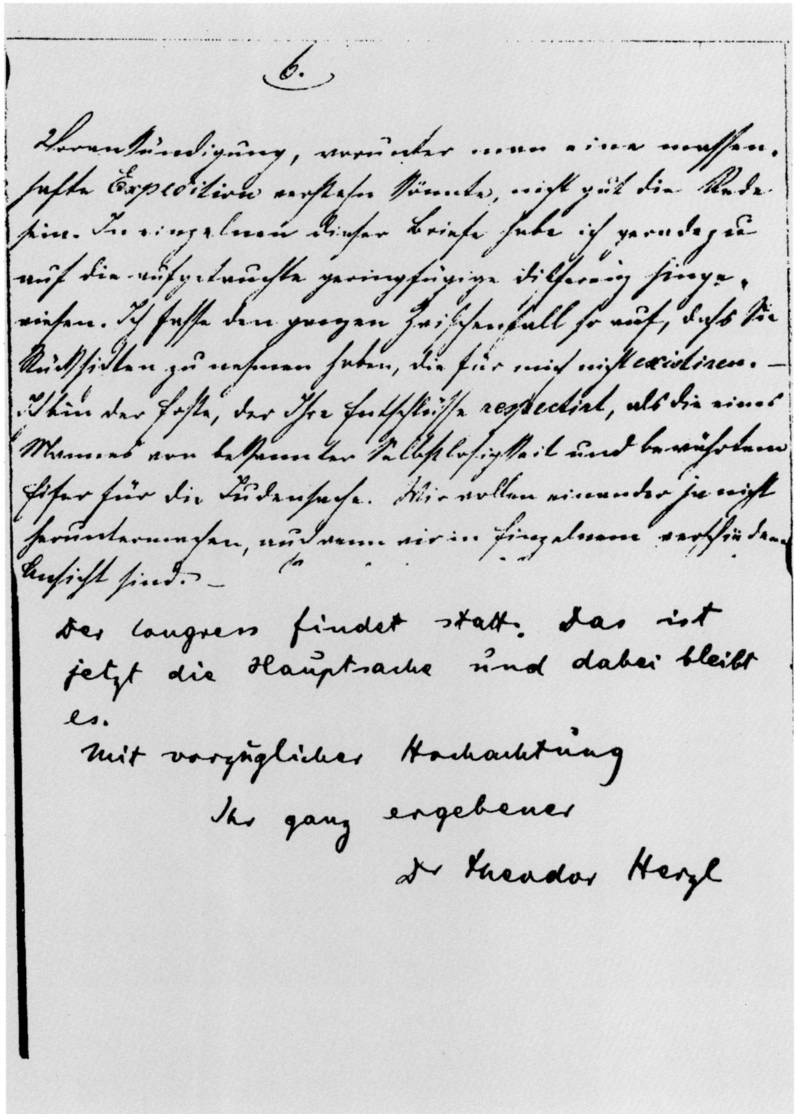

6.

Der Congress findet statt. Das ist jetzt die Hauptsache und dabei bleibt es.
Mit vorzüglicher Hochachtung
Ihr ganz ergebener
Dr Theodor Herzl

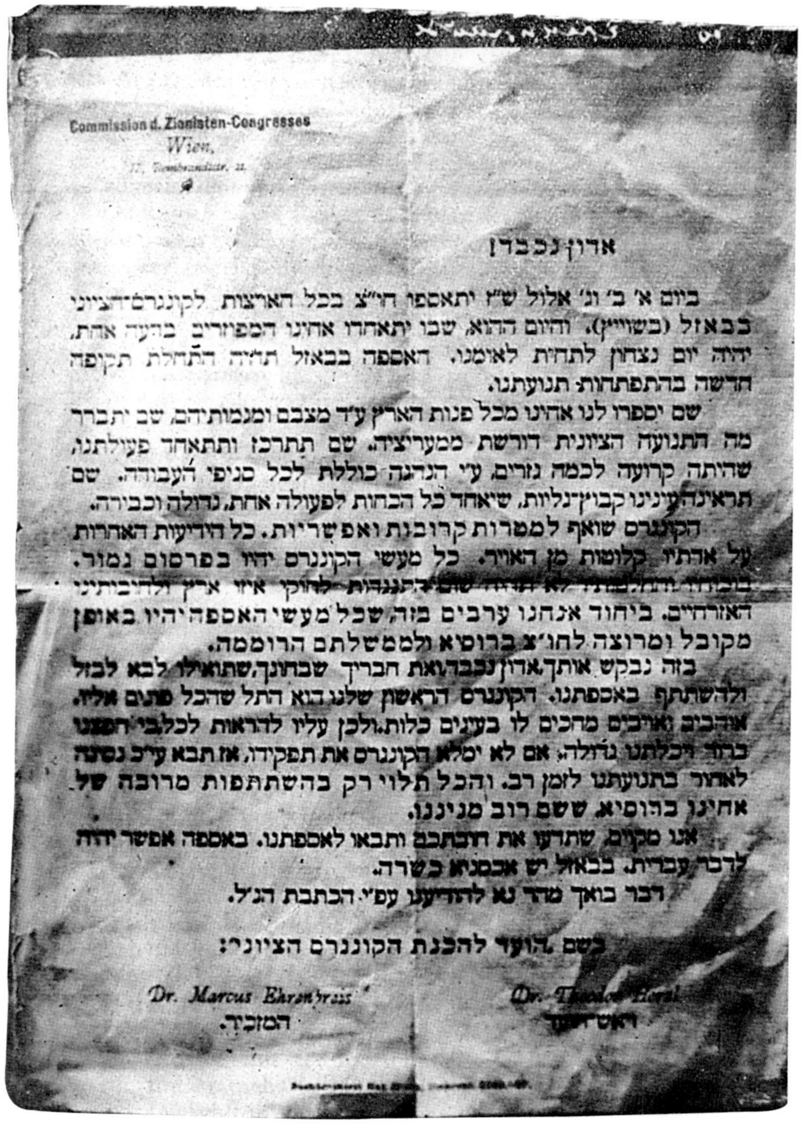

Commission d. Zionisten-Congresses
Wien.

אדון נכבד!

ביום א׳ ב׳ וג׳ אלול ש״ז יתאספו חו״צ בכל הארצות לקונגרס־הציוני בבאזל (בשווייץ). והיום ההוא, שבו יתאחדו אחינו המפוזרים בדעה אחת, יהיה יום נצחון לתחית לאומנו. האספה בבאזל תהיה התחלת תקופה חדשה בהתפתחות תנועתנו.

שם יספרו לנו אחינו מכל פנות הארץ ע״ד מצבם ומגמותיהם, שם יתברר מה התנועה הציונית דורשת ממעריציה. שם תתרכז ותתאחד פעולתנו, שהיתה קרועה לכמה גזרים, ע״י הנהגה כוללת לכל סניפי העבודה. שם תראינה עינינו קבוץ־גליות, שיאחד כל הכחות לפעולה אחת, גדולה וכבירה.

הקונגרס שואף למטרות קרובות ואפשריות. כל הידיעות האחרות על אודותיו קלוטות מן האויר. כל מעשי הקונגרס יהיו בפרסום גמור. [illegible] האזרחיים. ביחוד אנחנו ערבים בזה, שכל מעשי האספה יהיו באופן מקובל ומרוצה לחו״צ ברוסיא ולממשלתם הרוממה.

בזה נבקש אותך, אדון נכבד, ואת חבריך שבחוגך, שתואילו לבא לבזל ולהשתתף באספתנו. הקונגרס הראשון שלנו הוא התל שהכל פונים אליו. אוהבינו ואויבינו מחכים לו בעינים כלות. ולכן עלינו להראות לכל בני הפנו כרוב יכלתנו גדולה. אם לא ימלא הקונגרס את תפקידו, אז תבא ע״כ נסיגה לאחור בתנועתנו לזמן רב. והכל תלוי רק בהשתתפות מרובה של אחינו ברוסיא, ששם רוב מנינגו.

אנו מקוים, שתודיעו את תוכחתכם ותבאו לאספתנו. באספה אפשר יהיה לדבר עברית. בבאזל יש אכסניא כשרה.

דבר בואך מהר נא להודיע עפ״י הכתבת הנ״ל.

בשם הועד להכנת הקונגרס הציוני:

Dr. Marcus Ehrenpreis
המזכיר.

Dr. Theodor Herzl

Arbeits-Programm:

Erster Tag, 29. August. I. Sitzung, Beginn 9 Uhr Vormittags.

Constituirung:

a) Eröffnung des Congresses durch den Alterspräsidenten.
b) Begrüssungsrede von Dr Th. Herzl.
c) Wahl des Bureaus, bestehend aus einem Präsidenten, einem General-Secretär und einer noch zu bestimmenden Anzahl von Vorsitzenden und Schriftführern.
d) Verlesung des Einlaufes.

Tagesordnung:

Erster Punkt. *Die Allgemeine Lage der Juden.* Referent Dr M. Nordau.
Zweiter Punkt. *Begründung des zionistischen Programms.* Referenten Dr. N Birnbaum und Dr. D. Farbstein.

Erster Tag, II. Sitzung, Beginn 3 Uhr Nachmittags.

Tagesordnung:

Dritter Punkt *Die zionistische Organisation.* Referent Rechtsanwalt Dr. Bodenheimer
a) Centralisation der zionistischen Thätigkeit.
b) Nationalfonds.
c) Agitation.

Zweiter Tag, 30. August. III. Sitzung, Beginn 9 Uhr Vormittags.

Tagesordnung:

Fortsetzung der Referate und Debatten über den dritten Punkt.

Zweiter Tag, IV. Sitzung, Beginn 3 Uhr Nachmittags.

Tagesordnung:

Vierter Punkt *Die Colonisation Palästinas.* Referent Dr. M. T. Schnirer
a) Landankauf.
b) Gründung neuer Colonien.
c) Ausbildung von Colonisten.
d) Import und Export.
e) Culturelles.

Dritter Tag, 31. August, V. Sitzung, Beginn 9 Uhr Vormittags.

Tagesordnung:

Fünfter Punkt. *Hebräische Literatur* Referent Dr M. Ebrenpreis.

Dritter Tag, VI. Sitzung, Beginn 3 Uhr Nachmittags.

Tagesordnung:

Sechster Punkt. *Bestimmung des nächsten Congressortes und Einsetzung eines Bureaus.*
Siebenter Punkt. *Congressabschied mit Resumirung der Beschlüsse.*

Anmeldungen zum Congresse, sowie Zuschriften, welche die einzelnen Referate betreffen, sind an den Schriftführer der vorbereitenden Commission:

Herrn **Dr. O. Kokesch,** Hof- und Gerichtsadvocaten, Wien, I. Singerstrasse 25

zu adressiren.

Auf die Referate bezügliche Zuschriften können auch direct an den betreffenden Herrn Referenten eingesendet werden.

Adressen der Referenten:

Dr. M. Nordau, Paris, 34 Avenue de Villiers.
Dr. N. Birnbaum, Berlin, Lessingstrasse 23.
Dr. D. Farbstein, Zürich, Unterstrass, Weinbergstrasse 117.
Dr. J. Bodenheimer, Köln a. Rh., Hohenzollernring 18.
Dr. M. T. Schnirer, Wien, XIX. Döblinger Hauptstrasse 36.
Dr. M. Ehrenpreis, Diakovar, Croatien.

Oben: Das Arbeitsprogramm des Ersten Zionistenkongresses zeigt ganz deutlich die straffe Organisation, die Theodor Herzl gemeinsam mit seinen Mitarbeitern ausgearbeitet hatte. Unten (von links nach rechts): Zu den Referenten gehörten u. a. Dr. David Farbstein (1868–1956), ein Zürcher Rechtsanwalt und Sozialist, der auch den Veranstaltungsort Basel vorgeschlagen und organisiert hatte; Dr. Nathan Birnbaum (1864–1937), 1885 Herausgeber der ersten national-jüdischen Zeitschrift in Wien, „Selbst-Emanzipation", der sich später vom Zionismus abwandte; Dr. Max Bodenheimer (1865–1940), Kölner Zionist der ersten Stunde, einer der engsten Vertrauten Herzls.

Rechts: Theodor Herzl bei seiner Rede am Zweiten Zionisten-Kongreß in Basel. Zeichnung von M. Okin. 1898.
Unten: Teilnehmerkarte für den Ersten Zionistenkongreß. 1897.

Die Geschichte des gestrigen Tages brauche ich nicht mehr zu schreiben, die schreiben jetzt bereits andere. ... Viele waren gestern tiefbewegt – ich war ganz ruhig, wie man beim Eintreffen der vorbereiteten Ereignisse sein soll. Nur als ich gleich nach meiner Acclamation zum Präsidenten den erhöhten Sitz bestieg u. im Briefeinlauf den ersten Brief meines Hans fand, da war ich sehr gerührt. Ich schrieb vom Präsidialtisch – den ich in seiner heutigen Bedeutung nicht überschätze, der aber in der Geschichte wachsen wird – an meine Eltern u. Frau u. an jedes meiner Kinder, Pauline, Hans u. Trude eine Congress-Correspondenzkarte. Das ist vielleicht die erste Kinderei, die ich in der ganzen Bewegung seit zwei Jahren beging.
Theodor Herzl. 30. August 1897

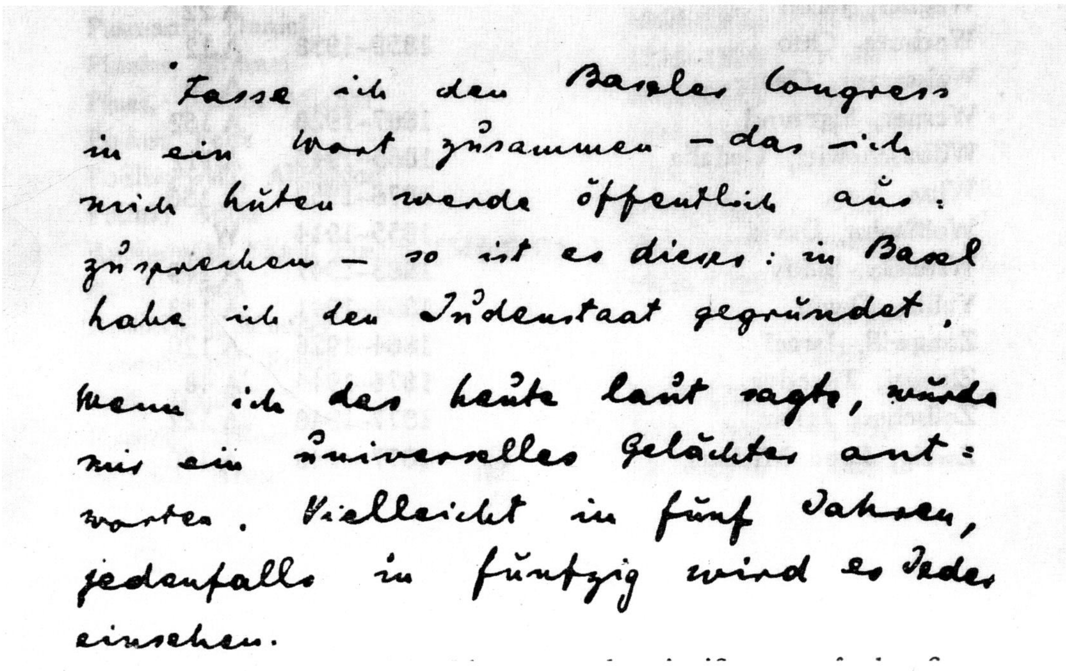
Fasse ich den Basler Congress in ein Wort zusammen – das ich mich hüten werde öffentlich aus-
zusprechen – so ist es dieses: in Basel habe ich den Judenstaat gegründet.
Wenn ich das heute laut sagte, würde mir ein universelles Gelächter ant-
worten. Vielleicht in fünf Jahren, jedenfalls in fünfzig wird es Jeder einsehen.

Wir glauben an das Mißlingen nicht. Wir leugnen indes nicht, daß ein Mißlingen denkbar ist. Ein Element von Wagnis, von Ungewißheit ist ja in jedem Unternehmen enthalten. Jedesmal, wenn man etwas beginnt, besteht die Möglichkeit, daß es fehlschlägt. Aber man würde niemals das Geringste thun, wenn man immer nur an die Möglichkeit des Fehlschlagens denken würde, an diese eine Möglichkeit, der vielleicht zehn oder hundert Wahrscheinlichkeiten des Gelingens gegenüberstehen. Das einzige, was man von einem verständigen Menschen fordern und erwarten darf, ist, daß er sich auf kein Unternehmen einläßt, bei dem das mögliche Risico größer ist, als der wahrscheinliche Nutzen.
Max Nordau

Oben: Die berühmte Stelle aus Herzls Tagebuch: „Fasse ich den Baseler Congress in ein Wort zusammen – das ich mich hüten werde öffentlich auszusprechen – so ist es dieses: in Basel habe ich den Judenstaat gegründet. Wenn ich das heute laut sagte, würde mir ein universelles Gelächter antworten. Vielleicht in fünf Jahren, jedenfalls in fünfzig wird es Jeder einsehen.“ 3. September 1897.

Unten: Dr. Max Nordau (1849–1923), der ebenfalls aus Ungarn stammende, in Paris lebende Arzt und berühmte Schritsteller, war nicht nur ein treuer Freund und Mitarbeiter Herzls, er war auch konstruktiver Kritiker mancher seiner Ideen. Nordau arbeitete auch für „Die Welt“ und unterstützte die Organisation der Zionistischen Kongresse. Seine Rede am Ersten Baseler Kongreß wurden von vielen als beeindruckendster aller Vorträge bezeichnet.

Herzl legte auf die äußere Erscheinung der Kongreßteilnehmer besonders großes Augenmerk – Max Nordau etwa wurde von ihm wieder ins Hotel geschickt, um seinen Cut gegen den von Herzl vorgeschriebenen Frack auszutauschen.
Rechts: Theodor Herzl vor der Baseler Synagoge. Sechster Zionistenkongreß. 1903.

Einer meiner ersten Ausführungsgedanken schon vor Monaten war es, dass man im Frack u. weisser Halsbinde zur Eröffnungssitzung kommen müsse. Das bewährte sich ausgezeichnet. Die Feiertagskleider machen die meisten Menschen steif. Aus dieser Steifheit entstand sofort ein gemessener Ton – den sie in hellen Sommer- u. Reisekleidern vielleicht nicht gehabt hätten – u. ich ermangelte nicht, diesen Ton noch ins Feierliche zu steigern.
Theodor Herzl. 3. September 1897

Jawohl, weil ich ein gescheiter Mensch sein will, bringe ich meine Arbeit unter das Dach des Congresses. Sonst wäre alles Bisherige Unsinn gewesen. Ich habe den Juden einen Congress gemacht, und von da aus soll das Volk sich weiterhelfen, wenn es wirklich will. Ich selbst habe die Geschichte schon manchmal bis da hinauf satt.
Und so ist es auch. Ich habe in der letzten Zeit viel Ekel gehabt. Ich will mich, wenn der Congress keine ernsten Ergebnisse zeitigt, von der Action zurückziehen u. nur noch in der „Welt" das Feuer wachhalten.
Theodor Herzl. 23. August 1897

Zu Lebzeiten Herzls fanden sechs Zionistenkongresse statt, und zwar alle bis auf den Vierten, der 1900 in London abgehalten wurde, in Basel. Das Jahr 1902 wurde übersprungen, 1903 war der Sechste und damit letzte, der von Herzl selbst organisiert wurde.

Oben: Der Sämann als Symbol der Erneuerung war Motiv der Teilnehmerkarten des Zweiten Zionistenkongresses in Basel. 1898.

Rechts: Der große Musiksaal des Stadtcasinos in Basel, in dem die ersten Kongresse stattfanden: Theodor Herzl bei seiner Eröffnungsrede am Zweiten Zionisten-Kongreß. 1898.

Unten: Der „Kongreßhammer", der Theodor Herzl von den amerikanischen Zionisten zum Dritten Kongreß geschenkt wurde. 1899.

Auf den Zionistenkongressen ab 1900 kam es vor allem zu Kontroversen mit der Opposition um Chaim Weizmann und Martin Buber, für die die „Judenfrage“ in erster Linie ein geistig-kulturelles und nicht so sehr ein soziales und politisches Problem, wie von Herzl vertreten, darstellte.
<u>Links:</u> Gruppenbild vom Fünften Zionistenkongreß, das Theodor Herzl und die interne Opposition vereint zeigt.
In der 2. Reihe, sitzend, von links nach rechts: Prof. Chaim Weizmann (1873–1952), Architekt Oskar Marmorek (1863–1909), Theodor Herzl, Leo Motzkin (1867–1933), Dr. Jacob Bernstein-Kohan (1859–1929). Basel. 1901.
<u>Unten:</u> Teilnehmerkarte zum Fünften Zionistenkongreß. Entwurf von Ephraim Mose Lilien (1874–1925), dem Graphiker und Mitbegründer des Jüdischen Verlages in Berlin. 1901.
<u>Gegenüberliegende Seite:</u> Theodor Herzl auf dem Balkon des Hotels „Drei Könige“ in Basel. Photographie von Ephraim Mose Lillien (aus einer Serie, zu der auch die Abbildung auf der Vorderseite des Schutzumschlags gehört). 1901.

Was Hess nur angedeutet, Pinsker skizziert, Birnbaum an einzelnen Punkten ausgeführt hatte, vollendete der „Judenstaat“: er gab einen Entwurf des Weges.
Martin Buber. 1904

Die für die Konzentration des Volkes in Zion notwendige Vorbereitungsarbeit besteht also in der Konzentration des Volksgeistes in der Liebe zu Zion. Jedes Werk, das in unserer Generation (und wer weiß in noch wie vielen Generationen nach uns) unternommen wird, muß daher gerichtet sein nicht auf die Konzentration des Volkes, sondern auf die Vorarbeit, die Konzentration des Geistes.
Achad Haam

Palästina allein ist noch nicht die Regeneration. Es kommt darauf an, wie es aufgebaut wird. Nicht die Institutionen sind hier wichtig, sondern der Geist, der sie erfüllt. Palästina, ein Land ohne jede Industrie, ohne Handel, inmitten von Wüste und Unzivilisation, nicht besonders fruchtbar und vernachlässigt, kann nicht die Heimstätte von vielen Millionen werden; es kann nicht das Problem der Masse lösen. Seine wahre Bedeutung – für unser Volk und für noch weitere Kreise – muß in erster Reihe eine qualitative sein. Unser Maximalprogramm in bezug auf Palästina ist kein quantitatives, sondern ein qualitatives. Wir verlangen für Palästina die Entstehung einer neuen Gesinnung, wir erwarten von Palästina eine neue höhere Stufe des Juden, des Menschen. Nur dadurch rückt Palästina in den Mittelpunkt unserer Regenerationsarbeit, all unserer menschlichen Arbeit.
Hans Kohn

Gegenüberliegende Seite: Theodor Herzl bei seiner Eröffnungsrede zum Sechsten Zionistenkongreß in Basel. 1903.
Oben: Auf dem Sechsten Zionistenkongreß 1903 wurde die praktische Aufbauarbeit in Palästina beschlossen. Mit der Leitung waren beauftragt (von links): der Agrarreformer Dr. Franz Oppenheimer (1864–1943), Dr. Otto Warburg (1859–1938), von 1911–1920 Präsident der Zionistischen Weltorganisation, seit 1921 Direktor des landwirtschaftlichen Instituts in Rechowot, seit 1925 an der Hebräischen Universität Jerusalem, und Selig Soskin (1873–1959).
Rechts: Theodor Herzl mit zwei kaukasischen Juden, Architekt Eduard Levy (links) und Israel Zangwill (1864–1926), dem englischen Schriftsteller und engsten Mitarbeiter Herzls in London. Sechster Zionistenkongreß Basel. 1903.

Ich verlange von den Gebildeten, an die ich mich wende, ein Umdenken und Umlernen mancher alten Vorstellung. Und gerade den besten Juden, die sich um die Lösung der Judenfrage tätig bemüht haben, mute ich zu, ihre bisherigen Versuche als verfehlt und unwirksam anzusehen.
Theodor Herzl. Der Judenstaat

In Prag, wo ich einige Stunden mit zionistischen Studenten im Kaffeehaus zusammensaß, sagte ich mir noch entschiedener als zuvor bei der Schnitzlerlektüre (Weg ins Freie), es handle sich um eine österreichische Angelegenheit. Dort, wo man gewohnt war, den Staat in Nationalitäten zu gliedern, die sich gegenseitig befehdeten und allenfalls tolerierten, mochte es auch eine jüdische Nationalität geben; und dort, wo man im galizischen Bezirk noch eine massierte kleinbürgerliche Judenbevölkerung besaß, die in freiwilliger Gettoabgeschiedenheit bei eigener Sprache und Sitte beharrte, ganz ähnlich den benachbarten polnischen und russischen Judengruppen, denen Bedrückung und Verfolgung die Sehnsucht nach einer besseren Heimat nahelegten, dort war der Zionismus etwas derart Begreifliches, daß nur eines an ihm unverständlich blieb: wie nämlich sein Entstehen erst in den neunziger Jahren des vorigen Jahrhunderts und erst durch Herzl hatte zustande kommen können. Und tatsächlich war er ja dort überall schon viel früher existent gewesen, zum Teil sogar keimhaft in seiner politischen Form, und nur die entscheidende Herausarbeitung des politischen Momentes und die Einbeziehung der im Westen und unter eigentlich europäischen Bedingungen hausenden, der emanzipierten Juden in die Volksidee und Rückwanderungsabsicht waren das Neue, das Herzl von sich aus einer vorhandenen Bewegung hinzufügte.
Victor Klemperer

So als hätte man geahnt, daß es der letzte Kongreß Theodor Herzls sein werde, gibt es von keinem so viele Gruppenbilder wie vom Sechsten Zionistenkongreß in Basel 1903.
Links: Theodor Herzl mit einer Gruppe von österreichischen Zionisten. Photographie. 1903.
Mitte: „Dr. Herzl's letztes Lebensjahr Dr. Herzl am Zionistenkongreß unter der russischen Landsmannschaft". Bildpostkarte. 1903.

Unten: Theodor Herzl mit Teilnehmern aus verschiedenen Ländern, in der ersten Reihe sitzend auch Israel Zangwill, Max Nordau, Max Bodenheimer, David Wolffsohn (1856–1914), Kölner Großkaufmann, enger Freund Herzls und sein Nachfolger als Präsident der Zionistischen Organisation, und Prof. Max Mandelstamm (1859–1912), berühmter russischer Augenarzt und Führer der russischen Zionisten. Photographie. 1903.

Gegenüberliegende Seite: Theodor Herzl. Photographie von R. Spreng, Basel. Um 1901.

Die Bewegung wird fortgesetzt, u. sie wird stürmisch wachsen, darüber soll sich Niemand täuschen. Trotz der Bitternisse u. Schwierigkeiten, die man mir bereitet, führe ich diese Bewegung als ein besonnener Mann, der sich in jedem Augenblick der ungeheuren Verantwortung bewusst ist. Ich reize die Massen gewiss nicht auf, aber kann ich tumultuarische Missverständnisse verhindern, wenn es vorkommen kann, dass ganze Kapitel meiner Auseinandersetzungen übersehen werden.
Theodor Herzl. 26. Juli 1896

R. Spreng
BASEL
Clarastrasse 54.

Seine Eindrücke und die Resultate des in den letzten Augusttagen stattgefundenen Kongresses hat Herzl in einer Broschüre beschrieben, die im Oktober 1897 unter dem Titel *Der Baseler Kongreß* erschien. Er wiederholt dort nicht nur seine Ansicht, der Zionismus sei aus der Not geboren, „aus der Not der Juden der ganzen Welt", sondern gibt auch seiner Verwunderung darüber Ausdruck, daß es immer noch jüdische Kreise gibt, die bestreiten, daß eine „Judenfrage" existiert: „Nein, nein, die Judenfrage ist leider wirklich vorhanden, und wer sie am Leib oder an der Seele erfahren hat, der wird den Schmerz nie wieder los."

Das Zusammenkommen der Delegierten aus verschiedenen Ländern und Kulturen hatte Herzls Einstellung zu den Juden außerhalb Mitteleuropas ganz offensichtlich verändert. „Westeuropäischen Hochmuth" nennt er jetzt das Herabblicken auf die Juden anderer Länder. Eingehend erörtert er jetzt die Gründe, warum den Juden Westeuropas das Gefühl der inneren Einheit abhanden gekommen sei. Mit Hochachtung, geradezu mit Bewunderung spricht er dagegen von den russischen Zionisten, von denen er zu diesem Zeitpunkt noch meint, sie würden sich als wirkliche Nationaljuden fühlen, „aber ohne beschränkten und unduldsamen Nationaldünkel." Von ihnen sei nicht zu erwarten, daß sie sich wie die Juden Westeuropas selbst aufgäben, sich an die Umwelt assimilierten. „Nein. Diese Leute sind auf dem rechten Weg …"

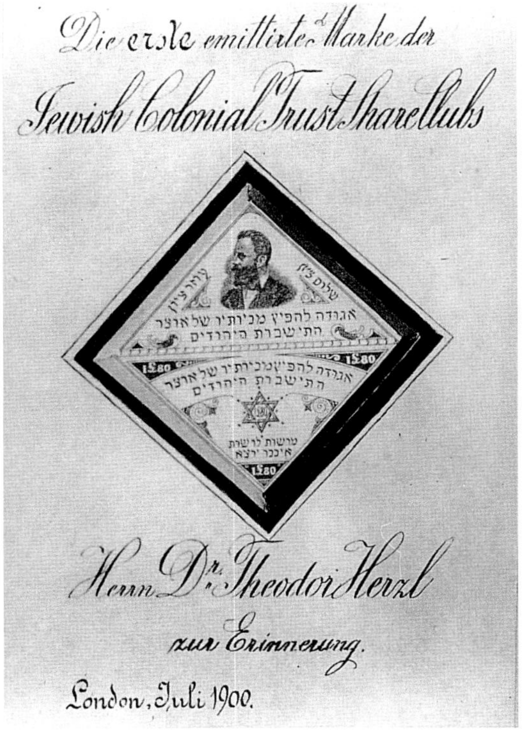

Oben: Der erste Anteilschein der Jüdischen Kolonialbank, im Juli 1900 Theodor Herzl gewidmet. Gegenüberliegende Seite: Theodor Herzl am Schreibtisch seines Arbeitszimmers in Wien XVIII., Haizingergasse 29, an dem er von Mai 1898 bis zu seinem Tod für seine Sache tätig war. Photographie. Um 1900.

In dem Aufsatz *Der Baseler Kongress* spricht Herzl auch von den Möglichkeiten, die Zustimmung der europäischen Mächte zu erhalten, vor allem die der Türkei. Falls vom Sultan keine Zusicherungen zu erhalten seien, dann müßte auf den „Ablauf der schleichenden Krise" im Orient gewartet werden. „Ein Volk kann warten. Es lebt länger als Menschen und Regierungen, und wie die Dinge im Orient stehen, läßt sich die kommende Stunde der Auflösung mit der Uhr in der Hand berechnen." Die Chancen stünden also nicht schlecht. Die Türken seien schließlich von einer natürlichen Indolenz und Gutmütigkeit und würden die Vorteile erkennen, die daraus entstünden, mit den Juden ein Arrangement zu treffen.

Angesichts der konkreten Aufgaben waren grundsätzliche Meinungsverschiedenheiten zwischen den Delegierten des Baseler Kongresses in den Hintergrund getreten, aber sie waren keineswegs ausgeräumt. Herzl hatte es einerseits zwar verstanden, die nationaljüdische Bewegung zu einer alle weltanschaulichen Gegensätze vereinigenden Weltorganisation zu formen, deren moralische Bedeutung unstreitig darin bestand, daß sie von den Mächten politisch akzeptiert wurde. Andererseits darf aber nicht übersehen werden, daß es auch Gruppierungen innerhalb der neu entstandenen Organisation gab, die in Gegnerschaft zu Herzl standen. Sie vertraten die Ansicht, die „Judenfrage" sei kein soziales und politisches, sondern in erster Linie ein geistig-kulturelles Problem.

Die Gegensätze brachen auf den auf Basel folgenden Kongressen auf. Da war vor allem die „Fraktion" um Chaim Weizmann und Martin Buber, die eine geistige und kulturelle Renaissance des Judentums in die Wege geleitet wissen wollte. „Eine Erziehung des Volkes also", wie es Martin Buber einmal formulierte, „eine revolutionäre von Grund aus aufwühlende Erziehung zur Freiheit, mit uns selbst beginnend und beim letzten Lumpenproletarier endend soll die zionistische Propaganda werden." Dahinter steckte die Überlegung, es komme nicht so sehr darauf an, die technischen Bedingungen der Staatsgründung voranzutreiben. Zuallererst, so meinten die Vertreter dieser Gruppe um Weizmann und Buber, sei es erforderlich, daß die Juden über ihre Lage nachzudenken begännen und zu einem „Selbst-Bewußtsein" zurückfänden.

Den Widerstand der Delegierten gegen diese Linie faßte Max Nordau in Worte, wenn er diese Forderungen auf dem 5. Kongreß (26.–30. Dezember 1901) als leeres Gerede abtat, „solange die Voraussetzung einer gründlichen, allseitigen Volksverbindung fehlt, nämlich Geld." Die Kontroverse, die auf den nach Basel folgenden Kongressen die Delegierten entzweite, machte deutlich, daß sich die „Judenfrage", vor allem unter den Jüngeren, zu einer Lebens- und Gewissensfrage entwickelt hatte. Der Zionismus war für sie keine rein politische, sondern eine weltanschauliche Angelegenheit geworden, eine „Antwort auf unser Persönlichkeitsproblem", wie das der deutsche Zionist Kurt Blumenfeld einige Jahre später zum Ausdruck brachte.

Die herausragende Gestalt dieser jüdischen Erneuerungsbewegung, die auch „Kulturzionismus" genannt wird, war neben Buber und Weizmann insbesondere Achad Haam („Einer aus dem Volk"). Der Chefredakteur der in Odessa erscheinenden hebräischen Zeitschrift *Haschiloa*, der mit bürgerlichem Namen Asher Ginsberg hieß, soll sich angeblich auf dem Baseler Kongreß als ein „Trauernder in einer Hochzeitsgesellschaft" gefühlt haben. Das stimmt vermutlich auch, denn er war einer derjenigen, dem eine politische Lösung der „Judenfrage" gar nicht so sehr am Herzen lag. Wichtiger waren ihm die Verinnerlichung und die Belebung des jüdischen Geistes und der jüdischen Kultur. Der staatlichen Wiedergeburt sollte die „moralische Wiedergeburt" vorangehen. „Israel", so verkündete er, „wird von Propheten, nicht von Diplomaten gerettet werden ..."

Ähnlich wie Achad Haam, der sich zu einem der schärfsten Kritiker Herzls entwickeln sollte, argumentierte später auch Martin Buber (1878–1965). Vielleicht war er sogar noch etwas radikaler als Achad Haam, denn ihm ging es hauptsächlich um den Aufbau eines Kultur- und Geisteszentrums für die Juden in Palästina. Beeinflußt von den Traditionen jüdischer Mystik und chassidischer Frömmigkeit, glaubte er, die Rückbesinnung auf die Traditionen jüdischer Geistesgeschichte würde den Juden helfen, den Prozeß der „inneren Befreiung" voranzutreiben. Für den Juden der Gegenwart, so Buber, sei die Vergangenheit seines Volkes „sein persönliches Gedächtnis, die Zukunft seines Volkes seine persönliche Aufgabe ... Der Weg des Volkes lehrt ihn, sich selbst verstehen und sich selbst wollen."

Mit der scharfsinnigen Kritik an der Politik Herzls und Nordaus, die von Männern wie Achad Haam, Martin Buber und anderen geäußert wurde, ist es gelungen, die Entwicklung der zionistischen Bewegung in vielschichtiger Weise zu befruchten. Die Versuche, den Zionismus auf religiöse, dem jüdischen Messianismus beziehungsweise Chassidismus entsprechende Bahnen zu lenken, sind jedoch gescheitert. „Kulturzionistische" Einflüsse kamen nur bedingt zum Tragen, dennoch war die eingeleitete Kontroverse mehr als nur eine Episode in der Geschichte der zionistischen Bewegung, prallten hier doch Anschauungen aufeinander, „die bis heute im Ringen um das Selbstverständnis des Zionismus relevant geblieben sind." (Hermann Meyer-Cronemeyer)

In der innerjüdischen Debatte, die verstärkt nach dem ersten Kongreß in Basel einsetzte, leistete auch das assimilierte Judentum heftigen Widerstand. Die häufig geäußerte Annahme, die Juden Westeuropas hätten den Zionismus geschlossen begrüßt, unterschätzt zumeist das Maß der Assimilation und Integration gegen Ende des 19. Jahrhunderts. Denn das Gegenteil war der Fall. Die meisten Juden waren so angepaßt, daß sie mit der Idee des Zionismus nur wenig anfangen konnten. Sie verstanden sich als Franzosen, Engländer oder Deutsche. Sie fühlten sich in ihren jeweiligen Wohnländern verwurzelt und dachten gar nicht daran, die in Jahrzehnten hartnäckig erkämpften staatsbürgerlichen Rechte zu gefährden, sie vielleicht sogar dank Herzls Ideen leichtfertig aufs Spiel zu setzen.

Eine Gründung wie zum Beispiel der „Centralverein deutscher Staatsbürger jüdischen Glaubens", der als Abwehrinstrument gegen den Antisemitismus 1893 ins Leben gerufen worden war, hatte zwar zu einem Erstarken des jüdischen Gruppenbewußtseins um die Jahrhundertwende beigetragen, stand jedoch Herzls Judenstaatsgedanken ablehnend gegenüber. Die Mitglieder des Centralvereins sahen im Zionismus nicht nur einen Anachronismus, sondern eine geradezu rückläufige Bewegung, die den eigenen Überzeugungen zuwiderlief. Sie waren davon überzeugt, der von Herzl öffentlich propagierte Zionismus würde die Entwicklung des Judentums zu einer freien, allweltlichen, rein universal-religiösen Gemeinschaft aufhalten. Das aber wollten sie nicht. Es hätte weder ihren Interessen noch ihren ureigensten Wünschen entsprochen.

Insbesondere in Deutschland verstärkte sich in den darauffolgenden Jahren die ablehnende Haltung des sich assimiliert fühlenden Judentums. Die Mitglieder diverser Vereinigungen – etwa der „Verband nationaldeutscher Juden" oder der „Reichsbund jüdischer Frontsoldaten" (in ihnen hatten sich zumeist nationaldeutsch-konservativ gesinnte, aber auch durchaus liberal eingestellte Juden organisiert) – dachten nicht daran, Zionisten zu werden, sondern bestanden darauf, sowohl Deutsche wie Juden sein und bleiben zu wollen. In diesen Vereinigungen oder Verbänden, die in ähnlicher Form auch in anderen Ländern des Westens existierten, wurde keinerlei historische oder kulturelle Gemeinsamkeit mit den Millionen Juden jenseits der jeweiligen Landesgrenzen anerkannt. Die Vorstellung, die Juden seien eine Nation unter anderen, stieß bei ihnen auf Ablehnung und löste zum Teil echt empfundene Empörung aus.

„Die Hetzjagd hat begonnen", schrieb Max I. Bodenheimer am 20. September 1897 an Herzl. „Von allen Seiten hacken die Hunde ihre Zähne in unsere Weichen. Hoffentlich haben wir bald die Kraft, die ganze Rotte niederzuschlagen. Die Logen arbeiten systematisch, ebenso die Abwehrvereine und der Verein deutscher Staatsbürger jüdischer Konfession." Ähnlich äußerte sich Herzl, der wie sein getreuer „Hayoll" (Chajal, d.h. Soldat) Bodenheimer argwöhnisch beobachtete, wer sich für die Bewegung aussprach und wer gegen sie war. „Jetzt werde ich", schrieb er am 7. Oktober an Israel Zangwill, „durch ein Meer von Koth waten müssen ... Ich glaube, die Zeit der Blumen ist vorüber, und die Juden selbst werden mir das Leben recht sauer machen."

Herzl hat den Widerstand der assimilierten Kreise durchaus erkannt, ließ sich aber durch diesen nicht entmutigen. Gegenüber den Angriffen und Verdächtigungen reagierte er gelassen und war bemüht, in Artikeln und Aufsätzen die Problematik der Assimilation im Sinne des Zionismus zu erörtern. „Was will der Zionismus?" fragte er zum Beispiel in einem Aufsatz, der unter dem Titel *Der ewige Jude* im *Daily Chronicle* am 12. und 13. November 1897 erschien. Der Zionismus will für ein „landloses Volk" eine „definitive Heimstätte" schaffen. Die Versuche derjenigen, die sich der Assimilation verschrieben hätten, seien zum Scheitern verurteilt, weil man nicht zulasse, daß sie Boden und Ehre erwerben. „Wir Juden der antisemitisch gewordenen Kulturländer", so Herzl, „wollten uns assimilieren, aber gerade unsere Assimilationsversuche haben den modernen Antisemitismus hervorgerufen ..."

Es gäbe Juden, von denen Herzl meinte, sie hätten keine Ehre. Zumindest würde sie ihnen gleichgültig sein. Herzl nannte diesen Juden „Mauschel". Der berühmt gewordene Aufsatz, den Herzl unter dieser Überschrift in der *Welt* veröffentlichte, beginnt mit dem Satz: „Mauschel ist Antizionist." Dieser Mauschel, führte Herzl aus, ist das Gegenbild des wirklichen Juden, aber sein ständiger Begleiter in der Geschichte, so unzertrennlich mit ihm verbunden, daß man die beiden miteinander verwechseln könnte. „Der Jude ist ein Mensch, wie andere, nicht besser, nicht schlechter, höchstens verschüchtert und verbittert durch die Verfolgungen, und von einer großen Standhaftigkeit im Leiden. Mauschel hingegen ist die Verzerrung des menschlichen Charakters ..."

„Mauschel" trägt nach Ansicht Herzls nicht nur Verantwortung für den Antisemitismus, sondern hat sich mit diesem so gut wie abgefunden: „Mauschel zuckt die Achsel: was heißt Ehre? Wozu braucht man Ehre? Wenn die Geschäfte gehen und man gesund ist, läßt sich das übrige ertragen." Und weiter: „Wir sind ein Volk von Schacherern und Gaunern, weil Mauschel wuchert und Börsenstreiche macht. Mauschel hat immer die Vorwände geliefert, unter denen man uns anfiel. Mauschel ist der Fluch des Juden." Der Zionismus wird das Allheilmittel sein. Den Typus Jude, den „Mauschel" verkörpert, wird der Zionismus verschwinden lassen. Sollte er sich ihm verweigern, sollte er gar Schwierigkeiten machen und sich zur Wehr setzen, dann wird der Zionismus es mit ihm halten wie Wilhelm Tell in der Sage: „Mißlingt der erste Schuß, dann dient der zweite der Rache."

Neben den mühsamen und kraftraubenden Auseinandersetzungen, die er mit Zionisten jeder Couleur und Vertretern des assimilierten Judentums hatte, war Herzl insbesondere bemüht, den Aufbau der Organisationsstruktur innerhalb der Bewegung weiter voranzutreiben. „Ich nehme jetzt die Jewish Company in Angriff", notierte er am 6. Oktober 1897 in seinem Tagebuch. „Der Baseler Kongreß bedeutete die Bildung der Society of Jews gemäß Judenstaat, wenn auch mit opportunistischen Modificationen und in schwacher Ausführung. Die Arbeit des nächsten Jahres ist die Herstellung der Jewish Company, vorläufig jüdische Kolonialbank genannt."

Herzl hatte sich bisher von Geldgeschäften weitgehend ferngehalten. Sie waren ihm in jedweder Art verhaßt. Er wollte bis zu seinem Eintreten in die Politik als Schriftsteller anerkannt und nicht mit Geldgeschäften in Verbindung gebracht werden. Wert legte er auf eine weiße Weste. Nicht der „leiseste Makel" sollte an seiner Ehre haften. Ihm war jedoch bewußt, daß sein Judenstaatsplan nur auf einer gesicherten materiellen Basis zu verwirklichen sein würde. „Die Bewegung braucht ein finanzielles Instrument von genügender Tauglichkeit und Reinheit", schrieb er in einem mit *Die jüdische Kolonialbank* betitelten Artikel. „Die nationale Bewegung muß von der Gnade der Wohltäter emanzipiert und von milden Stiftungen, wie groß diese auch seien, unabhängig werden."

Als Aufgabe der zu gründenden Kolonialbank bezeichnete Herzl die Beseitigung der Philanthropie in der Kolonisation. Transport-, Agrar-, Industrial- und Kommerzialkredite habe die Bank zu gewähren. Darüber hinaus sollte die Bank aber auch die Aufgabe zugewiesen bekommen, als Finanzier der zionistischen Bewegung aufzutreten, um neben den allgemeinen Bankgeschäften zum Beispiel durch Ausgabe von Anleihen die für die Kolonisationstätigkeit notwendigen Mittel herbeizuschaffen. Der Sitz des Bankhauses sollte – wie bereits im *Judenstaat* vorgesehen – London sein, das Aktienkapital zwei Millionen Pfund Sterling betragen. „Die Bank wird", teilte er am 19. November 1897 dem Kiewer Augenarzt Max E. Mandelstamm mit, „im Materiellen das sein, was der Congress im Politischen war – ein weiterer Riesenschritt zur Verwirklichung der uns theuren Idee."

Verschiedene Bankiers stellten ihre Unterstützung in Aussicht. Vor allem der Lodzer Bankier Israel K. Poznanski zeigte sich, nach eingehenden Unterredungen mit Herzl, für das Unternehmen gewonnen. Er erklärte sich bereit, in das Syndikat einzutreten, das die Subskription garantieren sollte, schlug aber für die zu gründende Bank ein Aktienkapital von mindestens fünf, eventuell sogar zehn Millionen Pfund Sterling vor. „Die übrigen russischen Millionäre", schrieb Herzl am 13. Dezember 1897 voller Hoffnung an Nordau, „sind nach seinem Eintritt so viel wie sicher. Dadurch hat die Bankgründung einen Riesenschritt nach vorwärts getan."

Enttäuschung brachte die Nachricht, daß Edmond de Rothschild, mit dessen Mitwirkung Herzl fest gerechnet hatte, seine Zustimmung zu dem Bankprojekt nicht geben wollte. Diese Nachricht und vermutlich noch andere Ärgernisse und Mißerfolge – erfolglose Unterredungen mit dem türkischen Botschafter in Berlin, Rivalitäten in der Führung der neugeschaffenen Organisation, aber auch die Verschlechterung seines Gesundheitszustandes („Ich bin müde, das Herz nicht in Ordnung") – führten zu Beginn des Jahres 1898 dazu, daß Herzl Nordau die Präsidentschaft für den zweiten Kongreß antrug und den Vorschlag machte, die Zentrale nach Paris zu verlegen. „Bereiten Sie sich also", schrieb er ihm am 17. Februar 1898, „zur Übernahme der Glocke und des Papiermessers vor ..."

„Standhaft", heißt es in einer Art Nachruf auf sich selbst, „war ich in den schlimmsten Tagen, ruhig in den besten. Es gehört auch etwas dazu: schweigen, wenn man den Enthusiasmus durch ein Wort erregen könnte. Den Muth der Leute wachhalten, auch wenn man innerlich verzagt ist. Zu allem bösen Spiel gute Miene machen, mit Lumpen verkehren, von Bettlern heimgesucht werden u. von Protzen sich ablehnen lassen ... Dazu Neid, Verrath, tückische Angriffe u. kein Lohn – denn ich werde es doch wohl aus Eitelkeit getan haben." (Tagebuchaufzeichnung, 24. Februar 1898)

Nordau ließ sich auf Herzls Angebot, die Präsidentschaft für den nächsten Kongreß zu übernehmen, nicht ein. „Es steht jedem frei", schrieb er Herzl am 11. April 1898, „Bewegungen wie den Zionismus nicht anzuregen. Es steht niemand frei, sich von einer derartigen Bewegung, wenn er sie einmal angeregt und in Fluß gebracht hat, leichten (oder meinetwegen selbst schweren) Herzens loszusagen. Nur der Tod kann von selbstübernommenen Pflichten befreien. Jede andere Form der Selbstbefreiung heißt Abfall."

Der Lauf der Ereignisse ließ Herzl nicht mehr dazu kommen, seinen wahrscheinlich auch nicht sehr ernst gemeinten Vorsatz in die Tat umzusetzen. Vom 23. bis zum 25. April 1898 fanden in Wien bereits die Vorkonferenzen zur Vorbereitung des zweiten Kongresses statt. Die Teilnehmer aus Rußland, Österreich und Deutschland äußerten dort Vorbehalte gegen die Abhaltung eines zweiten Kongresses so rasch nach dem ersten. Die Befürchtungen, daß eine zu schwache Beteiligung zustande kommen und eine Verschärfung der Gegensätze eintreten könne, wurden von Herzl zerstreut. Ihm schien es notwendig, durch die Wiederholung der Zusammenkunft, genau ein Jahr später, die Bewegung vor der Versandung zu bewahren. Auch kam es ihm darauf an, die Organisation umzubilden und eine Bestätigung der Kolonialbank durch den Kongreß zu erreichen. Herzls Vorschlag, noch vor der Festlegung der Details über die Bank, eine provisorische Subskription auf Ein-Pfund-Shares mit zehnprozentiger Anleihe zu beginnen, wurde von den Teilnehmern des Vorkongresses angenommen. Allgemeine Zustimmung fand auch der Antrag, den zweiten Kongreß am Ort des ersten stattfinden zu lassen.

Ende August 1898 fand der Kongreß programmgemäß in Basel statt. Der Rechenschaftsbericht des Aktionskomitees, der von dem Wiener Arzt und Vertrauten Herzls Moses Schnirer (1861–1940) vorgetragen wurde, machte deutlich, daß sich inzwischen 913 Gruppen der Bewegung angeschlossen hatten, die damit das Neunfache ihres Bestandes von 1897 aufwies. Allein in Rußland zählte man 373, in Österreich-Ungarn 250, in Rumänien 127, in England 26, in Deutschland 25, in Bulgarien 16 und in den Vereinigten Staaten 60 zionistische Gruppen. Über 400 Delegierte waren nach Basel gekommen. Der wichtigste Tagungspunkt, das Bankprojekt, stieß nach den gründlichen Vorarbeiten auf keinen nennenswerten Widerstand. Um sicher zu sein, daß man unter allen Umständen an Palästina als Ziel der Bewegung festhalte, wollte man nur das Wort „Orient" in der Bankresolution durch die Worte „Palästina und Syrien" ersetzt haben. Herzl, dem dieser Punkt nicht so wichtig war, stimmte schließlich zu: „Nachdem ich sie vier Stunden um diesen Punkt hatte schreien lassen, gab ich ihn auf ..."

Neben dem Bankprojekt war die wichtigste Frage die der Kolonisation, an der sich vor und nach dem ersten Kongreß immer wieder die Gegensätze entzündet hatten. Aber auch hier kam es zu einer Einigung zwischen den widerstreitenden Richtungen. Die Infiltration, die Herzl in seiner Eröffnungsrede als das „Einschmuggeln von Menschen" bezeichnet hatte, wurde verworfen; die Hebung der jüdischen Volksmassen in Palästina durch Kolonisation und Schaffung industrieller Unternehmungen hingegen befürwortet. Ein zum Beschluß erhobener Antrag definierte, was unter „zweckdienlicher Besiedlung" Palästinas in Zukunft verstanden werden sollte: „Die Kolonisation, die nach einer von der türkischen Regierung dazu erlangten Erlaubnis und nach einem Plan und unter Leitung einer vom Kongreß gewählten Kommission durchgeführt werden soll."

Mit dem Beschluß der Bankgründung, der Klärung allgemeiner Organisationsfragen, mit der Festlegung der künftigen Linie der Kolonisationstätigkeit sowie der einhellig verabschiedeten Resolution, der Zionismus erstrebe nicht nur die ökonomische und politische, sondern auch die geistige Wiedergeburt des jüdischen Volkes, waren weitere Schritte in Richtung Einheit der Bewegung getan. Guten Gewissens konnte Herzl deshalb am 31. August den Kongreß mit den Worten beschließen: „Wir sind auf der Wanderung. Die moralische Wanderung der Juden hat begonnen. Wo wird sie uns hinführen? Wir wollen hoffen: in bessere Tage." Das Kongreßprotokoll verzeichnete: „Jubelnder, langanhaltender Applaus." In seinem Tagebuch notierte Herzl zwei Tage später: „Der Congress ist vorüber. Gefühl der tiefsten Erschöpfung."

Die Vertreter des „Kulturzionismus" um Martin Buber, Achad Haam und Chaim Weizmann standen Theodor Herzl überaus kritisch gegenüber. Im Gegensatz zu seinem „politischem Zionismus", der Palästina primär als Lösung eines menschlich-sozialen Problems ansah, sah diese oppositionelle Gruppierung in Palästina die Lösung eines nationalen Problems – nämlich die Rettung der Nation vor spiritueller Schwäche und Auslöschung, besonders durch Assimilation. Ziel des Zionismus sei nicht die Rettung der Juden, sondern die des Judentums – die jüdische Identität müsse gegen die Assimilation geschützt werden.
Der russische Publizist Ascher Ginsberg (1856–1927), der sich Achad Haam (d. h. „einer aus dem Volk") nannte, erklärte, daß der „politische Zionismus" Herzls von falschen Voraussetzungen ausgehe. Denn wichtiger als die durch diesen angestrebte Behebung der Not der Judenheit sei die Behebung der Krise des Judentums. Vor der „körperlichen" Landnahme Palästinas durch die Juden müsse erst wieder ein geistig-kulturelles Zentrum des Judentums entstehen.
Martin Buber (1878–1965), der berühmte Philosoph und Lehrer, entwickelte zusammen mit Chaim Weizmann (1873–1952), dem bedeutenden Wissenschafter und späteren ersten Staatspräsidenten Israels, Achad Haams Idee dieses geistig-kulturellen Zentrums für das jüdische Volk in Palästina weiter und brachte sie unter dem Stichwort „Kulturfrage" in die Zionistenkongresse ein. Für Buber war – so Alex Bein – der Zionismus eine Weltanschauung, für Herzl Politik.
Oben links: Martin Buber. Photographie von Lotte Jacobi. 1928.
Unten links: Achad Haam. Photographie. Um 1895.

Ephraim Mose Lilien (1874–1925), der bedeutende Jugendstil-Graphiker und -Buchgestalter, war auch „Kulturzionist" und Mitbegründer des Jüdischen Verlags in Berlin. Zu seinen gelungensten Bucheinbandgestaltungen gehört der für Morris Rosenfelds „Lieder des Ghetto", aus dem vor allem das Zitat noch heute bekannt ist, wie „dreifach elend" die Ghettojuden dranseien, „behaftet mit den bösen drei Gebrechen, mit Armut, Körperschmerz und Judentume ..."
Oben rechts: Bucheinband für „Lieder des Ghetto" von Morris Rosenfeld, aus dem Jüdischen übersetzt von Berthold Feiwel, 1903 im Jüdischen Verlag in Berlin erschienen.
Gegenüberliegende Seite: Die Gründer des Jüdischen Verlags in Berlin, der, im Oktober 1902 begonnen, vor allem Werke der kulturzionistischen Richtung veröffentlichte. Sitzend von links: Berthold Feiwel, Martin Buber, stehend von links: Ephraim Mose Lilien, Chaim Weizmann, Leo Motzkin. Photographie. 1902.

Das Streben der Juden nach einer national-politischen Einheit und Selbständigkeit hat nicht allein eine innere Berechtigung, wie das jedes anderen unterdrückten Volkes, es müßte auch Zustimmung finden bei den Völkern, denen wir, mit Recht oder Unrecht, unbequem sind. Dieses Streben muß eine Tatsache werden, die sich der internationalen Politik der Gegenwart unwiderstehlich aufdrängt und gewiß auch eine Zukunft haben wird.
Achad Haam

Die Juden sind Fremdlinge, welche keine Vertreter haben können, weil sie kein Vaterland haben. Weil sie ein solches nicht haben, weil ihre Heimat ohne Grenzen ist, hinter denen sie sich verschanzen könnten – ist auch ihr Elend ohne Grenzen.
Achad Haam

Die Judophobie ist eine Psychose. Als Psychose ist sie hereditär, und als eine seit zweitausend Jahren vererbte Krankheit ist sie unheilbar.
Achad Haam

Er [Herzl] konnte nicht anders, als die Bewegung ganz und gar mit sich identifizieren. Das war die Wurzel seiner grössten Schwäche, aber auch die seiner grössten Kraft. Er glaubte an sich selbst nicht als an eine Person, sondern als an die Sache. Dieser Glaube gab ihm die stete, unerschütterliche Energie, die ihn zu dem konsequentesten Tatmenschen der neujüdischen Aera machte. Dadurch, dass er die Massen und einen grossen Teil der Individuen um seine Sache gruppierte, entzog er manchen anderen Punkten der Bewegung die besten Säfte; aber es ist anzuerkennen, dass er sie dadurch an dem einen erwählten Punkte um ein gewaltiges Stück weiterbrachte.
Martin Buber

Wir haben auch die Protestrabbiner gegen uns. Soll ich diese Leutchen gleichfalls eines Wortes würdigen?
Meinethalben. Ich will es im Vorübergehen thun. Der Vollständigkeit halber. Was diese ehrenwerten Gemeindebediensteten sagen oder nicht sagen, das hat genau den nämlichen Wert. Ihre Bedeutung im Judenthume ist gleich Null.
Max Nordau. 1899

Es ist ganz klar, daß ich, der ich ein Jude der Hoffnung und des Ideals bin, nicht das Geringste mit einem Juden gemein habe, der nur leben will, als ein Sclave, als ein Hund, aber nur leben. Für diesen Sclaven- und Hunde-Juden ist thatsächlich kein Platz im Zionismus. Denn der Zionismus ist eine Bewegung jener Juden, die nicht als Sclaven, sondern als Freie, nicht als Hunde, sondern als Menschen leben wollen. Wir verzichten darauf, solche Gegner zu bekehren, die cynisch (ohne Wortspiel!) erklären, daß sie Sclaven und Hunde bleiben wollen. Es ist uns eine Beruhigung, daß sie unsere Gegner sind. Es würde uns ängstlich machen, wenn sie aufhören würden, unsere Gegner zu sein.
Max Nordau

Vor allem die west- und mitteleuropäische bürgerliche Oberschicht unter den Juden, zu der auch die geistliche Führungsschicht der Rabbiner und Oberrabbiner gehörte, wandte sich teilweise wütend gegen die zionistischen Ideen Herzls, da sie ja die Assimilation und Emanzipation der Juden als eine Illusion enttarnten. Der deutsche Rabbinerrat in Berlin entwarf eine Protesterklärung gegen den Ersten Zionistenkongreß, die folgendermaßen begann: „1. Die Bestrebungen sogenannter Zionisten, in Palästina einen jüdisch-nationalen Staat zu gründen, widersprechen den messianischen Verheißungen des Judenthums … 2. Das Judenthum verpflichtet seine Bekenner, dem Vaterlande, dem sie angehören, mit aller Hingebung zu dienen und dessen nationale Interessen mit ganzem Herzen und allen Kräften zu fördern …"
Theodor Herzl erwiderte diesen Angriff mit Spott: „Das Neueste in der Judenbewegung sind die Protestrabbiner. Max Nordau hat diesen Typus bereits mit einem Worte gebrandmarkt, das bleiben wird: es sind die Leute, die im sicheren Boot sitzen und allen Ertrinkenden, die sich an den Bootsrand klammern möchten, mit dem Ruder auf die Köpfe schlagen …"
Oben: Theodor Herzl und Max Nordau reiten durch eine Meute kläffender Hunde. Karikatur.
Rechts: „Protestrabbiner". Eigenhändige Niederschrift Herzls mit der eingeklebten Erklärung des deutschen Rabbinerverbands aus dem „Berliner Tagblatt". 1897.

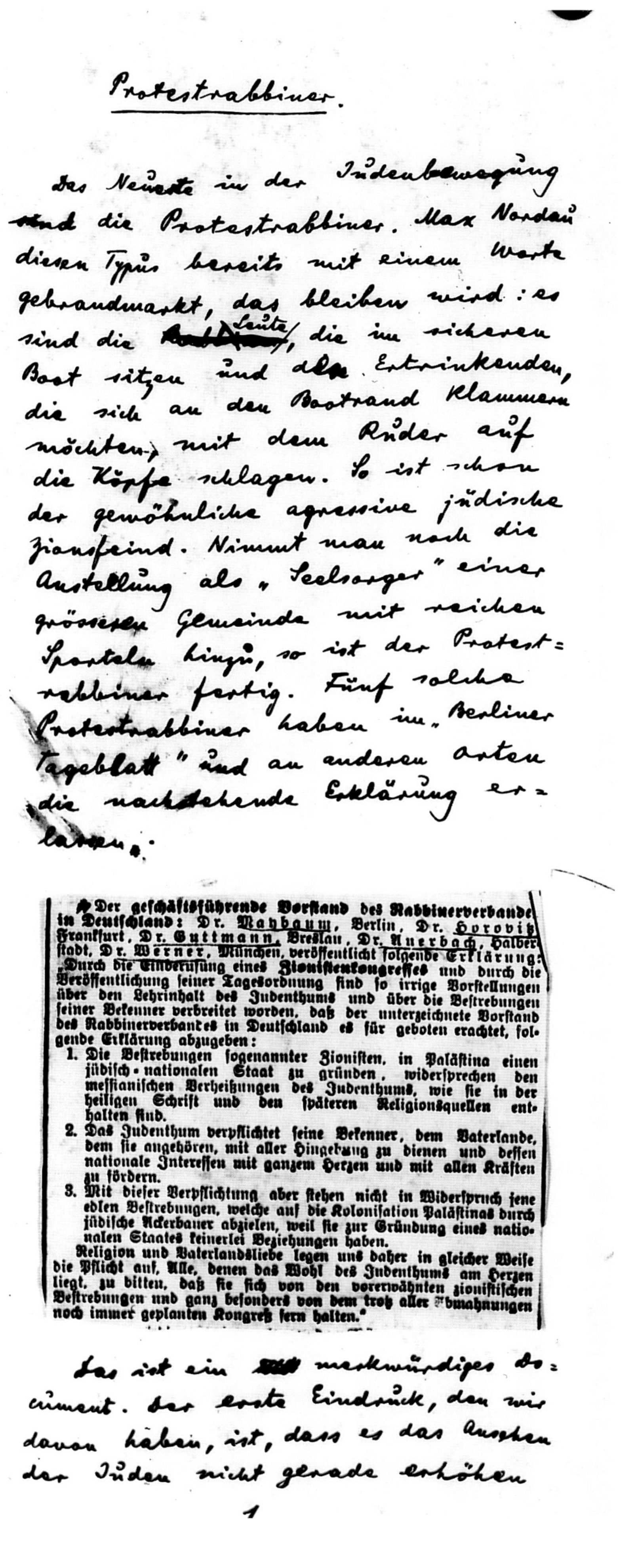

Protestrabbiner.

Das Neueste in der Judenbewegung ~~sind~~ die Protestrabbiner. Max Nordau diesen Typus bereits mit einem Worte gebrandmarkt, das bleiben wird: es sind die ~~Rabbiner~~ Leute, die im sicheren Boot sitzen und die Ertrinkenden, die sich an den Bootrand klammern möchten, mit dem Ruder auf die Köpfe schlagen. So ist schon der gewöhnliche agressive jüdische Zionsfeind. Nimmt man noch die Anstellung als „Seelsorger" einer grösseren Gemeinde mit reichen Sporteln hinzu, so ist der Protest=rabbiner fertig. Fünf solche Protestrabbiner haben im „Berliner Tageblatt" und an anderen Orten die nachstehende Erklärung erlassen.

Der geschäftsführende Vorstand des Rabbinerverbandes in Deutschland: Dr. Maybaum, Berlin, Dr. Horovitz, Frankfurt, Dr. Guttmann, Breslau, Dr. Auerbach, Halberstadt, Dr. Werner, München, veröffentlicht folgende Erklärung: „Durch die Einberufung eines Zionistenkongresses und durch die Veröffentlichung seiner Tagesordnung sind so irrige Vorstellungen über den Lehrinhalt des Judenthums und über die Bestrebungen seiner Bekenner verbreitet worden, daß der unterzeichnete Vorstand des Rabbinerverbandes in Deutschland es für geboten erachtet, folgende Erklärung abzugeben:

1. Die Bestrebungen sogenannter Zionisten, in Palästina einen jüdisch-nationalen Staat zu gründen, widersprechen den messianischen Verheißungen des Judenthums, wie sie in der heiligen Schrift und den späteren Religionsquellen enthalten sind.
2. Das Judenthum verpflichtet seine Bekenner, dem Vaterlande, dem sie angehören, mit aller Hingebung zu dienen und dessen nationale Interessen mit ganzem Herzen und mit allen Kräften zu fördern.
3. Mit dieser Verpflichtung aber stehen nicht in Widerspruch jene edlen Bestrebungen, welche auf die Kolonisation Palästinas durch jüdische Ackerbauer abzielen, weil sie zur Gründung eines nationalen Staates keinerlei Beziehungen haben.

Religion und Vaterlandsliebe legen uns daher in gleicher Weise die Pflicht auf, Alle, denen das Wohl des Judenthums am Herzen liegt, zu bitten, daß sie sich von den vorerwähnten zionistischen Bestrebungen und ganz besonders von dem trotz aller Abmahnungen noch immer geplanten Kongreß fern halten."

Das ist ein merkwürdiges Document. Der erste Eindruck, den wir davon haben, ist, dass es das Ansehen der Juden nicht gerade erhöhen

1

Es widerfährt uns oft, daß wir von Wissbegierigen, meist Christen, gefragt werden: „Was will der Zionismus?" Wir antworten: „Für diejenigen, in beiden Welten verstreuten Juden, die in ihrer Volksumgebung nicht ausgehen können oder nicht ausgehen wollen, und die darunter leiden, daß sie von ihren Landgenossen an Glauben und Art verschieden sind, will der Zionismus eine rechtlich gesicherte Heimstätte in Palästina schaffen, wo sie sich individuell und national ausleben können."
Wir sehen dann häufig, wie die Frager den Kopf schütteln und erwidern: „Von dem amtlichen Judenthume, den Rabbinern und Gemeindevorstehern werden Sie verleugnet, von den reichen, den gesellschaftlich angesehenen Juden werden Sie bekämpft. Selbst unter den armen Juden sehen wir noch nicht den großen, allgemeinen Zug zu Ihnen hin. Wo sind denn also die zionistischen Juden, für welche Juden arbeiten Sie eigentlich?"
Für welche Juden arbeiten wir eigentlich? Das ist eine Frage, die wir uns in Stunden bangen Zweifels selbst vorlegen. Eine Antwort finden wir sofort, die uns beruhigt und aufrichtet: wir arbeiten für uns selbst. Wir haben ein Ideal und bekennen uns stolz dazu. Wir haben ein Lebensziel und schreiten zuversichtlich darauf los. Wir haben mit der überlieferten leidenden Haltung unseres Stammes gebrochen und uns entschlossen, mit Anspannung aller unserer Kräfte unser Erdenschicksal selbst zu schmieden.
Max Nordau. 1899

Die beiden engsten Mitarbeiter Theodor Herzls in der zionistischen Bewegung waren der in Paris lebende Arzt und Schriftsteller Max Nordau (1849–1923) und der Kölner Großkaufmann David Wolffsohn (1856–1914), der ihm in der zionistischen Organisation auch als Präsident nachfolgte.
Oben: Max Nordau. Zeichnung von Ephraim Mose Lilien. Um 1900.
Rechts: David Wolffsohn. Photographie. Um 1890.

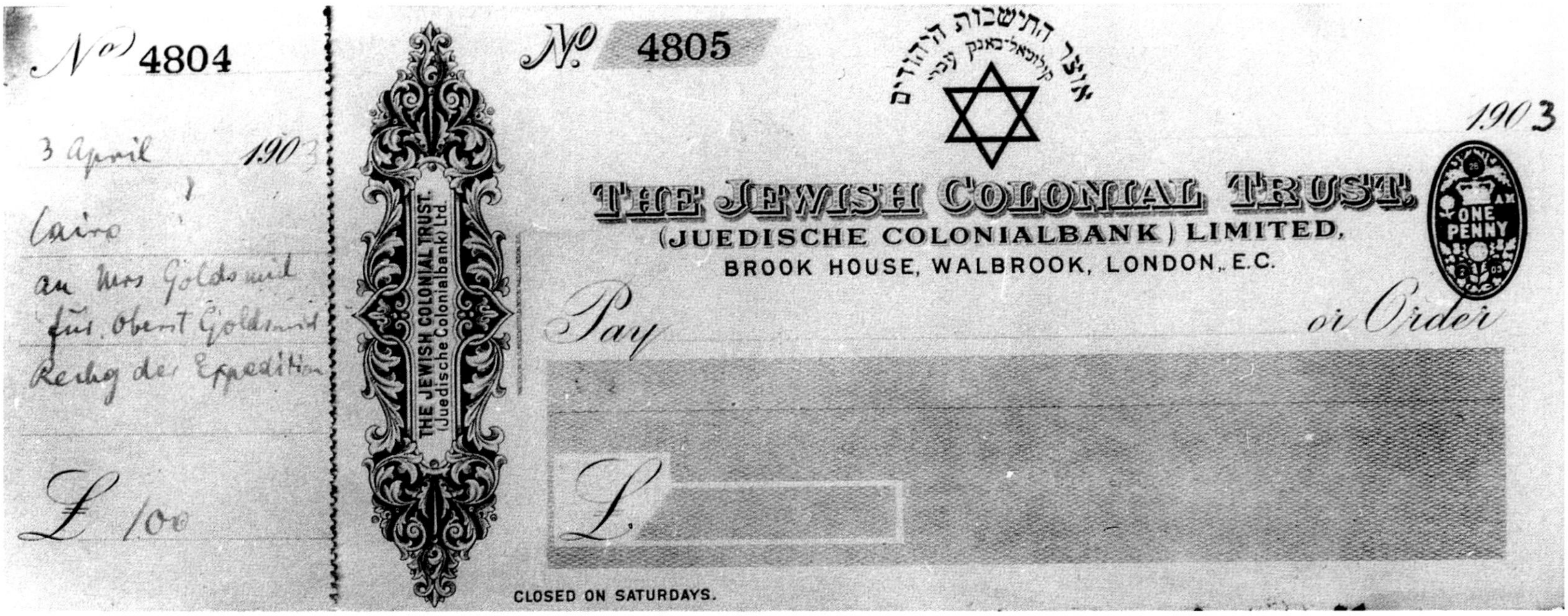

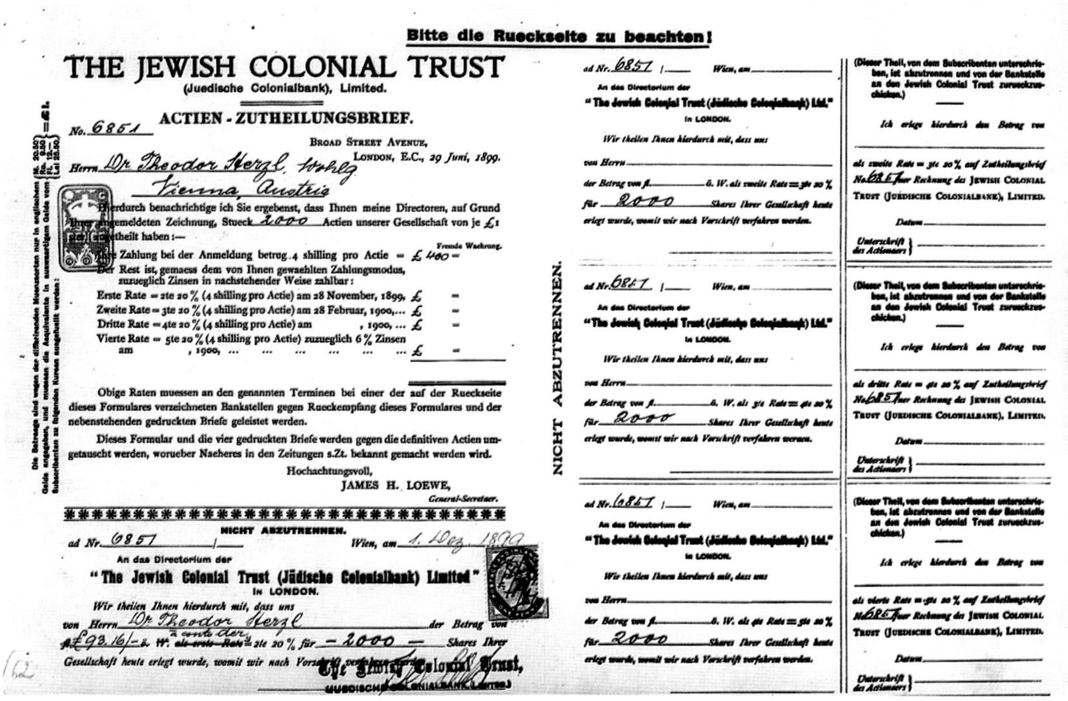

Bitte die Rueckseite zu beachten!

THE JEWISH COLONIAL TRUST
(Juedische Colonialbank), Limited.

ACTIEN - ZUTHEILUNGSBRIEF.

No. 6851

Broad Street Avenue, London, E.C., 29 Juni, 1899.

Herrn Dr Theodor Herzl, Wohlg. Vienna, Austria

Hierdurch benachrichtige ich Sie ergebenst, dass Ihnen meine Directoren, auf Grund Ihrer angemeldeten Zeichnung, Stueck 2000 Actien unserer Gesellschaft von je £1 zugetheilt haben:—

Zahlung bei der Anmeldung betrug 4 shilling per Actie = £ 400 –
Der Rest ist, gemaess dem von Ihnen gewaehlten Zahlungsmodus, zuzueglich Zinsen in nachstehender Weise zahlbar:
Erste Rate = 2te 20 % (4 shilling pro Actie) am 28 November, 1899, £ –
Zweite Rate = 3te 20 % (4 shilling pro Actie) am 28 Februar, 1900, £ –
Dritte Rate = 4te 20 % (4 shilling pro Actie) am , 1900, £ –
Vierte Rate = 5te 20 % (4 shilling pro Actie) zuzueglich 6 % Zinsen am , 1900, £ –

Obige Raten muessen an den genannten Terminen bei einer der auf der Rueckseite dieses Formulares verzeichneten Bankstellen gegen Rueckempfang dieses Formulares und der nebenstehenden gedruckten Briefe geleistet werden.

Dieses Formular und die vier gedruckten Briefe werden gegen die definitiven Actien umgetauscht werden, worueber Naeheres in den Zeitungen s.Zt. bekannt gemacht werden wird.

Hochachtungsvoll,
JAMES H. LOEWE,
General-Secretaer.

NICHT ABZUTRENNEN.

ad Nr. 6851 / Wien, am 1. Dez. 1899

An das Directorium der „The Jewish Colonial Trust (Jüdische Colonialbank) Limited" in London.

Wir theilen Ihnen hierdurch mit, dass uns von Herrn Dr Theodor Herzl der Betrag von £ 93.16/–, ö. W. als zweite Rate 2te 20 % für 2000 Shares Ihrer Gesellschaft heute erlegt wurde, womit wir nach Vorschrift verfahren werden.

The Jewish Colonial Trust (Juedische Colonialbank, Limited)

NICHT ABZUTRENNEN.

ad Nr. 6851 / Wien, am
An das Directorium der „The Jewish Colonial Trust (Jüdische Colonialbank) Ltd." in London.
Wir theilen Ihnen hierdurch mit, dass uns von Herrn der Betrag von fl. ö. W. als zweite Rate = 3te 20 % für 2000 Shares Ihrer Gesellschaft heute erlegt wurde, womit wir nach Vorschrift verfahren werden.

(Dieser Theil, von dem Subscribenten unterschrieben, ist abzutrennen und von der Bankstelle an den Jewish Colonial Trust zurueckzuschicken.)
Ich erlege hierdurch den Betrag von als zweite Rate = 3te 20 % auf Zutheilungsbrief No. 6851 fuer Rechnung des Jewish Colonial Trust (Juedische Colonialbank), Limited.
Datum
Unterschrift des Actionaers

Von Geldgeschäften trachtete sich Theodor Herzl normalerweise fernzuhalten – der Plan des „Judenstaats" war jedoch nur auf gesicherter finanzieller Basis zu verwirklichen: Die Gründung von „The Jewish Colonial Trust. (Juedische Colonialbank) Limited" war daher eine vorrangige Notwendigkeit. Die Jüdische Kolonialbank sollte außerdem die bisherige Philanthropie in der Kolonisation Palästinas beseitigen, Kredite gewähren und als Finanzier der zionistischen Bewegung auftreten. Ende August 1898 wurde das Bankprojekt am Zweiten Zionisten-Kongreß endgültig beschlossen.

Oben: Wechselformular der Jüdischen Kolonialbank, auf der Herzl die Sinai-Expedition gegenüber Oberst Goldsmid abrechnete. 3. April 1903.
Unten: „Actien-Zutheilungsbrief" der Jüdischen Kolonialbank über 2000 Aktien, ausgestellt auf Theodor Herzl. 1899.

Man findet jüdisches Geld in schweren Massen für eine chinäsische Anleihe, für Neger Bahnen, in Afrika, für die abenteuerlichsten Unternehmungen – und für das tiefste unmittelbarste, quälendste Bedürfniss der Juden selbst, fände man keines?
Theodor Herzl. 3. Juni 1895

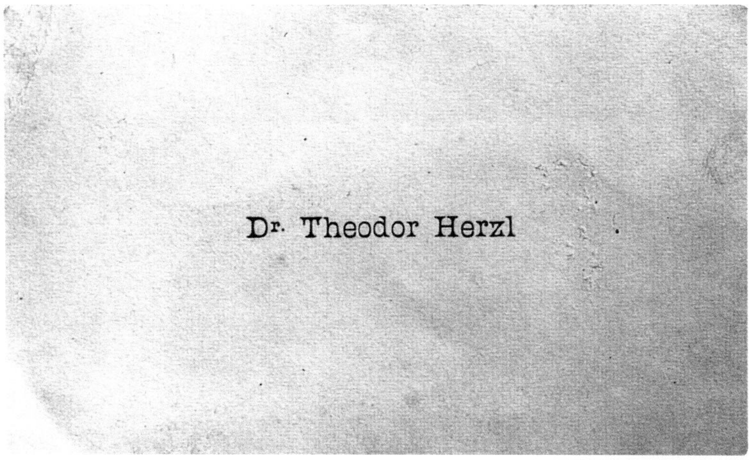

Dr. Theodor Herzl

<u>Links:</u> Theodor Herzl. Photographie. Um 1901.
<u>Oben und unten:</u> Visitkarte Theodor Herzls mit handschriftlicher Anmerkung auf der Rückseite:
„Wer in dreissig Jahren recht behalten will, muss in den ersten drei Wochen seines Auftretens für verrückt erklärt werden.“
Mai 1898.

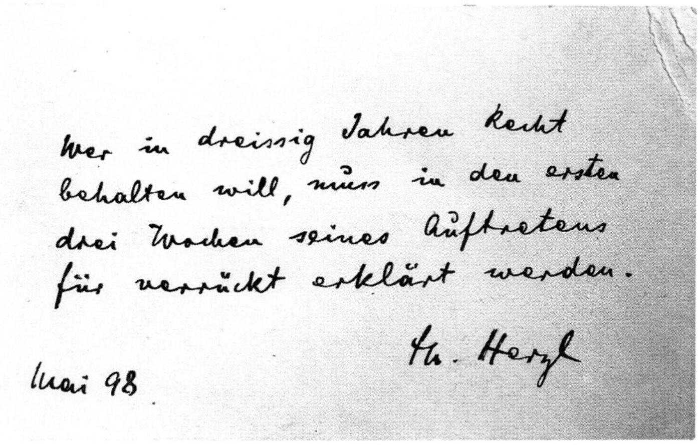

Wer in dreissig Jahren Recht
behalten will, muss in den ersten
drei Wochen seines Auftretens
für verrückt erklärt werden.
Th. Herzl
Mai 98.

Es gilt für den Zionismus auch, stets bis zu dem Kerne und Sinne seines Strebens einzudringen und ihn nimmer zu vergessen. Dabei ist freilich nicht zu vermeiden, daß das, was er in eine knappe Formel bringen will, banal und trivial erscheinen dürfte, aber es vermag sich alles Höhere und Erhabene nur durch einen trivialen Untergrund und durch triviale Stützen zu halten. Der Zionismus erstrebt nach dem Baseler Programme, das den Lesern dieser Zeitschrift nicht unbekannt sein dürfte: „ … für das jüdische Volk die Schaffung einer öffentlich-rechtlich gesicherten Heimstätte in Palästina.“
Max Aram

Palästina ist unsere unvergeßliche historische Heimat. Dieser Name allein wäre ein gewaltig ergreifender Sammelruf für unser Volk. Wenn Seine Majestät der Sultan uns Palästina gäbe, könnten wir uns dafür anheischig machen, die Finanzen der Türkei gänzlich zu regeln. Für Europa würden wir dort ein Stück des Walles gegen Asien bilden, wir würden den Vorpostendienst der Kultur gegen die Barbarei besorgen. Wir würden als neutraler Staat im Zusammenhange bleiben mit ganz Europa, das unsere Existenz garantieren müßte. Für die heiligen Stätten der Christenheit ließe sich eine völkerrechtliche Form der Exterritorialisierung finden. Wir würden die Ehrenwache um die heiligen Stätten bilden und mit unserer Existenz für die Erfüllung dieser Pflicht haften. Diese Ehrenwacht wäre das große Symbol für die Lösung der Judenfrage nach achtzehn für uns qualvollen Jahrhunderten.
Theodor Herzl. Der Judenstaat

Im Sommer 1897 gelangten Meldungen in Umlauf, Kaiser Wilhelm II. wolle zur Einweihung der evangelischen Erlöserkirche in Jerusalem über Konstantinopel nach Palästina reisen. Hinter dieser Reise vermutete die Weltöffentlichkeit nicht zu Unrecht das Anmelden deutscher Interessen im östlichen Mittelmeergebiet. Die wirtschaftspolitischen Ziele der deutschen Politik waren bekannt. Es ging um weitere Konzessionen für den Bau der Bagdadbahn und den Handelshafen in Haidar Pascha. Den deutschen Einfluß auf friedlichem Wege bis an die indische Grenze auszudehnen, das war zudem ein Programm, das die Phantasie Wilhelms II. entflammte.

Für die junge zionistische Bewegung war der politische Aspekt dieser Reise aber gerade deshalb von großer Bedeutung. Herzl ließ eine Reihe von Aufsätzen in der *Welt* über die geplante Palästinareise und die deutsche Orientpolitik schreiben, die alle darauf abzielten, den Zionismus in den Umkreis der deutschen Orientinteressen zu stellen. Die Gedankengänge Herzls sind in diesem Zusammenhang sehr aufschlußreich. Aus der damals hitzig geführten Diskussion um das Protektorat über die Heiligen Stätten übernahm Herzl nämlich den Gedanken der Schutzherrschaft – der Schutzherrschaft für die Juden. „Wir brauchen ein Protektorat – das deutsche wäre uns das liebste“, erklärte er dem Großherzog von Baden, der ihn am 2. September 1898 auf der Bodenseeinsel Mainau zu einer längeren Audienz empfing.

Theodor Herzl an Deck des russischen Schiffes „Imperator Nikolaus II.“, mit dem er und die zionistische Delegation zwischen 19. und 24. Oktober 1898 die Überfahrt von Konstantinopel nach Alexandria und von dort nach Port Said und Jaffa unternahmen. Photographie von David Wolffsohn.

Durch die Vermittlung des Großherzogs kam es zu einem Treffen zwischen Herzl und Graf Philipp Eulenburg, dem deutschen Botschafter in Wien. Eulenburg, Freund und Vertrauter Wilhelms II. und eine der einflußreichen Persönlichkeiten jener Jahre, war von den Plänen angetan und fragte, ob der Kaiser in Konstantinopel beim Sultan die Gewährung von Land und Autonomie anregen solle. „Nein“, erklärte Herzl, „der Kaiser solle nur ein Wort dafür einlegen, daß der Sultan sich mit uns in Verhandlungen einlasse. Die Sache sei ja sehr complicirt.“ An seine Frau Julie schrieb Herzl noch am gleichen Tag: „Colossale Unterredung. Er ist gewonnen, will Alles für uns thun ...“

Stärksten Eindruck auf Eulenburg bei dieser Unterredung, die am 16. September 1898 in der deutschen Botschaft in Wien stattfand, machte die Bemerkung Herzls, daß Deutschlands Rivale England sich unter Umständen für den Protektoratsgedanken erwärmen könne. Herzl gab Eulenburg zu verstehen, daß er nicht unbedingt für England sei. Ihm wäre es sympathischer, betonte er, „wenn es Deutschland wäre“. Das war nicht nur eine taktische Bemerkung, sondern entsprach durchaus Herzls tiefer Überzeugung. Das Deutschland Wilhelms II. war das Land, auf das er zunächst seine Hoffnungen setzte.

Ein Gespräch, das Herzl mit Bülow, dem deutschen Staatssekretär des Auswärtigen, am folgenden Tag führte, verlief ebenfalls in gutem Einvernehmen. Die Liebenswürdigkeit, mit der Bülow Herzl begegnete, ließ die Unterredung mehr zu einer lockeren Plauderei geraten. Bülow zeigte sich über die zionistische Bewegung informiert, wußte auch kritische Punkte anzumerken. Grundsätzlich schien er Herzls Juden-Plan zu billigen. Besonders gefiel ihm, daß Herzl der Ansicht war, der Zionismus würde die Juden davon abhalten, „Gleichheitsflegel“ zu werden und sich der Sozialdemokratie anzuschließen.

Wenige Tage später fuhr Herzl in Angelegenheit der Jüdischen Kolonialbank nach Paris, Den Haag und London. Von Paris aus schrieb er einen ausführlichen Brief an Eulenburg, in dem er noch einmal um Audienz beim Kaiser vor dessen Abreise nachsuchte und eingehend die Vorteile seines Planes für die Türkei und die Welt darlegte. In Amsterdam erreichte ihn dann die Antwort. Sie enthielt mehr, als er erwartet hatte. Eulenburg teilte ihm mit, der Kaiser sei geneigt, die Judenwanderung unter seinen Schutz zu stellen. In jedem Fall, so meinte er, wäre es von Vorteil, wenn er nach Konstantinopel käme. Der Kaiser sei bereit, ihn dort zu empfangen.

Am 7. Oktober 1898 traf Herzl mit Eulenburg auf dessen Besitzungen bei Berlin zusammen. Bei einem gemeinsamen Spaziergang berichtete ihm dieser, er habe dem Kaiser alles Wichtige unterbreitet. Letzterer sei „sehr warm für die Sache". Herzl solle nach Konstantinopel fahren, vielleicht werde die Unterredung mit dem Kaiser genügen und er brauche nicht selbst nach Palästina zu kommen. Davon abgesehen, gab Eulenburg Herzl zu verstehen, halte er es für wünschenswert, wenn der Kaiser eine Delegation der Zionisten in Jerusalem empfange. Herzls Pläne würden dadurch nicht nur eine Aufwertung erfahren, sondern auch in der Öffentlichkeit bekannt werden.

Herzl bemerkte, einer solche Delegation könne nur er selber vorstehen. Engländer wolle er aus politischen Gründen nicht mitnehmen; Russen nicht, weil sie bei ihrer Rückkehr vielleicht drangsaliert würden, besonders wenn bekannt würde, daß Deutschland bereit sei, die Schutzherrschaft zu übernehmen. Eulenburg erwiderte ihm, er erwarte Schwierigkeiten nur von England und Frankreich. Der Kaiser, so berichtete er, habe sich „schon ganz in den Protektoratsgedanken hineingelebt." Er zweifle nicht daran, daß der Sultan seinen Rat gut aufnehmen werde. Nur solle sich Herzl nicht zu hoch gespannten Erwartungen hingeben. „Wie es sich später fügt", erklärte Eulenburg, „das steht bei Gott. Wir können auch noch nicht wissen, ob wir in der Sache bis zu Ende gehen können. Einen Krieg wird Deutschland wegen der Zionisten nicht führen."

Herzl war mit sich und dem Erreichten zufrieden. Schien es nicht so, als ob der Plan seines Lebens dicht vor seiner Erfüllung stünde? „Wunderbar, wunderbar!" schrieb er in sein Tagebuch. „Die Intervention, das Protektorat Deutschlands ist also ein fait acquis." Und im Überschwang seiner Glücksgefühle schrieb er nach dem Gespräch mit Eulenburg den etwas sibyllinischen, aber seine Einstellung gegenüber Deutschland charakterisierenden Satz in sein Tagebuch: „Unter dem Protektorate dieses starken, großen, sittlichen, prachtvoll verwalteten, stramm organisierten Deutschland zu stehen, kann nur die heilsamsten Wirkungen für den jüdischen Volkscharakter haben."

Es sind „spannungsvolle Stunden im Roman-Feuilleton meines Lebens", vertraute Herzl seinem Tagebuch an. Erwartungsvoll sah er der Einladung in das Potsdamer Stadtschloß entgegen. Aber statt einer Audienz beim Kaiser kam es wiederum nur zu einem ausführlichen Gespräch mit dem Großherzog von Baden, der sich persönlich bei Wilhelm II. für Herzl und dessen Pläne verwandt hatte. Der Kaiser zeigte sich nicht abgeneigt. In seinem Schreiben an den Großherzog, das er am 29. September 1898 verfaßte und das erst viele Jahre später bekannt werden sollte, bemerkte Wilhelm II., der Grundgedanke des Zionismus interessiere ihn, berühre ihn sogar sympathisch.

Anstelle mit dem Kaiser kam es in Potsdam dann jedoch nur zu einer erneuten Unterredung mit Bülow, bei der zur Überraschung Herzls Reichskanzler Hohenlohe zugegen war. Es war, wie Herzl berichtet, eine Prüfung auf Herz und Nieren. Hohenlohe zeigte sich in dem Gespräch nicht sehr wohlwollend. Im Gegenteil. Aus Inhalt und Ton seiner Reden klang vielmehr antisemitisches Ressentiment. Hohenlohe, der ihn „mit seinen matten blauen Greisenaugen" ansah, machte kein Hehl daraus, daß er von Herzls Plänen nicht sehr angetan war. Auch Bülow äußerte sich im Gegensatz zu dem Treffen in Wien jetzt kühl und zurückhaltend.

„Glauben Sie, daß die Juden ihre Börse im Stich lassen und mit ihnen gehen werden?" fragte Hohenlohe. „Die Juden, die hier in Berlin gut installiert sind?". Herzl erwiderte: „Durchlaucht – nicht Berlin W[est], sondern Berlin O[st] oder N[ord] – ich weiss nicht genau, wo die armen Juden hier wohnen – wird mit mir gehen." Bülow: „Es würde jedenfalls die erste Wanderung der Israeliten nach dem Osten sein. Bisher zogen sie immer nach dem Westen." Herzl: „Doch nicht! Es geht auch diesmal nach dem Westen. Die Juden sind eben schon wieder um den Erdball herum. Osten ist wieder Westen." Auf Hohenlohes Frage nach den finanziellen Mitteln, die dieses Unternehmen benötige, wies Herzl auf die verschiedenen Fonds hin, „die sich im Ernstfall vereinigen würden." Kühl wurde Herzl verabschiedet, erhielt aber immerhin die Zusage, der Kaiser werde ihn in Konstantinopel empfangen.

Herzl reiste wieder nach Wien zurück. Es folgten unangenehme Besprechungen mit den Herausgebern der *Neuen Freien Presse*. Seine politischen Aktivitäten entwickelten sich zunehmend zu einer Belastung für das Arbeitsverhältnis. Das hinderte ihn aber nicht, Überlegungen über die Zusammensetzung der Palästina-Delegation anzustellen. Nach vielem Hin und Her einigte sich das Aktionskomitee schließlich, David Wolffsohn, Max I. Bodenheimer, Joseph Seidener und Moses Schnirer unter der Leitung von Herzl auf die Reise zu schicken. Die Auswahl war so getroffen, daß die Delegationsmitglieder aus unterschiedlichen Berufen kamen und bei anstehenden Fragen über die verschiedensten Gebiete Auskunft geben konnten.

Am 15. Oktober traf Herzl mit der Delegation in Konstantinopel ein und quartierte sich im Hôtel de Londres ein. Es war jedoch nicht so einfach, eine Audienz beim Kaiser zu bekommen, der noch an Bord seiner Jacht „Hohenzollern“ war, deren Einlaufen für den 18. Oktober erwartet wurde. Wilhelm II. war vom offiziellen Programm stark in Beschlag genommen, so daß es schwierig war, überhaupt an ihn heranzukommen. Herzl entschloß sich deshalb, dem Kaiser durch den ihn begleitenden Hofmarschall August von Eulenburg ein Audienzgesuch übermitteln zu lassen. „Der Empfang der zionistischen Deputation im Heiligen Lande“, heißt es in dem am 18. Oktober durch Boten zugestellten Gesuch, „wird zweifellos der öffentlichen Meinung Stoff zu Diskussionen geben ...“

Alles hänge von der Form des zu schaffenden Fait accompli ab. Die Bewilligung einer „Jüdischen Landgesellschaft für Syrien und Palästina“ unter deutschem Protektorat wäre das, was Herzl für den Augenblick als genügend ansah. Wann, wo und zu welchem Zeitpunkt das Protektorat ins Leben treten würde, sei nicht so sehr von den Wünschen der Zionisten, sondern von der allgemeinen politischen Lage abhängig. Herzl zeigte sich davon überzeugt, daß der Sultan seine Zustimmung geben würde, wenn der Kaiser ihm dazu riete. Das Gesuch, in dem Herzl bittet, ihm möglichst bald eine Audienz zu gewähren, da das letzte Schiff, das ihn rechtzeitig nach Palästina bringen könne, am folgenden Vormittag in See steche, schloß mit den Worten: „Gottes Geheimnis liegt über uns in diesen weltgeschichtlichen Stunden. Es gibt kein Bangen, wenn Er mit uns ist.“

Wenige Stunden später wurde Herzl zur Unterkunft des Kaisers in Yildiz Kiosk bestellt. Innerlich auf diese Zusammenkunft zwar seit langem vorbereitet, war er doch mehr oder weniger befangen. In groben Zügen trug er den Inhalt des Briefes vor, den er am Vormittag geschrieben hatte. Der Kaiser, in eine dunkle Husarenuniform gekleidet, ergriff daraufhin das Wort und erklärte, warum ihm die zionistische Bewegung zusage. Es waren, wie sich herausstellte, im wesentlichen antisemitische Beweggründe. „Es gibt“, deutete er im Plauderton an, „unter ihren Landsleuten Elemente, die in Palästina unterzubringen recht gut wäre. Ich denke zum Beispiel an Hessen, wo es unter der Landbevölkerung Wucherer gibt. Wenn diese mit ihrer Habe in die Kolonien gingen, um sich anzusiedeln, könnten sie nützlicher sein.“

Herzl, verärgert über die Identifikation der Juden mit ein paar Wucherern, ließ sich jedoch nicht aus der Ruhe bringen. Aus dem Stegreif hielt er eine Rede gegen den Antisemitismus, die im Ton freundlich, aber bestimmt einige der kaiserlichen Äußerungen zurechtrückte. Bülow, ebenfalls anwesend, mischte sich daraufhin in das Gespräch ein und bemerkte, „daß die Juden neuestens undankbar gegen das Haus Hohenzollern seien.“ Anstatt sich loyal gegenüber dem Haus zu verhalten, „sähe man die Juden bei allen Oppositionsparteien sogar bei den antimonarchischen.“

Herzl parierte den Seitenhieb, indem er den von ihm schon bei anderen Gelegenheiten geäußerten Gedanken vortrug, daß der Zionismus den Umsturzparteien die Juden wegnähme. Der Kaiser äußerte daraufhin die Überzeugung, die Juden würden für die Kolonisierung Palästinas eintreten, wenn sie wüßten, daß er sie unter seinen Schutz stelle. Danach sprachen beide über allgemein politische Probleme, vor allem aber über die politische Lage in Frankreich. Der Kaiser sprach dabei offen über die Dreyfus-Affäre, von der er meinte, sie hätte einen antisemitischen Hintergrund. Beim Abschied versprach er Herzl, die Delegation in Palästina zu empfangen und beim Sultan auf die Gewährung einer „Chartered Company – unter deutschem Schutz“ zu drängen.

Die Fahrt von Konstantinopel an Bord des russischen Schiffes „Imperator Nikolaus II.“ nutzte Herzl zur Erholung. Er verzichtete darauf, sich Notizen zu machen, wie das einige der Journalisten taten, die zur Berichterstattung über die Kaiserreise auf demselben Schiff nach Palästina fuhren. Piräus, Alexandrien und der Suezkanal waren die Stationen der Reise. „Es waren halkyonische Tage“, notierte Herzl in seinem Tagebuch. Briefe schrieb er nur einige wenige. So zum Beispiel an seine Eltern, denen er von der Begegnung mit dem Kaiser berichtete. Herzl war von dessen Persönlichkeit noch immer angetan. Er bezeichnet ihn als einen genialen Menschen, von dem er meinte, er sei ihm nicht nur mit großer Freimut und ebensolchem Vertrauen, sondern vor allem mit einer nicht zu überbietenden Liebenswürdigkeit entgegengekommen.

Bei der Ankunft in Palästina machten die türkischen Hafenbehörden in Haifa Herzl und seinen Begleitern keine größeren Schwierigkeiten. Zu welchem Zweck er nach Palästina gekommen war, wußte man freilich nicht so recht. Manche meinten als Korrespondent, andere schrieben seiner Reise größere Bedeutung zu. Daß er zusammen mit dem deutschen Kaiser ins Land kam, dazu die Andeutungen des von der Ankunft des Messias schwärmenden Hechlers, der schon vorher eingetroffen war, sowie der Nimbus, der sich ohnehin bereits um seinen Namen rankte, machten seine Ankunft in den jüdischen Siedlungen zu einem allseits beachteten Ereignis. Überall, wo er mit der Delegation hinkam, wurde er mit Begeisterung empfangen.

Am Abend des 28. Oktober 1898 traf Herzl in Jerusalem ein. Trotz Fiebers und Mattigkeit machte das alte Jerusalem, wie es im Mondschein vor ihm lag, einen überwältigenden Eindruck auf ihn. Den nächsten Tag verbrachte er im Hotel, damit beschäftigt, Notizen in sein Tagebuch einzutragen und die Ansprache für den erwarteten

Empfang der zionistischen Delegation fertigzustellen. Am Abend ging er mit seinen Begleitern durch die Altstadt. Die Klagemauer ließ eine „tiefere Bewegung“ in ihm nicht aufkommen, „weil sich an diesem Orte ein häßlicher, elender spekulativer Bettel breit macht.“ Zutiefst ergriff ihn die Aussicht, die er von den verfallenen Zinnen des Davidturms hatte, als er auf die „in Abenddünsten verdämmernde Stadt“ heruntersah.

Am 31. Oktober besuchte er wieder die Altstadt, um ein jüdisches Spital zu besichtigen und um von der Galerie einer alten Synagoge die Aussicht auf Tempelplatz, Ölberg und die „legendäre“ Landschaft zu genießen. Insgesamt machte die Altstadt in ihrer Unsauberkeit jedoch einen deprimierenden Eindruck auf ihn. Reinigen will er die Altstadt lassen. „Alles was nicht Heiligtum ist“, schrieb er in sein Tagebuch, „ließe ich räumen, würde Arbeiterwohnungen außerhalb der Stadt errichten, die Schmutznester leeren, niederreißen, die nicht heiligen Trümmer verbrennen und die Basare anderswohin verlegen. Dann unter möglicher Beibehaltung des alten Baustils eine komfortable, ventilierte, kanalisierte Stadt um die Heiligtümer herum errichten.“

Am Nachmittag des 2. November 1898 wurde die Delegation vom Kaiser empfangen. Kaiser Wilhelm II., in der wenig bekannten grauen Kolonialuniform, einen Schleierhelm auf dem Kopf, braune Handschuhe und die Reitpeitsche in der Rechten, begrüßte Herzl freundlich. Nach Vorstellung der Delegationsmitglieder und Überreichung eines Albums mit „Ansichten der in Palästina errichteten jüdischen Colonien“ verlas Herzl die vorbereitete Rede, deren wichtigste Passage lautete: „Da ist das Land unserer Väter, das sich für eine Kolonisierung und Kultivierung eignet. Ew. Majestät haben das Land gesehen. Es schreit nach Menschen, die es bebauen sollen. Und wir haben unter unseren Brüdern ein schreckliches Proletariat. Diese Menschen schreien nach einem Lande, das sie bebauen wollen. Nun möchten wir aus diesen Nothständen – des Landes u. des Volkes – durch die planvolle Verbindung beider eine neue Wohlfahrt schaffen. Für so gut halten wir diese Sache, für so wert einer Teilnahme der Großmütigsten, daß wir Kaiserliche Majestät um Ihre Hilfe zu dem Werke bitten.“

Der Kaiser bedankte sich, erwiderte jedoch, die Sache bedürfe noch eines eingehenden Studiums und weiterer Aussprachen. Er trat dann in eine Betrachtung der bisherigen Kolonisation ein. „Das Land braucht vor allem Wasser und Schatten.“ Er gebrauchte einige landwirtschaftliche und forsttechnische Ausdrücke, dabei bemerkend, seine Wahrnehmungen hätten ihn belehrt, daß der Boden kultivierbar sei. „Die Ansiedlungen, die ich sah, sowohl die der Deutschen wie Ihrer Landsleute, können als Muster dienen, was man aus dem Lande machen kann. Das Land hat Platz für alle. Schaffen Sie nur Wasser und Schatten.“ Die Bewegung, erklärte er, „die ich genau kenne, enthält einen gesunden Gedanken.“ Nach einigen weiteren Unverbindlichkeiten schloß Kaiser Wilhelm II. die Audienz, indem er Herzl mit gesetzten Worten entließ.

Das Treffen mit dem Kaiser wurde zu keiner „welthistorischen“ Begegnung, wie das Herzl erhofft hatte. „Er hat nicht Ja noch Nein gesagt“, schrieb er enttäuscht in sein Tagebuch. Der Kaiser wollte sich offensichtlich nicht festlegen, obgleich es kurz zuvor noch den Anschein gehabt hatte, als ob er bereit sei, das Protektorat zu übernehmen. Welche Gründe zu dem Gesinnungswandel führten, ist nicht eindeutig zu rekonstruieren. Einiges spricht dafür, daß das Scheitern der Protektoratsidee Gründe hatte, die in den Außeneinflüssen zu suchen sind. Zum einen war es vermutlich die Abneigung des Sultans gegen die zionistische Politik, die auf den Kaiser nicht ohne Eindruck blieb. Zum anderen die Kritik Bülows, der der Sache kühl gegenüberstand und Schwierigkeiten und Komplikationen für die deutsche auswärtige Politik befürchtete.

Herzl sah die Sache dennoch nicht für verloren an. Er gewann dem Fehlschlag sogar noch eine gute Seite ab. Daß es nicht gelungen sei, den Kaiser für die Protektoratsidee zu gewinnen, „ist für die spätere Entwicklung unserer Sache natürlich vorzüglich“, bemerkte er in seinem Tagebuch. „Denn das Protektorat wäre ein klarer nächster Vorteil gewesen. Aber kein fernerer. Wir hätten für dieses Protektorat später die schwersten Wucherzinsen zahlen müssen.“ Die Geschichtsschreibung hat diesem Urteil zugestimmt. Ein Protektorat unter dem Schutz des Kaisers hätte Deutschland in außenpolitische Kalamitäten gebracht und die Rivalität der Mächte um Palästina vermutlich sogar verstärkt. Sicher ist auch, daß ein Protektorat keine idealen Voraussetzungen herbeigeführt hätte, die für die Fortsetzung der jüdischen Kolonisation in Palästina notwendig waren.

Nach Wien zurückgekehrt, war Herzl zunächst bemüht, seine finanziellen Verhältnisse zu ordnen. Er war dazu gezwungen, da er einen großen Teil seines persönlichen Vermögens in die Bewegung gesteckt hatte. Wiederholt hatte man ihm zwar nahegelegt, seine Stellung bei der *„Neuen Freien Presse“* aufzugeben und völlig in den Dienst der zionistischen Bewegung zu treten. Das aber hatte er stets abgelehnt, nicht weil er etwas Ehrenrühriges daran gefunden hätte, sondern weil er fürchtete, ins Gerede zu kommen und seine Unabhängigkeit zu verlieren, machte doch letztere die Stärke seiner Position aus.

Um seine Finanzen also aufzubessern, sah Herzl sich gezwungen, neue Einnahmequellen zu erschließen. Eine

Möglichkeit schien ihm, ältere Theaterstücke wieder auf die Bühne zu bringen. Die Versuche, neue zu schreiben, waren nicht sehr erfolgreich. Die Ehekomödie *Unser Käthchen* zum Beispiel, die am Deutschen Volkstheater am 3. Februar 1899 uraufgeführt wurde, führte zu Tumultszenen zwischen Kritikern und Befürwortern. Das Stück *I love you,* ein harmloses Lustspiel, das von komischen Verwechslungen lebte, fiel bei seiner Uraufführung am Burgtheater am 12. Januar 1900 durch. Die Mißfallensäußerungen des Publikums galten dabei nicht so sehr dem Stück als dem zionistischen Politiker. Stefan Zweig erinnerte sich später, daß beim Erscheinen Herzls in den Theatern zu den Premieren gewispert und gezischelt wurde „Der König von Zion“ oder „Seine Majestät ist erschienen ...“

In den Wochen und Monaten nach seiner Rückkehr ist auch der Gedanke zu dem berühmten Palästina-Roman *Altneuland* entstanden. Den ersten Entwurf zu diesem utopischen Tendenzroman skizzierte Herzl im Juli 1899, aber erst drei Jahre später, im Oktober 1902, wurde er der Öffentlichkeit vorgestellt. Der Roman, der in viele Sprachen übersetzt wurde, war in erster Linie eine Art Propagandaschrift für Nichtjuden und sollte der Welt zeigen, daß der zionistische Gedanke ausführbar und die „Judenfrage“ zu lösen sei. „Wenn ihr wollt“, hieß denn auch das dem Roman vorangestellte Motto, „ist es kein Märchen.“

Die 1902 einsetzende Rahmenhandlung des Romans, der in seiner endgültigen Form fünf Bücher von je sechs Kapiteln enthält, ist nicht weiter interessant. Herzl hat sie nur dazu benutzt, seine mehr oder weniger theoretischen Anschauungen literarisch umzusetzen. Für den hier behandelten Zusammenhang ist jedoch die fiktive Schilderung Palästinas aufschlußreich, wohin inzwischen die Rückkehr der Juden eingesetzt hat. Das Palästina von 1923, wie es Herzl vorschwebte und wie es von ihm beschrieben wird, umfaßt das Gebiet des West- und Ostjordanlandes, die Grenzen im Norden und Süden werden zwar nicht genau angegeben, doch reicht es im Norden bis in das heutige Syrien.

Das Land war inzwischen aufgeblüht. Das Modernste, was es auf dem technischen Sektor gibt, ist verwirklicht worden. Eisenbahnlinien und Kanäle durchziehen das Land. Das Wasser wird in ungeheurem Ausmaß zur Bewässerung des Landes verwendet. Aus ferner gelegenen Bezirken wird es dorthin gepumpt, wo man es benötigt – entweder auf direktem Weg durch Talsperren oder auf indirektem mittels der durch das Wasser erzeugten elektrischen Kraft. „Die wahren Gründer von Altneuland“, erklärt eine Romangestalt, „waren die Wasserbautechniker. Drainage der Sümpfe, Berieselung der verdorrten Strecken, und dazu das System der Kraftanlagen – darin lag alles.“

Die Bedingungen des Landes ermöglichen eine neue Sozial- und Wirtschaftsordnung. Das Wirtschaftssystem ist weder kapitalistisch noch sozialistisch. Beide Arten der Wirtschaft haben nach Herzl nur eines miteinander gemeinsam, sie zerstören das individuelle Leben, dessen wirtschaftliche Grundlage das Privateigentum ist. Der Kapitalismus enteignet die große Mehrheit der Bevölkerung und läßt Eigentum nur bei wenigen zu, der Sozialismus wiederum vollendet diese Tendenz und macht alle Menschen gleich. In Herzls *Altneuland* lebt die Gesellschaft vom guten Willen ihrer Mitglieder, der wieder das Ergebnis weitgehender Sozialreformen ist. Alle sind der Hoffnung, daß die in Palästina entstandene Mustergesellschaft stellvertretend die Probleme der Menschheit lösen werde.

In Herzls *Altneuland* ist eine Wirtschaftsform entwickelt worden, die einerseits das Privateigentum aufrechterhält, andererseits aber gemeinwirtschaftliche Formen dort zuläßt und ermöglicht, wo sie von der Natur der Sache her erforderlich sind. Diese Form der Wirtschaftsordnung, die eine Verbindung von Privatwirtschaft und Gemeinwirtschaft, den Mittelweg zwischen Kapitalismus und Kollektivismus darstellt, nennt Herzl „Mutualismus“. Diese seit der Pariser Zeit gereiften Gedanken Herzls berühren sich eng mit den Genossenschaftsideen Franz Oppenheimers, mit dem er noch vor Abschluß des Romans, aber nach der Niederschrift der entscheidenden Kapitel, in schriftlichem und mündlichem Meinungsaustausch gestanden hat.

In *Altneuland* herrscht Vollbeschäftigung, denn jeder Mensch hat ein Recht auf Arbeit und Lebensunterhalt. Allerdings besteht auch die Pflicht zur Arbeit. Betteln ist grundsätzlich verboten und wird mit Einlieferung ins Arbeitshaus bestraft. Ein Amt für Arbeits- und Unternehmensstatistik ist errichtet worden, um die Wirtschaft, bei aller Freiheit im einzelnen, nach festen Plänen und unter steter Kontrolle aufzubauen. Jede industrielle Neugründung muß beim Industrie-Amt angemeldet werden. Erforderliche Arbeitskräfte können dem Unternehmer durch eine „Arbeitsvermittlungszentrale“ zur Verfügung gestellt werden. Dabei handelt es sich um Arbeiter, für die der Siebenstundentag gilt. Zwar ist der Unternehmer nicht an die Arbeitsvermittlung gebunden, es soll jedoch verhindert werden, daß nichtjüdische Arbeitssklaven ins Land kommen. Diese könnten sonst die Löhne drücken.

Die Landwirtschaft, die sich vor allem auf den Anbau von Orangen, Reis, Zuckerrohr, Tabak und Baumwolle stützt, wird zum großen Teil in Produktionsgemeinschaften betrieben. In einer solchen Produktionsgenossenschaft sind das Land und alle Produktionsmittel Gemeineigentum der beteiligten Genossen. Die Genossen verwalten sich selbst, die laufenden Geschäfte werden von einem gewählten Komitee wahrgenommen. Von diesem werden unter anderem auch die täglichen Arbeiten bestimmt, die jeder einzelne zu verrichten hat. Je nach den geleisteten Arbeiten wird jeder bezahlt. Es soll nicht jeder das gleiche verdienen, vielmehr soll das Leistungsprinzip bei der Entlohnung erhalten bleiben. Alles, was die Genossen benötigen, können sie im genossenschaftseigenen Konsum kaufen, in dem die Preise billiger sind als in den regulären Geschäften.

Der Vorteil einer solchen Genossenschaft liegt nach Ansicht Herzls vor allem in der besseren Ausrüstungsmöglichkeit mit technischen Geräten, als es beim Einzelbauern gegeben ist, wie auch in der besseren Versorgung der Beteiligten, die gemeinschaftlich durch eine Konsumgenossenschaft billiger ist, als wenn jeder beim privaten Einzelhändler kauft. So verfügt die von Herzl geschilderte Produktionsgenossenschaft über einen modernen Maschinenpark, über eine chemische Versuchsstation, eine eigene Volksschule und eine Gemeindebibliothek mit populärwissenschaftlichen Büchern.

Aber nicht nur die ökonomischen Probleme sind in *Altneuland* gelöst. Auch Fragen der Sozial- und Kulturpolitik sind zur Zufriedenheit aller geregelt. Schulen, Universitäten, Krankenhäuser, aber auch Theater, Akademien und „Unterhaltungshäuser" sind in *Altneuland* vorhanden. Grundprinzip der neuentstandenen Gesellschaft ist Kosmopolitismus und Toleranz. „Zion ist nur dann Zion", wenn Duldung herrscht. Rassengegensätze gibt es nicht. Der Gesellschaft gehören auch zahlreiche Araber an. „Was wir besitzen", sagt David Litwak (Wolffsohn), einer der Romanhelden, „verdanken wir den Vorarbeiten anderer. Unser Wahlspruch muß jetzt und immer lauten: Mensch, Du bist mein Bruder."

Die Rückkehr der Juden hat keinerlei Spannungen bei der arabischen Bevölkerung ausgelöst. „Altneuland" reicht über Beirut und Damaskus hinaus, aber die Araber sind begeisterte Mitglieder der neuen Gesellschaft, in der es gleichgültig ist, ob man Gott im „Tempel, in der Kirche, in der Moschee, im Kunstmuseum oder im philharmonischen Konzert anbetet". Probleme irgendwelcher Art mit den Arabern gibt es nicht. Als Kingscourt, Herzls Held im Roman, der einen „norddeutschen Edelmann mit Kinderstube und Casino" (Max Nordau) verkörpert, einen Araber anspricht: „Ihr seid eigentlich kurios, Ihr Mohammedaner! Seht Ihr denn diese Juden nicht als Eindringlinge an?" antwortet der Araber: „Christ, wie sonderbar ist Ihre Rede! Würden Sie den als einen Räuber betrachten, der Ihnen nichts nimmt, sondern etwas bringt? Die Juden haben uns bereichert. Warum sollen wir ihnen zürnen? Sie leben mit uns wie Brüder. Warum sollten wir sie nicht lieben?"

Wie zu erwarten war, stieß der Roman bei seinem Erscheinen auf harte Kritik. Der Stellung Herzls in der Bewegung hat der Roman *Altneuland* vermutlich „mehr geschadet als genützt" (Alex Bein). Israel Zangwill meinte sogar – und zwar noch vor der Veröffentlichung –, ein Roman des Führers einer Bewegung über eben diese Bewegung schwäche Bewegung und Führer durch die zu große Klarheit, die er bringe. Herzl wollte das nicht akzeptieren. Er sei der Ansicht, schrieb er Zangwill, „dass *Altneuland* den Ideen des Zionismus ebensowenig schaden wird wie [Edward] Bellamy's *‚Looking backwards'* den Ideen des Kommunismus." (22. Juli 1902)

Herzl bemühte sich, seinen Roman in viele Sprachen übersetzen zu lassen. Nahum Sokolow, Israel Zangwill und manche andere Mitarbeiter in der Bewegung bat Herzl, ihm dabei zu helfen. Er erhoffte sich von den entsprechenden Übersetzungen, daß auf diese Weise die Judenstaatsidee populärer gemacht werden könnte. Als er nach Erscheinen des Romans ein Exemplar an Lord Rothschild schickte, schrieb er ihm: „Es wird natürlich dumme Leute geben, die, weil ich die von Plato und Thomas Morus und anderen gebrauchte Form der Utopie wählte, die Sache für eine Utopie erklären. Von Ihnen befürchte ich ein solches Mißverständnis nicht." Und an Bernhard von Bülow, der inzwischen Reichskanzler geworden war, schrieb er am gleichen Tag: „In der Form ist es eine Utopie, in der Sache nicht. Ich schrieb sogar die Utopie, nur um zu zeigen, dass es keine ist." (5. Oktober 1902)

Von den Gegnern Herzls hat vor allem Achad Haam die Schwächen des Romans herausgestellt und mit verletzender Ironie glossiert. Seiner Ansicht nach hätte Herzl die „Kulturfrage" zugunsten der „politischen Lösung" vernachlässigt. Warum, fragte er, finden hebräische Tradition, Sprache und Literatur nicht den Stellenwert in *Altneuland,* der ihnen eigentlich zukommen sollte? Im Gegensatz zu Herzl meinte er, daß erst die geistigen Voraussetzungen zu schaffen seien, nur auf ihnen sei ein „nationales Leben auf allgemein menschlicher Grundlage" zu verwirklichen. Dennoch ist der Roman viel gelesen worden und hat der Diskussion innerhalb der zionistischen Bewegung zahlreiche Impulse vermittelt.

Von Mitte Oktober bis Mitte November 1898 unternahm Theodor Herzl seine denkwürdige Palästinareise. Der Grund war eine Reise des deutschen Kaisers Wilhelm II. zur Einweihung der von ihm gestifteten Erlöserkirche in Jerusalem. Herzl hoffte, auf dieser Reise bei Wilhelm II. Schutz und Förderung der zionistischen Bewegung zu erreichen. Gemeinsam mit einer Delegation, zu der David Wolffsohn, der übrigens auf Wunsch Herzls die meisten Photographien dieser Reise aufnahm, Max Bodenheimer, der Wiener Ingenieur Joseph Seidener (1860–1942) und der Wiener Arzt Moritz Schnirer (1861–1941) gehörten, begab sich Herzl auf die Reise. Über Konstantinopel, wo er von Wilhelm II. in Audienz empfangen wurde und ihm dieser versprach, beim Sultan zugunsten einer Heimstätte für die Juden in Palästina zu intervenieren – erfolglos und auch halben Herzens, wie sich bald herausstellen sollte –, ging die Reise auf dem russischen Schiff „Imperator Nikolaus II." über Smyrna und Piräus nach Alexandrien, wo sie auf ein kleineres Schiff namens „Russia" umsteigen mußten. Von dort führte sie ihr Seeweg über Port Said, wo sie den Suezkanal besichtigten, nach Jaffa, wo die Gruppe an Land ging.

Links oben: Theodor Herzl mit David Wolffsohn (am Bug) auf einem Ausflugsschiff in Konstantinopel. September 1898.

Der Abschied von meinen Lieben war diesmal recht schwer. Ich könnte ruhig in meinem schönen Hause bleiben, bei meinen schönen Kindern, deren rosigste Jugendzeit verstreicht, ohne dass ich die Lieblichkeiten ihrer Entwicklung im Einzelnen beobachtete. Und ich unternehme eine so weite, vielleicht nicht ungefährliche Fahrt. Ich bin sogar gewarnt worden, dass man mir in Palästina nach dem Leben trachten könnte. Die Warnung kam von Ben Jehuda, durch Dr. Werner.
Aber es ist meine Pflicht, zu gehen.
Sehr erschütterte es mich beim Abschiede, dass meine guten Eltern weinten. Die wären die einzigen Untröstbaren, wenn ich nicht wiederkäme. Dass ich dann eine weltgeschichtliche Gestalt würde, wäre für meine armen Alten kein Trost.
Sie haben mich Beide gesegnet, als ich wegging. Gott soll sie mir gesund sein lassen und uns ein frohes Wiedersehen bereiten!
Theodor Herzl. 14. Oktober 1898

Gegenüberliegende Seite oben: Die Reisegruppe vor der Korenhalle des Erechtheion auf der Akropolis in Athen. Von links nach rechts: Bodenheimer, Seidener, Schnirer, Herzl, Wolffsohn. 21. Oktober 1898.
Gegenüberliegende Seite unten: Theodor Herzl mit Schnirer (links), Wolffsohn (rechts) und russischen Jerusalem-Pilgern auf dem russischen Dampfer „Imperator Nikolaus II.". 21. Oktober 1898.

Die erste Unterbrechung der Schiffsreise erfolgte in Smyrna, wo sie auch die jüdische Gemeinde besuchten. Herzl schrieb in sein Tagebuch: „Juden, aschkenasim u. sephardim aus aller Herren Elendern in diese kleinasiatische Stadt verschlagen."
Oben: Die Delegation auf dem Markt in Smyrna. 20. Oktober 1898.
Rechts: Die Delegation in einer jüdischen Schule. 20. Oktober 1898.

Schon vor Tagesanbruch herrschte auf der Nikolai II. reges Leben; denn wir näherten uns Alexandrien. In größter Eile packten wir unsere Sache und warfen dazwischen erstaunte Blicke durch die kleinen, runden Fensterchen der Kajüte. Wie lange Reihen von Gespenstern in wallenden, weißen Schleiern wogten Nebel gegen uns heran. Dahinter ein glühender Streifen der erwachenden Sonne. Was war aber das für ein seltsames blassgelbes Licht, das uns von vorne entgegenleuchtete? War es die feuchtschimmernde Krone der Königin der Meergeister, welche durch ihre dienstbaren Nebel das Schiff in die Irre leiten wollte, um uns zu ihren Gefangenen zu machen? Uns gelüstete wenig danach, die Herrlichkeiten ihres Zauberschlosses in der Tiefe kennen zu lernen. Und tröstlich klang es in unser Ohr, als einer uns zurief: „Dort ist ja schon der Leuchtthurm von Alexandrien." Er war es wirklich. Vom stolzen, schlanken Thurme, weit vorgebaut ins Meer, kämpfte sein ermattetes Licht vergeblich gegen die mächtig den Nebel durchdringenden Strahlen der Sonne. Wie konnte ich Dich so verkennen, Du treuer Wächter, der Du den Schiffer bei stürmender See und in dunkler Nacht sicher zum Hafen geleitest, zur Heimstätte des Irrenden!

Max Bodenheimer. 1898

Wie ein Traum lag die weite Reise hinter uns, reich an merkwürdigen Ereignissen, als wir uns dem Hafen von Jaffa näherten. Auf unserem Schiffe herrschte die ganze Nacht hindurch eine außergewöhnliche Erregung. Ob es wohl die übergroße Hitze war, welche uns in den Cabinen keine Ruhe finden ließ, oder ob die hochgespannte Erwartung, endlich unser ersehntes Ziel, das Land unserer Väter zu betreten, unser Blut in so lebhafte Wallung versetzte? Aber nicht nur unsere kleine Gruppe hatte diese Erregung erfaßt, sondern fast die ganze Schiffsgesellschaft blieb bis spät in die Nacht hinein auf Deck, und noch ehe der Morgen graute, saßen schon zahlreiche Gruppen unter dem Zeltdache beisammen, den Blick nach Osten gerichtet, wo der erste purpurne Schein der aufsteigenden Sonne die Stelle bezeichnen mußte, der wir zustrebten. Bald strahlte das helle Morgenlicht über die spiegelglatt sich ausdehnende See. Endlich sah man in weiter Ferne einen gelblich schimmernden Streifen sich am Horizont abzeichnen – das heilige Land.
Max Bodenheimer. 1898

Mit gemischten Gefühlen näherten wir uns dem Lande unserer Väter. Sonderbar, welche Gefühle dieses öde Land in den meisten Menschen aufrührt: in dem alten deutschen Pastor aus Südafrika, in dem russischen Muschik der übelriechenden dritten Klasse, in den Arabern die seit Konstantinopel mitfahren, in uns Zionisten, in dem armen rumänischen Judenweib, das zu ihrer kranken Tochter nach Jeruscholajim will u. befürchten muss, mit ihrem rumänischen Pass zurückgewiesen zu werden. In diesem Fall ist übrigens auch unser Genosse Seidener mit seinem rumänischen Pass. Die Landung gestaltete sich so recht unbehaglich, als Jaffa in Sicht kam.
Theodor Herzl. 27. Oktober 1898

Oben: Theodor Herzl mit (von links nach rechts) Bodenheimer, Schnirer und Wolffsohn an Deck der „Imperator Nikolaus II."
Rechts oben: Wolffsohn und Bodenheimer während der Überfahrt an Deck schlafend.

Rechts unten: Die Delegation am Suezkanal. Herzl schrieb in sein Tagebuch: „In Port Said habe ich den Suezcanal sehr bewundert. Der Suezcanal, diese schimmernde Wasserlinie nach der Unendlichkeit gezogen, hat mir viel mehr imponirt, als die Akropolis." 25. Oktober 1898.

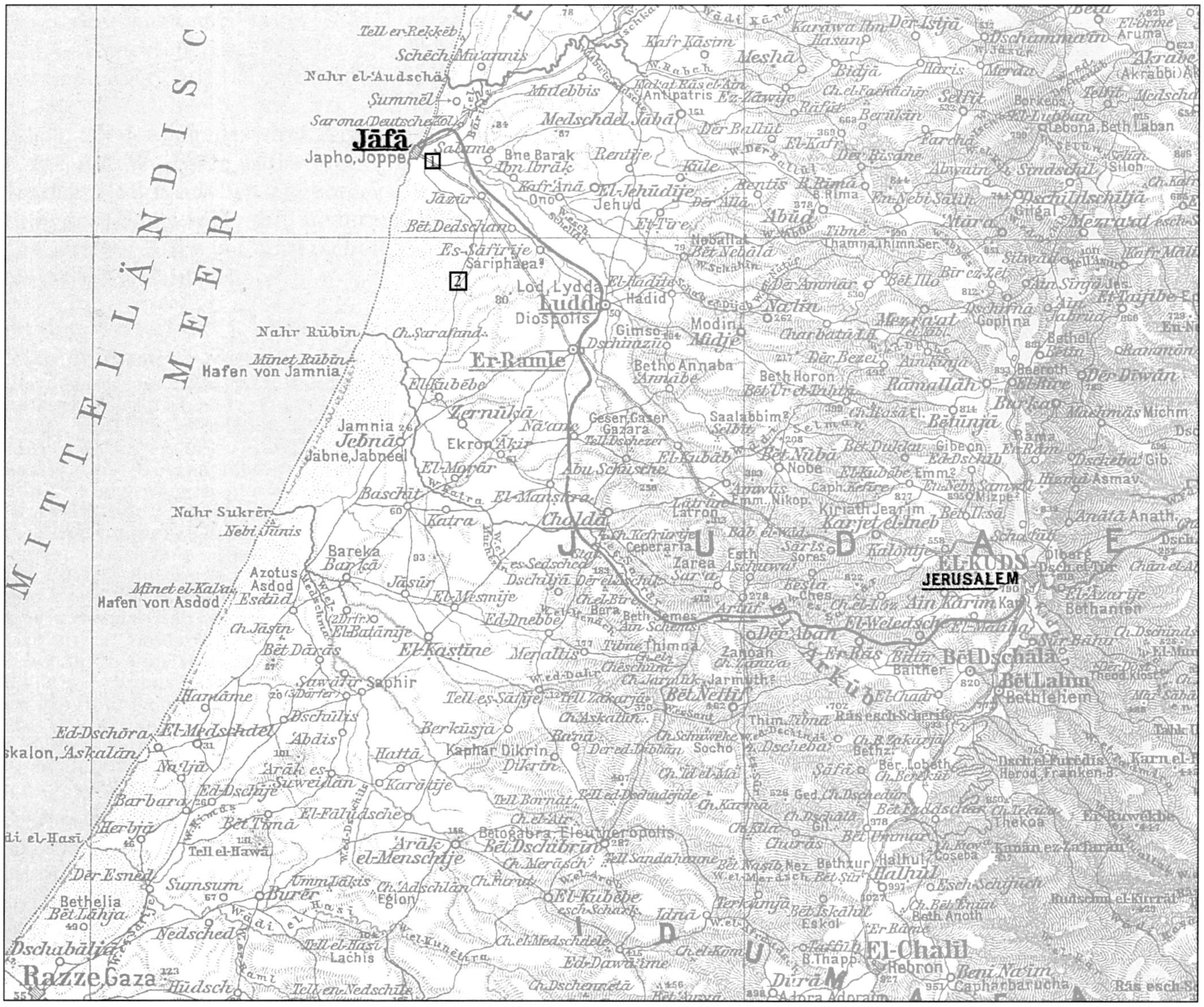

Am 26. Oktober 1898 kam die Delegation in Jaffa an, von wo sie sich zuerst nach Mikwe Israel und dann nach Rischon le Zion, zwei jüdischen Mustersiedlungen in der Nähe von Jaffa, begaben. Im Jahr 1898 gab es in Palästina etwa 4000 jüdische Siedler in 16 Kolonien, von denen 13 von den Pariser Rothschilds erhalten und von deren Kolonialverwaltern geleitet wurden.

Links: Karte des „Südlichen Palästina" aus dem Baedeker-Reiseführer „Palästina und Syrien". 1904.
1 „Mikwe Israel" (Hoffnung Israels), 1870 als Landwirtschaftsschule von Zwi Hirsch Kalischer und Charles Netter gegründet, in der junge Juden moderne Methoden der Bebauung und Bewässerung lernen sollten. In Mikwe Israel kam es übrigens am 27. Oktober 1898 zu einer kurzen Begegnung Herzls mit Kaiser Wilhelm II., bevor beide nach Jerusalem weiterreisten.
2 „Rischon le Zion" (Erste in Zion), 1882 von russisch-jüdischen Pionieren, meist Studenten, gegründete Kolonie, die von Edmond de Rothschild unterstützt wurde.
Unten: Die Delegation in der Kolonie Rischon le Zion. 26. Oktober 1898.

*Sie verbrachten einige Tage im alten Lande der Juden.
Von Jaffa hatten sie einen unangenehmen Eindruck. Die Lage am blauen Meere wohl herrlich, aber alles zum Erbarmen vernachlässigt. Die Landung in dem elenden Hafen mühselig. Die Gäßchen von den übelsten Gerüchen erfüllt, unsauber, verwahrlost, überall buntes orientalisches Elend. Arme Türken, schmutzige Araber, scheue Juden lungerten herum, alle träg, bettelhaft und hoffnungslos. Ein sonderbarer Moderduft, wie von Gräbern, beengte einem das Atmen.*
Theodor Herzl. Altneuland

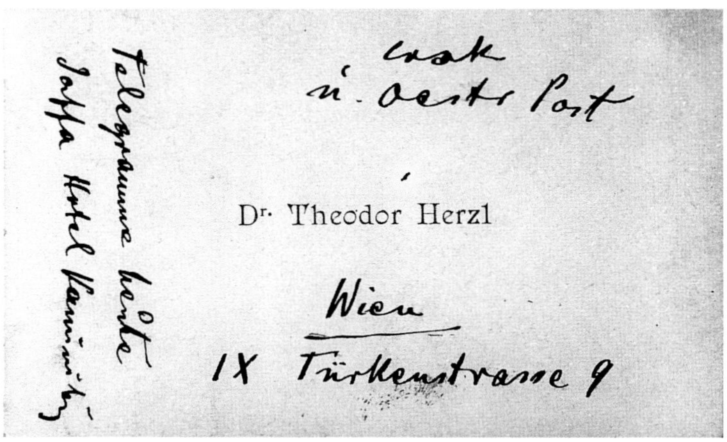

Am Abend des 28. Oktober 1898 kam die Delegation in Jerusalem an.
Oben: Herzl und seine Begleiter (an den weißen Tropenhelmen erkennbar) mit der jüdischen Familie Marx, in deren Haus in der Mamillah Road sie in Jerusalem Gastfreundschaft genossen.
Links: Visitkarte Herzls mit handschriftlichen Vermerken, unter anderem mit der Jerusalemer Hotelanschrift „Jaffa [Road] Hotel Kamenetz".

Herzls Aufenthalt in Jerusalem war von einer Fieberkrankheit überschattet, die ihn immens schwächte. Seine erste Nacht in Jerusalem – das er nach einer Zugverspätung zum Leidwesen der Gruppe erst am Sabbatabend erreichte – verbrachte er hoch fiebernd im Hotel Kamenetz. Herzl war so krank, daß Wolffsohn das Schlimmste befürchtete. Doch am nächsten Morgen war Herzl soweit wiederhergestellt, daß er der Begegnung mit Wilhelm II. mit einer gewissen Zuversicht entgegensehen konnte. Er verbrachte einen Tag im Hotelzimmer, konnte aber tags darauf die Exkursionen der Delegation zu den Sehenswürdigkeiten der Stadt wieder mitmachen.
Links: Die Stadtmauern Jerusalems mit der Zitadelle König Davids. Photographie von Bruno Hentschel. 1898.
Rechts: Theodor Herzl und die Delegation bei den Königsgräbern in Jerusalem.

Nachmittags waren wir auf dem Oelberg. Grosse Ausblicke. Was liesse sich aus dieser Landschaft machen. Eine Stadt wie Rom, u. der Oelberg böte eine Aussicht wie der Gianiculo.
Theodor Herzl. 2. November 1898

Ich bin ganz fest überzeugt, dass sich ausserhalb der alten Stadtmauern ein prachtvolles Neu-Jerusalem errichten liesse. Das alte Jerusalem wäre u. bliebe Lourdes u. Mekka u. Jeruscholajim. Eine sehr hübsche elegante Stadt wäre daneben ganz möglich.
Theodor Herzl. 31. Oktober 1898

Am 29. Oktober 1898 beobachtete Theodor Herzl von seinem Hotelfenster aus den Einzug Kaiser Wilhelms II. in Jerusalem. Für diesen Anlaß war beim Jaffa-Tor ein neuer Eingang in die Altstadt geschaffen worden, damit der Kaiser nicht von seinem Pferd zu steigen brauchte. Sowohl die Türken als auch die Juden hatten für diesen Tag einen Triumphbogen errichtet. Herzl schrieb in sein Tagebuch: „Aus meinem Hotelfenster sah ich Nachmittags den Kaiser die Triumphbogen passiren, zuerst den jüdischen, dann den türkischen. Er soll bei den Juden etwas länger verweilt haben …"

Links: Blick aus dem Hotelzimmer Herzls auf den jüdischen Triumphbogen.
Unten: Einzug Kaiser Wilhelms II. zu Pferd in die Stadt Jerusalem, rechts von ihm Reichskanzler Bernhard von Bülow. Photographie von Sabatier.
Rechts: Der jüdische Triumphbogen an der Jaffa Road, zu Ehren des Besuches Kaiser Wilhelms II. in Jerusalem errichtet. Photographie.

Die alte Stadt mit ihren Reliquien würde ich einkapseln, allen Tagesverkehr hinausziehen, nur Gotteshäuser u. Wohlthätigkeitsanstalten sollten innerhalb der alten Mauern verbleiben. Und auf die Hügellehnen rings im weiten Kreise, die sich unter unserer Arbeit begrünen würden, käme ein herrliches Neu-Jerusalem zu liegen. Den Weg nach dem Oelberg würden die Elegantesten aller Welttheile befahren. Durch Pflege ist ein Juwel aus Jerusalem zu machen. Alles Heilige in die alten Mauern einschliessen, Alles Neue ringsumher ausbreiten.
Theodor Herzl. 2. November 1898

ברוך הבא בשם ה׳ ברכנוכם מבית ה׳
ווילהעלם השני
אויגוסטא וויקטאריא
ירום הודם
WILHELM II
AUGUSTA VICTORIA
Gesegnet der da kommt im Namen des Ewigen. Grüßen wir Euch aus dem Hause des Ewigen

Links: Einzug Kaiser Wilhelms II. in Jerusalem: Entourage vor dem Gebäude der k. k. Österreichischen Post in der Altstadt. Photographie von Savvides & Hotimsky. 29. Oktober 1898.
Rechts: Die jüdischen Honoratioren Jerusalems warten unter ihrem Triumphbogen auf den Einzug des Kaisers. Photographie. 29. Oktober 1898.
Unten: Eigenhändig von Theodor Herzl beschriebene Bildpostkarte zum Andenken an die Einweihung der Erlöser-Kirche durch Kaiser Wilhelm II. in Jerusalem. 31. Oktober 1898.

Am 2. November 1898 fand die Audienz Herzls und der zionistischen Delegation bei Kaiser Wilhelm II. in dessen Zeltlager bei Jerusalem statt. Nach der durchaus freundlichen Begrüßung der Delegation durch den Kaiser und der Überreichung eines Albums mit „Ansichten der in Palästina errichteten jüdischen Colonien" verlas Herzl seine seit langem vorbereitete Rede an den Kaiser. Dieser war jedoch nicht zu eindeutigen Zusagen zu bringen und erging sich in den üblichen diplomatischen Wendungen („Die Sache bedarf jedenfalls noch eines eingehenden Studiums und weiterer Aussprachen"). Halb enttäuscht notierte Herzl trotzdem in sein Tagebuch: „Dieser kurze Empfang wird in der Geschichte der Juden für immerwährende Zeiten aufbewahrt werden u. es ist nicht unmöglich, dass er auch geschichtliche Folgen haben wird."

Links: Herzl und die zionistische Delegation vor den Mauern Jerusalems, auf dem Weg zur Audienz beim deutschen Kaiser. 2. November 1898.

Rechts: Eigenhändige Niederschrift des Beginns von Herzls Rede vor dem deutschen Kaiser.

Gegenüberliegende Seite rechts: Kaiser Wilhelm II. und seine Entourage im Zeltlager vor dem Audienzzelt. Zeitgenössische Photographie.

Gegenüberliegende Seite unten: Das kaiserliche Zeltlager vor den Mauern Jerusalems. Zeitgenössische Photographie.

Der Vormittag des grossen Ereignisses ein bischen fieberhaft. Ich gab noch im Nachthemd meinen Freunden Lehren über das Benehmen in der Audienz. Komische Details. Bodenheimer hat keinen guten Glanzhut. Dann Aufregungen der Wagenbesorgung, da wir ja stattlich vorfahren müssen.
Viele lästige Besuche.
Der gute Hechler war jetzt da. Er übernahm es, die Mappe mit den Colonienbildern dem Grafen Eulenburg zuzustellen. Dann segnete er uns im Namen des Gottes Abrahams, Isaaks u. Jakobs, setzte seinen weissen wallenden Schleierhut auf u. ging.
Wir nehmen jetzt um 11 einen kleinen Imbiss u. kleiden uns dann an.
Schnirer will uns Allen ein bischen Brom geben, wie man das jetzt macht, bevor man auf Mensur geht.
Theodor Herzl. 2. November 1898

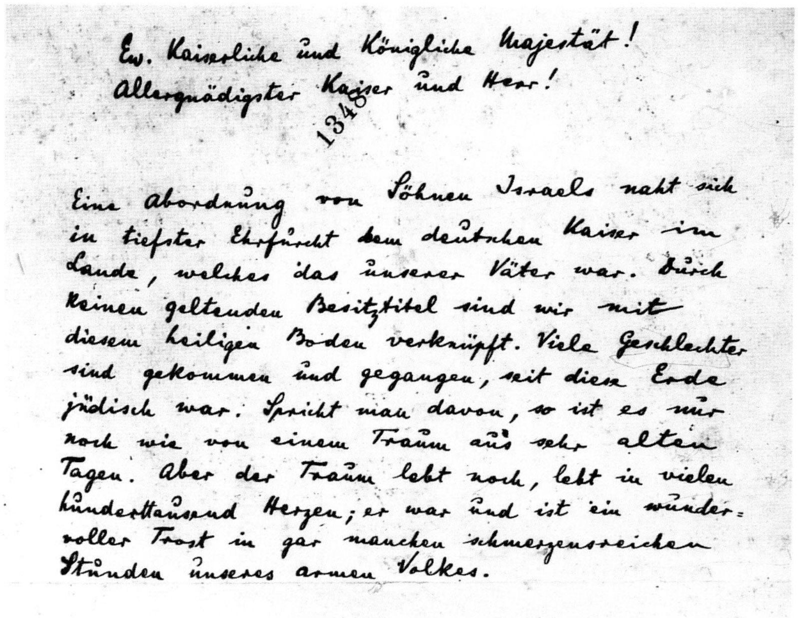

Ew. Kaiserliche und Königliche Majestät!
Allergnädigster Kaiser und Herr!
1348

Eine Abordnung von Söhnen Israels naht sich in tiefster Ehrfurcht dem deutschen Kaiser im Lande, welches das unserer Väter war. Durch keinen geltenden Besitztitel sind wir ~~mit~~ diesem heiligen Boden verknüpft. Viele Geschlechter sind gekommen und gegangen, seit diese Erde jüdisch war. Spricht man davon, so ist es nur noch wie von einem Traum aus sehr alten Tagen. Aber der Traum lebt noch, lebt in vielen hunderttausend Herzen; er war und ist ein wunder=voller Trost in gar manchen schmerzensreichen Stunden unseres armen Volkes.

Wir planen die Errichtung einer jüdischen Landgesellschaft für Syrien und Palästina, welche das große Werk in Angriff nehmen soll und erbitten für diese Gesellschaft den Schutz des deutschen Kaisers.
Niemandes Rechte oder fromme Empfindungen bedroht unser Gedanke, aus dem eine langbegehrte Versöhnung weht. Wir verstehen und achten die Pietät aller Konfessionen für den Boden, auf dem ja auch der Glaube unserer Väter erwuchs. Das ist das Vaterland von Ideen, die nicht einem Volke, nicht einer Konfession ausschließlich gehören.
Ein Kaiser des Friedens zieht mächtig ein in die ewige Stadt! Wir Juden grüßen Ew. Majestät in diesem hohen Augenblick und wünschen dabei aus tiefster Brust, daß ein Zeitalter des Friedens und der Gerechtigkeit anbrechen möge für alle Menschen (auch für uns).
Theodor Herzl. Rede an Kaiser Wilhelm II. 19. Oktober 1898

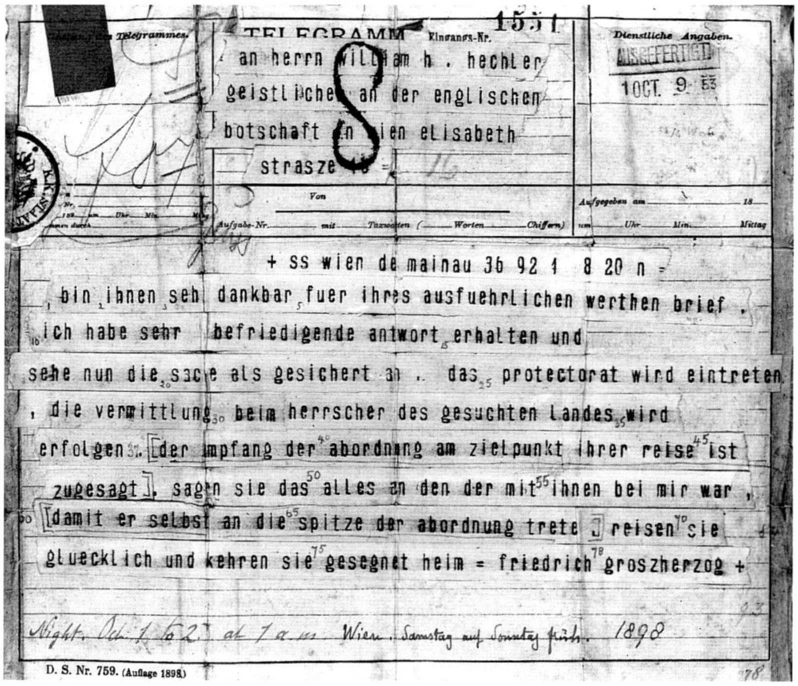

TELEGRAMM

an herrn william h . hechler

geistliche an der englischen

botschaft in wien elisabeth

strasze 16

+ ss wien de mainau 36 92 1 8 20 n =

bin ihnen sehr dankbar fuer ihres ausfuehrlichen werthen brief .

ich habe sehr befriedigende antwort erhalten und

sehe nun die sache als gesichert an . das protectorat wird eintreten

, die vermittlung beim herrscher des gesuchten landes wird

erfolgen . der empfang der abordnung am zielpunkt ihrer reise ist

zugesagt , sagen sie das alles an den der mit ihnen bei mir war ,

damit er selbst an die spitze der abordnung trete . reisen sie

gluecklich und kehren sie gesegnet heim = friedrich groszherzog +

Night. Oct. 1. 6.52. at 7 a.m. Wien. Samstag auf Sonntag früh. 1898

D. S. Nr. 759. (Auflage 1898)

Oben: Telegramm des Großherzogs Friedrich I. von Baden an Reverend Hechler. 1. Oktober 1898.

Unten: Kaiser Wilhelm II. und Theodor Herzl in Mikwe Israel. Photomontage (nach der mißglückten Aufnahme Wolffsohns).

Die Palästinareise hatte so erfolgverheißend begonnen – und im Grunde so enttäuschend geendet …
Nach dem Telegramm von Großherzog Friedrich I. von Baden an Reverend Hechler vom 1. Oktober 1898 („ … sehe nun die sache als gesichert an, das protectorat wird eintreten, die vermittlung beim herrscher des gesuchten landes wird erfolgen …“) hätte auch eine pessimistischere Person als Herzl große Stücke auf eine wirklich engagierte Unterstützung des jüdischen Anliegens durch den deutschen Kaiser beim türkischen Sultan gesetzt. Vom Desinteresse Kaiser Wilhelms II. an weiteren Gesprächen mit Herzl zeugte dann ein Brief vom 8. März 1899, in dem ihm mitgeteilt wurde, daß er „in nächster Zeit nicht empfangen“ werden könne. Er war der deprimierende Schlußpunkt unter einer großen Hoffnung Herzls. Fast amüsant ist, daß auch Banaleres während Herzls Palästina-Reise unter keinem günstigen Stern stand: Bei der Begegnung Kaiser Wilhelms II und Herzls in Mikwe Israel verpatzte Wolffsohn aus Aufregung die historische Aufnahme – und es war nur ein Fuß und der Tropenhelm Herzls vor dem auf dem Pferd sitzenden Monarchen zu sehen. Herzl ließ sich in geeigneter Positur noch in Palästina nachphotographieren (siehe Seite 175) und später eine Photomontage aus zwei Bildern anfertigen – eine Fälschung zu einer tatsächlich stattgefundenen Begegnung.

Links: Kaiser Wilhelm II. in Mikwe Israel, rechts ein Bein und der angeschnittene Tropenhelm von Herzl. Photographie von David Wolffsohn. 28. Oktober 1898.
Unten: Brief vom „Geheimen Civil Cabinet" Kaiser Wilhelms II. an Theodor Herzl. 8. März 1899.

Wolffsohn, der Brave, hatte zwei Momentaufnahmen der Scene gemacht. Wenigstens glaubte er es. Er klopfte stolz auf seinen Kodak. „Die Platte geb' ich nicht um zehntausend Mark her!"
Aber als wir nach Jaffa zum Photographen kamen u. die Platten entwickeln liessen, zeigte sich, dass auf der ersten Aufnahme nur ein Schattenriss des Kaisers u. mein linker Fuss zu sehen war; die zweite Platte war ganz verdorben.
Theodor Herzl. 29. Oktober 1898

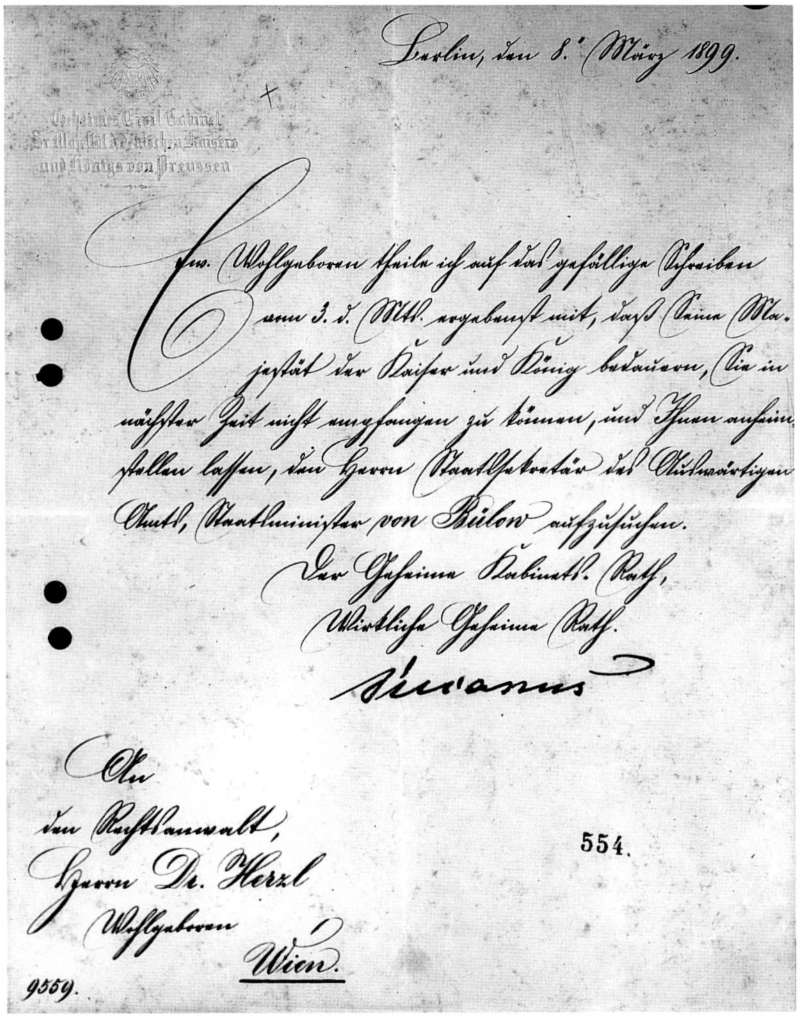

Berlin, den 8. März 1899.

Geheimes Civil-Cabinet Sr. Majestät des Kaisers und Königs von Preussen

Euer Wohlgeboren theile ich auf das gefällige Schreiben vom 3. d. Mts. ergebenst mit, daß Seine Majestät der Kaiser und König bedauern, Sie in nächster Zeit nicht empfangen zu können, und Ihnen anheimstellen lassen, den Herrn Staatssekretär des Auswärtigen Amts, Staatsminister von Bülow aufzusuchen.

Der Geheime Kabinets-Rath,
Wirkliche Geheime Rath.
Lucanus

An
den Rechtsanwalt,
Herrn Dr. Herzl
Wohlgeboren
Wien.

554.

9559.

Altneuland

Roman

von

Theodor Herzl

Wenn Ihr wollt,
Ist es kein Märchen

Leipzig
Hermann Seemann Nachfolger.

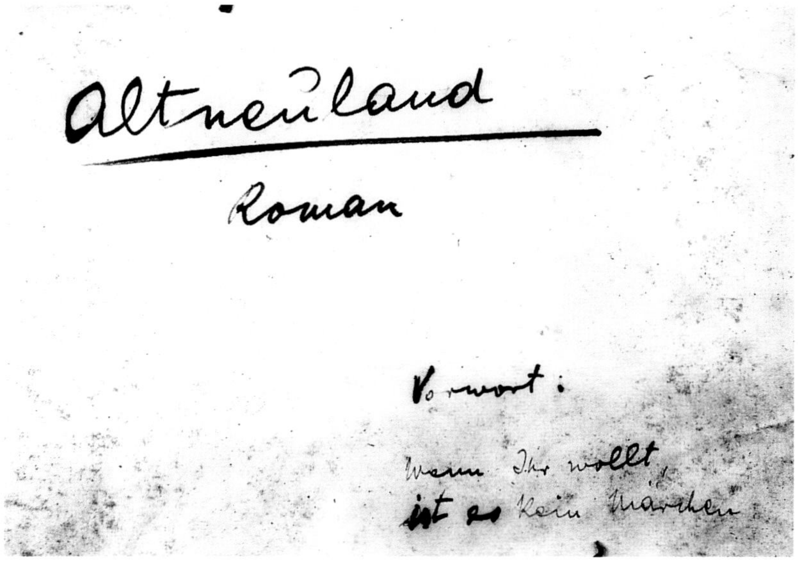

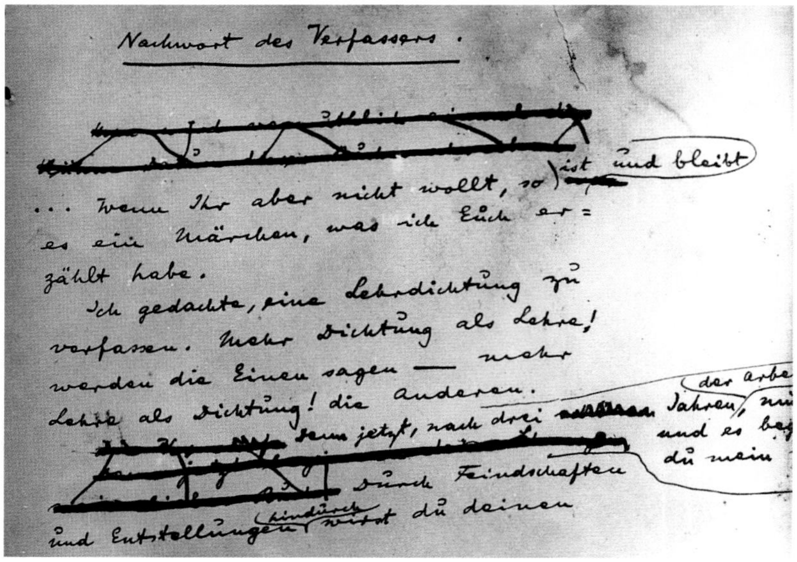

Theodor Herzl skizzierte nach all den Eindrücken, die er auf seiner Palästinareise gewonnen hatte, im Juli 1899 den ersten Entwurf zu seinem berühmten Tendenzroman „Altneuland". Aber erst drei Jahre später, im Oktober 1902, wurde er der Öffentlichkeit vorgestellt.

Links: Titelblatt der Erstausgabe von „Altneuland" mit dem berühmten Motto „Wenn Ihr wollt, Ist es kein Märchen". Leipzig 1902.

Rechts oben: Eigenhändiges Manuskript Herzls zum Roman „Altneuland".

Rechts unten: „Nachwort des Verfassers" mit der Textstelle: „... wenn Ihr aber nicht wollt, so ist und bleibt es ein Märchen, was ich Euch erzählt habe."

Gegenüberliegende Seite: Theodor Herzl in Palästina. Photographie von David Wolffsohn. Anfang November 1898.

„Jerusalem!" sagte Friedrich mit leise bebender Stimmen halb vor sich hin. Er wußte sich gar nicht zu erklären, warum ihn der Anblick dieser unbekannten Stadtumrisse derart ergriff. Erinnerungen vielleicht an Worte der frühen Kindheit? Gebetsstellen, die des Vaters Stimme gemurmelt hatte? Die abendliche Weihe des verschollenen Passahfestes zog ihm durch die Seele. Einer der wenigen hebräischen Sätze, die er noch wußte, klang in ihm auf: Leschonoh haboh Beruscholajim. – Übers Jahr in Jerusalem!
Theodor Herzl, Altneuland

An reicher Gliederung übertreffen wir alle Völker der Erde. Und die Synthese in Palästina schafft zwar ein seelisches und hoffentlich auch geistiges Zentrum, aber es sammelt nicht alle Juden auf einem Fleck Erde. Es vermag jedoch aus dem Heimatboden spriessende neue Kraft die Judenheit in aller Herren Ländern zu beleben, weil sie das Gefühl der Vereinsamung löst und weil dort der Beweis geliefert wird, daß der Jude tüchtig und arbeitsfreudig war und geblieben ist wie irgend einer aus der Mehrheit. Palästina ist uns geschichtliches Schicksal.
Heinrich York-Steiner

Bekommen wir jemals Jerusalem, u. kann ich zu der Zeit noch etwas bewirken, so würde ich es zunächst reinigen.
Alles, was nicht Heiligthum ist, liesse ich räumen, würde Arbeiterwohnungen ausserhalb der Stadt errichten, die Schmutznester leeren, niederreissen, die nicht heiligen Trümmer verbrennen u. die Bazare anderswohin verlegen. Dann unter möglichster Beibehaltung des alten Baustyls eine comfortable, ventilirte, canalisirte neue Stadt um die Heiligthümer herum errichten.
Theodor Herzl

Eine der Aufgaben, der sich Herzl nach seiner Rückkehr aus Palästina verstärkt zuwandte, war die Sicherung der finanziellen Basis der Bewegung. Sie war prekär und bedurfte besonderer Beachtung. In Briefen und in zahlreichen in der *Welt* veröffentlichten Notizen drängte Herzl auf die handelsgerichtliche Eintragung der seit langem geplanten Bank. Das dafür benötigte Geld floß jedoch infolge der großen Anzahl kleiner Subskribenten – insgesamt 120 000 – und aufgrund der in Rußland herrschenden Wirtschaftskrise nur sehr langsam. Herzl, der befürchtete, die Bankpläne könnten daran scheitern, sprach von einer „Entscheidungsschlacht" und nannte die Subskription in seinem Tagebuch „la dernière cartouche". (4. März 1899)

Nur mit großer Mühe gelang es Herzl schließlich, die Mindestsumme von 250 000 Pfund in bar zusammenzubringen, die notwendig war, um die Aktionsfähigkeit der Bank herzustellen. Irgendwelchen Illusionen gab sich Herzl dabei nicht hin. Bereits während des dritten Kongresses in Basel (15.–18. August 1899) hatte er den Delegierten mitgeteilt, die Gründung der Bank könne nur ein erster Zwischenschritt zur Erwerbung der Charter darstellen. Wenn diese erfolgt sei, dann könne man herangehen, die eigentliche Landgesellschaft zu gründen. Die bisherigen Arbeiten verglich Herzl mit Saaten, die man dem Boden anvertraut. „Zuerst", hieß es in seiner Eröffnungsrede, „war es eine Saat der Gedanken, nun ist es eine von Ein-

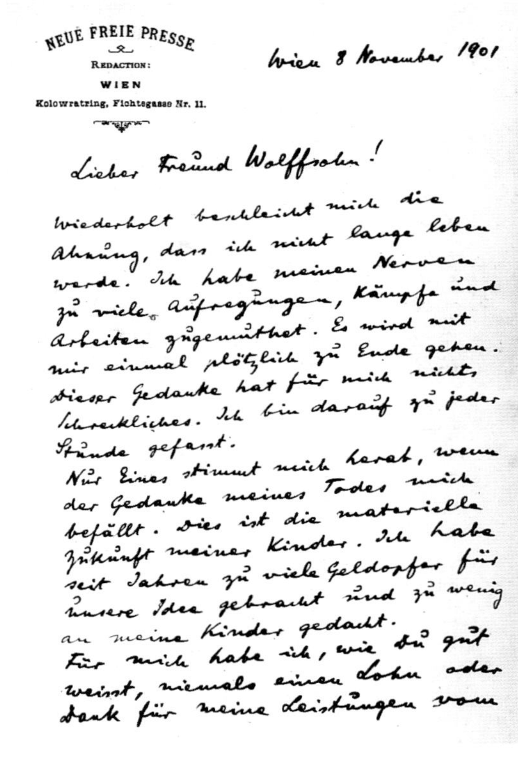
NEUE FREIE PRESSE
REDACTION:
WIEN
Kolowratring, Fichtegasse Nr. 11.

Wien 8 November 1901

Lieber Freund Wolffsohn!

Wiederholt beschleicht mich die
Ahnung, dass ich nicht lange leben
werde. Ich habe meinen Nerven
zu viele Aufregungen, Kämpfe und
Arbeiten zugemuthet. Es wird mit
mir einmal plötzlich zu Ende gehen.
Dieser Gedanke hat für mich nichts
Schreckliches. Ich bin darauf zu jeder
Stunde gefasst.
Nur Eines stimmt mich herab, wenn
der Gedanke meines Todes mich
befällt. Dies ist die materielle
Zukunft meiner Kinder. Ich habe
seit Jahren zu viele Geldopfer für
unsere Idee gebracht und zu wenig
an meine Kinder gedacht.
Für mich habe ich, wie Du gut
weisst, niemals einen Lohn oder
Dank für meine Leistungen vom

Brief Theodor Herzls an seinen Freund David Wolffsohn vom 8. November 1901, in dem er im Alter von 41 Jahren, seinen baldigen Tod vorausahnend, bereits testamentarische Verfügungen, vor allem was die Versorgung seiner Kinder angeht, trifft.

richtungen. Es ist heute noch kein Brot, es ist nur das Brot von morgen."

Deutlich wird in diesem Zeitraum die taktische Schwenkung, die Herzl vollzog. Aus allen Informationen und Bemühungen der letzten Monate und Jahre hatte sich ergeben, daß die Forderung nach einem unabhängigen jüdischen Staat oder einem Vasallenstaat unter türkischer Oberherrschaft in absehbarer Zeit nicht zu verwirklichen sein würde. Durchführbar war nur der Verkauf oder die Verpachtung von Siedlungsberechtigungen für eine Kolonialgesellschaft. Notwendig war dafür aber ein Dokument, das diese Berechtigung verlieh, und das Herzl in Anlehnung an die historischen Vorbilder der Freibriefgesellschaften „Charter" nannte: „Unsere Bemühungen sind darauf gerichtet, einen Charter von der türkischen Regierung zu erlangen, einen Charter unter der Souveränität Sr. Majestät des Sultans. Erst wenn wir im Besitze dieses Charters sind, welcher die nötigen öffentlich-rechtlichen Sicherheiten enthalten muß, können wir eine große praktische Kolonisation beginnen."

Überall begann Herzl, verstärkt um moralische und politische Unterstützung zu werben. Auf der Haager Friedenskonferenz, die im Mai 1899 mit dem Ziel einer Beschränkung der Rüstungspolitik zusammengetreten war, hatte er bereits versucht, Iwan von Bloch, den russischen Delegierten, für die zionistischen Ziele zu erwärmen. Den größten Erfolg hatte er, als es ihm gelang, Bertha von Suttner, die große Vorkämpferin der Friedensidee, für seine Pläne zu gewinnen. Ihr war es zu verdanken, daß auf dem Haager Kongreß mehrere Staatsmänner begannen, sich für den Zionismus zu interessieren, unter anderem der einflußreiche französische Staatsmann Léon Bourgeois und der Botschafter der Vereinigten Staaten in Berlin, Andrew White.

Andere glaubten, für ihre Bemühungen die Hand aufhalten zu können. Der türkische Generaldelegierte Mehmet Nouri Bey (1858–1908) zum Beispiel, von dem Herzl meinte, er hätte nicht nur ein „unangenehmes Gaunergesicht", sondern sei auch einer. Mehmet Nouri Bey versprach, eine Liste bestechlicher Beamter zusammenzustellen, sich selbstverständlich eingeschlossen, die eine Audienz beim Sultan bewirken würden. Notwendig, so meinte er, sei „Bakschisch", und zwar ein angemessenes. Herzl ging auf die Forderung ein. Käme es zu einer Audienz, erklärte er, sei er bereit, den Preis von 40 000 Franken zu bezahlen: „Ich werde Ihnen 10 000 voraus geben und 30 000 am Tag der Audienz." Ohne irgendwelche Anzeichen von Gewissensbissen quittierte der türkische Politiker auf einer Visitenkarte in französischer Sprache: „Die mir geschuldete Summe von zehntausend Francs erhalten – Nouri".

Nicht viel kam aus den Begegnungen mit Ernst von Koerber (1850–1919) heraus, dem österreichischen Ministerpräsidenten und Minister des Innern. Er erklärte zwar, er sei bereit, Herzl zu helfen. Seine Bekundungen blieben aber nur Lippenbekenntnisse. Bei einer Audienz am 16. Februar 1900 bekundete er Herzl gegenüber mit folgender Erklärung seine Sympathie: „Ich bewundere die Ausdauer, mit der Sie dieses Werk seit Jahren verfolgen." Bei einigen weiteren Begegnungen plauderte Koerber angeregt mit Herzl und ließ sich in einigen innerösterreichischen Angelegenheiten beraten. Das war aber auch schon alles. Zu einem Empfehlungsschreiben an den Sultan konnte sich Koerber nicht durchringen.

Die Aufmerksamkeit, die er bei einzelnen Politikern erweckte, mag Herzl veranlaßt haben, den vierten Kongreß nach London einzuberufen. Auf diesem Kongreß (13.–16. August 1900), auf dem neben Organisationsfragen wiederum die „Kulturfrage" ausführlich erörtert wurde, traten Spannungen zwischen den orthodoxen Rabbinern und den „weltlichen" Kulturfreunden auf. Herzl war bemüht, sich nicht in die hitzig geführte Debatte einzumischen, hielt jedoch an seinem Standpunkt fest, daß diese Fragen vom Kongreß auszuschalten und statt dessen die Gemeinsamkeiten in den Vordergrund zu rücken seien. Er appellierte an die Delegierten: „Verlieren wir uns nicht in Streitigkeiten und suchen wir keine Händel untereinander ..."

Obgleich sich Herzl mit seiner Ansicht schließlich durchsetzen konnte, waren die Ergebnisse des Kongresses vergleichsweise mager. Allen war zwar bewußt, daß dieser Kongreß der bisher größte, gemessen an der Teilnehmerzahl, war. Die verschiedenen Gruppierungen zu einigen war jedoch so gut wie aussichtslos. Auf dem Schiff von Dover nach Calais notierte Herzl in seinem Tagebuch: „Es war viel Lärm, Schweiss und Trommelschlag." Immerhin konnten sich die Delegierten über die Gründung eines Nationalfonds einigen. Damit schien der Kongreß die in ihn gesetzten Aufgaben erfüllt zu haben. Zu seiner großen Zufriedenheit veröffentlichten die englischen Zeitungen Berichte, „wie wir sie brauchen konnten u. können".

Der Kongreß in London bedeutete für Herzl eine große Anstrengung. Nur mit Aufbietung seiner allerletzten Kräfte hatte er sich aufraffen können, dorthin zu reisen. Die Strapazen der letzten Jahre waren nicht spurlos an ihm vorübergegangen. Sein Gesundheitszustand hatte sehr gelitten. Trotzdem ließ er in seinen Bemühungen nicht nach. Als man ihm meldete, die türkische Regierung befände sich wieder einmal in Geldschwierigkeiten, wollte Herzl die Chance der Stunde nutzen. Im Gegenzug für das Vermitteln einer Anleihe hoffte er, den angestrebten „Charter" zu erlangen. Die Verhandlungen zerschlugen sich jedoch, so wie manche Verhandlung zuvor. „Drei Monate aus meinem Leben gerissen, stückweise, in great expectations", schrieb er entmutigt am 30. Januar 1901 in sein Tagebuch.

Trotz des Scheiterns der Anleihepläne hatten Herzls Bemühungen einen unerwarteten Nebeneffekt. Aus Konstantinopel ging ihm die Mitteilung zu, der Sultan sei bereit, ihn zu empfangen, zwar nicht als Zionisten, aber als einen einflußreichen Journalisten. In der Audienz, die am 17. Mai 1901 stattfand, versuchte Herzl, Sultan Abdul Hamid von der Nützlichkeit der Juden für die Türkei zu überzeugen. „Was dieses Land braucht", erklärte er diesem, „ist nur die industrielle Rührigkeit unserer Leute." Der Sultan zeigte sich diesen Überlegungen nicht abgeneigt, gab dem Gespräch jedoch eine unerwartete Wendung, als er Herzl fragte, ob er ihm nicht einen Financier empfehlen könne, der dem Land neue Einnahmequellen erschließen könne.

Izzet Bey und Ibrahim Bey, dem Sekretär und dem Zeremonienmeister des Sultans, unterbreitete Herzl wenige Tage später Vorschläge, wie die türkischen Staatsschulden zu finanzieren seien. Bei dieser Gelegenheit stellte er auch den Plan vor, eine „Landgesellschaft" zu gründen. „Wenn man dieser Landgesellschaft, die gewiß eine ottomanische sein müßte, eine entsprechende Concession gäbe, könnte sie das Land urbar machen, Leute ansiedeln und Steuern zahlen. Auf die Einkünfte [von] dieser Landgesellschaft aber könnte man vielleicht schon im vornherein Geld aufnehmen. Das wäre gleich eine Ressource."

Der Sultan, dem diese Überlegungen übermittelt wurden, ließ Herzl wissen, er erwarte weitere „positive" Vorschläge in den nächsten Wochen. „Damit sind wir tatsächlich in die Verhandlungen über den Charter eingetreten", schrieb Herzl in sein Tagebuch. „Es wird nur noch Glück, Geschick und Geld notwendig sein, um alles durchzuführen, was ich entworfen habe." Und glücklich über das Erreichte teilte er nach seiner Rückkehr nach Wien den Mitgliedern des Aktionskomitees mit: „Wir können uns heute die Freude nicht vorenthalten, Ihnen ... zu sagen, dass es gut steht um unsere Bewegung, dass unsere Sache in ein aussichtsvolles Stadium getreten ist ... Wir haben einen großen Schritt vorwärts gethan." (29. Mai 1901).

Und wieder begab sich Herzl auf Reisen. Aber weder in Paris noch in

London fand er die für das Projekt notwendige finanzielle Unterstützung. „Müde hab' ich mich gelaufen", schrieb er aus Altaussee am 18. August 1901 deprimiert an Max E. Mandelstamm, „und bin von dem Gesindel, welches über das Geld verfügt, nicht einmal angehört worden. Es wird Pech u. Schwefel regnen müssen, damit diese Steine weich werden. Es ist unerhört u. in fünfzig Jahren wird man diesen Leuten auf das Grab spucken, wenn man es erfahren wird, daß ich mit dem Cohn [d.i. der Sultan] nahezu fertig war u. nur die lumpigen Gelder nicht bekommen konnte."

Trotz aller Hindernisse und Schwierigkeiten legte Herzl am 17. Juni 1901 einen Plan vor, der besagte, daß er und seine Freunde zur Gründung einer Gesellschaft mit einem Kapital von fünf Millionen Pfund bereit seien, einer Gesellschaft, deren Aufgabe die Förderung von Ackerbau, Industrie und Handel in Kleinasien, Palästina und Syrien bilden sollte. Um die nötigen Konzessionen seitens des Sultans zu erhalten, sei die Gesellschaft willens, nicht nur eine Jahresabgabe von 60 000 türkischen Pfund zu entrichten, sondern auch die Garantie, den Zinsendienst und die Amortisation für eine sofort aufzunehmende Anleihe über anderthalb Millionen Pfund zu übernehmen.

Erst Monate später, nachdem der fünfte Kongreß in Basel (29.–30. Dezember 1901) stattgefunden hatte, wurde Herzl aufgefordert, nach Konstantinopel zu kommen. In den Verhandlungen im Februar 1902, den ersten wirklichen Verhandlungen Herzls mit der Türkei, wurde jedoch deutlich, daß er den Versuch, sein politisches Ziel – Charter für Palästina gegen Finanzhilfe – auf direktem Weg zu erreichen, vorläufig als gescheitert ansehen mußte. Daß er jedoch von der türkischen Regierung als ernstzunehmender Gesprächspartner angesehen wurde, machte allein schon die Tatsache deutlich, daß Herzl im Juli 1902 bereits wieder zu Unterredungen nach Konstantinopel reiste. Aber auch diesmal wollte sich die türkische Regierung nicht auf Herzls Plan einlassen. Die Verhandlungen verliefen im Sande.

Herzl war gezwungen, seine politische Taktik erneut zu ändern. Wenn, so wird er sich gedacht haben, mit der türkischen Regierung keine Vereinbarung über Palästina zu erreichen ist, dann muß eben der Versuch gemacht werden, England für den „Charter" zu gewinnen. Einiges hatte er schon in diese Richtung unternommen. Als Sachverständiger der Fremdenkommission – ihre Aufgabe war es, zu prüfen, ob die Einwanderung weiterer Ostjuden nach England nicht zu unterbinden sei – hatte er bereits im Juli 1902 die Errichtung einer jüdischen Kolonie auf Zypern, im Raum von El Arisch und der Sinai-Halbinsel vorgeschlagen.

Käme es nicht zu einer solchen Kolonie, hatte Herzl den Kommissionsteilnehmern erklärt, müsse England weiterhin mit hohen Einwanderungszahlen rechnen oder aber sein freies Asylrecht einschränken. Die Zypern-Kolonisation, schrieb Herzl nun in sein Tagebuch, ist „die Vereinigung der gegenwärtig behinderten Palästinahoffnungen mit der unerläßlichen Hilfsaktion für unsere Ärmsten." Und an anderer Stelle: „Zypern ist nur eine Station nach Palästina." Lord Nathaniel Rothschild und andere wichtige Persönlichkeiten des öffentlichen Lebens in England konnte Herzl zwar für den Zypern-Plan erwärmen, aber nicht eigentlich gewinnen. Die verantwortlichen Politiker schreckten zurück. Ganz offensichtlich fürchteten sie internationale Verwicklungen.

In dieser Situation wurde an Herzl vom englischen Kolonialminister Joseph Chamberlain (1836–1914), später dann auch von Lord Landsdowne, dem Staatssekretär des Auswärtigen, ein interessanter Vorschlag herangetragen, der unter dem Stichwort „Uganda-Konflikt" beziehungsweise „Uganda-Kontroverse" in die Geschichte des Zionismus eingehen sollte. Der Vorschlag besagte, die Juden sollten eine autonome jüdische Ansiedlung in Ostafrika mit jüdischer Verwaltung, jüdischer Lokalregierung und einem jüdischen Oberbeamten an ihrer Spitze gründen. Alles natürlich unter britischer oberhoheitlicher Überwachung. Das war die Bedingung.

Nach dem Schwinden der Hoffnungen auf Kaiser Wilhelm II. (1898), dem Scheitern der türkischen Verhandlungen und des Zypern-Sinai-Projekts hielt Herzl es für geboten, das Angebot Chamberlains ernsthaft zu prüfen. Er sah in diesem Angebot eine Möglichkeit, die Lage der Juden in Osteuropa schnell und unkonventionell zu verbessern. Als Chamberlain erklärte, den Entwurf einer Vereinbarung entgegennehmen zu wollen, zögerte Herzl nicht lange. Ein von ihm erarbeiteter Entwurf sah vor, daß ihm persönlich der „Charter" zur Bildung einer Kolonialgesellschaft übertragen werde, damit die Kongreßbeschlüsse (und jene der Bank), die Beschränkung der Siedlungstätigkeit auf Palästina und Syrien betreffend, nicht verletzt würden.

Der Konflikt war damit aber vorprogrammiert. Als er im Juli 1903 Max Nordau von dem Angebot berichtete, erhob dieser in richtiger Einschätzung der weiteren Entwicklung heftigen Einspruch. Herzl hielt dem entgegen, daß es doch gerade die Aufgabe des Zionismus sein müsse, „die Leute auf den Weg zu bringen, der, wenn auch mit scheinbaren Abweichungen, zum Ziel führt". An Nordau schrieb er deshalb: „Dieser britisch-ostafrikanische Anfang ist politisch ein Rischon le Zion."

Die letztere Bemerkung war durchaus zutreffend. Hätte nämlich die englische Regierung den „Charter" für die Ansiedlung zwischen Kilimandscharo und Kenia damals gewährt, wäre dies der erste Schritt zu einer politischen Anerkennung des jüdischen Volkes als Nation gewesen. Herzl wäre an das Ziel seiner Wünsche gelangt. Die Judenstaatsidee wäre zwar damit nicht so umgesetzt worden, wie er sich das ursprünglich vorgestellt hatte. Ansatzweise aber doch, denn entscheidend für Herzl war die Zurverfügungstellung von Land. Ostafrika wäre zwar nicht Palästina gewesen, aber doch ein Territorium, auf dem Juden als freie Menschen hätten leben können.

Vorerst löste der Vorschlag des englischen Kolonialministers nur eine Reihe wilder Spekulationen aus. Herzl dachte an das portugiesische Mozambique als Tauschobjekt, um doch noch die Sinai-Halbinsel samt Nilwasser einzuhandeln, dann wieder an Belgisch-Kongo und Mesopotamien, über dessen Übernahme er mit den Türken verhandelte. Seine Aktivitäten wurden geradezu hektisch, als Gerüchte von dem Pogrom in Kischinew in die Weltpresse gelangten. Eine neue Auswanderungswelle kündigte sich an. „Ich höre aus verläßlichen Quellen", schrieb Herzl Anfang Mai 1903 an den russischen Innenminister Plehwe, „dass sich der Juden in Russland eine Verzweiflung zu bemächtigen beginnt. Sie glauben, dass sie schutzlos den bösen Instincten des Pöbels ausgeliefert seien."

„Man's life is short", notierte Herzl in seinem Tagebuch. Dennoch gab er den Gedanken an Zion nicht auf. Andererseits war er realistisch genug, einzusehen, daß ein erster Schritt zur Verwirklichung und zur Abhilfe der dringendsten Not getan werden müsse. „Wie Sie wissen", schrieb er am 19. Mai an den österreichischen Ministerpräsidenten, „bin ich eine Art Armenadvokat für unglückliche Juden u. habe als solcher recht." Das Scheitern aller bisherigen Projekte war bitter, doch war Herzl deswegen nicht vollständig entmutigt. Lord Rothschild teilte er am 30. Mai 1903 mit: „Es ist viel Zeit u. Mühe u. auch etwas Geld verloren, aber ich bin nicht decouragiert. Ich habe schon einen anderen Plan."

Mit diesem Plan waren vermutlich die Versuche gemeint, den Zaren für die zionistische Idee zu gewinnen. Unmittelbar nach den Ereignissen von Kischinew hatte sich Herzl um eine Audienz bei diesem bemüht. Von einer Intervention des Zaren beim Sultan hoffte Herzl, doch noch den Charter-Brief für Palästina zu erhalten. Die erwünschte Audienz kam jedoch nicht zustande. Sprechen konnte er nur die beiden Minister Plehwe und Witte. Die Unterredung mit ersterem war dabei, wie er sich selbst eingestand, ein Weg in die Höhle des Löwen. Allgemein wurde nämlich angenommen, daß Plehwe der Polizei den Befehl gegeben hatte, bei den Ausschreitungen in Kischinew ruhig zuzusehen. Herzl, das wissend, meinte jedoch, Politik dürfe man nicht mit Sentiments betreiben. Wolle man etwas erreichen, dann müsse man auch mit dem Gegner verhandeln.

Plehwe, der einer öffentlichen Diskussion über die Pogrome mit einigem Unbehagen entgegensah, erhoffte sich hingegen von dem Gespräch mit Herzl, diesen davon überzeugen zu können, daß es in Rußland zwar Probleme gäbe, man aber nicht feindlich gegenüber den Juden eingestellt sei. Sich selbst bezeichnete er als einen Freund der Juden (Plehwe: „Ich kenne die Juden sehr gut. Ich habe meine Jugend unter ihnen verbracht.") und versprach, für die Intervention des Zaren beim Sultan unverzüglich einzutreten. Auf Herzls mündlich noch einmal vorgetragenen Wunsch, ob es nicht vielleicht doch möglich sei, eine Audienz beim Zaren zu bewerkstelligen, bemerkte Plehwe, dabei eine kleine Kunstpause einlegend: „Nous verrons – après le Congrès."

Herzl hatte das Gefühl eines bedeutenden Erfolges. Sie waren fast freundschaftlich voneinander geschieden. In Plehwe sah er einen Staatsmann, von dem er meinte, er würde sich, wenn es in seine Pläne passe, sogar mit der Gründung eines Judenstaates abfinden. In dem Gespräch, das die beiden miteinander führten, erklärte ihm Plehwe, daß Rußland auf dumme und arme Juden verzichten könnte. Die offene, mit Zynismus gepaarte Brutalität in seinen Äußerungen war dabei unüberhörbar: „Wenn ich Jude wäre, wäre ich sicher auch ein Feind der Regierung." Rußland wäre, so meinte er, die Errichtung eines unabhängigen jüdischen Staates, der einige Millionen Juden aufnehmen könnte, am liebsten. Andererseits wolle Rußland nicht alle seine Juden verlieren: „Die besonders intelligenten würden wir gerne behalten – für die Sie, Herr Dr. Herzl, das beste Beispiel sind."

Auf der Rückreise erlebte Herzl bei einem kurzen Aufenthalt in Wilna das jüdische Rußland. „Der Tag von Wilna", schrieb er in sein Tagebuch, „wird mir unvergesslich bleiben." Eine unübersehbare Menschenmenge empfing ihn dort auf den Straßen, feierte ihn als Befreier, als künftigen König („Hamelech Herzl"), und noch spät in der Nacht, als er auf Seitenstraßen zum Bahnhof fuhr, fieberte die Stadt. Es kam zu heftigen Zusammenstößen mit der Polizei. Der Eindruck auf Herzl war ungeheuer, er erlebte alles in einem Bild und innerhalb weniger Stunden: das Elend des Ghettos, die Öffnung und Begeisterung der Massen, den Druck der Polizeiherrschaft, den Dank für ein Werk, das noch in den Anfängen lag. Von Rußland aus fuhr er direkt zum Kongreß nach Basel.

Als Herzl Ende August auf dem sechsten Kongreß (23. –28. August 1903) in Basel erschien und den Delegierten das Ostafrika-Projekt unterbreitete, meinte er: „Zion ist es freilich nicht und kann es nie werden. Es ist nur eine Kolonisationsaushilfe, aber wohlgemerkt, auf nationaler und staatlicher Grundlage. Das Zeichen zum

Aufbruch werden und können wir unseren Massen daraufhin nicht geben. Es ist und bleibt lediglich eine Notstandsmaßregel, die der jetzigen Ratlosigkeit aller philanthropischen Unternehmungen abhelfen und dem Verluste solcher versprengter Volksteile vorbeugen soll."

Eine große Zahl von Kongreßteilnehmern hielt ein Eingehen auf das englische Angebot für unvereinbar mit dem 1897 festgelegten Baseler Programm. Bei den Gegnern des Ostafrika-Planes begannen bereits Worte wie „Verräter" gegenüber Herzl laut zu werden. Davis Trietsch, einer der Hauptgegner des Ostafrikaprojekts, warf Herzl in den Debatten leichtfertige Handlungsweise in der Zypern-Sinai-Sache, schlechte Führung der Verhandlungen, ständiges Haschen nach Augenblickserfolgen, Unredlichkeit und letzten Endes Unfähigkeit zur Leitung der Bewegung vor. „Geben Sie mir und meinen Freunden", schloß er seine Rede, „einen Teil der Befugnisse, mit denen unsere jetzige Führung nichts erreicht hat, und ich werde näher zu Palästina Besseres finden als Ostafrika."

Eine namentliche Abstimmung, deren Ausgang nicht Entscheidung über „Ostafrika oder Zion", sondern nur die Prüfung des englischen Angebots durch eine Kommission bedeuten sollte, führte zu dem Ergebnis, daß 295 Delegierte mit „Ja" und 178 Delegierte mit „Nein" stimmten. 100 Delegierte enthielten sich der Abstimmung. Die „Neinsager" kamen zum größten Teil aus Osteuropa, vor allem aus Rußland. Die „Jasager" wiederum setzten sich aus den Mitgliedern der übrigen Landsmannschaften unter Führung der Deutschen zusammen. Als Herzl das Ergebnis der Abstimmung verkündete, verließen die „Neinsager" den Saal. Niedergeschlagenheit machte sich breit. Die Spaltung der Bewegung schien unaufhaltsam zu sein.

Daß der Konflikt heruntergespielt, wenn auch nicht behoben werden konnte, ist fast ausschließlich den unentwegten Vermittlungsbemühungen Herzls zuzuschreiben. Seine Erklärung, das Ostafrika-Projekt bedeute keine Änderung, keine Abweichung von den Zielen des Baseler Programms, beruhigte die Gemüter. Die Opposition erschien wieder im Kongreßsaal, und Schmarja Levin teilte mit, der Auszug hätte „keine demonstrative Absicht gehabt, sondern sei der spontane Ausdruck unserer tiefen Seelenerschütterung über den Beschluß, in dem wir eine Abweichung vom Baseler Programm erblicken ..."

Vor Israel Zangwill, Max Nordau und Joseph Cowen zog Herzl nach Ende des sechsten Kongresses die Konsequenz aus seinen Beobachtungen, Erkenntnissen und Gefühlen. „Ich will Euch jetzt", erklärte er, körperlich und seelisch erschöpft, „meine Rede vom siebenten Kongreß – wenn ich ihn erlebe – sagen. Ich werde bis dahin entweder Palästina haben oder die vollkommene Aussichtslosigkeit jeder weiteren Bemühung eingesehen haben. Im letzteren Fall wird meine Rede lauten: Es war nicht möglich. Das Endziel ist nicht erreicht worden u. wird in absehbarer Zeit nicht erreicht werden. Aber ein Zwischenresultat liegt vor: dieses Land, in welchem wir unsere leidenden Massen auf nationaler Grundlage mit Selbstverwaltung ansiedeln können."

Für Herzl stand fest, daß wenn der Charter für Palästina kurzfristig nicht möglich sei, auch ein anderes Territorium in Betracht kommen müsse. „Ich glaube nicht, daß wir um eines schönen Traumes oder um einer legitimistischen Fahne willen den Unglücklichen diese Erleichterung vorenthalten dürfen. Aber ich verstehe, daß in unsere Bewegung hiermit eine entscheidende Spaltung eingetreten ist, u. dieser Riß geht mitten durch meine Person hindurch. Obwohl ursprünglich nur Judenstaatler – n'importe où – habe ich später doch die Zionsfahne ergriffen u. ich selbst bin ein Lover of Zion geworden. Palästina ist das einzige Land, wo unser Volk zur Ruhe kommen kann. Aber sofortige Hilfe tut Hunderttausenden Noth." Und der Satz, mit dem er sich dann endgültig aus der Organisation verabschieden wollte, lautete: „Durch das, was ich getan, habe ich den Zionismus nicht ärmer, aber das Judentum reicher gemacht. Adieu."

Die innere Krise des Zionismus und Herzls persönliche Tragik werden nirgends deutlicher als an diesen Bemerkungen. Was er hier den „schönen Traum" und die „legitimistische Fahne" nannte, war für die große Mehrheit der Zionisten Ursprung, Inhalt, Sinn und Ziel der Bewegung. Die Tagebucheintragung vom 31. August 1903 läßt erkennen, daß er das einzusehen begann. Ihm wurde zusehends klarer, daß es nicht möglich sei, sich über die Gefühle der osteuropäischen Juden hinwegzusetzen. Er begann sich deshalb als ein „Lover of Zion" zu bekennen, als ein „Chowew Zion", wie das in der Sprache der russischen Juden hieß. Andererseits dürfte ihm auch nicht verborgen geblieben sein, daß es bei dieser heftig geführten Debatte um mehr ging als nur um ein Territorium, auf dem die Ansiedlung von Juden möglich war. Zunehmend deutlicher wurde, daß es sich bei der Entscheidungsfrage Ostafrika oder Zion nicht nur um unterschiedliche taktisch-politische Positionen handelte, sondern daß sich in dieser Frage zwei Welten gegenüberstanden – das Ost- und das Westjudentum.

Für Herzl selbst handelte es sich nicht so sehr um eine Gewissensfrage, sondern um eine Grundsatzfrage. Von Palästina träumte er zwar, Ostafrika aber hätte er als Zwischenlösung auf dem Weg nach Palästina akzeptiert. David Wolffsohn hatte ihm zwar davon abgeraten, und das mit der Bemerkung: „Würdest Du nach Uganda gehen? Nein. Damit ist der Sache das Urteil gesprochen. Wir dürfen unserem Volk nur zu dem Heim verhelfen, das auch uns ein Heim werden kann ..."

Diese Einstellung wollte Herzl jedoch nicht akzeptieren. Ihm ging es nicht um eine Prinzipienentscheidung, sondern in erster Linie darum, den jüdischen Massen aus scheinbar auswegloser Lage zu helfen. In einem am 11. November 1903 geschriebenen *Brief an das jüdische Volk,* der Herzls Zerrissenheit sichtbar macht, heißt es: „Der Weg spaltet sich, und die Spaltung geht mitten durch meine Brust." Eine andere Briefpassage lautet: „Kommt die Spaltung, so bleibt mein Herz bei den Zionisten und mein Verstand bei den Afrikanern. Das ist ein solcher Konflikt, dass ich ihn nur durch meinen Rücktritt lösen kann."

Es folgten Audienzen bei König Viktor Emanuel III. von Italien und Papst Pius X. Beide Treffen blieben ohne praktischen Erfolg, wenn von dem Prestige abgesehen wird, das einer solchen Audienz in der damaligen Zeit zugeschrieben wurde. Wichtiger war jedoch die Frage: Ostafrika oder Zion. Die grundsätzliche Entscheidung in Basel, also das Votum für die Möglichkeit eines bloßen Refugiums in Afrika, hatte die russischen Zionisten zutiefst verstört. Ihr Führer, Menachem Ussischkin, ein Freund Achad Haams und Mitglied des Odessaer Komitees, richtete jetzt einen offenen Brief an Herzl, in dem er ihm den Bruch des Prinzips, den Verrat an der Idee vorwarf. Den Beschluß, eine Expedition nach Ostafrika zu senden, sah er für sich nicht als bindend an: „Ich widersetze mich ihm mit meinem ganzen Wesen und werde mit aller Kraft mich bestreben, seine Durchführung zu verhindern."(16. Oktober 1903)

Kurz darauf traten die russischen Zionistenführer in Charkow zu einer Konferenz zusammen und stellten Herzl eine Art Ultimatum: Er solle schriftlich versprechen, dem Kongreß keine Projekte mehr für ein Territorium außerhalb Palästinas vorzulegen, und er solle sich verpflichten, das System der eigenmächtigen Entscheidungen aufzugeben. Sollte Herzl dieses Ultimatum nicht annehmen, so sei man bereit, den Kampf gegen ihn aufzunehmen. Sie drohten mit der Einberufung eines Sonderkongresses sowie mit der Einstellung der Geldzahlungen. Herzl begriff das als Meuterei, als einen Handstreich einiger „Herren", von denen er meinte, „sie wollten die Bewegung in ihre Gewalt bringen."

Nicht alle Zionisten in Rußland beteiligten sich an dem Aufstand gegen den Führer der Bewegung. Max E. Mandelstamm zum Beispiel, der getreue Paladin Herzls, der an der Zusammenkunft in Charkow teilgenommen hatte, äußerte sein Unverständnis über die dort gefaßten Beschlüsse: „Es ist eine wahre Mizwe, mit Leuten arbeiten zu müssen, die doch sonst recht brave, ehrliche Zionisten sind, die aber ihre Scheuklappen nicht los werden können. Das Wort ‚Palästina' hält sie dermaßen gefangen, hypnotisiert sie ganz ebenso, wie das ‚Vogesenloch' die Franzosen. Dabei läßt sich nichts machen." (18. November 1903)

Wenn man, wie Herzl es tat, den Zionismus als den Staat auf dem Wege ansieht, dann war die Charkower Konferenz zweifellos ein Coup d'État oder eine „Revolution aus Prinzipientreue", wie das Alex Bein formuliert hat. Herzl selbst hat das wohl auch so gesehen, denn er war sich bewußt, daß die Bewegung vor einer inneren Zerreißprobe stand. Gleichgültig, wie er sich entschieden hätte, er wäre vermutlich immer auf der falschen Seite gestanden. Herzl hielt sich deshalb weitgehendst bedeckt und war bemüht, sich nicht festzulegen und so zu tun, als ob er in erster Linie für die Einheit der Bewegung plädiere.

Als Herzl nach dem Attentatsversuch eines Ostafrika-Gegners auf Max Nordau die Beschlüsse der Konferenz gleichzeitig mit der Nachricht vom Anschlag veröffentlichen ließ, erhob sich ein Sturm der Entrüstung. Zahlreiche Artikel in der zionistischen Presse beschuldigten die Charkower, „Verschwörer" und „Verräter" zu sein. Im Frühjahr 1904 gelang es Herzl noch einmal, auf einer Sitzung des Großen Aktionskomitees in Wien einen Ausgleich herbeizuführen, indem er seinen Gegnern versicherte, er werde Palästina niemals aufgeben. Damit war der Konflikt nicht entschärft, sondern nur ausgesetzt. Die Frage, wohin die Wanderung letztendlich gehen sollte, blieb weiterhin ungeklärt.

68. Palais Imp. de Dolma Bagtche sur Bosphore

Im Juli 1896 fuhr Theodor Herzl das erste Mal nach Konstantinopel – in der Hoffnung, den türkischen Sultan in einer Audienz von den Vorteilen einer jüdischen „Heimstätte" in Palästina zu überzeugen. Es sollte volle fünf Jahre – bis zum Jahr 1901 – dauern, bis er wirklich in Audienz vom Sultan selbst empfangen wurde. Seit seiner ersten Reise spekulierte Herzl mit dem „kranken Mann am Bosporus", wie die Türkei seit ihren Auflösungstendenzen ab Mitte des 19. Jahrhunderts genannt wurde. Die reichen jüdischen Familien der Rothschilds, Hirschs, Montefiores, Montagus, die die finanziellen Mittel zur Verfügung stellen sollten, als Atouts in der Hinterhand, dachte Herzl, daß der Sultan bereit sei, den zerrütteten Staatshaushalt im Tausch gegen das kleine Palästina zu sanieren. Das Problem, daß Jerusalem als heilige Stätte des Islam kein Tauschobjekt abgeben konnte, war dem Agnostiker nicht bewußt.

Links: Der Palast von Dolmabahçe, der in den Jahren 1842–1853 erbaute, bei weitem prächtigste osmanische Herrscherpalast am europäischen Ufer des Bosporus. Im Hintergrund links der Çiragan-Palast und die Ausläufer des Yildiz-Parks, in dessen gleichnamigen Palastanlagen Herzl von Sultan Abdul Hamid II. in Audienz empfangen wurde. Photographie von P. Sébah. Um 1880.

Rechts: Eigenhändiger Brief Herzls an seine Frau Julie, geschrieben auf dem Briefpapier des Hotel Royal, wo er auch 1901 wieder abgestiegen war. 25. Juli 1896.

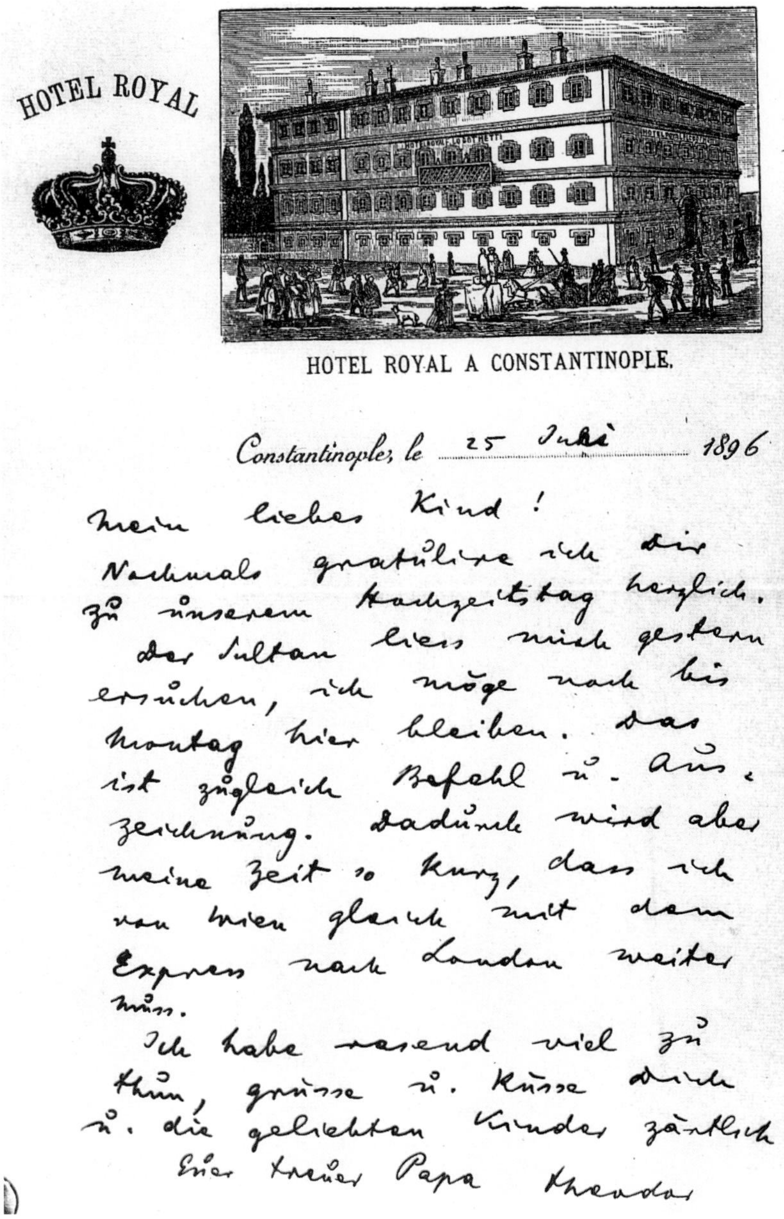

HOTEL ROYAL

HOTEL ROYAL A CONSTANTINOPLE.

Constantinople, le 25 Juli 1896

Mein liebes Kind!
Nochmals gratulire ich dir zu unserem Hochzeitstag herzlich.
Der Sultan liess mich gestern ersuchen, ich möge noch bis Montag hier bleiben. Das ist zugleich Befehl u. Auszeichnung. Dadurch wird aber meine Zeit so kurz, dass ich von Wien gleich mit dem Express nach London weiter muss.
Ich habe rasend viel zu thun, grüsse u. küsse dich u. die geliebten Kinder zärtlich
Euer treuer Papa Theodor

Wir fuhren durch diese erstaunliche, schöne, schmutzige Stadt. Blendender Sonnenschein, farbige Armuth, zerfallende Gebäude. Vom Fenster des Hôtel Royal geht der Blick über das goldene Horn. Die Häuser an den Hügelhängen stehen im Grün und es sieht aus, wie wenn Gras zwischen den Steinen wüchse, wie wenn die Natur diese verfallende Stadt langsam zurückeroberte ... Das Strassenleben ist sonderbar arm und heiter. Die vergitterten Haremsfenster der Häuser sind ein reizendes Geheimniss. Dahinter harrt wol für den Eindringling die Enttäuschung.
Wundervoll der Blick auf den Bosporus vor dem weissen Palast von Dolma Bagdsche.
Theodor Herzl. 18. Juni 1896

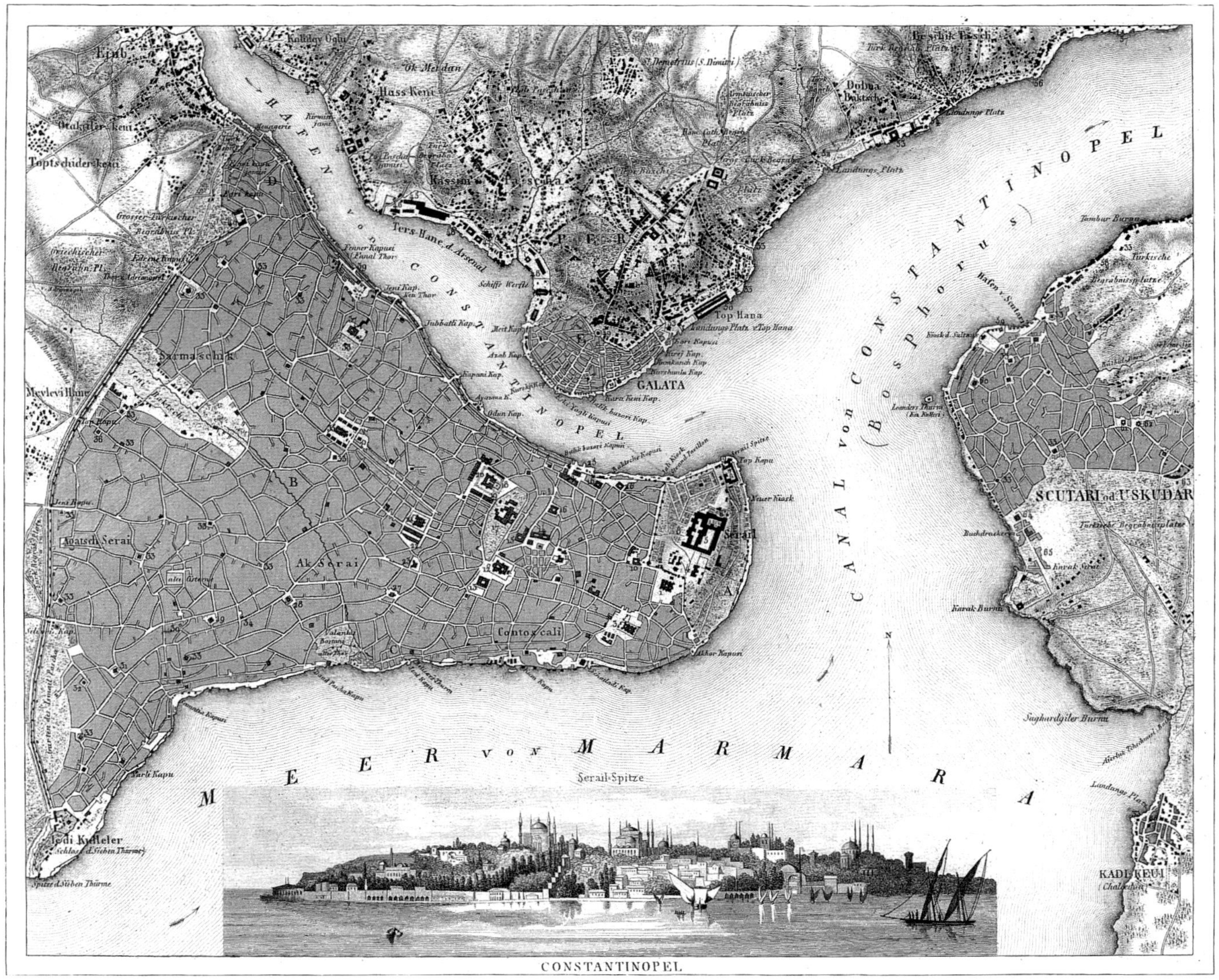

Links: Landkarte von Konstantinopel. Um 1875.

Im Mai 1901 begab sich Herzl wiederum nach Konstantinopel – zu seiner ersten Audienz bei Sultan Abdul Hamid II. Am 17. Mai war es dann endlich soweit: Der Sultan empfing ihn.
Oben: Die Serail-Spitze, gesehen vom Stadtteil Galata von der anderen Seite des Goldenen Horns, mit dem Topkapi-Palast, der Hagia Sophia und der Blauen Moschee im Hintergrund. Photographie von Sebah & Joaillier. Um 1880.
Links: Sultan Abdul Hamid II. (1842–1918), während dessen Regierungszeit (1876–1909) das Osmanische Reich seine Großmachtstellung einbüßte. Zeitgenössischer Steindruck.
Rechts: „Extra-Ausgabe" der „Welt", mit der Herzls Audienz beim Sultan angekündigt wurde. 17. Mai 1901.

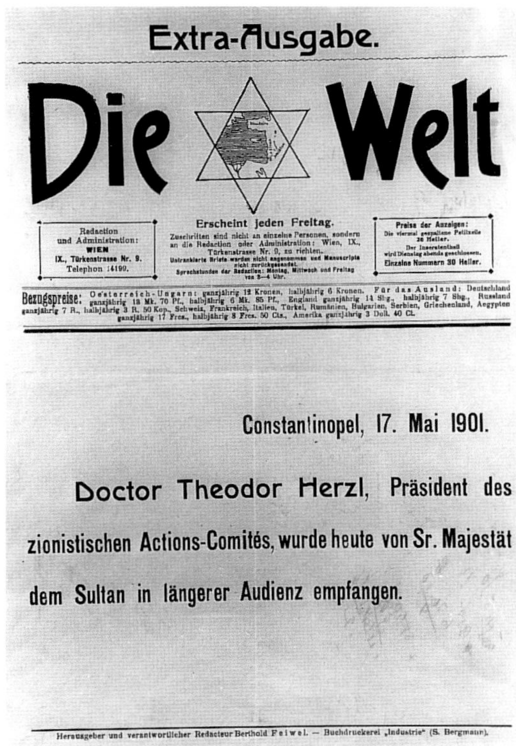

Extra-Ausgabe.

Die Welt

Redaction und Administration: WIEN IX., Türkenstrasse Nr. 9. Telephon 14190.

Erscheint jeden Freitag.
Zuschriften sind nicht an einzelne Personen, sondern an die Redaction oder Administration: Wien, IX., Türkenstrasse Nr. 9, zu richten.
Unfrankierte Briefe werden nicht angenommen und Manuscripte nicht zurückgesandt.
Sprechstunden der Redaction: Montag, Mittwoch und Freitag von 2–4 Uhr.

Preise der Anzeigen: Die viermal gespaltene Petitzeile 20 Heller. Der Inseratentheil wird Dienstag abends geschlossen. Einzelne Nummern 30 Heller.

Bezugspreise: Oesterreich-Ungarn: ganzjährig 12 Kronen, halbjährig 6 Kronen. Für das Ausland: Deutschland ganzjährig 13 Mk. 70 Pf., halbjährig 6 Mk. 85 Pf., England ganzjährig 14 Shg., halbjährig 7 Shg., Russland ganzjährig 7 R., halbjährig 3 R. 50 Kop., Schweiz, Frankreich, Italien, Türkei, Rumänien, Bulgarien, Serbien, Griechenland, Aegypten ganzjährig 17 Frcs., halbjährig 8 Frcs. 50 Cts., Amerika ganzjährig 3 Doll. 40 Ct.

Constantinopel, 17. Mai 1901.

Doctor Theodor Herzl, Präsident des zionistischen Actions-Comités, wurde heute von Sr. Majestät dem Sultan in längerer Audienz empfangen.

Herausgeber und verantwortlicher Redacteur Berthold Feiwel. — Buchdruckerei „Industrie" (S. Bergmann).

Hier sitze ich nun nach fünf Jahren in demselben Hôtel Royal, auch in denselben Zimmern, wo ich beim Beginn der Sache mit Newlinski wohnte. Aus den Fenstern blicke ich auf das unveränderte Goldene Horn als ein anderer Mensch. Die Schönheit rührt mich nicht mehr. Die Welt ist mir nicht mehr Vorstellung, sondern Wille. Es ist merkwürdig wie die ganze Weltanschauung unwillkürlich u. unbewusst einen anderen Zug bekommt, wenn man in eine solche Engrenage geräth, wie es mir passirte.
Theodor Herzl. 13. Mai 1901

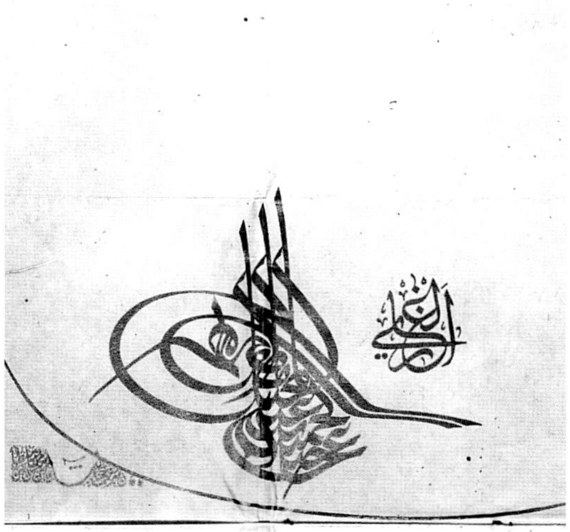

Mein Eindruck vom Sultan war, dass er ein schwacher, feiger, aber durch u. durch gutmüthiger Mensch ist. Ich halte ihn weder für tückisch, noch für grausam, sondern für einen tief unglücklichen Gefangenen, in dessen Namen eine räuberische, infame, verlumpte Camarilla die äussersten Schändlichkeiten begeht.
Theodor Herzl. 21 Mai 1901

Die Israeliten können zu uns kommen, sie müssen aber die osmanische Untertanenschaft annehmen. Wenn sie zum Beispiel die (Staats-)Schuldtitel zurückkaufen und eine neue Staatsschuldkommission bilden, müssen die Mitglieder Untertanen Seiner Kaiserlichen Majestät sein. Genauso die, die als Kolonisten kommen. Sie müssen nicht nur türkische Untertanen werden, sondern auch ihre frühere Untertanenschaft aufgeben und sich ihren Austritt aus der Untertanenschaft durch die betreffende Regierung bescheinigen lassen.
Izzet Bey

Ich sehe ihn noch vor mir, diesen Sultan des endenden Räuberreiches. Klein, schäbig, mit dem schlecht gefärbten Bart, der wahrscheinlich immer nur zum Selamlik, einmal in der Woche frisch angestrichen wird. Die Hakennase Polichinells, die langen gelben Zähne mit der grossen Lücke rechts oben. Das Fez tief über die wahrscheinlich kahle Stirn gezogen, die abstehenden Ohren „dienen als Hosenschützer" wie ich zur Belustigung meiner Freunde von solchen Fezträgern zu sagen pflegte: damit nämlich der Fez nicht bis auf die Hosen herunterrutsche. Die kraftlosen Hände in zu grossen weissen Handschuhen, u. die unpassenden groben bunten Manchetten. Die meckernde Stimme, die Beschränktheit in jedem Wort, die Furchtsamkeit in jedem Blick. Und das regiert!
Allerdings nur scheinbar u. nominell.
Theodor Herzl. 21. Mai 1901

Gegenüberliegende Seite oben: Die Galata-Brücke über das Goldene Horn, die das alte Konstantinopel mit dem Stadtteil Galata verband. Photographie von Sebah & Joaillier. Um 1880.
Gegenüberliegende Seite unten: Tugra auf der Urkunde, mit der Herzl vom türkischen Sultan der Großcordon-Orden der Medjidié verliehen wurde. 1901.
Oben: Die Hohe Pforte. Der große Ziertorbogen mit dem vorkragenden Schutzdach wurde, da er einst Zugang zum Palast und den Amtsräumen des Großwesirs beim Topkapi-Palast ermöglichte, seit Mitte des 19. Jahrhunderts Synonym für die Staatsgeschäfte und vor allem für die Außenpolitk des Osmanischen Reiches. Bildpostkarte. Um 1900.
Unten links: Eigenhändige Aufstellung Theodor Herzls über Schmiergelder („Bakschisch"), die er an alle möglichen türkischen Würdenträger verteilen mußte. 1901.
Unten rechts: Eigenhändiger Entwurf einer Charter Palästina betreffend, abzuschließen zwischen dem türkischen Sultan und Theodor Herzl als Präsident des Aufsichtsrats der Jüdischen Kolonialbank. 1901.

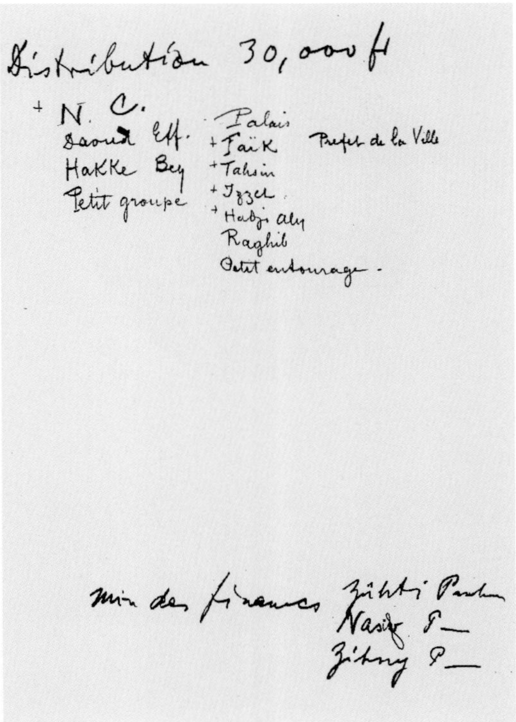

Distribution 30,000 f

+ N. C.
Daoud Eff.
Hakke Bey
Petit groupe

Palais
+ Faïk
+ Tahsin
+ Izzet
+ Hadji Aly
Raghib
Petit entourage.

Prefet de la Ville

Min des finances Zühti Pacha
Nasif P.—
Zihny P.—

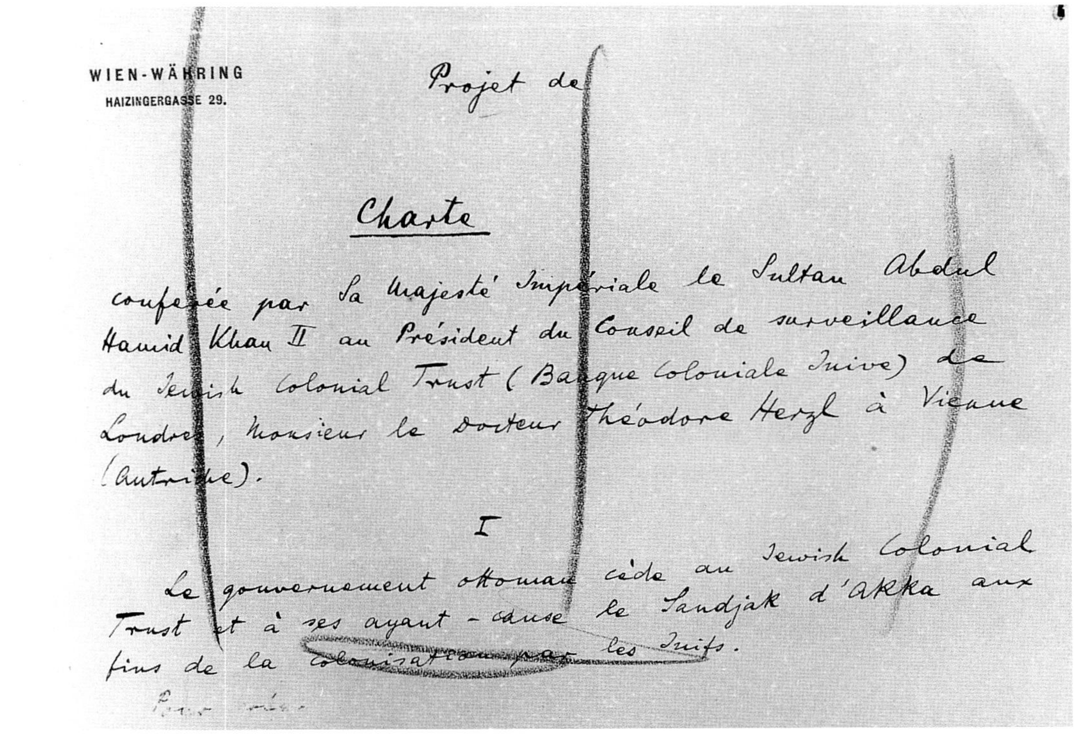

WIEN-WÄHRING
HAIZINGERGASSE 29.

Projet de

Charte

conférée par Sa Majesté Impériale le Sultan Abdul Hamid Khan II au Président du Conseil de surveillance du Jewish Colonial Trust (Banque Coloniale Juive) de Londres, Monsieur le docteur Théodore Herzl à Vienne (Autriche).

I

Le gouvernement ottoman cède au Jewish Colonial Trust et à ses ayant-cause le Sandjak d'Akka aux fins de la colonisation par les Juifs.

Am Ostersonntag des Jahres 1903 war es in Kischinew, der Hauptstadt der russischen Provinz Moldau-Bessarabien, zu den bisher brutalsten Juden-Pogromen gekommen – 45 Menschen wurden getötet, 600 verletzt, 1500 Geschäfte und Wohnungen demoliert und geplündert. Dieses Massaker bewirkte bei vielen osteuropäischen Juden ein radikales Umdenken – entweder schlossen sie sich dem Zionismus oder dem revolutionären Sozialismus an.
Für Herzl war es Grund, sich direkt an das zaristische Regime zu wenden. Auf Vermittlung Bertha von Suttners und einer polnischen Aristokratin wurde Herzl im Mai 1903 in St. Petersburg vom russischen Innenminister Wenzel von Plehwe (1846–1904) empfangen. In jüdischen Kreisen wurde diese Audienz überaus kritisch betrachtet, galt doch Plehwe, mittlerweile mit dem Beinamen „Schlächter von Kischinew" versehen, als der eigentliche Urheber der jüngsten Pogrome. Herzl ließ sich davon nicht abhalten und behielt Recht: er errang einen ersten wirklich bedeutenden politischen Erfolg, der in einer vom Zaren selbst gebilligten Erklärung bestand, die zionistische Bewegung nicht nur im Land zu unterstützen (freilich unter der Bedingung, daß die Juden dadurch zur Auswanderung nach Palästina ermuntert würden), sondern darüber hinaus auch beim Sultan in Konstantinopel für einen jüdischen Staat in Palästina zu intervenieren.

Links: Nikolaus II. von Rußland, der letzte Zar. Peterhof bei St. Petersburg. 1899.
Rechts: Wenzel von Plehwe, der später ermordete russische Innenminister.
Oben: Panorama von St. Petersburg: Blick über den Admiralitätsplatz zum Winterpalast. Photographie von A. Lorens. Um 1895.
Unten: Der Universitätskai in St. Petersburg. Bildpostkarte. Um 1900.

Ein starkes, geschmeidiges und unnachgiebiges Tier; jede Bewegung ein versteckter Angriff.
Theodor Herzl über Wenzel von Plehwe

Die Juden werden zu sehr unterdrückt. Ich pflegte noch dem verstorbenen Zaren Alexander III. zu sagen: „Majestät, wenn man sechs bis sieben Millionen Juden im Schwarzen Meer ertränken könnte, wäre ich ganz dafür, aber da man das nicht kann, muß man sie leben lassen." Der Meinung bin ich noch immer.
Sergius Witte im Gespräch mit Herzl

Auf seiner Rückreise machte Herzl in Wilna, dem „Jerusalem Litauens", Station. Hier erwartete ihn der wärmste Empfang, der ihm jemals zuteil wurde: Ovationen und Sprechchöre wie „Es lebe der König!" in allen, durch die Tausenden von Menschen fast unpassierbaren Straßen, durch die er kam.

Oben: Theodor Herzl in Wilna. Photographie.
Links unten: Die österreichisch-russische Grenze vor der Stadt Brody in Galizien. Photographie. Um 1905.
Rechts unten: Theodor Herzl und sein Begleiter auf der Russland-Reise, der Bankier Dr. Nissan Katzenelsohn. Photographie von C. Chapiro, St. Petersburg. 1903.

Die Judenfrage ist in Deutschland derzeit wol keine so brennende, wie sie es in Oesterreich, Russland, Rumänien, etc ist. Aber gerade diese Ruhepause, die übrigens keine lange Dauer haben kann, lässt es möglicherweise als wünschenswerth erscheinen, an die Lösung heranzugehen. Vor dem Lärmen unverantwortlicher Gassenpolitiker kann die staatliche Autorität nicht zurückweichen; wird sie jedoch nicht gedrängt, so mag sie das segensreiche Werk eher unterstützen.
Theodor Herzl. 26. April 1896

Der gestrige Tag, der Tag von Wilna wird mir unvergesslich bleiben. Keine Bankettphrase. Die Ankunft in der russisch polnischen Stadt am Mittag war schon durch Ovationen bezeichnet. Ich habe dergleichen nicht gern. Es ist Schauspielerei auf der einen u. dummes emballement auf der anderen Seite in solchen Empfängen. Aber die Sache wurde echter, weil gefährlicher, als die Polizei, die mir gleich die grösste Aufmerksamkeit schenkte, alle Ansammlungen, ja sogar meine Fahrt zur Synagoge verbot.
Ich fuhr dann doch durch aufgeregte jüdische Gassen in das Gemeindeamt, wo mich die Vorsteher u. Deputationen in gedrängter Menge erwarteten. Es war ein Ton in den Begrüssungen, der mich derart rührte, dass ich meine Thränen nur mit dem Gedanken an die Zeitungsberichte zurückhalten konnte.
Die vielerlei Ansprachen überschätzten mich gewaltig, aber das Unglück dieser schwergedrückten Menschen war echt. Nachher kamen allerlei Deputationen mit Geschenken zu mir ins Hôtel, vor dem sich auf der Gasse eine von der Polizei zerstreute Menge immer wieder sammelte.
Die Polizei liess mir auch sagen, ich möge in der Stadt nicht herumfahren. …
Wir fuhren zurück. Und um ein Uhr Nachts vom Hotel zur Bahn. Die Stadt war wach, weil sie meine Abfahrt erwarteten. In den Strassen die wir passiren mussten, standen u. gingen sie u. riefen Hedad als sie mich erkannten.
Theodor Herzl. 17. August 1903

Ich meine, die Juden werden immer genug Feinde haben, wie jede andere Nation. Wenn sie aber auf ihrem Boden sitzen, können sie nie mehr in alle Welt zerstreut werden. Wiederholt kann die Diaspora nicht werden, solange die ganze Kultur der Welt nicht zusammenbricht. Und davor kann sich nur ein Einfältiger fürchten. Die jetzige Kultur hat Machtmittel genug, um sich zu verteidigen.
Theodor Herzl. Der Judenstaat

Man gebe uns die Souveränität eines für unsere gerechten Volksbedürfnisse genügenden Stückes der Erdoberfläche, alles andere werden wir selbst besorgen.
Theodor Herzl. Der Judenstaat

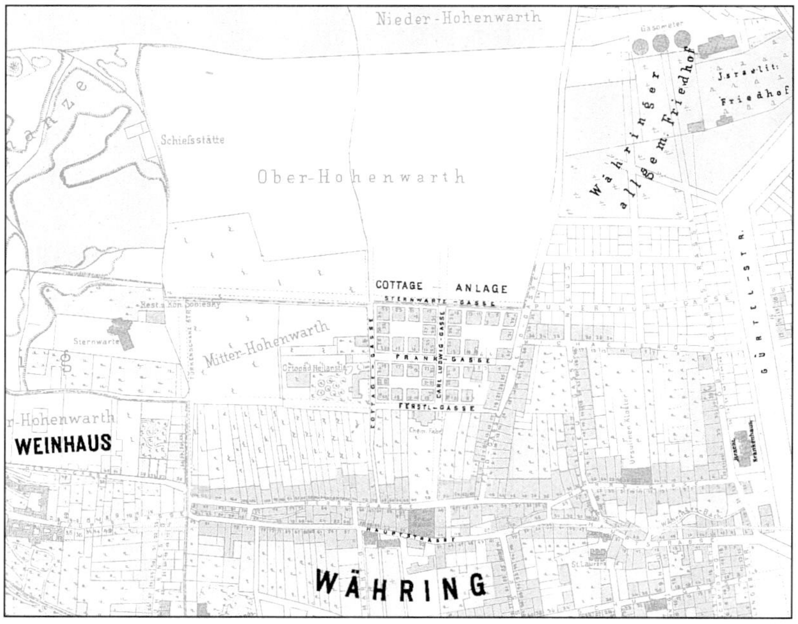

Oben: „Aus den Cottage-Anlagen bei Wien." Farblithographie von Anton Hlavacek. Um 1875.
Mitte: Grundriß der Wiener Vororte Währing, Weinhaus, Gersthof. Farblithographie von Peter Smöch. 1877.
Unten: Die Carl Ludwig-Straße (heute: Weimarerstraße) in Wien XVIII. Bildpostkarte. Um 1900.

Seit Mai 1898 bewohnte Theodor Herzl eine Villa im Währinger Cottageviertel, und zwar den ersten Stock des Hauses Haizingergasse 29/Ecke Carl Ludwig-Straße (heute: Weimarerstraße) 50. Dieses im Stil des Historismus erbaute Viertel war erst Anfang der 70er Jahre in dem damals noch nicht zu Wien gehörigen Vorort Währing (später Wien XVIII.) auf die grüne Wiese gestellt worden.
Rechts: Theodor Herzl in seinem Arbeitszimmer mit seinen Kindern Hans, Trude und Pauline. Photographie.

Unten: Das Arbeitszimmer Theodor Herzls in Wien XVIII. Es war im überladenen Stil jener Zeit, mit quastenübersäten, plüschtapezierten Sitzgelegenheiten und dreifach gerafften, schweren Vorhängen, eingerichtet, das einzige moderne Möbel der gesamten Wohnung scheint ein Thonet-Schaukelstuhl gewesen zu sein. Das gesamte Arbeitszimmer wurde später, so wie es lag und stand, nach Israel gestiftet, wo es heute in ziemlich integralem Zustand im Herzl-Museum in Jerusalem zu besichtigen ist.

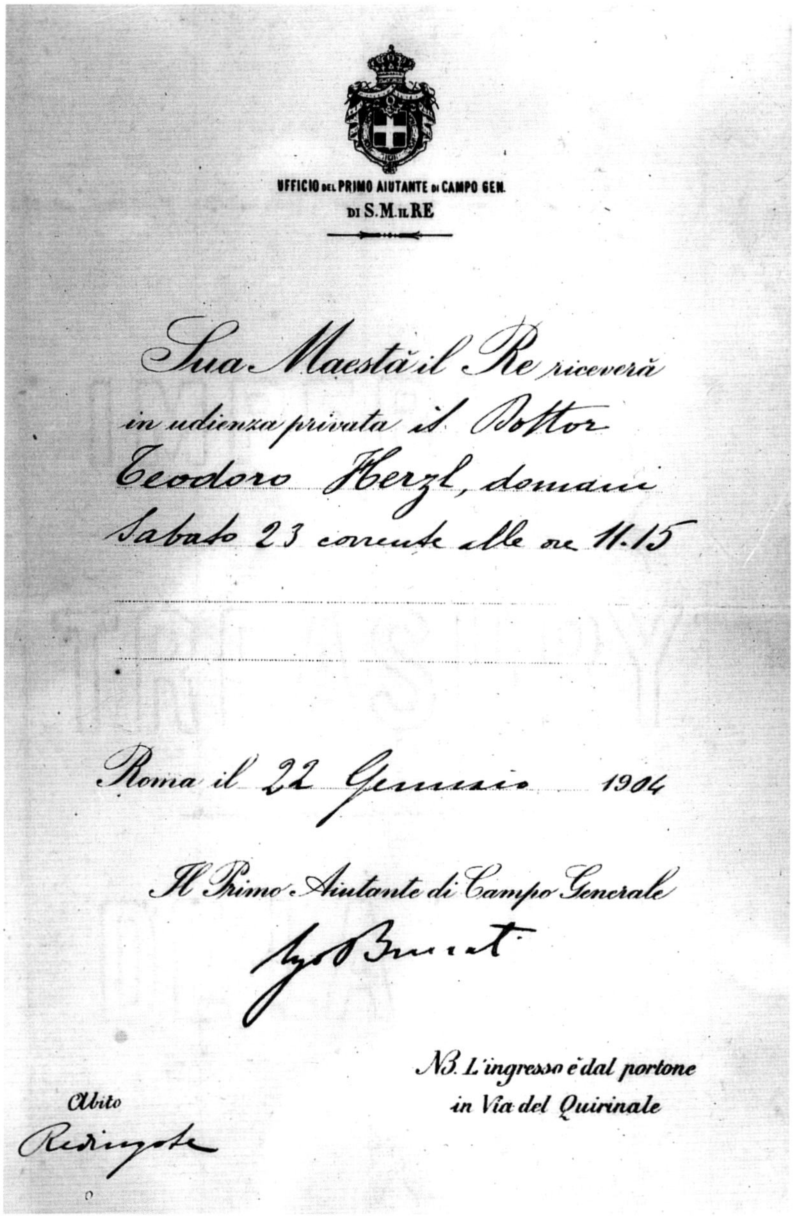

UFFICIO DEL PRIMO AIUTANTE DI CAMPO GEN.
DI S.M. IL RE

Sua Maestà il Re riceverà in udienza privata il Dottor Teodoro Herzl, domani Sabato 23 corrente alle ore 11.15

Roma il 22 Gennaio 1904

Il Primo Aiutante di Campo Generale

N.B. L'ingresso è dal portone in Via del Quirinale

Abito Redingote

Am 19. Jänner 1904 reiste Theodor Herzl über Venedig, wo er sich einen Tag aufhielt, nach Rom, um eventuell auch den Vatikan und Italien für seine Pläne zu gewinnen. Am 22. Jänner 1904 wurde er vom päpstlichen Staatssekretär, Kardinal Raffaele Merry del Val empfangen und drei Tage später erhielt er eine Audienz bei Papst Pius X., die sehr kühl und negativ verlief. Zwischen diesen beiden kirchlichen Audienzen lag ein – zwar freundlicher, aber ebenso ergebnisloser – Empfang beim italienischen König Viktor Emanuel III.

<u>Links:</u> Herzls Einladungskarte in den Quirinal zur Audienz bei König Viktor Emanuel III. von Italien für den 23. Jänner 1904.
<u>Rechts:</u> Papst Pius X. auf einer eigenhändig von Herzl beschriebenen Bildpostkarte. 26. Jänner 1904.
<u>Unten links:</u> Herzls Einladungskarte in den Vatikan zur Audienz bei Papst Pius X. für den 25. Jänner 1904.

Wir können der zionistischen Bewegung nicht zustimmen. Wir können die Juden nicht daran hindern, nach Jerusalem zu gehen, aber wir können dem niemals zustimmen. Die Juden haben unseren Herrn nicht anerkannt, daher können wir auch das jüdische Volk nicht anerkennen. … Jerusalem darf nicht in die Hände der Juden fallen. Sie haben Christus verleugnet und anerkennen auch heute seine Gottheit nicht.
Papst Pius X. im Gespräch mit Theodor Herzl

ANTICAMERA PONTIFICIA AL VATICANO

Lunedì 25 Gennaio alle ore 11¼
Il Dott. Teodoro Herzel

sarà ammesso all'Udienza di Sua Santità.

IL MAESTRO DI CAMERA DI S. S.

AVVERTENZE. — 1. I Monsignori in abito *piano*, e gli altri Ecclesiastici in veste talare col ferrajolone nero: i Regolari nell'abito del loro Istituto. — 2 Le Signore in abito nero e velo in testa; i Signori in uniforme o, non avendone l'uso, in frack e cravatta bianca. — 3. Il biglietto è personale e dovrà esibirsi ad ogni richiesta. — 4. È proibito di presentare al S. Padre qualsiasi domanda in iscritto per ottenerne l'autografo. — 5 L'ingresso è al Cortile di San Damaso, Scala Nobile e Sala Clementina.

15 - 4 - Tip. Vaticana 1903.

Rechts: Die Tiberinsel und die Synagoge in Rom. Bildpostkarte. Um 1910.

Unten: „Saluti e bacci" (Grüße und Küsse): Eigenhändig von Herzl beschriebene Bildpostkarte mit der Basilika Santa Maria Maggiore. 26. Jänner 1904.

Für Italien sind diese Kämpfe und das Land nur ein ferner Lärm. Italien ist von der Judenfrage nicht einmal gestreift, und gerade aus diesem Grund könnte seine Regierung der Menschheit einen großen Dienst erweisen, wenn sie der Lösung dieser so schmerzvollen Frage die Hand liehe. Ein Brief Seiner Majestät des Königs von Italien an Seine Majestät den Sultan, der unsere Vorschläge empfiehlt und freundschaftlich rät, sie zu erwägen, hätte eine entscheidende Wirkung auf die Wiederaufnahme unserer Verhandlungen. Das jüdische Volk, zerstreut, doch trotz soviel Unglücks immer aufrecht, würde Italien und seinem ritterlichen König ewige Dankbarkeit geloben.
Theodor Herzl. 13. Februar 1904

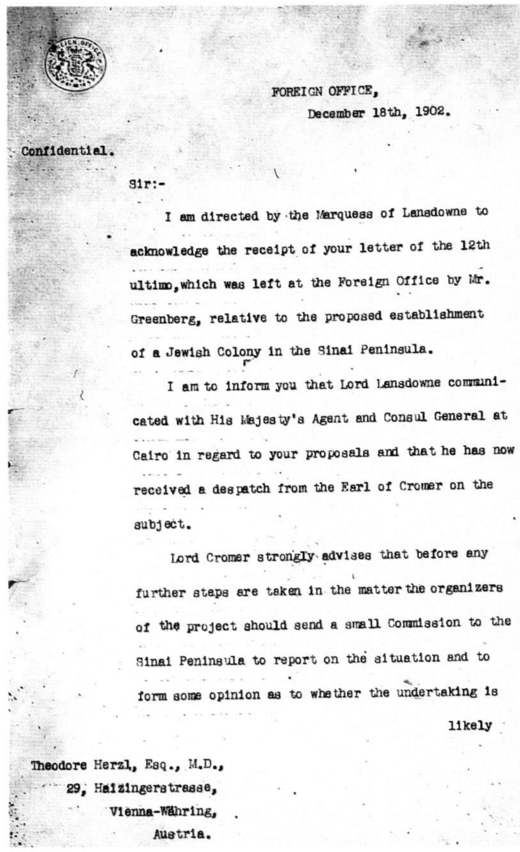

FOREIGN OFFICE,
December 18th, 1902.

Confidential.

Sir:-

I am directed by the Marquess of Lansdowne to acknowledge the receipt of your letter of the 12th ultimo, which was left at the Foreign Office by Mr. Greenberg, relative to the proposed establishment of a Jewish Colony in the Sinai Peninsula.

I am to inform you that Lord Lansdowne communicated with His Majesty's Agent and Consul General at Cairo in regard to your proposals and that he has now received a despatch from the Earl of Cromer on the subject.

Lord Cromer strongly advises that before any further steps are taken in the matter the organizers of the project should send a small Commission to the Sinai Peninsula to report on the situation and to form some opinion as to whether the undertaking is likely

Theodore Herzl, Esq., M.D.,
29, Haizingerstrasse,
Vienna-Währing,
Austria.

Links oben: Theodor Herzl mit seiner Begleitung vor der Sphinx und den Pyramiden in Gizeh. Im März 1903 kam Herzl selbst – die Sinai-Expedition zur Erkundung der Lage und vor allem der Trinkwasserversorgungsmöglichkeiten war schon im Februar angereist – nach Ägypten, um direkt mit Lord Cromer, dem britischen Generalkonsul und eigentlichen Regenten Ägyptens, und mit dem ägyptischen Ministerpräsidenten Boutros Ghali Pascha zu verhandeln.
Oben: Vertraulicher Brief des Foreign Office an Theodor Herzl in Sachen „Sinai-Projekt". 18. Dezember 1902.
Unten: Zeltlager der Sinai-Expedition in El-Arish auf der Sinai-Halbinsel. Photographie. Februar 1902.
Gegenüberliegende Seite links oben: Lord Cromer. Photographie. Um 1900.

Nachdem die Verhandlungen mit den Türken bisher weitgehend erfolglos geblieben waren, unterhielt Herzl intensive Beziehungen zu den Briten, insbesondere zum Leiter des Kolonialamtes, Joseph Chamberlain. Schließlich müßte es den Briten als größter Kolonialmacht doch möglich sein, den Juden, wenn Palästina nicht in Frage komme, auch anderswo ein Siedlungsgebiet zur Verfügung zu stellen. Die potentiellen anderen Siedlungsgebiete, die Herzl von den Briten offeriert wurden, waren ein Teil der zu Ägypten gehörenden Sinai-Halbinsel und Uganda in Ostafrika. Von den meisten Zionisten von Anfang an vehement abgelehnt, gingen sie als Sinai- bzw. Uganda-Projekt in die Geschichte des Zionismus ein.

Nachdem im Mai 1903 das Sinai-Projekt als undurchführbar aufgegeben werden mußte, bot der Leiter des britischen Kolonialamtes, Joseph Chamberlain, Herzl ein großes Gebiet in Britisch Ostafrika zu Verpachtung und jüdischen Besiedlung an. Vor allem die russischen Zionisten opponierten auf dem Sechsten Kongreß so verbittert gegen dieses Projekt, daß es bald zu einer Spaltung der Bewegung gekommen wäre – was Herzl bald zu einer Aufgabe auch dieses Ersatzplans zwang.

Rechts: „Eine Erklärung der englischen Regierung": Unter dieser Schlagzeile veröffentlichte Herzl den englischen Originalbrief von Sir Clement Hill an Herzls Londoner Vertrauten L. J. Greenberg in Sachen „Uganda-Projekt" in der „Welt". 29. August 1903.

Rechts unten: Auf einer Landkarte von Ostafrika ist die Lage des von den Briten ursprünglich vorgeschlagenen Siedlungsraums des „Uganda-Projekts" mit der Hand eingezeichnet: Er sollte im südlichen Teil der Provinz Naivasha im Rift Valley gelegen sein.

Die Welt

Redaction und Administration
WIEN
IX., Türkenstrasse 9.
Telephon 14199.

Erscheint jeden Freitag.
Zuschriften sind nicht an einzelne Personen, sondern an die Redaction oder Administration: Wien, IX., Türkenstrasse Nr. 9, zu richten.
Unfrankierte Briefe werden nicht angenommen und Manuskripte nicht zurückgesendet.
Sprechstunden der Redaction täglich von 1/212–1/21 Uhr.

Preise der Anzeigen laut aufliegendem Tarif
Der Inseratentheil wird Dienstag abends geschlossen.

Bezugspreise: Oesterreich-Ungarn: ganzjährig Kr. 12.–, halbjährig Kr. 6.–, vierteljährig Kr. 3.–. Ausland: Deutschland ganzjährig Mk. 13.70, halbjährig Mk. 6.85, vierteljährig Mk. 3.45, England ganzjährig Shg. 14.–, halbjährig Shg. 7.–, vierteljährig Shg. 3.10, Russland ganzjährig R. 7.–, halbjährig R. 3.50, vierteljährig R. 1.75, Schweiz, Frankreich, Italien, Türkei, Rumänien, Bulgarien, Serbien, Griechenland, Aegypten ganzjährig Frcs. 17.–, halbjährig Frcs. 8.50, vierteljährig 4.25, Amerika ganzjährig Doll. 3.40, halbjährig Doll. 1.70, vierteljährig Doll. –.85. Für das

Basel, 29. August 1903 — 6. Elul 5663.

Eine Erklärung der englischen Regierung.*)

Sir Clement Hill, Chief of Protectorate Dept. to Mr. L. J. Greenberg.

Foreign Office.

Aug. 14th 1903.

Sir.

Mr. Chamberlain communicated to the Marquess of Lansdowne the letter which you addressed to him on the 13th ultimo containing the form of an agreement which Dr. Herzl proposes should be entered into between His Majesty's Government and the Jewish Colonial Trust Ltd. for the establishment of a Jewish settlement in East Africa.

His Lordship has also had under his consideration the remarks made by you on 6th Just. on the occasion of your interview in this office with Sir E. Barrington and Mr. Hurst.

I am now directed by His Lordship to say that he has studied the question with the interest which His Majesty's Government must always take in any well-considered scheme for the amelioration of the position of the Jewish Race. The time at his disposal has been too short to enable him to go fully into the details of the plan or to discuss it with His Majesty's Commissioner for the East Africa Protectorate, and he regrets that he is therefore unable to pronounce any definite opinion in the matter.

He understands that the Trust desire to send some gentlemen to the East Africa Protectorate, who may ascertain personally whether there are any vacant lands suitable for the purposes in question, and, if this is so he will be happy to give them every facility to enable them to discuss with His Majesty's Commissioner the possibility of meeting the view which may be expressed at the forthcoming Zionist Congress in regard to the conditions upon which a settlement might be possible.

If a site can be found which the Trust and His Majesty's Commissioner consider suitable and which commends itself to His Majesty's Government, Lord Lansdowne will be prepared to entertain favourably proposals for the establishement of a Jewish colony or settlement on conditions which will enable the members to observe their National customs. For this purpose he would be prepared to discuss (if a suitable site had been found and subject to the views of the advisers of the Secretary of State in East Africa) the details of a scheme comprising as its main features: the grant of a considerable area of land, the appointment of a Jewish Official as chief of the local administration, and permission to the Colony to have a free hand in regard to municipal legislation and as to the management of religious and purely domestic matters, such Local Autonomy being conditional upon the right of His Majesty's Government to exercise a general control.

There is no need at present to consider the details of the terms upon which the land would be granted, whether by sale or lease, but His Lordship assumes that no portion of the administrative expenses of the settlement would fall on His Majesty's Government, and the latter would reserve power to reoccupy the land if the settlement should not prove a success.

I am, Sir,
Your most obedient
humble servant
(signed) **Clement Hill.**

*) Der englische Originaltext.

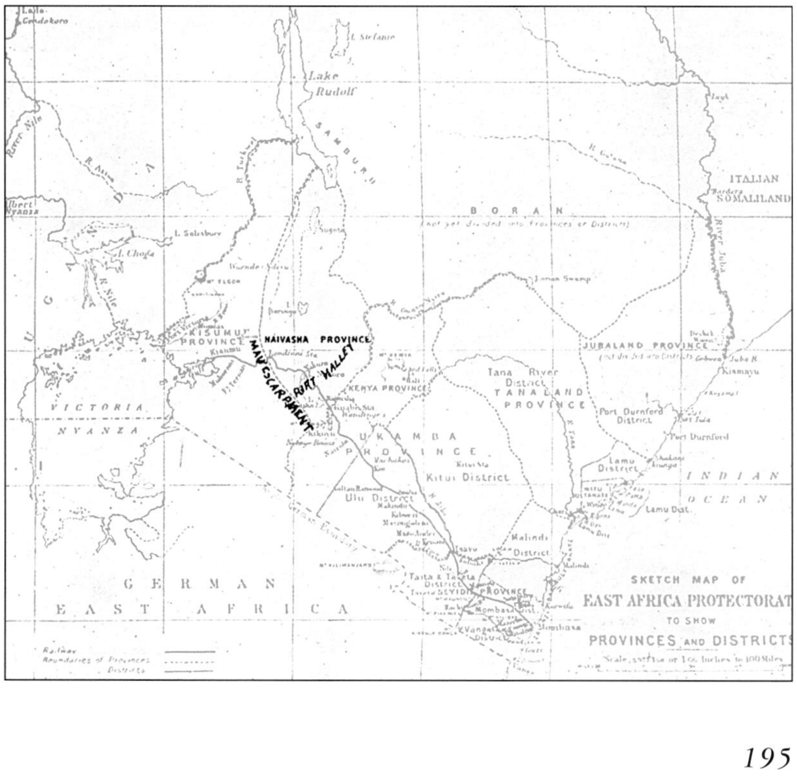

Nicht das „heilige" Land soll jetzt das Ziel unserer Bestrebungen werden, sondern das „eigene". Wir brauchen nichts als ein großes Stück Landes für unsere armen Brüder, welches unser Eigentum bleiben soll, aus dem kein fremder Herr uns verdrängen könnte. Dorthin wollen wir das Heiligste mitbringen, was wir aus dem Schiffbruch unseres einstigen Vaterlandes gerettet: die Gottesidee *und die* Bibel. *Denn nur diese sind es, welche unser altes Vaterland zum Heiligen Lande gemacht, nicht etwa Jerusalem oder der Jordan.*
Leon Pinsker

Die ständige Überarbeitung hatte Herzl sehr geschwächt. Die Ärzte ordneten eine sechswöchige Kur im böhmischen Franzensbad an, die Diagnose war aber noch nicht hoffnungslos: „Herzmuskeln sind vollständig degeneriert. Noch keine Herzerweiterung. Aussichten auf Wiederherstellung nicht ungünstig."

Oben: Franzensbad: Franzensbrunn. Photographie von F. Fridrich, Prag. Um 1880.
Unten: Franzensbad: Concertplatz beim Franzensbrunn. Photographie von F. Fridrich, Prag. Um 1880.
Gegenüberliegende Seite links oben: Franzensbad: Salzquelle. Photographie von F. Fridrich, Prag. Um 1880.
Gegenüberliegende Seite rechts oben: Brief Herzls aus Franzensbad an David Wolffsohn. 6. Mai 1904.

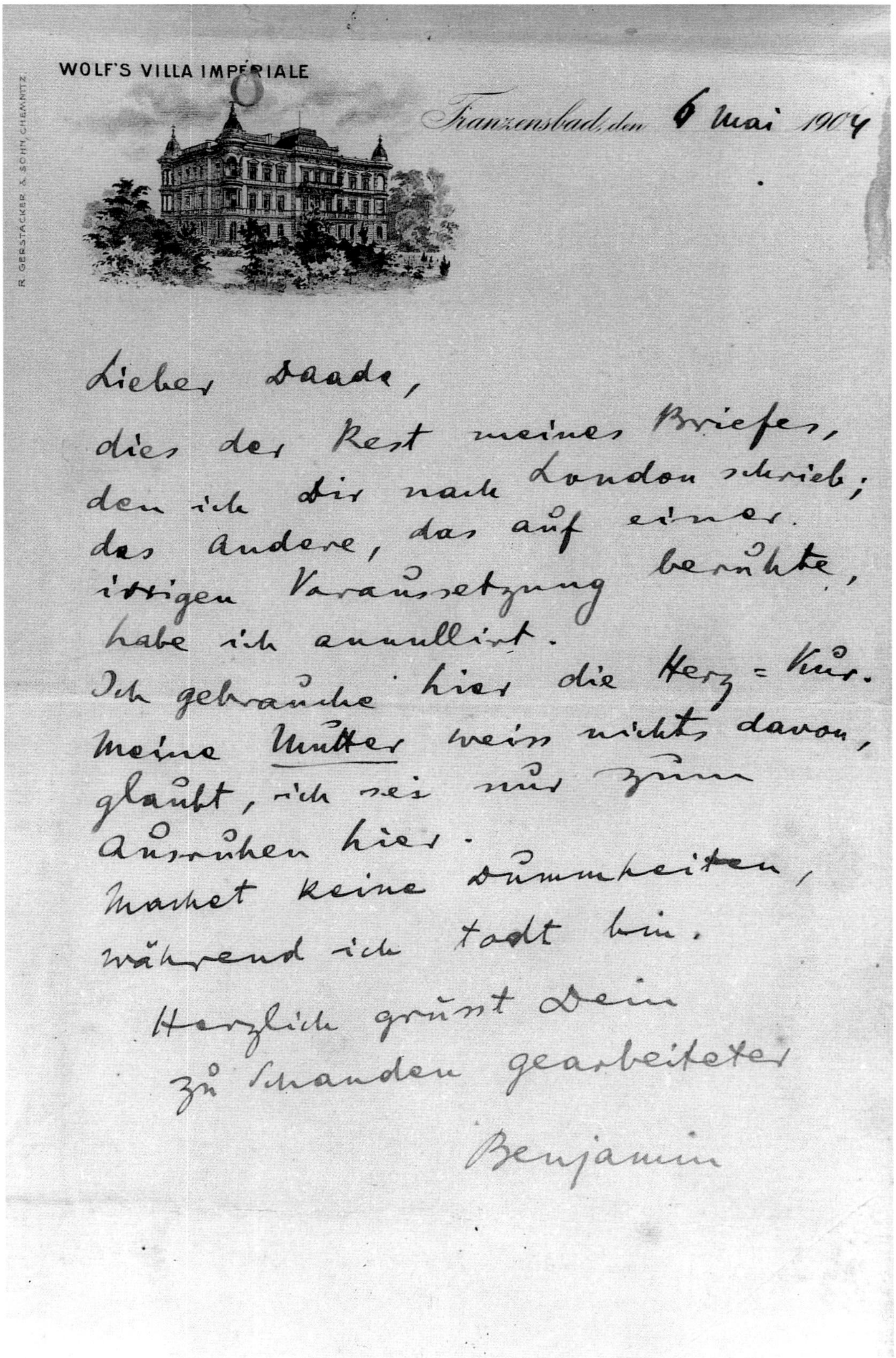
WOLF'S VILLA IMPERIALE

R. GERSTACKER & SOHN, CHEMNITZ

Franzensbad, den 6 Mai 1904

Lieber Daade,

dies der Rest meines Briefes,
den ich Dir nach London schrieb;
das andere, das auf einer
irrigen Voraussetzung beruhte,
habe ich annullirt.
Ich gebrauche hier die Herz-Kur.
Meine Mutter weiss nichts davon,
glaubt, ich sei nur zum
Ausruhen hier.
Machet keine Dummheiten,
während ich todt bin.

Herzlich grüsst Dein
zu Schanden gearbeiteter

Benjamin

Direkt nach der Audienz stellte ein Aerztekonsilium eine schwer beunruhigende Veränderung des Herzmuskels fest und ordnete eine sechswöchige Kur in Franzensbad an. Herzl wußte genau, wie es um ihn stand. Der Mutter, der er die Schwere seiner Krankheit immer verheimlicht hatte, schrieb er harmlose Briefe, er fühle sich schon viel besser, er genieße die tiefe, gedankenlose Ruhe und unbeschreibliche Langeweile, er wolle sich eine Zeitlang von Königen, Päpsten, Ministern, Politik und Zeitungen ausruhen. Aber an Wolffsohn schrieb er am 6. Mai: „Ich gebrauche hier die Herz-Kur. Meine Mutter weiß nichts davon, glaubt, ich sei nur zum Ausruhen hier." Und unvermittelt folgt dann der seltsame Satz: „Machet keine Dummheiten, während ich todt bin." Drei Tage später, am 9. Mai, sagte er zu Katzenelson, den er zur Verhandlung mit Jacob Schiff nach London gesandt hatte, nach einem schweren Anfall von Herzschwäche: „Wozu sollen wir uns täuschen, es ist bei mir nach der dritten Glocke. Ich bin kein Feigling und sehe dem Tod sehr ruhig entgegen, um so mehr … ich habe die letzten Jahre meines Lebens nicht nutzlos verbracht. Ich war doch kein allzu schlechter Diener der Bewegung, meinen Sie nicht?" Und als Katzenelson ablenken wollte, fügte er hinzu: „Es ist keine Zeit mehr zum Scherzen, es ist bitterer Ernst." … Die Kur in Franzensbad bekam ihm nicht, sein Zustand verschlechterte sich, er kehrte nach Wien zurück.
Alex Bein

Theodor Herzl hatte die Kur in Franzensbad – er brach sie vorzeitig ab – ebensowenig geholfen wie eine Liegekur zu Hause. Daher befolgte er den Rat seines Hausarztes und übersiedelte in ein Sanatorium nach Edlach bei Reichenau. Hier schien es vorerst, als ob sich sein Zustand grundlegend bessern würde. Der Schein war aber trügerisch, nach einer ehelichen Auseinandersetzung, die ihn eine schlaflose Nacht gekostet hatte, verfiel er zusehends und bekam eine Lungenentzündung. Am 3. Juli 1904 um fünf Uhr nachmittag starb Theodor Herzl.

Links: Blick von Reichenau über Edlach in das Preintal. Photographie von Weingartshofer. Um 1880.

Gegenüberliegende Seite oben: Briefkopf von Dr. Konrieds Cur- und Wasserheil-Anstalt in Edlach, wo Herzl am 3. Juli 1904 starb.

Gegenüberliegende Seite unten: „Gruss aus Edlach". Bildpostkarte. Um 1900.

Am Samstag den 2. Juli 1904 saß ich an Dr. Herzls Krankenbett in der Pension in Edlach am Semmering und teilte ihm mit, daß sein eigener ärztlicher Berater mir gesagt habe, er könne nun mit mir wieder nach dem Heiligen Lande reisen, und daß die Reise ihm gut tun werde. Wir waren zusammen im Jahre 1898 in Jerusalem gewesen.
Dr. Herzl sagte zu mir, indem er seine rechte Hand aufs Herz legte und meine Rechte in seiner Linken hielt: „Grüßen Sie alle von mir und sagen Sie ihnen, ich habe mein Herzblut für mein Volk gegeben."
Bald danach hustete er und spuckte Blut. Am nächsten Tag, Sonntag den 3. Juli, während ich in Wien in der Christ Church, unserer britischen Gesandtschaftskapelle, predigte, nahm Gott Dr. Herzl von uns, denn die Juden waren seiner nicht wert; und einen Monat später, im August, brachte ich Herzls Abschiedsworte seinen Freunden im Lande Italien; und heute sende ich sie durch Euch an seine Freunde in Europa, vierundzwanzig Jahre nachdem ich sie von ihm empfing.
Der Gesalbte des Herrn, so hoffe ich, wird bald wiederkommen als König der Juden und in Jerusalem herrschen tausend Jahre, als König der Könige über alle Welt.
William H. Hechler, 1928

Am Samstagmorgen drängte Herzl, daß man seine Mutter rufe, die bis dahin nicht benachrichtigt werden durfte, und auch seine jüngeren Kinder; die älteste Tochter Pauline war schon seit Wochen in Edlach. Dem treuen Hechler, seinem Propheten, Helfer und Freund, der ihn besuchen durfte, sagte er: „Grüßen Sie alle von mir und sagen Sie ihnen, daß ich mein Herzblut für mein Volk gegeben." Nachmittags und abends wurde er immer erregter, wieder und wieder bat er, Mutter und Kinder sofort nach ihrer Ankunft zu ihm zu bringen. „Ja, lieber Reich", sagte er zum Sekretär des Kongreßbüros, der Werner in der Wache ablöste, „Du wirst bald eine große Arbeit haben. Du wirst bald einen Kongreß einberufen müssen." Und aus kurzem Schlummer aufschreckend, rief er plötzlich, indem er mit dem Finger auf der Decke wie auf einer Landkarte herumfuhr: „Diese drei Grundstücke müssen gekauft werden ... Hast Du Dir notiert? Diese drei Grundstücke!"

Am Sonntagmorgen, den dritten Juli, hatte sich der Zustand weiter verschlimmert. Ein pneumonischer Herd war auf der linken Seite nachweisbar, Herzschwäche, Zeichen des Kräfteverfalls traten ein. Unaufhörlich mahnte er, alles zu tun, um sein Leben zu erhalten, bis er seine Mutter noch einmal gesehen habe. Einmal richtete er sich wie ein Imperator auf seinem zerwühlten Lager auf, deutete auf die vor seinem Zimmer Wache haltenden Studenten und sagte in feierlichem Tone zu Dr. Singer: „Es sind prächtige, gute Leute, meine Volksgenossen! Sie werden sehen, sie ziehen in ihre Heimat ein!"

Endlich, mittags, kam die Mutter. Herzl, den Dr. Werner noch wenige Minuten früher in einem Zustand schwerer Atemnot vornübergebeugt, fast zusammengebrochen gesehen hatte, saß bei ihrem Eintreten stramm aufgerichtet mit weit geöffneten Augen in seinem Bett, streckte ihr die Hände entgegen und sagte mit ruhiger Stimme: „Das ist schön, liebe Mutter, daß Du schon da bist. Du siehst gut aus. Ich sehe nicht so gut aus, aber das wird bald vorübergehen!" Er küßte die Mutter, die, beherrscht, ihm Mut zusprach. Als die beiden jüngeren Kinder Hans und Trude kamen, war er fast heiter. Nach fünf Minuten schickte er Mutter und Kinder hinaus. Danach sank er erschöpft in sich zusammen.

Nachmittags fühlte er sich wieder etwas besser, eine Zeitlang war seine Gattin bei ihm, seine Mutter konnte ihn noch einmal besuchen und die Freunde Marmorek und Kremenezky. Dann sagte er: „Nun, meine Lieben, laßt mich allein." Um fünf Uhr hörte Dr. Werner, als er sich einen Augenblick abgewandt hatte, um eine Injektionsspritze vorzubereiten, einen tiefen Seufzer. Als er sich rasch umwandte, sah er des Kranken Haupt gegen die Brust sinken.

Herzl war tot.

Alex Bein

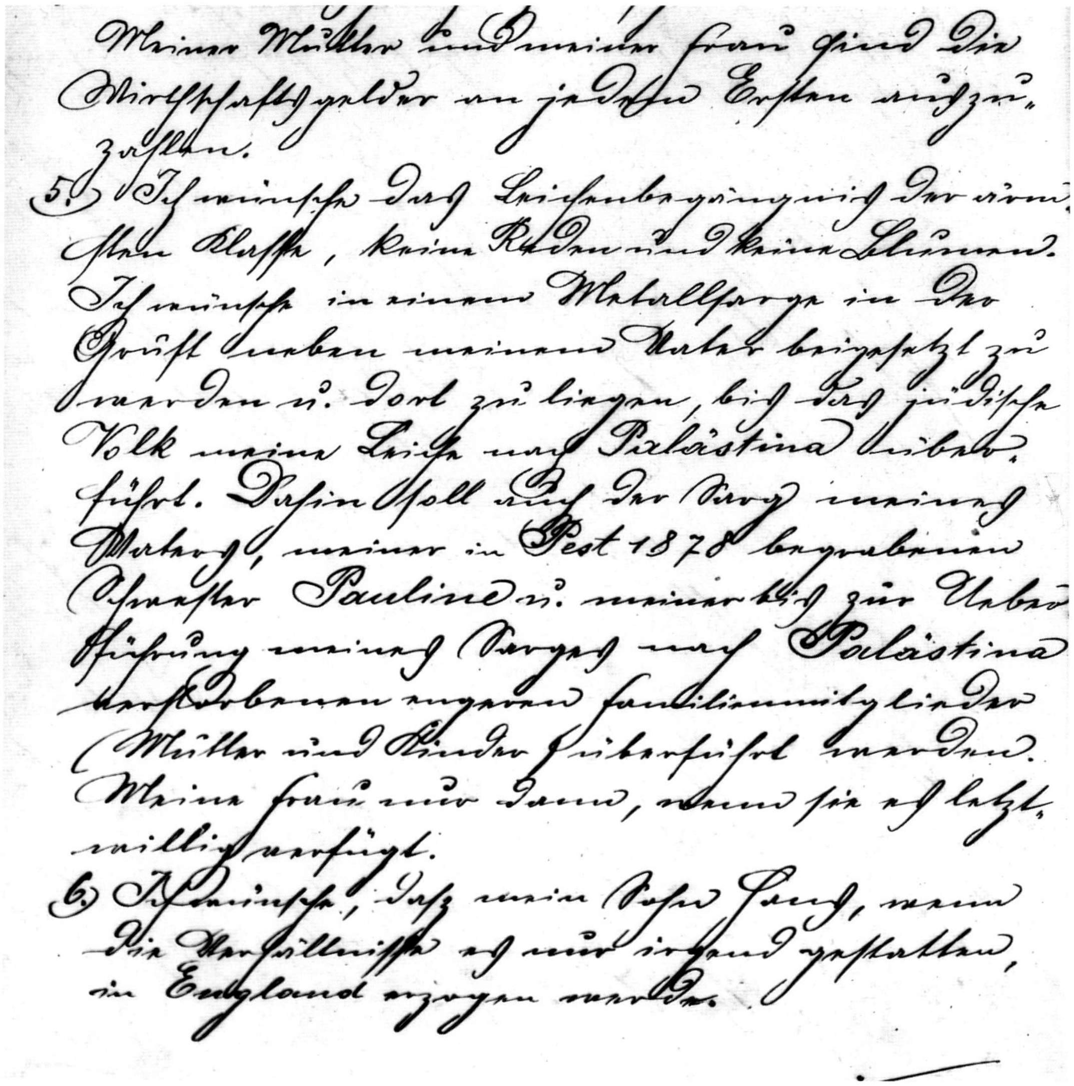

Meiner Mutter und meiner Frau sind die Wirthschaftsgelder am jeden Ersten auszuzahlen.
5.) Ich wünsche das Leichenbegängniß der ärmsten Klasse, keine Reden und keine Blumen. Ich wünsche in einem Metallsarge in der Gruft neben meinem Vater beigesetzt zu werden u. dort zu liegen, bis das jüdische Volk meine Leiche nach Palästina überführt. Dahin soll auch der Sarg meines Vaters, meiner in Pest 1878 begrabenen Schwester Pauline u. meiner bis zur Ueberführung meines Sarges nach Palästina verstorbenen engeren Familienmitglieder (Mutter und Kinder) überführt werden. Meine Frau nur dann, wenn sie es letztwillig verfügt.
6.) Ich wünsche, daß mein Sohn Hans, wenn die Verhältnisse es nur irgend gestatten, in England erzogen werde.

Verehrte Frau, arme Leidensschwester.
Im ersten Augenblicke fand ich nur zu einer Depesche den Mut – denn ich weiß, wie in solchen Stunden Briefe nichts anders tun als – weh. Aber jetzt muß ich Ihnen doch des Längern sagen, wie dieser Schlag, der die Seinen zu Boden schmetterte, auch die Anderen, Fernstehenden, die ihn kannten und schätzten, tief geschmerzt, zornig betrübt hat. Ja zornig – gegen das dumme, rohe Schicksal, das solche Menschen, die so viel Nutzen, Glück, Glanz noch zu spenden hatten, so vorzeitig dahinrafft.
Bitte auch Ihrer geehrten Schwiegermutter zu sagen, wie sehr ich mit ihr fühle. Zu alledem war der Verstorbene ja ein so zarter Sohn. Hat er's gewußt? Hat er das Ende kommen gesehen? Mit dem überlegenen, sanftironischen Lächeln kommen gesehen, mit dem sein großer Geist all die Kalamitäten der Welt aufnahm?
Was müssen Sie ausgestanden haben – und wie leer muß Ihnen jetzt die Erde sein! – doch Sie haben ja seine Kinder. So allein, wie ich geblieben, sind Sie doch nicht.
Unersetzlich, unersetzlich – nicht nur Ihnen – uns Allen. Es fehlt etwas am Reichtum unserer Zeit seit uns Theodor Herzl – der König von Zion, der liebe, gute, vornehme Mensch, entrissen ist.
Alt-Neuland war das letzte Buch, das ich meinem armen kranken Manne vorgelesen und das ihn (wie mich) begeistert hat.
Mit tiefer Achtung vor Ihrem Kummer Ihre ergebene
Bertha von Suttner an Julie Herzl.
28. Juli 1904

Theodor Herzl hatte unter Punkt 5. seines Testaments folgendes verfügt: „Ich wünsche das Leichenbegängnis der ärmsten Klasse, keine Reden und keine Blumen. Ich wünsche in einem Metallsarge in der Gruft neben meinem Vater beigesetzt zu werden u. dort zu liegen, bis das jüdische Volk meine Leiche nach Palästina überführt. Dahin soll auch der Sarg meines Vaters, meiner in Pest 1878 begrabenen Schwester Pauline u. meiner bis zur Ueberführung meines Sarges nach Palästina verstorbenen engeren Familienmitglieder (Mutter und Kinder) überführt werden. Meine Frau nur dann, wenn sie es letztwillig verfügt."
Oben: Seite aus dem Testament Theodor Herzls.
Rechts: Partezettel des Czernowitzer Vereins der jüdischen Arbeiter und Handelsangestellten „Poale Zion" für Theodor Herzl. Juli 1904.

Der Verein der jüdischen Arbeiter und Handelsangestellten
„POALE ZION"
gibt hiemit die traurige Kunde vom Ableben ihres hochverehrten Führers der Zionisten

Dr. THEODOR HERZL

welcher in der Blüte seines Schaffens, in rüstigster Arbeit für das Wohl seines Volkes jäh vom Tode hinweggerissen wurde.
Jüdische Arbeiter! Sein zielbewusstes Streben ist unseres! Das jüdische Proletariat des Ostens kämpft weiter ohne Unterlass für seine wirtschaftliche Befreiung und seine menschliche Erlösung.

CZERNOWITZ, im Juli 1904.

Druckerei Ebner, Czernowitz.

<u>Oben:</u> Kondolenztelegramm von Chaim Weizmann, dem späteren ersten Staatspräsidenten Israels, gerichtet an das zionistische Aktionskomitee: „… herzls name und werk sind unsterblich. zion ist ewig.“ 6. Juli 1904

<u>Unten:</u> „Das Jüdische Volk in seiner Trauer“: Herzl-Nachruf-Nummer der Berliner „Jüdischen Rundschau“. 8. Juli 1904.

Was ich den Juden war, wird eine kommende Zeit besser beurteilen, als die große Menge der Gegenwart.
Theodor Herzl. 12. Februar 1897

Was war der Kern von Herzl? Ich nehme seine persönliche Art. Er hatte die Sanftmut eines Kindes, eine außergewöhnliche Empfänglichkeit, eine feine Empfindung für die Dinge der Natur, ein außerordentlich einnehmendes Wesen, einen Reichtum an dichterischen Gedanken, die in Worten zum Ausdruck gelangten, welche trotz reizvoller Bilder und innerer, mitteilsamer Wärme von bescheidener Keuschheit und geschmackvoller künstlerischer Knappheit und Selbstbeschränkung waren; er hatte eine unerschütterliche, unabänderliche, eifrige Überzeugung, ein tiefes Vertrauen, das auch auf der andern Seite ein ebenso tiefes Gegenvertrauen weckte, eine unvergleichliche Grazie, natürliche Begabungen von magnetischer Kraft. Mit diesem besonderen Genie ausgestattet, das nur wenigen Menschen vergönnt ist, um sich in die allerschwierigsten Bedingungen hineinzufinden, wurde Herzl mit Recht als eine seltene Ausnahme-Erscheinung geschätzt und geliebt. Seine wunderschöne Gestalt, seine Eleganz, seine besondere Art zu sprechen, sein ganzes Benehmen verliehen diesem modernen Paladin Zions ein Prestige sondergleichen.
Nahum Sokolow

Ich sah niemals einen Mann, dem seine Rolle so auf den Leib geschrieben war.
Sidney Whitman

Die schönste Allegorie des zweitausendjährigen Wunschtraumes des jüdischen Volkes.
Samuel Bettelheim

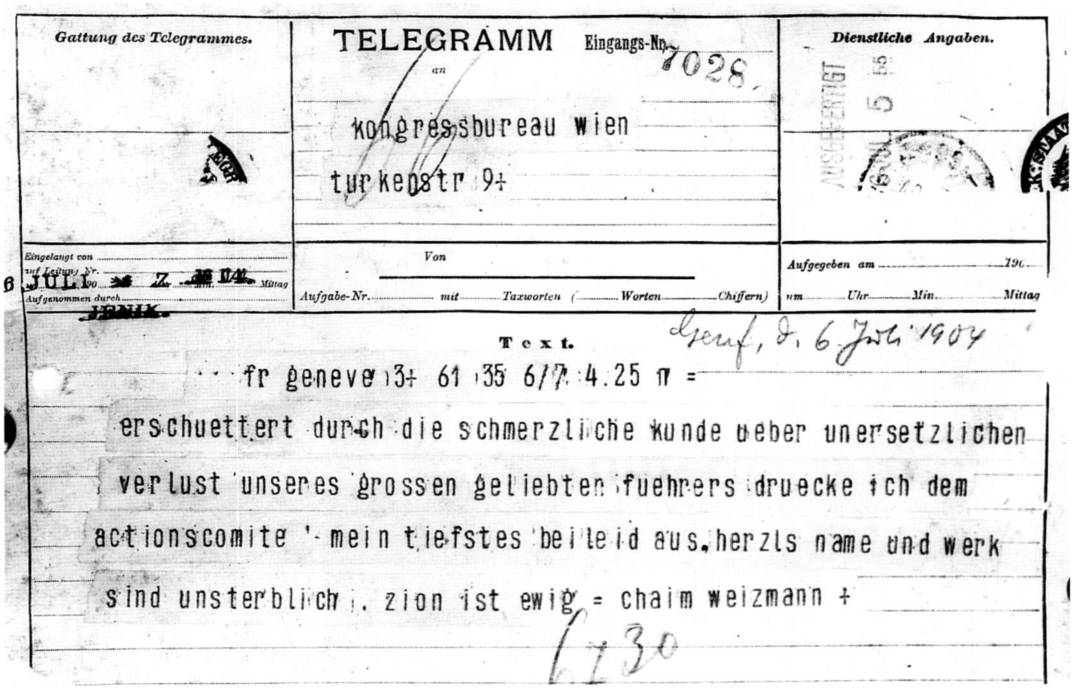
Gattung des Telegrammes. TELEGRAMM Eingangs-Nr. 7028. Dienstliche Angaben.

an kongressbureau wien

turkenstr 9+

Eingelangt von ... 6 JULI ... Mittag. Aufgenommen durch ... Von ... Aufgabe-Nr. ... mit ... Taxworten (... Worten ... Chiffern) Aufgegeben am ... 190 ... um ... Uhr ... Min. ... Mittag

Text. Genf, d. 6 Juli 1904

fr geneve 13+ 61 35 6/7 4.25 n =

erschuettert durch die schmerzliche kunde ueber unersetzlichen verlust unseres grossen geliebten fuehrers druecke ich dem actionscomite mein tiefstes beileid aus. herzls name und werk sind unsterblich. zion ist ewig = chaim weizmann +

Jüdische Rundschau.

Organ der Zionistischen Vereinigung für Deutschland.

No. 27. Berlin, 8. Juli 1904. 25. Tammuz 5664. IX. Jahrgang.

Unser Herzl.

Jüdische Rundschau.

Organ der Zionistischen Vereinigung für Deutschland.

No. 27. Berlin, 8. Juli 1904. 25. Tammuz 5664. IX. Jahrgang.

Das Jüdische Volk in seiner Trauer.

Joseph ward eingetan zu seinen Vätern.

Theodor Herzl.

Aus Theodor Herzls Schriften.

Der Judenstaat. (1896.)

Der Baseler Kongress.

Mauschel.

Altneuland. (1902.)

Vom Aktionskomitee.

Von der Zionistischen Vereinigung für Deutschland.

Herzl tot!

Die ersten Zeitungsstimmen.

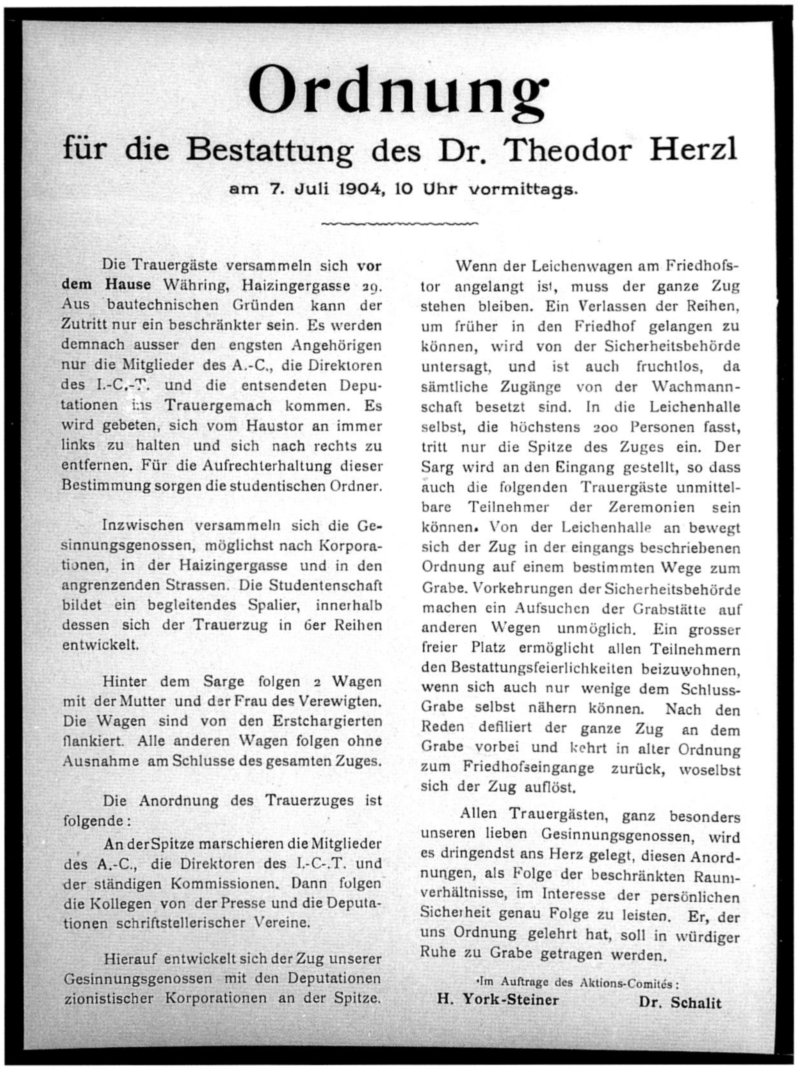

Ordnung

für die Bestattung des Dr. Theodor Herzl

am 7. Juli 1904, 10 Uhr vormittags.

Die Trauergäste versammeln sich **vor dem Hause** Währing, Haizingergasse 29. Aus bautechnischen Gründen kann der Zutritt nur ein beschränkter sein. Es werden demnach ausser den engsten Angehörigen nur die Mitglieder des A.-C., die Direktoren des I.-C.-T. und die entsendeten Deputationen ins Trauergemach kommen. Es wird gebeten, sich vom Haustor an immer links zu halten und sich nach rechts zu entfernen. Für die Aufrechterhaltung dieser Bestimmung sorgen die studentischen Ordner.

Inzwischen versammeln sich die Gesinnungsgenossen, möglichst nach Korporationen, in der Haizingergasse und in den angrenzenden Strassen. Die Studentenschaft bildet ein begleitendes Spalier, innerhalb dessen sich der Trauerzug in der Reihen entwickelt.

Hinter dem Sarge folgen 2 Wagen mit der Mutter und der Frau des Verewigten. Die Wagen sind von den Erstchargierten flankiert. Alle anderen Wagen folgen ohne Ausnahme am Schlusse des gesamten Zuges.

Die Anordnung des Trauerzuges ist folgende:

An der Spitze marschieren die Mitglieder des A.-C., die Direktoren des I.-C.-T. und der ständigen Kommissionen. Dann folgen die Kollegen von der Presse und die Deputationen schriftstellerischer Vereine.

Hierauf entwickelt sich der Zug unserer Gesinnungsgenossen mit den Deputationen zionistischer Korporationen an der Spitze.

Wenn der Leichenwagen am Friedhofstor angelangt ist, muss der ganze Zug stehen bleiben. Ein Verlassen der Reihen, um früher in den Friedhof gelangen zu können, wird von der Sicherheitsbehörde untersagt, und ist auch fruchtlos, da sämtliche Zugänge von der Wachmannschaft besetzt sind. In die Leichenhalle selbst, die höchstens 200 Personen fasst, tritt nur die Spitze des Zuges ein. Der Sarg wird an den Eingang gestellt, so dass auch die folgenden Trauergäste unmittelbare Teilnehmer der Zeremonien sein können. Von der Leichenhalle an bewegt sich der Zug in der eingangs beschriebenen Ordnung auf einem bestimmten Wege zum Grabe. Vorkehrungen der Sicherheitsbehörde machen ein Aufsuchen der Grabstätte auf anderen Wegen unmöglich. Ein grosser freier Platz ermöglicht allen Teilnehmern den Bestattungsfeierlichkeiten beizuwohnen, wenn sich auch nur wenige dem Schlussgrabe selbst nähern können. Nach den Reden defiliert der ganze Zug an dem Grabe vorbei und kehrt in alter Ordnung zum Friedhofseingange zurück, woselbst sich der Zug auflöst.

Allen Trauergästen, ganz besonders unseren lieben Gesinnungsgenossen, wird es dringendst ans Herz gelegt, diesen Anordnungen, als Folge der beschränkten Raumverhältnisse, im Interesse der persönlichen Sicherheit genau Folge zu leisten. Er, der uns Ordnung gelehrt hat, soll in würdiger Ruhe zu Grabe getragen werden.

Im Auftrage des Aktions-Comités:

H. York-Steiner **Dr. Schalit**

Das Begräbnis Theodor Herzls fand am 7. Juli 1904 um 10 Uhr vormittag statt. Mehr als sechstausend Menschen folgten dem Sarg in einem ergreifenden Trauerzug vom Wohnhaus in Währing zum Döblinger Friedhof (Wien XIX.).

Links: „Ordnung für die Bestattung des Dr. Theodor Herzl", herausgegeben vom zionistischen Aktionskomitee. Flugblatt.

Unten: Der Trauerzug mit dem Leichenwagen Theodor Herzls. Vom Verlag Zion herausgegebene Photographie. 1904.

Gegenüberliegende Seite: Zuschauer vor dem Wohnhaus Herzls, wo sich der Trauerzug zum Friedhof formierte. Photographie. 1904.

Ein sonderbarer Tag war es, ein Tag im Juli, unvergeßlich jedem, der ihn miterlebte. Denn plötzlich kamen auf allen Bahnhöfen der Stadt, mit jedem Zug bei Tag und Nacht aus allen Reichen und Ländern Menschen gefahren, westliche, östliche, russische, türkische Juden, aus allen Provinzen und kleinen Städten stürmten sie plötzlich herbei, den Schreck der Nachricht noch im Gesicht; niemals spürte man deutlicher, was früher das Gestreite und Gerede unsichtbar gemacht, daß er der Führer einer großen Bewegung war, der hier zu Grabe getragen wurde. Es war ein endloser Zug. Mit einemmal merkte Wien, daß hier nicht nur ein Schriftsteller oder mittlerer Dichter gestorben war, sondern einer jener Gestalter von Ideen, wie sie in einem Land, in einem Volk nur in ungeheuren Intervallen sich sieghaft erheben. Am Friedhof entstand ein Tumult; zu viele strömten plötzlich zu seinem Sarge, weinend, heulend, schreiend in einer wild explodierenden Verzweiflung, es wurde ein Toben, ein Wüten fast; alle Ordnung war zerbrochen durch eine Art elementarer und ekstatischer Trauer, wie ich sie niemals vordem und nachher bei einem Begräbnis gesehen. Und an diesem ungeheuren, aus der Tiefe eines ganzen Millionenvolkes stoßhaft aufstürmenden Schmerz konnte ich zum erstenmal ermessen, wieviel Leidenschaft und Hoffnung dieser einzelne und einsame Mensch durch die Gewalt seines Gedankens in die Welt geworfen.
Stefan Zweig

Ich lernte, was eigentlich Herzl meinte, doch erst ganz verstehen bei seinem Leichenbegräbnis. Es währte stundenlang. Ich ging mit. Da wurde mir bewußt, daß ich in einer fremden Welt ging. Diese leise, meinen Ohren Unverständliches murmelnde dunkle Masse wälzte sich durch die Wienerstadt nach dem Lande der Verheißung. Das ist die Tat Herzls: er gab seinem Volke wieder das Gefühl einer Heimat.
Hermann Bahr

Die Trauer um den verstorbenen Führer der zionistischen Bewegung war auch bei seinen Gegnern echt, die Nachrufe oft von wirklicher Verzweiflung getragen.

Oben: „Zwei Augen versagen, Zwei Arme ruhn, Millionen fragen: Was nun?": Das Trauergedicht zu einer Zeichnung von J. Rosintal gab die deprimierte Stimmung der Zionisten nach dem Tod Herzls gut wieder. Flugblatt.

Links unten: Erinnerungsblatt an den Sterbetag Herzls, für seinen Sohn Hans ausgefüllt. Flugblatt.

Rechts unten: Programm der Trauerfeier für Dr. Theodor Herzl. Die vom zionistischen Aktionskomitee veranstaltete Feier fand am 10. Juli 1904 im Großen Musikvereinssaal in Wien statt. Unter den 14 Rednern, deren Ansprachen „längstens 4 Minuten" dauern durften, waren Architekt Oskar Marmorek, David Wolffsohn, Herzls Mitstreiter der ersten Stunde, Nahum Sokolow und Michael Ussischkin.

Gegenüberliegende Seite: Das Grab Theodor Herzls am Döblinger Friedhof. Photographie. Um 1910.

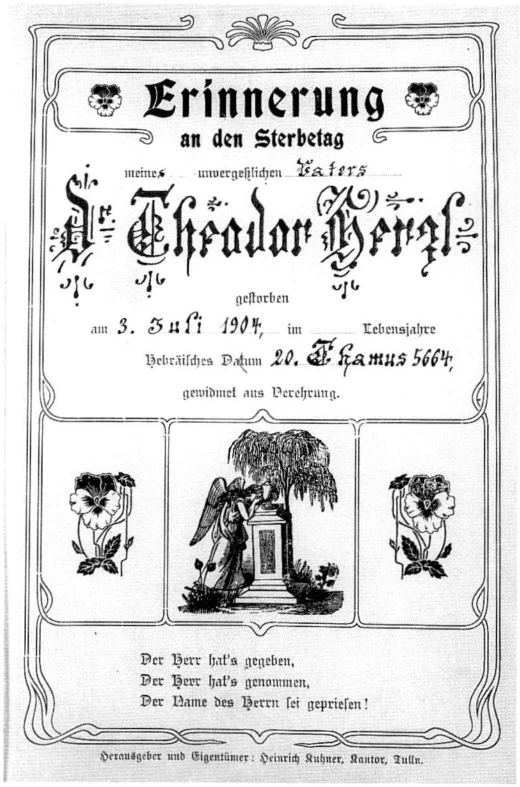
Erinnerung
an den Sterbetag
meines unvergeßlichen Vaters
Dr. Theodor Herzl
gestorben
am 3. Juli 1904, im Lebensjahre
Hebräisches Datum 20. Thamus 5664,
gewidmet aus Verehrung.

Der Herr hat's gegeben,
Der Herr hat's genommen,
Der Name des Herrn sei gepriesen!

Herausgeber und Eigentümer: Heinrich Kuhner, Kantor, Tulln.

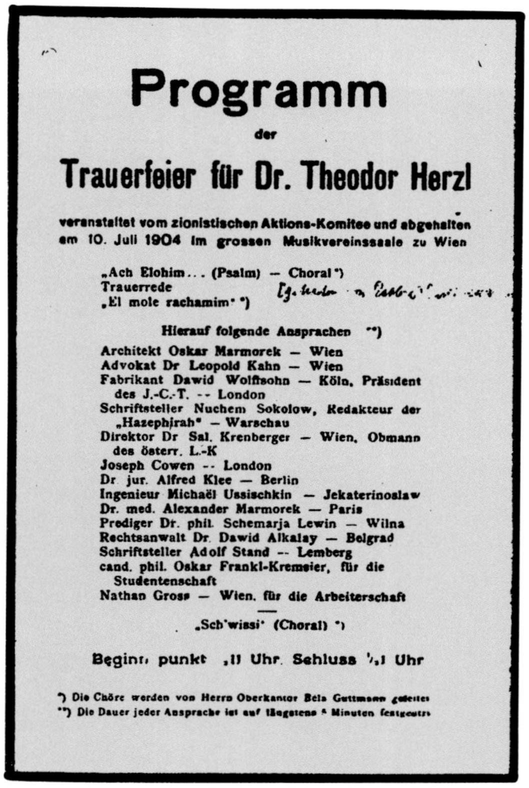
Programm
der
Trauerfeier für Dr. Theodor Herzl
veranstaltet vom zionistischen Aktions-Komitee und abgehalten am 10. Juli 1904 im grossen Musikvereinssaale zu Wien

„Ach Elohim... (Psalm) – Choral *)
Trauerrede
„El mole rachamim" *)

Hierauf folgende Ansprachen **)
Architekt Oskar Marmorek – Wien
Advokat Dr Leopold Kahn – Wien
Fabrikant Dawid Wolffsohn – Köln, Präsident des J.-C.-T. -- London
Schriftsteller Nuchem Sokolow, Redakteur der „Hazephirah" – Warschau
Direktor Dr Sal. Krenberger – Wien, Obmann des österr. L.-K
Joseph Cowen -- London
Dr. jur. Alfred Klee – Berlin
Ingenieur Michaël Ussischkin – Jekaterinoslaw
Dr. med. Alexander Marmorek – Paris
Prediger Dr. phil. Schemarja Lewin – Wilna
Rechtsanwalt Dr. Dawid Alkalay – Belgrad
Schriftsteller Adolf Stand -- Lemberg
cand. phil. Oskar Frankl-Kremeier, für die Studentenschaft
Nathan Gross – Wien, für die Arbeiterschaft

„Sch'wissi" (Choral) *)

Beginn punkt 11 Uhr. Schluss ½1 Uhr

*) Die Chöre werden von Herrn Oberkantor Bela Guttmann geleitet
**) Die Dauer jeder Ansprache ist auf längstens 4 Minuten festgesetzt

Theodor Herzl wurde am Döblinger Friedhof in Wien XIX. beigesetzt. Im Jahr 1949 wurden in Erfüllung seiner letztwilligen Verfügung vom Jahr 1904 seine sterblichen Überreste nach Jerusalem überführt und am Har Zion bestattet.

Nun ist auch Theodor Herzl uns entrissen worden, lange, lange vor seiner Zeit. Persönlich hatten wir ihn seit einigen Wochen nicht gesehen und jetzt, da uns ferne von Wien die Kunde von seinem plötzlichen Hinscheiden überläßt, ist uns, als stünde er, durch den Tod erst recht lebendig geworden, lebhaftig vor uns in seiner schönen, schlanken Männlichkeit. Und wir sehen, wie so oft zuvor, sein dunkles Auge blitzen, sehen das treuherzige und doch überlegen ironische Lächeln durch seinen glänzend schwarzen Vollbart fließen, und fühlen wahrhaftig den Druck seiner Hand, welche die der Kameraden so fest zu umschließen pflegte. Wir suchen nach einem Wort, das sein ganzes Wesen im Kerne träfe, und finden nur eines, das man mißverstehen könnte. Das Wort „vornehm" würde auf ihn passen, wenn es nicht so verbraucht wäre, wenn dieser abgegriffenen Scheidemünze der Glanz und die Schärfe der ersten Prägung zurückgegeben werden könnte. Er war von durchaus adeliger Sinnesart. Ein gewisser Stolz bildete den Grundton seines Wesens, aber wahrlich nicht der Stolz der Dummköpfe, nimmermehr der lächerliche Dünkel der Nichtskönner und Hochnasen, ein edler Stolz vielmehr, der ihm jede gemeine Regung aus dem Gemüte scheuchte und im Besten der Menschennatur seine Wurzeln trieb. Und etwas von diesem Stolze klang durch alles, was er dachte und schrieb …
Er war der geborene Schriftsteller, ein Künstler der Feder. Jeder Gedanke, der ihm durch den Kopf zog, ob er ihm von außen zuflog oder aus der eigenen Seele aufstieg, gewann auf diesem Wege die runde künstlerische Form. Es war nicht Zuckerwerk, was er uns bot, es war immer ein Stück von ihm selbst, was ihm aus der Feder floß … Nichts stärkte den Rhythmus dieser Sprache, nichts die weich dahinfließende Linie dieser Melodie, die keinerlei Sprünge machte und doch mühelos nach allen Tonarten modulierte. Theodor Herzl fand sich in allen schriftstellerischen Ausdrucksweisen zurecht, das Ernste war ihm nicht weniger leicht erreichbar als das Heitere, und das Witzige gelang ihm so gut als das Tiefsinnige. Im Grunde aber gehörte er zu der so wenig zahlreichen Gattung der echten Humoristen: immer erblühte bei ihm die Heiterkeit aus dem Ernste und immer schimmerte ihm durch das trübste Gespinst ein Lichtlein des Frohsinns und der guten Laune. Die Ironie hatte es ihm angezündet. Sie warf ihren freundlichen Schein auf alle seine Wege, durchleuchtete sein gesamtes Gedankenleben und bildete recht eigentlich die Ausdrucksform seines adeligen Stolzes. Sie diente ihm als sein gehämmerter Panzer gegen die Gemeinheit dieser Welt, sie schützte ihn gegen Menschenverachtung wie gegen über angebrachte Menschenbewunderung, sie hob ihn jederzeit zu einer gewissen Höhe empor, von der herab er das irdische Getriebe beobachtete und beurteilte. Diese Höhe war nicht immer ein Berg, sie war oft nur ein Hügel, sie war oft nur ein Schemel, aber sie war nun einmal sein Standpunkt, sein erhöhter Standpunkt, seine Aussichtswarte, die er sich mit eigener Hand aufgerichtet hatte und auf der er Eines täglich neu erlernte, daß man nämlich die Menschen im allgemeinen lieben müsse, wenn man sich auch nur zu oft gezwungen sah, den einzelnen zu verachten. Dieser stolze Mann war ein echter Menschenfreund.
Neue Freie Presse. 1904

Kurz nach Vollendung seines 44. Lebensjahres, am 3. Juli 1904, starb Theodor Herzl in einem Sanatorium in Edlach am Semmering. Schon seit längerem war er von Todesahnungen gequält worden. Das Herzleiden, an dem er seit Jahren laborierte, hatte sich zusehends verschlechtert. Anstatt sich aber an die Ratschläge der Ärzte zu halten, die ihm Kuraufenthalte verschrieben und ihm immer wieder angeraten hatten, sich nicht zuviel zuzumuten, hatte er sich verstärkt in die Arbeit gestürzt.

Geradezu besessen von der Idee, daß es ohne ihn nicht ginge und die Grundlagen für den jüdischen Staat noch zu seinen Lebzeiten gelegt werden müßten, achtete Herzl selten auf seinen Gesundheitszustand. Einer seiner letzten Briefe, der an David Wolffsohn gerichtet war – an den „lieben Daade", wie er ihn nannte –, spiegelt die Verantwortung wider, die er für den Fortgang der Arbeit nach wie vor empfand, und enthält die merkwürdige, bis heute vielfach als rätselhaft empfundene Präsens-Formulierung: „Machet keine Dummheiten, während ich tot bin. Herzlichst grüßt ein zu Schanden gearbeiteter …" (6. Mai 1904). Daß Herzl diese Formulierung nicht unabsichtlich gewählt hatte, kann als sicher angenommen werden.

Im Bewußtsein seines bevorstehenden Todes hatte Herzl nicht versäumt, die notwendigen Vorkehrungen zu treffen. Testamentarisch waren nicht nur die Vermögensangelegenheiten, sondern auch die Einzelheiten seiner

Oben: Bahrtuch für die Überführung der Gebeine Theodor Herzls nach Israel, von österreichischen Frauen nach einem Entwurf von Oskar Strnad (1879–1935) verfertigt.

Gegenüberliegende Seite: Bäumchen, von Theodor Herzl 1898 auf seiner Palästina-Reise gepflanzt – seither von vielen Tausenden Freunden Israels nachgeahmt.

Bestattung geregelt. „Ich wünsche das Leichenbegängnis der ärmsten Klasse, keine Reden, keine Blumen." Am Tage seines Ablebens waren seine Mutter, seine Frau und die Kinder bei ihm. Auch die engsten Mitarbeiter waren anwesend oder in den Tagen zuvor an seinem Bett erschienen. David Wolffsohn, Herzls Nachfolger in der Bewegung, verließ das Sanatorium in Tränen aufgelöst: „Gestern abend habe ich mich von ihm verabschiedet und noch jetzt bin ich in einer Aufregung, daß ich meiner nicht Herr werden kann. Möge Gott ihm und uns beistehen."

Am 7. Juli wurde Herzl auf dem Döblinger Friedhof in Wien zu Grabe getragen. Trauergäste, von überall her angereist, aus allen Gegenden der Monarchie und Osteuropas, hatten sich vor dem Trauerhaus in der Haizingergasse versammelt, von wo der Zug seinen Ausgang nahm. Mehr als sechstausend Menschen folgten dem Sarg. Stefan Zweig bemerkte später, es sei jedermann bewußt gewesen, daß mit dem Ableben Herzls die Bewegung einen großen Führer verloren hätte: „… mit einemmal sah die ganze Stadt, daß hier nicht nur ein Feuilletonist gestorben war, ein Schriftsteller oder mittlerer Dichter, sondern einer jener Ideengestalter, wie sie in einem Land, in einem Volk nur in ungeheuren Intervallen sich sieghaft erheben."

Ein anderer Augenzeuge der Trauerfeierlichkeiten, der Schriftsteller Hermann Bahr, dessentwegen Herzl einst aus der Burschenschaft „Albia" ausgetreten war, bekannte später: „Ich lernte, was eigentlich Herzl meinte, doch erst ganz verstehen bei seinem Leichenbegängnis. Es währte stundenlang. Ich ging mit. Da wurde mir bewußt, daß ich in einer fremden Welt ging. Diese leise, meinen Ohren Unverständliches murmelnde dunkle Masse wälzte sich durch die Wienerstadt nach dem Lande der Verheißung. Das ist die Tat Herzls; er gab seinem Volke wieder das Gefühl einer Heimat."

Als auf dem Döblinger Friedhof der dreizehnjährige Sohn Hans am offenen Grab das Kaddisch sprach, ging ein Weinen und Schluchzen durch die Menge. Augenzeugen der Begräbniszeremonie berichteten, daß sich unbeschreibliche Szenen abspielten und teilweise sogar die Ordnung auf dem Friedhof zusammenbrach. Stefan Zweig erinnerte sich, die Menschen seien von einer „fast ekstatischen Trauer" ergriffen worden, „wie ich sie niemals vordem und nachdem bei einem Begräbnis gesehen." Die Menschen hätten getobt, geweint, geschrien, „es war wüst und großartig zugleich.“ Den Nachruf sprach David Wolffsohn. Für die zionistische Bewegung legte er den Schwur ab, daß das Werk Herzls fortgeführt und „wir Deinen Namen stets heilig halten und Dich nie vergessen werden, solange noch e i n Jude auf Erden lebt.“ Mit dem Satz aus dem 137. Psalm, den Herzl am Ende des sechsten Kongresses zitiert hatte, schloß Wolffsohn: „Wenn ich Dein vergesse, Jerusalem, verdorre meine Rechte ...“

Herzls Ableben kam für die meisten der Zeitgenossen überraschend, auf manche wirkte es wie ein Schock. Es gab kaum jemanden, der bezweifelte, daß das moderne Judentum und der Zionismus durch den Tod Herzls einen Verlust erlitten hätten. Die zahlreichen Nachrufe in den jüdischen und nichtjüdischen Blättern wetteiferten geradezu miteinander, die Verdienste Herzls herauszustellen. Kaum eine Zeitung unterließ es, ihn als einen der großen Männer des Jahrhunderts hervorzuheben. In den Kondolenzschreiben, die eingingen, wurde Herzls Ableben beklagt und auf die Lücke verwiesen, die sein Tod in der zionistischen Bewegung gerissen hätte. Achad Haam, zu Lebzeiten Herzls einer seiner ärgsten Kritiker, bedauerte den Verlust, bemerkte aber gleichzeitig, er wäre wohl zur rechten Zeit gestorben: „Seine Laufbahn und seine Taten während der vergangenen sieben Jahre waren wie eine romantische Erzählung.“

Die meisten Kondolenzschreiben sprachen den frühen und unerwarteten Tod Herzls an. Bertha von Suttner zum Beispiel, die große Philanthropin und Friedenskämpferin, die Herzl einmal einen „assyrischen König von majestätischer Größe“ genannt hatte, schrieb an dessen Witwe Julie, sie sei zornig „gegen das dumme, rohe Schicksal, das solche Menschen, die so viel Nutzen, Glück, Glanz noch zu spenden hatten, so vorzeitig dahinrafft.“ Und Max I. Bodenheimer, der Führer der deutschen Zionisten, der wegen Krankheit am Begräbnis nicht teilnehmen konnte, telegraphierte aus Köln „mit bruederlichem zionsgruss“ an die Mitglieder des Aktionskomitees, „einen theodor herzl wird es niemals mehr fuer uns geben“.

Verschwiegen werden sollte aber nicht, daß es auch skeptische Stimmen gab, die Herzls Wirken im Rückblick weniger positiv bewerteten. „Herzl als lebender Mensch sprach und tat vieles, was man sehr in Frage ziehen konnte“, gab zum Beispiel Achad Haam zu bedenken. Er sprach damit etwas aus, was viele bewegte, man aber zu Lebzeiten Herzls nicht auszusprechen gewagt hatte. Mag sein, daß manche von Herzls Anhängern dessen Tod sogar als Befreiung empfunden haben. Einiges deutet in der Entwicklung des Zionismus in der nachherzlschen Periode darauf hin. So brachen nach dem Tod des Führers die ideologischen Meinungsverschiedenheiten innerhalb der zionistischen Organisation über Strategie und Taktik zukünftiger Politik offen aus. Die Lager standen sich unversöhnlicher denn je gegenüber. Welches war der richtige Weg? Praktische Arbeit in Palästina? Oder sollte man der politisch-territorialen Lösung den Vorrang geben?

Wie sich Herzl, wenn er am Leben geblieben und weiterhin in die Politik der Bewegung eingebunden gewesen wäre, in den Auseinandersetzungen verhalten hätte, darüber kann allerdings nur spekuliert werden. Geht man von der Situation bei seinem Tode aus, dann kann man sich jedenfalls nicht gut vorstellen, daß ihm weiterhin eine solche Wirkung beschieden gewesen wäre, wie das unmittelbar nach dem Zionistenkongreß 1897 der Fall war. Nicht nur hatte seine Autorität durch das Uganda-Projekt in starkem Maße gelitten. Auch der von ihm vertretene „politische“ Zionismus wäre, wie das Alex Bein in seiner Herzl-Biographie ausgedrückt hat, „bei dem Widerstand der Bewegung gegen Ostafrika und der vorläufigen Unerreichbarkeit eines Palästinacharters in der alten Weise kaum mehr weiterzuführen“ gewesen.

Vermutlich wäre Herzl im Verlauf der nächsten Jahre gezwungen gewesen, von den ursprünglichen Zielen seines Politikkonzeptes abzurücken. Das hätte dann zweifellos unter anderem zur Folge gehabt, daß er der Aufnahme praktischer Arbeit in Palästina doch noch hätte zustimmen müssen. Im nachhinein läßt sich sagen, daß er in gewisser Weise von Glück reden konnte, daß der Tod ihn „vor all dem Unvermeidlichen, Enttäuschung und Niedergang“ (Martin Buber) befreit hatte und er nicht mehr gezwungen war, diese schwierige Entscheidung zu treffen. Die Bewegung war noch Jahre nach Herzls Ableben von heftigen Auseinandersetzungen darüber bestimmt, ob in Palästina politische „Bedingungen“ der Schaffung kolonisatorischer „Dinge“ vorausgehen sollten oder umgekehrt. In einem 1917 an Siegmund Kaznelson geschriebenen Brief sprach Martin Buber das an, wenn er zu bedenken gab, daß „jüdische Politik ein unlösbarer Widerspruch“ sei und sie nur „im vollen Bewußtsein ihrer Paradoxie“ rechtmäßig betrieben und vertreten werden dürfe. (9. Juli 1917)

Im historischen Rückblick lassen sich vielfache Beziehungen zwischen Herzls Wirken, der weiteren Entwicklung des Zionismus und der Politik des heutigen Staates Israel aufzeigen. Aus der Vielfalt der Themen und Probleme sei hier nur das Verhältnis Herzls und des frühen Zionismus zu den Arabern genannt, ein Aspekt, der in den Debatten der letzten Jahre zunehmend in das Blickfeld des Interesses gerückt ist. Immer wieder ist die Frage erörtert worden, warum Herzl und die meisten anderen Zionistenführer die Existenz der Araber in Palästina ignoriert oder übersehen haben. War ihnen deren Existenz nicht bewußt? Oder hat es sich, wie das vermutet worden ist, „um einen Fall echter, wenn auch erstaunlicher Blindheit gehandelt“ (Walter Laqueur)?

In diesen Diskussionen wird heute häufig übersehen, daß Herzl und andere führende Zionisten von der illusionären Vorstellung bestimmt waren, in einem politischen Vakuum zu agieren. Bezeichnend ist der Ausspruch, den Max Nordau angeblich gegenüber Herzl 1897 getan haben soll: „In Palästina gibt es ja Araber! Das wußte ich nicht! Wir begehen also ein Unrecht.“ Die Geschichte mag erfunden sein, doch kennzeichnet sie im Kern die Einstellung der zionistischen Führung der Frühzeit, die Palästina für ein leeres Land hielt, das nur darauf wartete, von jüdischen Siedlern kolonisiert und kultiviert zu werden. Die Möglichkeit einer einheimischen Opposition wurde völlig übersehen. Ein geflügeltes, vermutlich von dem Schriftsteller Israel Zangwill stammendes Wort jener Jahre hieß: „Ein Land ohne Volk für ein Volk ohne Land.“

In den Schriften, Reden und Briefen Herzls ist nur wenig über die palästinensischen Araber zu finden. Und wenn einmal von ihnen die Rede ist, dann nicht von ihren historischen Ansprüchen und ihrem Lebensrecht in Palästina. Nicht zu Unrecht hat deshalb Nahum Goldmann in seinen Erinnerungen geschrieben, es sei „einer der großen historischen Denkfehler des Zionismus“ gewesen, „daß er den arabischen Aspekt bei der Gründung des jüdischen Heimatlandes nicht ernsthaft genug zur Kenntnis genommen“ habe.

Der Mangel an Voraussicht ist aber nicht der zionistischen Ideologie allein anzulasten, sondern entsprach dem Zeitgeist um die Jahrhundertwende, der, europäisch geprägt, außereuropäische Kulturen in der Regel nicht als gleichwertig ansah. Herzl und seine Freunde machten da keine Ausnahme. Sie erkannten nicht – vielleicht war es ihnen auch nicht bewußt –, daß die Leidtragenden der von ihnen anvisierten Politik die palästinensischen Araber sein würden. Gewohnt, nur in jüdisch-zionistischer Perspektive zu denken, sahen sie die Konsequenzen ihres Handelns nicht. Es kam hinzu, daß sie sich meist von der damals weitverbreiteten Auffassung leiten ließen, der Kolonialismus sei ein notwendiger Schritt, um den Völkern Asiens und Afrikas die „Errungenschaften der europäischen Zivilisation“ näherzubringen.

Fortschrittskritik oder irgendwelche Zivilisationsmüdigkeit lassen sich in den Stellungnahmen Herzls und seiner Freunde nicht finden. Im Gegenteil. Aus jeder ihrer Formulierungen sprach Sendungsbewußtsein. Deutlich wird das zum Beispiel an einem Satz Herzls, der für viele andere stehen darf und in seinem *Judenstaat* nachzulesen ist: „Für Europa würden wir dort [Palästina] ein Stück des Walles gegen Asien bilden; wir würden den Vorpostendienst der Kultur gegen die Barbarei besorgen.“ Dieser häufig zitierte Ausspruch, der sich in Schriften, Tagebüchern und Reden auch anderer führender Zionisten in ähnlicher oder abgewandelter Form findet, spiegelt die indifferente Einstellung der zionistischen Ideologie gegenüber dem Araberproblem wider. Von einem zeitgenössischen Kritiker des jüdisch-arabischen Verhältnisses ist diese Einstellung als eine „Mischung von Naivität, Wunschdenken, patriarchalischem Wohlwollen und Ignoranz“ (Amos Elon) bezeichnet worden.

Sicherlich ist – vom heutigen Standpunkt aus – manches gegen die Politik und das Wirken Herzls einzuwenden. Schon Martin Buber, der Herzl bewunderte, gleichzeitig aber kritisierte, hielt ihn nicht für einen großen politischen Theoretiker, meinte aber im Rückblick, seine Bedeutung habe insbesondere in der Tatsache gelegen, daß er der erste Jude war, „der im Exil jüdische Politik gemacht hat.“ Entscheidend erschien Buber und anderen der Niederschlag, den Herzls visionäre Überlegungen gefunden haben. Er sei ein „Staatsmann ohne Staat“ gewesen, meinte Buber zum Beispiel, der es verstanden hätte, die Massen zu begeistern und ihnen einen Weg zu zeigen.

Herzls Propagierung der Idee eines jüdischen Nationalstaates hat einer „Revolution“ den Weg gebahnt, die in der Geschichte ohne Beispiel ist. Die Erkenntnis, daß die räumliche Sammlung, die Befreiung aus dem materiellen und seelischen Druck der Umwelt die einzige Lösung für die Juden als Gesamtheit bedeute, führte bei einer nicht geringen Anzahl von Juden zu einer Stärkung ihres jüdischen Bewußtseins. So mancher wurde sich überhaupt erst einmal wieder der Tatsache bewußt – wie Herzl selbst im übrigen auch –, daß er Jude war. Andere, besonders im Ostjudentum, hatten nun eine reale Zielvorstellung vor Augen, der sich ihr ungebrochen vorhandenes Volksbewußtsein zuwenden konnte. Noch zu Herzls Lebzeiten machten sich einige dieser Menschen auf den Weg nach Palästina, begannen dort Sümpfe trockenzulegen und Wüsten zu bewässern – begannen, wie das in der pathetisch-heroischen Sprache des Zionismus jener Jahre hieß, „das Land mit ihrer Hände Arbeit zu gewinnen“.

Herzls „praktisches“ Verdienst für den Zionismus darf keinesfalls unterschätzt werden. Er war es, der die überall verstreuten kleinen Gruppen Zionsbegeisterter organisierte und ihnen ein Programm gab. Er war es, der den Kongreß als Zentrale einer neuen jüdischen Volkspolitik, die Zionistische Organisation als politischen Rahmen und die Jüdische Kolonialbank als Machtmittel der Bewegung schuf. Alle diese Institutionen haben sich als dauerhafter erwiesen, als manche seiner Zeitgenossen annahmen, die deren Sinn nicht verstanden oder deren Vorhandensein grundsätzlich in Frage gestellt haben. Die größte Leistung Herzls aber war, die Zustimmung vieler wichtiger Großmächte in dem kurzen Zeitraum von sechs Jahren gewonnen und die zionistische Bewegung zu einer in der politischen Welt bekannten und als Vertreterin des jüdischen Volkes anerkannten Bewegung gemacht zu haben.

Herzls politisch-diplomatische Aktivitäten sind von mancher Seite kritisiert worden. Man hat oft gefragt, ob die Charterpolitik der richtige Weg für den jungen Zionismus gewesen wäre. Viele Faktoren sind von Herzl zweifellos falsch eingeschätzt worden: der Einfluß des Großherzogs von Baden auf die Politik der deutschen Reichsregierung, die Macht und die Persönlichkeit Wilhelms II., die Berechenbarkeit der türkischen Bedürfnisse und der gute Wille der russischen Staatsmänner. Das Ostafrika-Projekt war ein politischer und taktischer Fehler, denn es erwies sich bald als nicht realisierbar und brachte Verwirrung und Spaltung in die zionistische Bewegung. Auf der anderen Seite hat dieser Fehler später doch noch zu einem Erfolg geführt: In der grundsätzlichen Anerkennung des Herzlschen Anliegens durch die englische Kolonialpolitik, die dem jüdischen Volk mit der Balfour-Deklaration (1917) zu einem ersten Schritt in Richtung einer nationalen Heimstätte verhelfen sollte. Wahrscheinlich hat Martin Buber in einer nachträglichen Würdigung von Herzls „elementar-aktiver" Persönlichkeit recht, wenn er zum Ausdruck gebracht hat, daß seine Irrtümer oft fruchtbarer als die Erkenntnisse seiner Gegner gewesen seien. „Er war hart und innig, maßlos und haltungsvoll, vornehm und nachtragend, Stimmungsmensch und Tatmensch, Träumer und Praktiker", heißt es in Bubers Würdigung: „Das Rätsel seines Wesens ist ungelöst."

Wenn Herzl wegen des Scheiterns der Verhandlungen mit dem Deutschen Reich, der Türkei und Ägypten ein anderes Gebiet als Palästina in Erwägung gezogen hat, so zeigt das, wie wenig er dem traditionellen Judentum verbunden war. Er blieb zeit seines Lebens der assimilierte österreichische Jude deutscher Kultur, der sich aus persönlichem Stolz und aus sozialem Mitgefühl zum verachteten Judentum bekannte. Vielleicht ist das auch der Grund, warum er sich mit einer Lösung wie dem Ostafrika-Projekt zufrieden gab. Er wußte zwar, daß es keine optimale Lösung war, meinte aber, etwas gegen die Judenfeindschaft tun zu müssen.

Ausschlaggebend für den Entschluß waren aber wohl die durchsickernden Nachrichten von dem Pogrom in Kischinew. Es sei nur eine einzige Antwort möglich, schrieb Herzl damals an Freunde, und zwar die planvolle Massenauswanderung in ein rechtlich geschütztes Territorium, denn Kischinew sei nicht zu Ende. Die Erkenntnis von der Recht- und Schutzlosigkeit der Juden hatte ihn im Innersten getroffen. Mit seiner Feststellung behielt er zumindest in einem ganz vorläufigen Sinne recht, denn die Pogrome in Rußland hörten nicht auf, in größerem Umfang wiederholten sie sich nach der Revolution von 1905 und im Bürgerkrieg zwischen den Weiß- und den Rotgardisten.

Was uns heute betroffen macht, ist etwas anderes, als die voraussehbare Verfolgung einer unter Ausnahmerecht und Ghettobedingungen lebenden Minderheit, die stets von der Revolution und von Pogromen bedroht ist. Herzl hatte damals um jeden Preis die Millionen zählende Bevölkerung der russisch-polnischen Siedlungsgebiete retten wollen, in denen sich vierzig Jahre später der organisierte Massenmord abspielte. „Kischinew", schrieb die Historikerin Wanda Kampmann, „war nicht das Ende der Verfolgungen, aber in einem viel entsetzlicheren Sinne nicht, als damals vorauszusehen war." Mit dieser Bemerkung ist gemeint, daß, wären Herzls Ansiedlungspläne realisiert worden, man die Kinder der Wilnaer Ghettojuden, die ihn 1903 so stürmisch feierten und ein Jahr später beweinten, vielleicht vor Hitlers Vernichtungslagern hätte bewahren können. Das ist nicht gelungen. Tragischerweise.

Wenn Herzl sich in seinen letzten Monaten dem Ziel Palästina schließlich als einzig möglichem anschloß, so hinterläßt dies den Eindruck, als ob propagandistische Rücksichten die ausschlaggebende Rolle gespielt hätten. Die Massen mußten schließlich zur Wanderung bewegt werden. Herzl persönlich war nicht unbedingt für Palästina, er sah aber ein, daß Juden, die sich zur Migration überhaupt bereit erklärten, dies nur mit dem Ziel Palästina tun würden. Dem fügte er sich. Darin wurde er zudem noch durch die Eindrücke bestärkt, die er aus seiner Palästina-Reise gewonnen hatte. Das Land erschien ihm als „Land der Zukunft". Von ihm träumte er, von ihm hoffte er, daß es in nicht zu ferner Zukunft Wirklichkeit werden würde.

Trotz seines Bekenntnisses zu Palästina hat Herzl aber dennoch an Projekten wie Zypern, der Sinai-Halbinsel oder Britisch-Ostafrika als Zwischenlösung für die am meisten notleidenden Juden festgehalten. Die beiden ersten Gebiete konnten dabei noch als Tore auf dem Weg nach Palästina gelten. Ostafrika hingegen war nur eine Notlösung in völlig auswegloser Situation – einer Situation, die paradoxerweise jedoch zur Anerkennung des jüdischen Volkes und seiner nationalen Bestrebungen durch England führte. Das wird heute zumeist übersehen, wenn über diesen Sachverhalt debattiert wird. Für die weitere Geschichte und Entwicklung des Zionismus ist diese Tatsache jedoch von erheblicher Bedeutung, denn von Herzl und seinen ersten Verhandlungen mit England führt ein direkter Weg zur Balfour-Deklaration, zum Palästina-Mandat und zur Schaffung einer „nationalen Heimstätte für das jüdische Volk" – dem am 15. Mai 1948 gegründeten Staat Israel.

In seinem Testament hatte Herzl als seine vorläufige Ruhestätte den Döblinger Friedhof am Fuße des Wienerwaldes bestimmt, und zwar so lange, bis das jüdische Volk in der Lage sein würde, seine sterblichen Reste nach Palästina zu überführen. Es sollte weniger als ein halbes Jahrhundert dauern, bis diesem Wunsch nachgekommen werden konnte. Herzls Prophezeiung, die er unmittelbar nach dem ersten Kongreß in Basel gemacht hatte, daß der Judenstaat in weniger als fünfzig Jahren existieren werde, sollte sich bewahrheiten – und zwar fast genau der einst gesetzten Frist entsprechend.

Eine der ersten Handlungen des jungen Staates Israel war es, die Gebeine Herzls von Wien nach Jerusalem zu überführen und 1949 auf dem Har Zion zu bestatten. Der Grabstein, der ihm dort unter Pinien, Zedern und Zypressen gesetzt wurde, ist ein schlichter, schwarzer Marmorblock. Auf ihm ist in hebräischen Lettern der Name „Theodor Herzl" eingemeißelt. Das Grab und die Umgebung sind so angelegt, daß dort Staatsakte stattfinden können: Feiern zum Unabhängigkeitstag, die Vereidigung von Soldaten oder Gedenkveranstaltungen für im Krieg Gefallene.

Der Besucher, der heute seine Schritte auf der Suche nach dem Grab über den Herzl-Berg lenkt, ist sich bewußt, daß die letzte Ruhestätte des Begründers der zionistischen Bewegung mehr ist als nur eine x-beliebige Grabstätte. Er spürt, daß er an einem Ort steht, der nicht nur für Juden in Israel eine tiefe symbolische Bedeutung besitzt. Und er erkennt, wenn er seinen Blick vom Herzl-Berg weit über die Stadt Jerusalem und die Berge Judäas schweifen läßt, daß Träume nicht unbedingt Träume bleiben müssen. Ein Traum kann Wirklichkeit werden.

Der Staat Israel ist der Beweis.

Oben: Der schlichte, schwarze Grabstein Theodor Herzls auf dem Herzl-Berg in Jerusalem.

Rechts: Die letzte Aufnahme Theodor Herzls. Photographie. 1904.

Mein Name wird nach meinem Tode wachsen. Darum glaube ich, daß für alle meine Werke sich ein Verleger finden wird. Ich habe heute, wie in jedem Augenblick, seit ich schreibe, das Bewußtsein, die Feder stets als ein Ehrenmann geführt zu haben.
Ich habe meine Feder nie verkauft, nie Gemeinheit, nicht einmal Kameradschaft durch sie getrieben.
Dieser letzte Wille kann publiziert werden. Es wird sich selbst nach meinem Tode niemand finden, der mich Lügen strafen kann.
Theodor Herzl. 12. Februar 1897

Bibliographie

I. Theodor Herzl: Zionistische Schriften

Der Judenstaat. Versuch einer Lösung der Judenfrage. M. Breitensteins Verlagsbuchhandlung, Leipzig-Wien 1896
Der Baseler Congress. Verlag *Die Welt*, Wien 1897
Altneuland. Roman, Hermann Seemann Nachfolger, Leipzig [1902]
Zionistische Schriften. Hrsg. von Leon Kellner, 2 Bde., Jüdischer Verlag, Berlin 1905
Theodor Herzls *Tagebücher.* 3 Bde., Jüdischer Verlag, Berlin 1922/23
Gesammelte Zionistische Werke in fünf Bänden. Bd. I: *Zionistische Schriften.* Bd. II–IV: *Tagebücher.* Bd.V: *Das Neue Ghetto. Altneuland.* Aus dem Nachlaß, Hozaah Ivrith, Tel Aviv 1934/35
The Complete Diaries of Theodor Herzl. Hrsg. von Raphael Patai, 5 Bde., Herzl Press and Thomas Yoseloff, New York/London 1960
Theodor Herzl. Briefe und Tagebücher. Hrsg. von Alex Bein, Hermann Greive, Moshe Schaerf, Julius H. Schoeps, bis Bd. 3 bearbeitet von Johannes Wachten, Bd. 4 bis 7 bearbeitet von Barbara Schäfer, ab Bd. 4 mithrsg. von Johannes Wachten, insgesamt 7 Bde., Frankfurt a.M./Berlin 1983 ff.

II. Theodor Herzl: Theaterstücke

Compagniearbeit. Lustspiel in einem Act. Wallishauserische Buchhandlung, Wien 1880
Die causa Hirschkorn. Lustspiel in einem Act, frei nach Catulle Mendès. Selbstverlag, Wien 1882
Tabarin. Schauspiel in einem Act. [1884]
Muttersöhnchen. Lustspiel in vier Acten. Selbstverlag, Wien 1885
Seine Hoheit. Lustspiel in drei Acten. [1885]
Der Schwanenhals. Lustspiel in vier Acten. Hektograpiertes Manuskript, [1888]
Der Flüchtling. Lustspiel in einem Aufzug. Philipp Reclam jun., Leipzig [1887]
Wilddiebe. Lustspiel in vier Acten. [Gemeinsam mit Hugo Wittmann, anonym erschienen], Felix Bloch's Erben, Berlin 1889
Was wird man sagen? Lustspiel in vier Acten. Gabor Steiner, Wien 1890
Die Dame in Schwarz. Lustspiel in vier Acten. [Gemeinsam mit Hugo Wittmann, anonym erschienen], 1890
Prinzen aus Genieland. Lustspiel in vier Acten. A. Entsch, Wien 1892
Die Glosse. Lustspiel in einem Act. [1894], E. Piersons's Verlag, Dresden/Leipzig/Wien 1895
Das Neue Ghetto. Schauspiel in vier Acten. [1894], Die Welt, Wien 1897; 2. und 3. Aufl.: Selbstverlag, Wien 1903
Unser Käthchen. Lustspiel in vier Acten. Selbstverlag, Wien [1899]
Gretel. Schauspiel in vier Acten. Selbstverlag, Wien 1899. [Vorabdruck in: Die Welt, 2. Jg., Nr. 9–15 (4. März bis 15. April 1898)]
I love you. Lustspiel in einem Act. Selbstverlag, Wien 1900
Im Speisewagen. Ein elegischer Schwank. Erstveröffentlichung in: *Neue Freie Presse.* Wien 1900
Solon in Lydien. Ein Schauspiel in drei Acten. [1901]. Wiener Verlag, Wien/Leipzig 1904

III. Theodor Herzl: Feuilletons, Erzählungen

Neues von der Venus. Plaudereien und Geschichten. F. Freund, Leipzig 1887
Buch der Narrheit. F. Freund, Leipzig 1888
Das Palais Bourbon. Bilder aus dem französischen Parlamentsleben. Duncker u. Humblot, Leipzig 1895
Philosophische Erzählungen. Gebrüder Paetel, Berlin 1900
Feuilletons. 2 Bde., Wiener Verlag, Wien/Leipzig 1903

IV. Herzl-Biographien · Frühgeschichte des Zionismus · Briefwechsel · Das Wiener Judentum der Jahrhundertwende

Achad, Haam [Ascher Ginsberg]: *Am Scheidewege.* Gesammelte Aufsätze, 2 Bde., Berlin 1923
Adler, Joseph: *The Herzl Paradox. Political, Social and Economic Theories of a Realist.* New York 1962
Auerbach, Elias: *Pionier der Verwirklichung. Ein Arzt aus Deutschland erzählt vom Beginn der Zionistischen Bewegung und seiner Niederlassung in Palästina kurz nach der Jahrhundertwende.* Stuttgart 1969
Avigdor, Elim Henry de: *Die Entwicklung der nationalen Idee unter den Juden.* Berlin 1902
Avineri, Shlomo: *The Making of Modern Zionism. The Intellectual Origins of the Jewish State.* New York 1981
Bab, Julius/Handl, Willi: *Wien und Berlin. Vergleichendes zur Kulturgeschichte der beiden Hauptstädte Mitteleuropas.* Berlin 1918
Bein, Alex: *Theodor Herzl. Biographie.* Mit 63 Bildern und einer Ahnentafel, Wien 1934. Unveränderter Neudruck 1974, TB-Ausgabe (Ullstein Buch 35163) Frankfurt a. M./Berlin/Wien 1983
Ds.: *The Return to the Soil. A History of Jewish Settlement in Israel.* Jerusalem 1952
Ds.: *Die Judenfrage. Biographie eines Weltproblems.* 2 Bde., Stuttgart 1980
Ds.: *Theodor Herzl. Biographie.* Ullstein Materialien, Berlin/Wien 1983
Beller, Steven: *Vienna and the Jews 1867–1938. A Cultural History.* Cambridge 1989, dt. 1993
Ds.: *Herzl.* [Jewish Thinkers], London 1991
Benedikt, Moritz: *Aus meinem Leben: Erinnerungen und Erörterungen.* Wien 1906
Ben Horin, Meir: *Max Nordau – Philosopher of Human Solidarity.* London 1956
Birnbaum, Nathan: *Die Assimilationssucht: Ein Wort an die sogenannten Deutschen, Slaven, Magyaren etc. mosaischer Confession von einem Studenten jüdischer Nationalität.* Wien 1884
Ds.: *Die nationale Wiedergeburt des jüdischen Volkes in seinem Lande als Mittel zur Lösung der Judenfrage.* Wien 1893
Ds.: *Ausgewählte Schriften zur Jüdischen Frage.* 2 Bde., Czernowitz 1910
Bloch, Joseph Samuel: *Erinnerungen aus meinem Leben.* Bd. III, Hrsg. von Morris Bloch., Wien 1933
Blumenfeld, Kurt: *Erlebte Judenfrage. Ein Vierteljahrhundert deutscher Zionismus.* Stuttgart 1963
Blumenthal, Ernst Pinchas: *Diener am Licht. Eine Biographie Theodor Herzls.* Frankfurt a. M. 1977
Bodenheimer, Henriette Hannah (Hg.): *So wurde Israel. Aus der Geschichte der zionistischen Bewegung. Erinnerungen von Max Isidor Bodenheimer.* Frankfurt 1958
Ds.: *Im Anfang der zionistischen Bewegung. Eine Dokumentation auf der Grundlage des Briefwechsels zwischen Theodor Herzl und Max Bodenheimer von 1896–1905.* Frankfurt a. M. 1965
Ds.: *Der Durchbruch des poltischen Zionismus in Köln 1890–1900. Eine Dokumentation. Briefe, Protokolle, Flugblätter, Reden.* Köln [1978]
Bodenheimer, Max Isidor/Henriette Hannah: *Die Zionisten und das kaiserliche Deutschland.* Bensberg 1972
Böhm, Adolf: *Die zionistische Bewegung.* 2 Bde., Bd. I: *Die zionistische Bewegung 1918–1925.* Jerusalem 1937
Boyer, Alain: *Theodore Herzl [Présences du judaïsme.* Bd. 2]. Paris 1991
Boyer, John W.: *Political Radicalism in Late Imperial Vienna. Origins of the Christian Social Movment 1848–1897.* Chicago 1981
Buber, Martin: *Die Jüdische Bewegung.* Bd. 1, Berlin 1920
Ds.: *Israel und Palästina. Zur Geschichte einer Idee.* Zürich 1950
Ds.: *Pfade in Utopia.* Heidelberg 1950
Ds.: *Briefwechsel aus sieben Jahrzehnten.* Bd. 1: 1897–1918, Heidelberg 1972
Chouraqui, André: *Theodor Herzl. Inventeur de l'État d'Israël.* Paris 1960
Ds.: *Un visionnaire nommé Herzl. La resurrection d'Israël.* Paris 1991
Cohen, Israel: *The Zionist Movement.* New York 1946
Ds.: *A Short History of Zionism.* London 1951
Ds.: *Theodor Herzl. Founder of Political Zionism.* New York 1959
Cohn, Emil Bernhard: *David Wolffsohn, Herzls Nachfolger.* Amsterdam 1939
Crankshaw, Edward: *Vienna: The Image of a City in Decline.* London 1976
Dethloff, Klaus (Hg.): *Theodor Herzl oder der Moses des Fin de Siècle.* [Monographien zur österreichischen Geistes- und Kulturgeschichte. Bd. 1], Wien/Köln/Graz 1986
Diamant, Paul: *Theodor Herzls väterliche und mütterliche Vorfahren.* Jerusalem 1934
Döbertin, Winfried: *Der Zionismus Theodor Herzls. Ein ideengeschichtlicher Beitrag zu den historischen Voraussetzungen des Staates Israel.* Phil. Diss., Hamburg 1964
Dubnow, Simon: *Weltgeschichte des jüdischen Volkes.* Bd. 10: *Die Neueste Geschichte. Das Zeitalter der zweiten Reaktion (1880 bis 1914) nebst Epilog (1914–1928).* Berlin 1929
Duvernoy, Claude: *Le Prince et le Prophète.* [Herzl und William Hechler], Jerusalem 1967
Ebban, Abba: *Dies ist mein Volk. Die Geschichte der Juden.* Zürich 1970.
Elbogen, Ismar: *Ein Jahrhundert jüdisches Leben. Die Geschichte des neuzeitlichen Judentums.* Frankfurt a. M. 1967.
Eliav, Mordechai (Hg.): *Rabbiner Esriel Hildesheimer. Briefe.* Jerusalem 1965
Elon, Amos: *Die Israelis. Gründer und Söhne.* Wien, Zürich, München 1972
Ds.: *Morgen in Jerusalem. Theodor Herzl. Sein Leben und sein Werk.* Wien, Zürich, München 1975
Eloni, Yehuda: *Zionismus in Deutschland. Von den Anfängen bis 1914.* [Schriftenreihe des Instituts für deutsche Geschichte. Tel Aviv, Bd. 10], Gerlingen 1987
Ernst, Ludwig: *Kein Judenstaat sondern Gewissensfreiheit. Eine Entgegnung auf Theodor Herzls „Der Judenstaat".* Leipzig/Wien 1896
Falk, Avner: *Herzl. King of the Jews. A Psychoanalytic biography of Theodor Herzl.* Lanham 1993
Finkelstein, Norman H.: *Theodor Herzl.* [An Impact Biography], New York 1987. Überarb. Fassung: *Theodor Herzl. Architect of a Nation.* Minneapolis 1991
Frankel, Jonathan: *Prophecy and Politics. Socialism, Nationalism and the Russian Jews, 1862–1917.* London u.a. 1981
Fränkel, Josef: *Theodor Herzl. Des Schöpfers erstes Wollen.* Wien [1934]
Ds.: *Dr. Siegmund Werner. Ein Mitarbeiter Herzls.* Prag [1938]
Ds.: *Theodor Herzl. A Biography.* London 1946
Ds.: *Lucien Wolf and Theodor Herzl.* London 1960
Ds. (Hg.): *The Jews of Austria. Essays on their Life, History and Destruction.* London 1967
Freud, Sigmund: *Briefe 1873–1939.* Hrsg. von Ernst L. Freud, Frankfurt 1980
Freundlich, Charles H.: *Peretz Smolenskin.* New York 1965
Friedman, Isaiah: *Germany, Turkey and Zionism, 1897–1918.* Oxford 1977
Ds. (Hg.): *The Rise of Israel.* 2 Bde. Bd. 1: *From Precursors of Zionism to Herzl.* Bd. 2: *Herzl's Political Activity, 1897-1904.* New York 1987

Friedemann, Adolf: *Das Leben Theodor Herzls.* Berlin/Leipzig 1914

Gaisbauer, Adolf: *Davidstern und Doppeladler. Zionismus und jüdischer Nationalismus in Österreich 1882–1918.* [Veröffentlichungen der Kommission für neuere Geschichte Österreichs. Bd. 78], Wien 1988

Gelber, N[athan] [Michael]: *Aus zwei Jahrhunderten.* Wien/Leipzig 1924

Ds.: *Zur Vorgeschichte des Zionismus. Judenstaatsprojekte in den Jahren 1695–1845.* Wien 1927.

Georg, Manfred: *Theodor Herzl. Sein Leben und sein Vermächtnis.* Berlin 1932.

Gold, Hugo: *Geschichte der Juden in Wien.* Tel Aviv 1966

Goldmann, Nahum: *The Genius of Herzl and Zionism today.* Jerusalem 1955

Gorelik, Schemarja: *Herzl in seinen Tagebüchern.* Mährisch-Ostrau 1929

Grunwald, Kurt: *Türkenhirsch: A Study of Baron Maurice de Hirsch. Entrepreneur and Philanthropist.* Jerusalem 1966

Grunwald, Max: *Geschichte der Wiener Juden bis 1914.* Wien 1926

Gurko, Miriam: *Theodor Herzl. The Road to Israel.* Philadelphia 1988

De Haas, Jacob: *Theodor Herzl. A Biographical Study.* 2 Bde., Chicago/New York 1927

Hagani, Baruch: *Le Sionisme Politique et son Fondateur Theodor Herzl.* Paris 1917

Halpern, Ben: *The Idea of the Jewish State.* [Harvard Middle Eastern Studies. Bd. 3], Cambridge 1961

Handler, Andrew: *Dori. The Life of Theodor Herzl in Budapest (1860–1878).* [Judaic Studies Series], Alabama 1983

Heil, Helmut J.: *Die neuen Propheten.* Fürth/Erlangen 1969

Heller, Josef: *Geschichte des Zionismus.* Berlin 1935

Herrmann, Leo: *Nathan Birnbaum, sein Werk und seine Wandlung.* Berlin [1914]

Hertzberg, Arthur: *The Zionist Idea. A Historical Analysis and Reader.* [A Temple Book], Garden City 1959

Herzl, Hechler, The Grand Duke of Baden and the German Emperor. Documents found by Hermann and Bessie Ellern. Tel Aviv 1961

Herzl-Gedenkbuch der zionistischen Organisation zum 25. Todestag. Berlin 1929

Heymann, Michael: *The Uganda Controversy. The Minutes of the Zionist General Council.* Bd. 1: Jerusalem 1970, Bd. 2: Jerusalem 1977

Hofmann, Martha: *Theodor Herzl. Werden und Werk.* Frankfurt a. M. 1966

Holdheim, Gerhard und Walter Preuss: *Die theoretischen Grundlagen des Zionismus. Ein Leitfaden. Mit einem Anhang: Die bedeutendsten jüdischen Organisationen und Institutionen.* Berlin 1919

Ds. (Hg.): *Zionistisches Handbuch.* Berlin 1923

Johnston, William M.: *Österreichische Kultur- und Geistesgeschichte. Gesellschaft und Ideen im Donauraum 1848–1938.* Wien u.a. 1974

Jungmann, Max: *Erinnerungen eines Zionisten.* Jerusalem 1959

Kalischer, Hirsch: *Drischath Zion, oder Zions Herstellung.* Thorn 1865

Kallner, Rudolf: *Herzl und Rathenau. Wege jüdischer Existenz an der Wende des 20. Jahrhunderts.* Stuttgart 1976

Kampmann, Wanda: *Deutsche und Juden. Studien zur Geschichte des deutschen Judentums.* Heidelberg 1963

Kann, Robert A.: *Das Nationalitätenproblem der Habsburgermonarchie.* Graz/Köln 1964

Kaplan, Jonathan (Hg.): *The Zionist Movement.* Vol. II: *Selected Organisational and Political Documents.* Jerusalem 1983

Kaplun-Kogan, Wladimir: *Die jüdischen Wanderbewegungen in der neuesten Zeit (1880–1914).* Bonn 1919

Kaznelson, Sigmund: *Juden im deutschen Kulturbereich.* Berlin 1962

Kellner, Leon: *Theodor Herzls Lehrjahre (1860–1895). Nach den handschriftlichen Quellen.* Wien/Berlin 1920

Klausner, Joseph: *Menehem Ussishkin.* Jerusalem 1942

Klein, Judith: *Der deutsche Zionismus und die Araber Palästinas. Eine Untersuchung der deutsch-zionistischen Publikationen 1917–1938.* Frankfurt a. M./New York 1982

Kobler, Franz (Hg.): *Juden und Judentum in deutschen Briefen aus drei Jahrzehnten.* Wien 1935

Kohn, Hans: *Karl Kraus, Arthur Schnitzler, Otto Weininger: Aus dem jüdischen Wien der Jahrhundertwende.* Tübingen 1962

Ds.: *Bürger vieler Welten.* Frauenfeld 1965

Ds.: *Martin Buber. Sein Werk und seine Zeit. Ein Beitrag zur Geistesgeschichte Mitteleuropas 1880–1932 (1930).* 3. Aufl. [Vorwort Julius H. Schoeps], Wiesbaden 1969

Kotker, Norman: *Herzl, the King.* New York 1972

Kraus, Karl: *Eine Krone für Zion.* Wien 1898

Kronberg, Jaques: *Theodor Herzl. From Assimilation to Zionism.* [Jewish Literature and Culture], Bloomington 1993

Krupp, Michael: *Zionismus und Staat Israel. Ein geschichtlicher Abriß.* 2. Aufl. [GTB Siebenstern 1070], Gütersloh 1985

Lamberti, Marjorie: *Jewish Activism in Imperial Germany. The Struggle for Civil Equality.* New Haven/London 1978

Landau, Saul Raphael: *Sturm und Drang im Zionismus. Rückblick eines Zionisten vor, mit und um Theodor Herzl.* Wien 1937

Laqeur, Walter: *A History of Zionism.* London 1972, ND New York 1989. Dt. Ausg.: *Der Weg zum Staat Israel. Geschichte des Zionismus.* Wien 1975

Le Rider, Jacques: *Der Fall Otto Weininger.* Wien/München 1985

Leser, Norbert (Hg.): *Theodor Herzl und das Wien des Fin des Siècle.* [Schriftenreihe des Ludwig-Boltzmann-Instituts für neuere österreichische Geschichte. Bd. 5], Wien/Köln/Graz 1987

Lichtheim, Richard: *Das Programm des Zionismus.* Berlin 1913

Ds.: *Die Geschichte des deutschen Zionismus.* Jerusalem 1954.

Ds.: *Rückkehr. Lebenserinnerungen aus der Frühzeit des deutschen Zionismus.* Stuttgart 1970

Lohrmann, Klaus (Hg.): *1000 Jahre österreichisches Judentum.* Eisenstadt 1982

Lorber, Kurt: *Friedrich Freiherr von Leitenberger. Eine Biographie.* Wien 1981

Marrus, Michael R.: *The Politics of Assimilation. A Study of the French Jewish Community at the Time of the Dreyfus Affair.* Oxford 1971

Mayer, Sigmund: *Die Wiener Juden. Kommerz, Kultur, Politik 1700–1900.* 2. Aufl, Wien/Berlin 1918

Meier-Cronemeyer, Hermann: *Der Zionismus.* In: *Germania Judaica. Bulletin der Kölner Bibliothek zur Geschichte des deutschen Judentums NF 19/20.* Hannover 1969

Ds.: *Kleine Geschichte des Zionismus. Von den Anfängen bis zum Jahr 1948.* Bearbeitet und hrsg. von Reiner Bernstein, Berlin 1980

Ds.: *Zionismus. Von den Anfängen bis zur Staatsgründung.* [Schriftenreihe des Deutsch-Israelischen Arbeitskreises für Frieden im Nahen Osten], 2. Aufl., Frankfurt a. M. 1989

Michael, Reuven (Hg.): *Heinrich Graetz. Tagebuch und Briefe.* [Schriftenreihe wissenschaftlicher Abhandlungen des LBI, Bd. 34], Tübingen 1977

Morton, Frederic: *Die Rothschilds.* Wien 1992

Mosse, Werner/Paucker, Arnold (Hg.): *Juden im Wilhelminischen Deutschland 1890–1914.* [Schriftenreihe wissenschaftlicher Abhandlungen des Leo Baeck Instituts. Bd. 33], Tübingen 1976

Na'aman, Shlomo: *Emanzipation und Messianismus. Leben und Werk des Moses Hess.* [Quellen und Studien zur Sozialgeschichte. Bd. 3], Frankfurt a. M./New York 1982

Nagl, Johann Willibald/Zeidler, Jakob/Castle, Eduard (Hg.): *Deutsch-Österreichische Literaturgeschichte. Ein Handbuch zur Geschichte der deutschen Dichtung in Österreich-Ungarn.* 4 Bde., Wien 1897–1937

Netanyahu, B.: *Leon Pinsker. Road to Freedom.* New York 1944

Nordau, Max: *Der Zionismus und seine Gegner.* Mühlheim 1902

Ds.: *Der Zionismus.* Brünn 1902

Ds.: *Die Bilanz des Zionismus.* Basel 1903

Ds.: *Zionistische Schriften.* Hrsg. vom zionistischen Aktionskomitee. Köln/Leipzig 1909

Ds.: *Französische Staatsmänner.* Berlin 1916

Ds.: *Erinnerungen, erzählt von ihm selbst und von den Gefährten seines Lebens.* Leipzig/Wien [1929]

Nordau, Anna und Maxa: *Max Nordau. A Biography.* New York 1943

Nussenblatt, Tulo (Hg.): *Zeitgenossen über Herzl.* Brünn 1929

Ds.: *Ein Volk unterwegs zum Frieden.* [Herzl und Bertha von Suttner], Wien 1933

Ds.: *Theodor Herzl Jahrbuch.* Wien 1937

O'Brien, Conor Cruise: *The Siege. The Saga of Israel and Zionism.* London 1986. Dt. Ausg.: *Belagerungszustand. Die Geschichte des Zionismus und des Staates Israel.* [dtv Zeitgeschichte. Bd. 11424] München 1991

Oppenheimer, Ludwig Yehuda (Hg.): *Franz Oppenheimer. Erlebtes, Erstrebtes, Erreichtes.* Düsseldorf 1964

Ost und West. *Illustrierte Monatsschrift für Modernes Judentum.* 4. Jg., Berlin 1904

Oxaal, Ivar/Pollak, Michael/Botz, Gerhard (Hg.): *Jews, Antisemitism and Culture in Vienna.* London 1987

Patai, Josef: *Herzl.* [ungar.]. Budapest [1933]. Dt. Ausg.: Tel Aviv 1936

Ds. (Hg.): *Herzl Year Book.* 7 Bde., New York 1958–1971

Ds. (Hg.): *Encyclopedia of Zionism and Israel.* 2 Bde., New York 1971

Ds.: *Star over Jordan. The Life of Theodor Herzl.* New York 1974

Pawel, Ernst: *The Labyrinth of Exile. A Life of Theodor Herzl.* New York 1989. (Auch: London 1990). Franz. Ausg.: *Herzl ou le labyrinthe de l'exil: Biographie.* Paris 1992

[Pinsker, Leon]: *„Autoemancipation!" Mahnruf an seine Stammesgenossen von einem russischen Juden.* Comissions-Verlag von W. Issleib [G. Schuhr], Berlin 1882 [zahlreiche Auflagen]

Pollak, Adolf: *Zionismus. Eine historische Darstellung in vier Vorträgen nebst einer Chronik.* Berlin 1934

Poppel, Stephen M.: *Zionism in Germany 1897–1933. The Shaping of a Jewish Identity.* Philadelphia 1977

Ragins, Sanford: *Jewish Responses to Anti-Semitism in Germany, 1870–1914. A Study in the History of Ideas.* Cincinnati/Ohio 1980

Rahe, Thomas: *Frühzionismus und Judentum. Untersuchungen zu Programmatik und historischem Kontext des frühen Zionismus bis 1897.* [Judentum und Umwelt. Bd. 21], Frankfurt a. M. 1988

Reinharz, Jehuda: *Fatherland or Promised Land. The Dilemma of the German Jew, 1893–1914.* Ann Arbor 1975

Ds. (Hg.): *Dokumente zur Geschichte des deutschen Zionismus 1882–1933.* [Schriftenreihe wissenschaftlicher Abhandlungen des Leo Baeck Instituts. Bd. 37], Tübingen 1981

Ds.: *Chaim Weizmann, The Making of a Zionist Leader.* New York/Oxford 1985

Robinsohn, Abraham: *David Wolffsohn. Ein Beitrag zur Geschichte des Zionismus.* Berlin 1921

Rosenberger, Erwin: *Herzl as I remember Him.* New York 1952

Rosenhek, Ludwig (Hg.): *Festschrift zur Feier des 100. Semesters der akademischen Verbindung Kadimah.* Mödling 1933

Rozenblit, Marsha L.: *Juden in Wien 1867–1914. Assimilation und Identität.* Wien 1989

Ruppin, Arthur: *Soziologie der Juden.* 2 Bde., Berlin 1930/31

Ds.: *Dreissig Jahre Aufbau in Palästina. Reden und Schriften.* Berlin 1937

Ds.: *Erinnerungen. Teil der Jugend- und Studienzeit 1876–1907.* Tel Aviv 1945

Ds.: *Briefe, Tagebücher, Erinnerungen.* Hrsg. von Shlomo Krolik., Königstein Ts. 1985

Sachar, Howard M. (Hg.) u.a.: *A History of Israel. A Documentary Record from the nineteenth century to 1948.* Bde. 1-48, New York 1988 ff. Bd. 1: *From the Rise to our Time.*

Saphir, J. B.: *Der Zionismus. Eine populär-wissenschaftliche Darlegung des Wesens und der Geschichte der Zionistischen Bewegung.* Brünn 1903

Schneider, Karlheinz/Simon, Nikolaus (Hg.): *Der Zionismus und seine europäischen Wurzeln.* [Schriftenreihe des Deutsch-Israelischen Arbeitskreises für Frieden im Nahen Osten. Bd. 15], Berlin 1987

Schnitzler, Arthur: *Briefe 1875–1912.* Hrsg. von Therese Nickl und Heinrich Schnitzler, Frankfurt a. M. 1981

Ds.: *Jugend in Wien.* Wien, München, Zürich 1968. Nachdruck: Frankfurt a.M. 1988

Schnitzler, Olga: *Spiegelbild der Freundschaft.* [Erinnerungen an Arthur Schnitzler, Richard Beer-Hofmann, Theodor Herzl u.a.], Salzburg 1962

Schochet, Simon Samuel: *Dr. Theodor Herzl als Journalist, Schriftsteller, Staatsmann.* München, Phil. Diss. 1950 [Ms.]

Schoeps, Julius: *Theodor Herzl. Wegbereiter des politischen Zionismus.* Göttingen u.a. 1975

Ds. (Hg.): *Zionismus. Texte zu seiner Entwicklung.* [Nymphenburger Texte zur Wissenschaft. Bd. 16], München 1973. 2. Aufl.: Dreieich 1983

Ds.: *Theodor Herzl. Wenn ihr wollt,ist es kein Märchen. Altneuland/Der Judenstaat.* Kronberg Ts. 1978

Ds. (Hg.): *Neues Lexikon des Judentums.* Gütersloh/München 1992

Ds.: *Herzl und die Affaire Dreyfus.* Wien 1994

Schorske, Carl E.: *Wien: Geist und Gesellschaft im Fin de Siècle.* Frankfurt a. M. 1982

Sela, Jaim: *Teodoro Herzl.* [Coleccion Los Grandes del sionismo], Jerusalem 1983

Silberner, Edmund: *Sozialisten zur Judenfrage. Ein Beitrag zur Geschichte des Sozialismus vom Anfang des 19. Jahrhunderts bis 1914.* Berlin 1962

Ds.: *Moses Hess. Geschichte seines Lebens.* Leiden 1966

Simon, Leon: *Achad Haam (Asher Ginsberg). A Biography.* Philadelphia 1960

Sokolow, Nahum: *Geschichte des Zionismus.* Bd.1, Wien/Berlin/Leipzig o.J.

Spiel, Hilde: *Glanz und Untergang. Wien 1866 bis 1938.* München 1994

Stenographisches Protokoll des [1., 2., 3., 4., 5., 6.] Zionisten-Congresses. Wien 1898–1904

Stern, Arthur: *Die genetische Tragödie der Familie Theodor Herzl. Vortrag gehalten am 11. Januar 1965 in der David Yellin Loge.* [Schriftenreihe der David-Yellin-Loge. Bd. 2], Jerusalem 1965 (Über den 1907 erfolgten Tod von Herzls Frau und seine drei Kinder, die früh starben: Pauline 1930, Hans 1930 und Trude 1943 in Theresienstadt)
Stewart, Desmond: *Theodor Herzl. Artist and Politician.* London 1974
Sykes, Christopher: *Kreuzwege nach Israel. Die Vorgeschichte des jüdischen Staates.* München 1967
Syrkin, Marie: *Nachman Syrkin, Socialist, Zionist.* New York 1961
Taylor, Alan R.: *Prelude to Israel. An Analysis of Zionist Diplomacy 1897–1947.* London 1961
Teweles, Heinrich: *Theater und Publikum. Erinnerungen und Erfahrungen.* Prag 1927
Teilhac, Ernest: *L'État d'Israël a-t-il cinquante ans? Theodor Herzl et sa doctrine.* (Annales de la Faculté de droit. Bd.2), Beyrouth 1951
Tietze, Hans: *Die Juden Wiens.* Wien 1933. 2. Aufl.: 1987
Timms, Edward: *Karl Kraus, apocalyptic satirist: culture and catastrophy in Habsburg Vienna.* London 1986
Thon, Osias: *Theodor Herzl.* Berlin 1914
Toury, Jacob: *Die jüdische Presse im österreichischen Kaiserreich, 1802–1918.* Tübingen 1983
Traub, Michael: *Jüdische Wanderungen.* Berlin 1922
Vital, David: *The Origins of Zionism.* Oxford 1975. ND 1980 und 1990
Ds.: *Zionism. The Formative Years.* Oxford 1982. ND 1988
Ds.: *Zionism. The Crucial Phase.* Oxford 1987
Wagner, Nike: *Geist und Geschlecht. Karl Kraus und die Erotik der Wiener Moderne.* Frankfurt 1982
Wagner, Renate: *Arthur Schnitzler.* Wien 1981
Wandruszka, Adam: *Geschichte einer Zeitung: Das Schicksal der „Presse" und der „Neuen Freien Presse" von 1848 zur Zweiten Republik.* Wien 1958
Warum gingen wir zum ersten Zionistenkongress? Hrsg. vom Berliner Büro der Zionistischen Organisation. Berlin 1922
Weinberg, Jehuda Louis: *Aus der Frühzeit des Zionismus. Heinrich Loewe.* Jerusalem 1946
Weisgal, Meyer W. (Hg.): *Theodor Herzl. A Memorial.* New York 1929. Reprint: Westport, Conn. 1976
Weizmann, Chaim: *Memoiren. Das Werden des Staates Israel.* Hamburg 1951
Ds.: *The Letters and Papers of Chaim Weizmann.* Bd. 1: Sommer 1885–29. Oktober 1902. Hrsg. von Leonard Stein, London 1968
Wetzlar, J.: *Der Staatsroman bei den Juden.* Bamberg [1917]
Wilson, Nelly: *Bernhard-Lazare. Antisemitism and the Problem of Jewish Identity in Late Nineteenth-Century France.* Cambridge 1978
Wistrich, Robert S.: *Socialism and the Jews. The Dilemma of Assimilation in Germany and Austria-Hungary.* London 1982
Ds.: *The Jews of Vienna in the Age of Franz Joseph.* Oxford 1989
Zionistisches A-B-C-Buch. Berlin-Charlottenburg 1908
Zlocisti, Theodor (Hg.): *Moses Hess. Jüdische Schriften.* Berlin 1905
Ds.: *Moses Hess. Der Vorkämpfer des Sozialismus und Zionismus. 1812–1875. Eine Biographie.* Berlin 1921
Zohn, Harry: Frankfurt a. M. 1990
Zsikdis, Andor: *Theodor Herzl. Emlekezesek.* (Ungar.) New York 1981
Zweig, Stefan: *Europäisches Erbe.* Frankfurt a. M. 1960, 1986
Ds.: *Die Welt von gestern. Erinnerungen eines Europäers.* (1944). Frankfurt a. M. 1982, 1988
Ds.: *Briefe an Freunde.* Hrsg. von Richard Freudenthal, Frankfurt a. M. 1984

LONDON
Amsterdam
BERLIN
Brüssel
PARIS
Straßburg
Prag
München
WIEN
Budapest
SCHWEIZ
Bordeaux
Bayonne
Venedig
Rom
Neapel
Nord-See
Deutsches Meer
DÄNEMARK
NIEDERLANDE
FRANKREICH
SPANIEN
PORTUGAL
Golf von Biscaya
Der Kanal
Balearen
Sardinien
Korsika
Tyrrhenisches Meer
Adriatisches Meer
Jonisches Meer
MAROKKO
Algerien
Tunis
Erklärung:
E von über 1,000,000 Einw.
„ „ 500,000 „
„ „ 100,000 „

1883
9. 7. Linz – 10.7. Gmunden – 12.7. Bad Ischl – 14.7. München – 18.7. Ragaz – 19.7. Chur – 20. 7. Zürich – 22. 7. Luzern – 23.7. Romanshorn/Bodensee – 24.7. Konstanz – 25.7. Rheinfall bei Schaffhausen – 26.7. Augsburg

1884
2.6. Straßburg – 3.6.–30.6. Paris – 1.7. Köln

1885
15.8. München – 17.8. Heidelberg – 18.8. Mainz – 20.8. Lüttich – 21.8. Brüssel – 25.8. Brügge – 26.8. Ostende – 28.8. Antwerpen – 30.8. Rotterdam – 1.9. Haag – 3.9. Leyden – 4.9. Amsterdam – 6.9. Frankfurt a. M.

21.11.–12.12. Berlin

1886
31.7.–4.8. Paris – Normandie: 5.8. Rouen – 6.8. Dieppe –7.8. Le Havre – 8.8.–16.8. Trouville sur Mer – 17.8.–20.8. Cabourg (Calvados) – 21.8. Caen – 23.8. Paris

4.10.–20.10. Berlin

1887
15.2.–24.2. Venedig – 25.2.–28.2. Rom – 1.3.–9.3. Neapel – 9.3.–15.3. Capri – 16.3.–22.3. Amalfi – 23.3. Pompeji – 24.3.–26.3. Neapel – 26.–28.3. Florenz – 29.3. Bologna – 30.3. Padua – 31.3.–2.4. Triest

1888
8.2.–14.2. Prag – 18.3.–22.3. Berlin

2.7.–8.7. Brüssel – 9.7.–21.7. London – 22.7.–29.7. Brighton – 30.7. Worthing – 31.7.–8.8. Isle of Wight – 11.8.–13.8. Trouville sur Mer

1889
Hochzeitsreise: Schweiz, Frankreich

1890
24.5–27.5. Salzburg – 27.5.–29.5. Herrenchiemsee

1891
10.2.–13.2. Mailand – 14.2.–16.2. Genua – 17.2.–20.2. Nizza – 21.2. Monte Carlo – 22.2 Mentone – 23.2. San Remo – 24.2.Turin – 25.2–27.2. Venedig

3.8. Lüttich – 7.8.–9.8. Bordeaux – 10.8.–15.8. Arcachon 16.8.–20.8 St.-Sauveur-les-Bains – 21.8.–2.9. Luz – 3.9. Pau – 4.9.–21.9. Biarritz – 23.9.–5.10. San Sebastian – 6.10: direkt nach Paris (Korrespondent der NFP bis zur Rückkehr nach Wien am 20.9.1895)

1895
16.11.–20.11. Paris – 21.11.–27.11. London und Cardiff – 28.11.–15.12. Paris

1896
15.6.–28.6. Konstantinopel

5.7.–15.7. London – 17.7.–21.7. Paris – 22.7.–23.7. Karlsruhe

1897
27.8.–2.9. Basel (1. Kongreß)

1898
25.8.–2.9. Basel (2. Kongreß)

1898
22.9.–29.9. Paris – 30.9.–2.10. Den Haag – 3.10.–5.10. London – 7.10.–9.10. Berlin

Palästinareise
17.10.–19.10. Konstantinopel, ab 19.10. Schiffsreise an Bord der Imperator Nikolaus II.: Smyrna – Piräus – Alexandrien – Port Said (Suezkanal) – 26.10. Ankunft in Jaffa – Rischon le Zion 26.10. – 27.10. Mikwe Israel – 28.10.–2.11. Jerusalem – 3. 11.–15.11.: Rückreise an Bord der Regina Margherita über Neapel

1899
26.2.–28.2. Karlsruhe

22.4.–25.4. Köln

13.6.–18.6. Scheveningen – 19.6.–24.6. Paris – 25.6.–1.7. London

12.8.–21.8. Basel (3. Kongreß)

1900
18.4–20.4. Paris – 22.4.–30.4. London

7.8.–20.8. London (4. Kongreß)

1901
10.5.–21.5. Konstantinopel

31.5.–9.6. Paris – 10.6.–25.6. London

25.12.–31.12. Basel (5. Kongreß)

1902
12.2.–19.2. Konstantinopel – 19.–20.2. Rumänien

9.7.–16.7. London

25.7.–3.8. Konstantinopel

20.10.–24.10. London

1903
15.1.–26.1. London

22.3.–7.4. Kairo

17.4.–22.4. Paris – 23.4.–25.4. London

7.8.–15.8. St. Petersburg – 16.8. Wilna

20.8.–30.8. Basel (6. Kongreß)

1904
22.1.–28.1. Rom

Personenregister

Kursiv gesetzte Seitenzahlen weisen auf Abbildungen hin. Hinweise auf Theodor Herzl selbst, seine Eltern, Frau und Kinder wurden nur bezüglich der Abbildungen gegeben.

Bildquellenverzeichnis

Central Zionist Archives, Jerusalem S. 9, 20 u., 21 l. o., 21 r. o., 22 o., 22 l. u., 22 r. u., 23 l. o., 23 M., 23 r. o., 24 o., 24 u., 32 l. o., 32 l. u., 33 r., 34 r. u., 46 M. u., 46 r. u., 47 o., 47 u., 52 o., 54 l., 55 o., 55 u., 63 l. o., 63 r. o., 81 l. o., 85 r., 86, 92 l., 93 l. o., 93 r. o., 93 l. u., 93 r. u., 94 u., 95, 97, 99 o., 109, 111 r., 117 M., 127 o., 127 l. u., 129 o., 129 u., 131, 132 o., 134 o., 134 u., 135, 137 r., 138 o., 138 M., 138 u., 139, 140, 141, 146 l. u., 148 l., 148 r., 150 o., 150 u., 151 l., 152, 152, 158 M., 158 u., 159 o., 159 u., 160/161, 161 o., 162 u., 163 o., 163 u., 164/165, 166 o., 168 o., 168 u., 170 u., 172 o., 172/173, 173 r., 174 r. u., 175, 176, 183, 185 r. u., 186 u., 187 r. u., 189 o., 189 r. u., 191 o., 192 l. o., 192 l. u., 192 r., 193 u., 194 l. o., 194 u., 197 r., 199 o., 199 u., 200 o., 200 u., 201 o., 201 u., 202 o., 203, 204 o., 204 l. u., 206, 212
Austrian Archives, Wien S. 6/7, 18, 19 l.o., 19 l. u., 19 r. o., 21u., 25 o., 25 l. u., 25 r. u., 26, 27 o., 27 M., 27 u., 28 o., 28 l. u., 28 r. u., 29 r. M., 29 r. u., 30l. u., 30 o. r., 31 o., 31 u., 34 l. u., 34 r. o., 35 o., 35 u., 40 l. u., 40 M. o., 40 M. u., 40 r. u., 41, 42 l., 43, 44 l. o., 44 r. o., 44 l. u., 44 r. u., 45 o., 46 o., 49 l. o., 49 l. u., 49 r. u., 50 o., 50 M., 50 u., 51 o., 51 u., 52 u., 56, 60 l., 60 r., 61 o., 64 o., 65 l. o., 66, 74 l. o., 74 l. M., 74 l. u., 74 r. o., 74 r. u., 75 o., 75 M., 75 u., 78 r., 79, 96 o., 96 M., 96 u., 98 o., 98 u., 113 l. o., 113 l. u., 116 r., 117 o., 117 u., 118 o., 119 l. o., 119 l. u., 126 o., 126 u., 182/183, 184, 185 o., 186 o., 187 o., 188 o., 188 u., 190 o., 190 M., 193 o., 196 o., 196 u., 197 l., 198, 218/219
Christian Brandstätter Verlag, Wien S. 19 r. M., 29 r. o., 30 o. l., 33 l. o., 42 r. o., 42 r. u., 45 M. u., 45 r. u., 46 l. u., 48 o., 48 r., 48 u., 49 M. o., 64 u., 65 l. u., 70, 71 l. o., 71 r. M., 72 l. o., 72 r. o., 72 l. u., 72 r. u., 73, 76 r. o., 77 u., 80 l., 81 l. u., 81 r., 85 l. u., 94 o., 100, 101, 108 l. o., 108 l. u., 108 r., 110/111, 112 l. o., 112 l. u., 112 r., 116 l. o., 118 u., 120, 127 r. u., 128 o., 128 l. u., 128 M. u., 128 r. u., 132 u., 146 r. o., 149 o., 162 o., 174 l., 185 l. u., 188 M. l., 188 M. r., 189 l. u., 191 u., 195 l., 195 r. u., 204 r. u., 205, 207, 213
Christian Brandstätter Verlag, Wien (Central Zionist Archives, Jerusalem) S. 12, 13, 29 l., 34 l. o., 36, 53 o., 54 r. o., 54 r. u., 62 l., 63 u., 112 l. M., 119 r. u., 130 o., 130 u., 136, 149 u., 158 o., 161 u., 165 o., 170 o., 172 u., 174 r. o., 187 l. u., 194 r. o., 195 r. o., 202 u.
Budapesti Történeti Muzeum, Budapest S. 20/21
Archiv Kurt Essmann, Wien S. 53 u., 90, 190 u.
Sammlung Prof. Dr. Nachum T. Gidal, Jerusalem S. 61 u., 82, 83, 84 l., 84 r. o., 84 r. u., 85 l. o., 166 u., 167, 168/169, 171 o., 171 u.
Historisches Museum der Stadt Wien S. 119 r. o.
Prof. Franz Hubmann, Wien S. 71 r. o., 71 r. u., 106 l., 106 r., 107 l., 107 r., 113 r., 114 l., 114 r., 115 o., 115 u., 116 l. u.
Jüdisches Museum der Stadt Wien S. 92 r., 151 r. o., 151 r. u.
Schiller-Nationalmuseum, Deutsches Literaturarchiv, Marbach a. Neckar (Lotte Jacobi, Manchester) S. 146 l. o.
Bildarchiv, Österreichische Nationalbibliothek, Wien S. 32 r., 45 l. u., 49 r. o., 62 r., 65 r., 76 l., 76 r. u., 77 o., 78 l., 80 r.
Bartel F. Sinhuber, Wien S. 40 o.
Salomon-Ludwig-Steinheim-Institut, Duisburg (Nachum T. Gidal-Archiv) S. 91, 99 u., 132/133, 137 l., 147
Emöke Tomsics, Budapest S. 19 r. u.

Weitere wichtige Bücher aus dem Melzer Verlag

ISBN 3-937389-35-0 69,90 €

ISBN 3-937389-36-9 39,90 €

ISBN 3-937389-37-7 29,95 €

ISBN 3-937389-39-3 19,95 €

ISBN 3-937389-38-5 24,95 €

ISBN 3-937389-40-7 19,95 €

ISBN 3-937389-34-2 14,95 €

ISBN 3-937389-31-8 19,95 €

ISBN 3-937389-32-6 24,95 €

ISBN 3-937389-33-4 24,95 €

ISBN 3-937389-30-X 14,95 €